DÉONTOLOGIE DE L'AVOCAT

Raymond Martin

Docteur en droit
Diplômé de l'École des sciences politiques (Paris)
Avocat honoraire
Ancien chargé de cours à la Faculté de droit

DÉONTOLOGIE DE L'AVOCAT

10e ÉDITION

® LexisNexis®
Litec

LexisNexis SA
141, rue de Javel – 75015 Paris

Avertissement de l'Éditeur

Toute utilisation ou traitement automatisé, par des tiers, de données personnelles pouvant figurer dans cet ouvrage sont formellement interdits.

DANGER LE PHOTOCOPILLAGE TUE LE LIVRE

Le logo qui figure sur la couverture de ce livre mérite une explication. Son objet est d'alerter le lecteur sur la menace que représente pour l'avenir de l'écrit, tout particulièrement dans les domaines du droit, de l'économie et de la gestion, le développement massif du photocopillage.
Le Code de la propriété intellectuelle du 1er juillet 1992 interdit en effet expressément la photocopie à usage collectif sans autorisation des ayants droit. Or, cette pratique s'est généralisée dans les établissements d'enseignement supérieur, provoquant une baisse brutale des achats de livres au point que la possibilité même pour les auteurs de créer des œuvres nouvelles et de les faire éditer correctement soit aujourd'hui menacée.

Siège social : 141, rue de Javel - 75015 Paris

ISBN 978-2-7110-0939-8

Liste des abréviations

A.	Arrêt
act.	Actualité
Ann. loyers	*Annales des loyers*
art.	article
ass. plén.	assemblée plénière
BICC	*Bulletin d'information de la Cour de cassation*
BOCC	*Bulletin officiel de la concurrence, de la consommation et de la répression des fraudes*
Bull.	*Bulletin*
Bull. civ.	*Bulletin civil*
Bull. Joly	*Bulletin Joly*
C. civ.	Code civil
CA	Cour d'appel
Cass. com.	Cour de cassation, chambre commerciale
Cass. 1re civ.	Cour de cassation, 1re chambre civile
Cass. crim.	Cour de cassation, chambre criminelle
CE	Conseil d'État
CEDH	Convention européenne des droits de l'homme
ch.	chambre
chron.	chronique
CJCE	Cour de justice des Communautés européennes
comm.	commentaire
Convention EDH	Convention européenne des droits de l'homme
CPC	Code de procédure civile
CPP	Code de procédure pénale
D.	*Dalloz*
DH	*Dalloz hebdomadaire*
Dir.	Directive
doctr.	doctrine
DP	*Dalloz périodique*
Dr. adm.	*Droit administratif*
FNUJA Infos	*Journal de la Fédération nationale des unions de jeunes avocats*
Gaz. Pal.	*Gazette du Palais*
Bull. Joly	Bulletin Joly
info. rap.	informations rapides
J.-Cl.	Juris-Classeur
JCP CI	*La semaine juridique*, édition commerce et industrie
JCP G	*La semaine juridique*, édition générale
JO	*Journal officiel*
JOAN	*Journal officiel, Assemblée Nationale*
JOCE	*Journal officiel des Communautés européennes*
Juris-Data	*Banque de données juridiques*
L.	loi
LPA	*Les Petites affiches*
NCPC	Nouveau Code de procédure civile
pan. jurispr.	Panorama de jurisprudence

RD sanit. soc.	*Revue de droit sanitaire et social*
Rev. huissiers	*Revue des huissiers de justice*
Rev. sc. crim.	*Revue de science criminelle et de droit pénal comparé*
RID éco.	*Revue internationale de droit économique*
RIN	Règlement intérieur national
RJF	*Revue de jurisprudence fiscale*
RTD civ.	*Revue trimestrielle de droit civil*
S.	*Sirey*
somm.	sommaire
T. com.	Tribunal de commerce
T. corr.	Tribunal correctionnel
TGI	Tribunal de grande instance
V.	voir

Avertissement

1. – Si l'on en croit le *Vocabulaire philosophique* d'André Lalande, le terme déontologie a été créé par Bentham, dont un ouvrage posthume paru en 1834 porte en titre : *Deontology or the science of morality*. En France, *Littré* le reçoit pour la première fois en 1874 comme néologisme non encore accepté par l'Académie française. Il est défini dans le *Vocabulaire Lalande* comme « la théorie des devoirs ». Le *Vocabulaire juridique*, publié par l'Association Henri Capitant sous la direction de G. Cornu indique sous la rubrique déontologie : « Ensemble de devoirs inhérents à l'exercice d'une activité professionnelle libérale et le plus souvent défini par un ordre professionnel ».

Nous proposons d'élargir quelque peu la compréhension du concept en ce qui concerne les « devoirs ». Le « devoir » est ce qu'il faut faire. Telle est d'ailleurs la signification exacte du grec « to déon ». Et ce qu'il faut faire renvoie à la règle de conduite (morale, coutumière, juridique), ou encore pour rester avec les Grecs, au « nomos » dont les Latins ont fait « norma ». La science des « devoirs » est également la science des « normes ». C'est en ce sens étendu que nous la prendrons. C'est également en ce sens qu'on a pu parler de « logique déontique » ou logique des normes (Kalinowski).

Nos confrères Damien et Ader la définissent comme le « nom barbare » *(sic)* donné à la science dont l'objet est l'étude des règles morales et juridiques qui doivent régler une profession (*Règles de la profession d'avocat,* Dalloz Action 2006/2007, n° 06-11. – *Adde :* H. Ader : *« des règles et usages de la déontologie » : Gaz. Pal.* 17-18 sept. 2004, p. 5). Leur ouvrage ne fait aucune distinction entre les règles qui seraient déontologiques et d'autres qui ne le seraient pas. Nous pourrions conclure que la déontologie de l'avocat est la science de l'ensemble des normes qui gouvernent l'exercice de cette profession. C'est en ce sens que nous la présentons. Le présent ouvrage a pour objet toutes les règles de la profession d'avocat. Malheureusement cette notion globale de la déontologie a été officiellement troublée par le décret du 12 juillet 2005 (V. *infra,* n° 3).

Notons au passage que si les droits ne vont pas sans devoirs, les devoirs s'accompagnent de prérogatives, celles-ci étant comme la projection extérieure du devoir faire individuel : l'avocat doit porter la robe au Palais de justice et le port de la robe est pour lui une prérogative.

2. – La déontologie de l'avocat, ainsi définie, fut longtemps coutumière et ce trait la rapprochait de la morale. Mais il y a beau temps que le droit écrit s'est introduit en ce domaine comme en d'autres, et aujourd'hui l'origine des règles est devenue diverse.

La loi d'abord. La charte législative de la profession d'avocat figure dans la loi n° 71-1130 du 31 décembre 1971, qui a été profondément remaniée par la loi n° 90-1259 du 31 décembre 1990 entrée en application le 1er janvier 1992.

L'article 10 relatif aux honoraires a été réécrit par la loi n° 91-547 du 10 juillet 1991 (art. 72) et l'article 66-5 relatif au secret professionnel a été remanié à plusieurs reprises en dernier lieu par la loi n° 47-308 du 7 avril 1997 (art. 4).

Le décret ensuite. Principalement le décret n° 91-1197 du 27 novembre 1991 modifié notamment par le décret n° 96-210 du 19 mars 1995 concernant le Conseil national des barreaux.

Par ailleurs l'exercice de la profession en société a fait l'objet de dispositions spéciales : décret n° 92-680 du 20 juillet 1992 pour l'application à la profession d'avocat de la loi n° 66-879 du 29 novembre 1966 relative aux Sociétés civiles professionnelles (SCP), et le décret n° 93-492 du 25 mars 1993 qui concerne les Sociétés d'exercice libéral (SEL) créées par la loi n° 90-1258 du 31 décembre 1990 (V. *infra*, n° 24).

Une loi du 11 février 2004 est venue notablement modifier le paysage en réformant la formation de l'élève-avocat, l'instance disciplinaire et en transposant la directive européenne du 16 février 1998. Des décrets d'application ont été publiés sur ces trois points à savoir n° 2004-1123 du 14 octobre 2004 sur la transposition de la directive (R. Martin, *JCP* G 2004, act. n° 615) ; n° 2004-1386 du 21 décembre 2004 relatif à la formation (R. Martin, *JCP G* 2005, act. n° 43) ; n° 2005-531 du 24 mai 2005 sur l'instance disciplinaire (R. Matin, *JCP* G 2005, act. n° 343). Ces textes ont été intégrés dans le décret du 27 novembre 1991. Mais un décret n° 205-790 du 12 juillet 2005 (R. Martin, *JCP* G 2005, act. p. 1729) est venu troubler ce paysage cohérent et la notion de déontologie. Il importe de rendre compte de la genèse de ce texte et de ses conséquences.

3. – À ces règles légales et réglementaires s'ajoutent des règles corporatives contenues dans le règlement intérieur de chacun des Ordres, l'Ordre étant la cellule de base de la profession. Le Conseil National des Barreaux (CNB) avait reçu de la loi mission de « veiller à l'harmonisation des règles et usages de la profession ». Il a cru pouvoir en déduire qu'il disposait en cette matière d'un pouvoir normatif s'imposant aux Ordres. Il a élaboré un Règlement intérieur type, dit Règlement Intérieur Harmonisé (RIH) sur les points essentiels de la déontologie et a prétendu imposer aux Ordres qu'ils l'incorporent dans leur propre règlement intérieur. C'était retirer aux Ordres une part de leur autonomie et certains ont regimbé. Ils ont pu faire juger par le Conseil d'État, reconnu compétent par le tribunal des conflits, que le RIH n'avait pas valeur normative, mais était une simple suggestion. Toutefois de nombreux Ordres, dont celui de Paris, l'ont intégré dans leur règlement intérieur sans modification, lui donnant ainsi force exécutoire.

Mais la loi du 11 février 2004 a accordé au CNB un pouvoir normatif. Il en fait immédiatement usage en diffusant un Règlement Intérieur Unifié (RIU). Ce règlement a fait l'objet d'un contentieux tant devant le Conseil d'État que devant les cours d'appel (R. Martin, *Le RIU est arrivé* : *JCP* G 2004, act. n° 275). L'article 16 de ce RIU sur les réseaux pluridisciplinaires a été suspendu puis annulé par le Conseil d'État (Ord., réf., 22 juin 2004, *JCP* G 2004, II, 10137, note Monique Bandrac. – *Adde*, R. Martin, *Libres propos* : *JCP* G 2004, act. n° 439. – CE, 17 nov. 2004 : *JCP* G 2004, II, 10888, conl. Y. Agula. – *Adde*, R. Martin, *Le RIU en question* : *JCP* G 2004, act. n° 165 ; *Heurs et malheurs du RIU* : *JCP* G 2004, act. p. 1727).

À peine le pouvoir normatif avait-il été consacré par la loi et mis en œuvre que le Président du CNB appelait de ses vœux un Code de déontologie par décret en Conseil d'État (R. Martin : *JCP* G. 2004, act. n° 306). Il fut entendu par la Chancellerie. En cours d'élaboration, l'intitulé de ce code fut abandonné pour calmer les protestations de la base, et un décret a été publié le 12 juillet

2005, n° 2004-790, présenté comme « relatif au règles déontologiques de la profession d'avocat ». Ce décret abroge tout un pan du décret du 27 novembre 1991 : articles 155 à 161 et 245, qui y figuraient comme « règles professionnelles » pour en prendre la place de façon autonome. Il semble en résulter que la déontologie est considérée comme un corps de règles spécifiques parmi les règles de la profession. Mais la spécificité de ces règles est implicitement posée sans être autrement définie. L'apparition de ce décret a rendu obsolète le RIU existant. L'existence même de ce décret, séparé de celui du 27 novembre 1992, porte atteinte à la cohérence formelle de l'ensemble des règles de la profession et surtout sur le plan des principes, il sacrifie un bonne part du pouvoir corporatif à l'avantage du pouvoir réglementaire de l'État, ceci avec la complicité active du CNB (pour un essai d'explication, V. Braunschweig, *Assemblée générale extraordinaire du CNB du 17 septembre 2004* : *Gaz. Pal.* 3-9 oct. 2004).

En un mot, la déontologie ne grouperait que les règles intérieures à la profession. Elle serait un code de conduite destiné seulement aux avocats. Mais ces règles constituent aussi une protection des tiers plaideurs, ainsi le secret professionnel, l'interdiction du conflit d'intérêts (Pour un développement de cette critique, V. R. Martin, *La déontologie de l'avocat et les tiers : JCP* G 2006, act. 330).

Le CNB, tirant les conséquences du décret du 12 juillet 2005, a considéré le RIU comme caduc et a publié un Règlement intérieur national (RIN) n° 2005-3. Mais il commit l'erreur de le diffuser auprès des bâtonniers pour le faire appliquer après décision du Conseil de l'Ordre, alors que, comme nous l'avons soutenu, ce RIN était d'application directe. D'où un nouveau RIN portant le n° 2007-1. Puis intervint le décret n° 2007-932 qui disposa, entre autres, que les décisions à caractère normatif prise par l'assemblée générale du CNB seraient publiées au *Journal officiel*, ce qui confirmait leur caractère réglementaire. C'est ainsi qu'un nouveau RIN, semblable au précédent, a été publié au *Journal officiel* du 11 août 2007 (p. 13503 à 13516). C'est évidemment à cette dernière version que nous nous référerons.

La hiérarchie des normes réglementant la profession est désormais la suivante : la loi, le décret gouvernemental, le RIN et le règlement intérieur de chaque Ordre. Cela fait beaucoup et conduit à des répétitions et des chevauchements.

La légalité du décret du 12 juillet 2005 fut attaquée devant le Conseil d'État notamment par l'Ordre des avocats de Paris. Le recours a été rejeté (CE 6ᵉ et 1ʳᵉ ss sections, 15 nov. 2006, *Juris-Data* n° 2006-071030 ; *JCP* G 2007, II, 10001, note R. Martin).

On pouvait penser qu'à la suite du décret du 12 juillet 2005, la production normative marquerait une pause ; il n'en a rien été. Une loi n° 2006-1771 du 30 décembre 2006 a ouvert la possibilité pour les associations d'avocats de se constituer à responsabilité limitée. Un décret n° 2007-932 du 15 mai 2007 contient l'application de cette loi. L'assurance de protection juridique a été réformée par une loi n° 2007-210 du 19 février 2007. Elle touche au choix de l'avocat et à sa rémunération. Le décret n° 2007-932 du 15 mai 2007 susvisé est venu apporter d'importantes retouches au décret de base du 17 novembre 1991 et au décret n° 92-680 du 20 juillet 1992 sur les sociétés d'avocats ainsi qu'au décret de déontologie du 15 juillet 2005. Une des innovations principales de ce décret impose la publication au *JO* des décisions normatives prises par le CNB, ce qui confirme le caractère réglementaire de ces décisions. Un arrêté du 21 mars 2007 permet aux titulaires du diplôme délivrée par l'IEP de Paris avec la mention « carrières judiciaires » de se présenter à l'examen d'entrée à un centre de formation, ce qui a soulevé les protestations des facultés de droit. Signalons enfin une circulaire DACS n° 2006-18-80 *Justice* n° 104 précisant les modalités d'intervention des Ordres des professions libérales réglementées (dont les avocats) lors des différentes procédures collectives.

4. – La Communauté européenne accroît les échanges entre les pays qui la composent et par voie de conséquence le champ d'action habituel des avocats de ces pays. Le même besoin qui pousse à l'harmonisation de la déontologie entre barreaux de France se manifeste également dans le périmètre de la Communauté, qui s'élargit.

Les organes communautaires sont intervenus d'abord ponctuellement pour la libre prestation de service par une directive du 22 mai 1977 (Dir. n° 77.249 : *JOCE* 1977) et pour les équivalences des diplômes préalables à la liberté d'établissement par une directive du 31 décembre 1988 (Dir. n° 88.48 : *JOCE* 1989, n° L. 19/16). Le droit d'établissement a fait l'objet d'une directive plus élaborée du 16 février 1998 (*JOCE* n° 4-77 ; *JCP* G 1998, II, 20061). Elle devait être transposée dans les deux ans ; elle ne l'a été que par la loi du 11 février 2004 comme dit ci-dessus.

Sur le plan corporatif, un codes déontologie des avocats de la Communauté européenne a été élaboré par le Conseil des barreaux européens, adopté lors d'une session plénière de cette association tenue à Strasbourg le 28 octobre 1988, et révisé à Lyon en 1998. Ce code a pour fin de réglementer les rapports transnationaux des avocats de la Communauté. Issu d'une association de droit privé, il n'a par lui-même aucune force obligatoire, mais s'il a été « reçu » par les règlements nationaux, il leur emprunte leur force obligatoire. Ses prescriptions sont d'un niveau de généralité assez élevé et renvoient souvent aux règlements nationaux (le texte en est reproduit dans le Code de procédure civile, Litec, annexe 12). Il a été intégré au RIU comme il l'avait été au RIH et figure à ce titre dans de nombreux règlements intérieurs des Ordres. Il figure dans le RIN.

Nous utilisons le terme de Communauté européenne et non celui d'Union européenne, et nous continuerons ainsi, voici pourquoi : la loi n° 93-1420 du 31 décembre 1993, portant modification de diverses dispositions pour la mise en œuvre de l'accord sur l'Espace économique européen et du Traité sur l'Union européenne (*JO* 1er janv. 1994) dispose en son article 11 que « dans toute disposition de loi comportant les termes "Communauté économique européenne", le mot "économique" est supprimé ». Il en résulte que depuis le 1er novembre 1993, date de l'entrée en vigueur du Traité de Maastricht, l'Union européenne ne s'est pas substituée à la Communauté européenne, elle s'y superpose. La Communauté demeure celle des affaires alors que l'Union apparaît comme celle de la politique. Or, l'avocat participe en tant que tel au monde des affaires et non à celui de la politique. Le droit élaboré à Bruxelles, à Luxembourg et à Strasbourg reste « communautaire » (l'adjectif correspondant à l'Union serait difficile à trouver).

Sur un plan plus affectif, nous avouons préférer le terme de Communauté à celui plus abstrait d'Union, et nous regrettons que le Traité de Maastricht soit venu apporter le trouble dans le vocabulaire. Les mots ont leur charge d'habitude et de symbolique.

5. – Pendant longtemps la corporation des avocats s'est tenue pour une aristocratie, soumise à une morale de l'honneur et du désintéressement non écrite. Elle fut magnifiée, en termes souvent grandiloquents, par les Anciens.

Nous citerons un seul exemple tiré des *Lettres sur la profession d'avocat* de Camus publiées en 1787 (rapporté *in* Hamelin et Damien, *Les règles de la profession d'avocat*, 9e éd., Dalloz, p. 2) :

> « L'exercice de la profession d'avocat doit mener à l'honneur et non à la fortune ; il méprise les professions lucratives, la plupart moins pénibles et moins laborieuses, pour se dévouer à des fonctions qui ne promettent que l'honneur à ceux qui les exercent avec le plus de succès ».

Il est vrai que l'honnêteté et les bonnes manières suffisent à se conduire correctement et qu'il n'est pas besoin alors d'un arsenal de règles avec, en arrière-plan, la menace d'une sanction disciplinaire. Le foisonnement de la règle de droit marque l'affaiblissement de la morale et des mœurs (il en est ainsi vulgairement sur la route pour les conducteurs d'automobiles).

Mais le temps de l'aristocratie pourvue de quelques rentes est révolu même pour l'avocat. Être avocat est devenu un métier qui doit nourrir son homme, et le professionnel libéral dispense des prestations de services d'ordre économique (business services). La nostalgie des origines ne peut arrêter le mouvement de l'histoire. Il en reste pourtant des survivances teintées de mélancolie. Nous en voulons pour preuve la formule même du serment prononcé par l'avocat qui entre dans la carrière : « Je jure, comme avocat, d'exercer mes fonctions avec dignité, conscience, indépendance, probité et humanité ». La résonance des valeurs affirmées sous serment est plus morale que juridique.

De cet état d'esprit subsistent des usages qui ont cours dans la corporation et que les conseils de l'Ordre se plaisent à faire respecter. Ces usages viennent s'ajouter aux règles écrites dont nous avons donné un inventaire succinct.

R. MARTIN

INTRODUCTION HISTORIQUE

6. – L'avocat moderne, celui dont nous allons nous occuper, est né du décret du 20 juin 1920.

Il est toujours présomptueux d'opérer une coupure dans l'histoire à la hauteur d'un texte réglementaire. La rupture ne peut être aussi nette ; elle est précédée d'une période de maturation et suivie d'une transition. Mais la date permet de fixer le moment où l'évolution bascule. À partir du décret du 20 juin 1920, le terme d'avocat cesse de désigner un titre pour être réservé à une profession.

7. – La Révolution avait supprimé tous les intermédiaires de justice, procureurs et avocats. Les Grands Ancêtres rêvaient d'une relation directe entre les nouveaux juges issus de l'élection et les plaideurs. Les robins avaient mauvaise presse. Comme il fallait s'y attendre, ce fut un fiasco. Dans le vide ainsi ouvert s'infiltrèrent des défenseurs officieux pires que ceux qu'on avait dépouillés.

La refondation napoléonienne rétablit le corps des procureurs, sous le nom plus anodin d'avoués et, en 1810, les Ordres d'avocats (D. 14 déc. 1810). À partir de l'ordonnance du 27 août 1830, le bâtonnier et les membres du Conseil de l'Ordre sont élus par l'assemblée générale des avocats inscrits au tableau. La profession a recouvré son indépendance et son identité.

8. – Mais la dénomination qui la couronne n'est pas homogène. Il y a des avocats de plein exercice et d'autres qui ne portent que le titre.

Cette situation remonte à l'Ancien Régime où l'on distinguait « l'avocat en Parlement » et « l'avocat au Parlement », seul le second exerçant réellement la profession. C'est un arrêt de règlement rendu en 1344 par le Parlement de Paris qui pose la distinction : « Nul n'aura le titre d'avocat s'il n'a été reçu en la Cour après serment et la qualité d'avocat ne donnera le droit de plaider qu'autant que l'avocat sera inscrit au tableau » (cité par Mellot, *Règles sur la profession d'avocat*, Paris, 1842, t. 1, p. 207).

A droit au titre d'avocat tout licencié en droit qui a prêté serment. Peut plaider l'avocat qui est inscrit au tableau. Du premier sur le second rejaillit une sorte d'amateurisme ou de dilettantisme, certains diraient plus noblement d'humanisme. Être avocat n'est pas un métier et suppose qu'on dispose par ailleurs d'un certain nombre de rentes.

9. – L'exercice même de la fonction d'avocat est influencé par cette situation. L'avocat s'enferme volontairement dans une déontologie qui lui interdit tout acte qui pourrait générer une responsabilité. Il doit être totalement libre et indépendant. À lui la tâche noble de porter la parole devant la cour d'assises, la cour d'appel, le tribunal civil d'arrondissement. La justice de paix est laissée aux avoués et aux défenseurs officieux, le Tribunal de commerce aux agréés. Il le fait sans obligation à l'égard du client, jouissant d'une immunité contre le pouvoir des juges et des politiques. Il ne réclame pas de rémunération, l'honoraire étant le « don spontané de la reconnaissance du client » (1). C'est un artiste, rien qu'un artiste. La procédure, les délais, la rédaction des écritures, les maniements de fonds, l'exécution sont renvoyés aux avoués et huissiers. L'avoué a constitué le meilleur rempart de la liberté, de l'indépendance, de la disponibilité de l'avocat, ce qu'ont oublié les avocats militants du XXe siècle.

10. – En deçà de l'avoué et de l'huissier prolifèrent ceux qu'on appelle les « agents d'affaires ». Ces professionnels ne sont tenus par aucune règle, ni coutumière ni légale, et ils « font des affaires » qui transgressent parfois l'honnêteté. Ils s'illustrent notamment dans la défense des accidentés du travail (les chaudières à vapeur explosent fréquemment à l'époque si l'on en croit les recueils de jurisprudence), en pratiquant le pacte de *quota litis*, puis des accidentés de la circulation après la vulgarisation de l'automobile.

11. – Revenons à 1920. Le titre coïncide dès lors avec la profession, et une loi du 20 juin 1924 vient sanctionner pénalement l'usurpation de titre (ancien C. pén., art. 259 et nouveau C. pén., art. 433-14 à 433-17).

Mais le passé ne s'efface pas d'un coup. L'avocat va rester, un temps, prisonnier des habitudes, des usages, et d'un certain état d'esprit, voire d'une prétention aristocratique.

Certes les avocats ont obtenu, peu avant la première guerre mondiale, de se présenter sans procuration devant les tribunaux d'exception : conseils de préfecture en 1889, justices de paix en 1905, conseils de prud'hommes en 1907, tribunaux de commerce en 1911 (2). Puis immédiatement après la guerre, devant les jurys d'expropriation, les commissions arbitrales des loyers, les commissions cantonales de dommages de guerre. Mais ils en usent peu. Ils sont d'ailleurs entravés dans leur rôle de mandataire par l'interdiction de manier des fonds.

La possibilité de le faire ne leur sera accordée qu'en 1954 (L. 8 avr. 1954 et D. 10 avr. 1954), trente-quatre ans après le décret de 1920 ! Et le recouvrement de leurs honoraires par voie judiciaire ne leur sera ouvert qu'en 1957 (L. 31 déc. 1957). La transition a été longue. Aujourd'hui la fixation et la contestation des honoraires donnent lieu à un contentieux abondant.

12. – De leur côté les avoués d'instance se cantonnent volontiers dans leur monopole de représentation devant le tribunal civil d'arrondissement, puis le tribunal de grande instance. Malgré des efforts de dernière heure, illustrés par la Fédération des avoués, ils ne s'acharnent pas à occuper le terrain laissé libre par les avocats : ils abandonnent même volontiers à ces derniers la rédaction des écritures qu'ils signent. Ce terrain, des mandataires et des conseils officieux vont l'occuper.

Les tribunaux de commerce ont depuis longtemps agréé des professionnels représentant devant eux les plaideurs. Ces « agréés » s'organisent en compa-

(1) Le *barrister* anglais a conservé cette tradition. Il ne reçoit ses honoraires que du *solicitor* et non directement du client, et à l'arrière de sa robe se trouve une poche dans laquelle les honoraires peuvent être introduits sans qu'il le voit.

(2) Cf. L. 12 juill. 1905, art. 26, sur la réorganisation des justices de paix ; L. fin., 13 juill. 1911, art. 96 ; L. 27 mars 1907, art. 26.

gnies et se dotent d'une tenue rappelant la robe (3). Outre la représentation et la plaidoirie devant les tribunaux de commerce, ils rédigent des actes sous seing privé et s'entremettent dans les relations commerciales.

De nouveaux domaines du droit tenant au développement de l'économie, du droit fiscal et du droit des sociétés, s'ouvrent pour les entreprises, auxquelles de nouveaux conseils proposent leurs services. Ceux-ci sont désignés sous la dénomination de conseils juridiques. Ils vont connaître une grande prospérité, car ils correspondent à un besoin que les avocats ne satisfont pas. Ces derniers vont en prendre un certain ombrage, d'autant que ces praticiens ont l'avantage, sur le plan de la concurrence, de n'être soumis à aucune déontologie. (Les avocats les confondent volontiers avec les agents d'affaires du XIXe siècle pour les rejeter avec quelque mépris). Ils s'organisent en sociétés de type commercial dont certaines rayonnent sur tout le pays et même au-delà. Des cabinets d'audit, notamment anglo-américans, profitent de l'absence de réglementation pour s'installer à Paris. À eux s'adresse de préférence une clientèle d'entreprises, plus solvable que celle des particuliers dont les patrimoines se sont amenuisés.

13. – Pourtant dans le même temps, la profession qui a trouvé quelque homogénéité réagit. Elle le fait par la voie du syndicalisme, qui selon les uns vient en concurrence, selon les autres en complément, de la structure ordinale. La loi du 12 mars 1920 a autorisé les professions libérales à se constituer en syndicats professionnels. En 1921 est créée l'Association nationale des avocats (ANA) qui perdure au jour présent sous l'avatar de la Confédération nationale des avocats (CNA), après fusion avec le syndicat dans lequel s'étaient réunis, après la réforme de 1972, les anciens avoués devenus avocats (4). Puis les jeunes avocats parisiens se groupent dans un syndicat spécifique, l'Union des jeunes avocats (UJA) qui essaime en province, jusqu'à ce que les Unions locales forment une Fédération nationale (FNUJA). Ces UJA prendront une position de pointe quant à l'évolution de la profession, ce qui est bien normal pour de jeunes professionnels. Viendra ensuite le Syndicat des avocats (SAF), plus marqué politiquement.

14. – La grande ambition des modernistes, et notamment de l'ANA, poursuivie avec persévérance, sera que l'avocat absorbe les professions parallèles d'avoué, d'agréé, de conseil juridique, afin qu'il reçoive le monopole de l'exercice du droit, et pas seulement du contentieux. (Elle s'arrête devant la frontière des notaires, des huissiers de justice, des juristes d'entreprise et des avocats aux Conseils, ce qui rétrécit par avance le monopole recherché). Et l'évolution va s'accomplir lentement, mais sûrement vers ce but, et si à ce jour il n'est pas complètement atteint, il est sérieusement approché. Le vent de l'histoire pousse dans cette direction.

15. – La suppression des avoués a été revendiquée par l'ANA dès sa formation. Le thème revient régulièrement de congrès en congrès. Il n'est certes pas dénué d'inspiration corporatiste, mais il va au-delà. La suppression de l'avoué implique une transformation du procès civil et celle-ci est assumée. La parole s'effacera devant l'écriture, la technique usurpera le rang du talent, et le juge viendra occuper une partie de l'espace cédé. En absorbant les avoués, l'avocat s'exposait à devenir un avoué, de moins en moins plaidant

(3) À Paris, frac et pantalon noir, petit manteau court avec queue en moire ; en province, une robe noire ornée de-ci de-là de quelques fantaisies colorées.

(4) Sur l'histoire de l'ANA, cf. J.-B. Sialelli, *Les avocats de 1920 à 1987*, Litec, 1987.

et moins maître de sa procédure à l'égard du juge. C'est pourquoi les tenants de la tradition s'effrayèrent et résistèrent. Il faut constater que l'aventure a été payée par l'avocat de la perte de son confort intellectuel et peut-être d'un aspect de son prestige (5).

16. – En 1968 les modernistes peuvent penser toucher au but. Le garde des Sceaux, R. Capitant, crée une commission de la réforme des professions juridiques qui reprend la majorité des propositions de l'ANA, et notamment la « grande fusion », celle qui englobe les avocats, les avoués, les agréés et les conseils juridiques, accompagnée d'une approche du monopole de l'exercice du droit. Mais R. Pleven, plus pragmatique, succède à R. Capitant, et la réforme qui prendra corps sera plus modeste que celle espérée, la « grande fusion » s'amenuisera en une fusion limitée aux avoués et agréés, et il ne sera plus question du monopole de l'exercice du droit.

17. – La réforme est réalisée par une loi n° 71-1130 du 31 décembre 1971. Cette loi est encore, à l'heure présente, la charte de la profession d'avocat, alors même qu'elle a été profondément bouleversée par la loi n° 90-1259 du 31 décembre 1990. On a voulu présenter cette dernière comme une continuation de la précédente, et c'est vrai. Elle n'achève pas l'évolution, mais elle la poursuit et lui apporte une avancée significative.

La loi de 1971 s'annonçait elle-même comme une étape provisoire. Son article 78 le disait expressément :

« Les mesures propres à réaliser l'unification des professions d'avocat et de conseil juridique seront proposées au garde des Sceaux par une commission instituée à cet effet. Cette commission devra saisir le garde des Sceaux de ses propositions avant l'expiration d'un délai de cinq ans à compter de la date d'entrée en vigueur de la présente loi en vue de l'élaboration d'un projet de loi ».

La commission fut constituée, mais ses travaux n'aboutirent pas dans le délai imparti. Il existait encore, chez beaucoup d'avocats, une répugnance marquée à intégrer les conseils juridiques, la même qui avait contribué à faire échouer la « grande fusion », et ce malgré le début de réglementation de cette profession apporté par la loi de 1971.

Les avoués d'appel avaient échappé à la tourmente. Les chefs de Cour étaient favorables à leur maintien à cause de la dispersion des avocats plaidant devant la Cour et de l'incongruité qu'il y aurait eu à créer un nouveau monopole de représentation pour les avocats du barreau de la Cour. Ils ont encore résisté au tournant de 1990.

18. – La loi du 31 décembre 1971 fut mise en application le 16 septembre 1972 en même temps que le décret généralisant la mise en état devant le tribunal de grande instance.

Le bouleversement fut assez bien digéré par les trois professions réunies. Les avoués furent convenablement indemnisés et s'adaptèrent aisément à la nouvelle donne, les agréés virent étendre leur champ d'activité et affirmer leur notoriété. Ceux qui eurent le plus de difficulté à suivre la postulation furent paradoxalement les anciens avocats : peut-être aussi celle-ci ne leur apporta pas le supplément de revenus qu'elle promettait.

(5) La révolte de la quasi-unanimité des avocats contre le juge de la mise en état dénote la part d'incohérence qu'il y avait dans l'esprit des modernistes. Car la mise en état est la compagne naturelle de la disparition de l'avoué. Et il n'est pas étonnant que la généralisation de ce mode d'instruction du procès civil ait coïncidé avec la fusion avocat/avoué.

La profession nouvelle avait conservé la structure de la profession d'avocat : Ordres, barreaux, absence de *numerus clausus*, discipline. C'était bien l'avocat qui se poursuivait avec de nouveaux habits.

19. – La loi du 31 décembre 1971 contenait un titre II relatif à là « Réglementation de l'usage du titre de conseil juridique ». Sous cette appellation anodine se cachait en réalité un début de réglementation de la profession, avec un contrôle du procureur de la République. En tout cas le conseil juridique recevait une existence officielle.

Dans la foulée, la profession s'organisa elle-même afin d'affirmer son identité. Elle s'affirma capable de fournir aux entreprises une palette de services que les cabinets d'avocats les plus importants n'étaient pas à même de leur procurer. On était loin de l'agent d'affaires besogneux et souvent incompétent, traquant le client jusque dans les estaminets. Le conseil juridique devenait peu à peu un personnage avec qui l'avocat pouvait traiter sans déchoir.

20. – L'ouverture européenne, marquée par l'Acte unique de 1985, relança l'idée d'intégrer les conseils juridiques dans la profession d'avocat, en acceptant la perspective d'une nouvelle mutation de cette profession afin de la rendre apte à affronter la concurrence internationale, et notamment celle des cabinets d'audit anglo-saxons. En filigrane de l'absorption des spécialistes du conseil et de la rédaction des actes courait le rêve toujours recommencé du monopole de l'exercice du droit.

Dans un rapport remis au bâtonnier de Paris en juin 1988, Me D. Soulez-Larivière dénonçait, en termes virulents, les archaïsmes de l'avocat et faisait vingt propositions en vue d'une reforme.

D'une façon concomitante était rendue publique une étude de Me J.-C. Coulon, conseil juridique en droit des sociétés, réalisée pour le Commissariat général du plan, sur les « professions juridiques au service des entreprises dans l'Europe de 1992 », qui allait dans le même sens de la concentration des professions et de la constitution de grandes unités de conseil.

Le 7 novembre 1988, le garde des Sceaux et le ministre des Affaires européennes confiaient à Me D. Saint-Pierre une mission d'étude sur l'Europe et les professions du droit. Le rapport de mission fut remis en juin 1989. Ce rapport considérait en conclusion que « les trois réformes touchant au rapprochement des professions, à la réglementation de la consultation et de la rédaction des actes en matière juridique et à l'exercice sous forme de sociétés de capitaux » devaient être effectuées d'urgence « pour permettre aux professionnels du droit de réaliser dans des conditions satisfaisantes, avant 1993, les indispensables restructurations ».

Tout le programme de la réforme annoncée est résumé dans cette conclusion : rapprochement des professions judiciaires et juridiques (rapprochement est un euphémisme), réglementation de la consultation et de la rédaction d'actes (sous-entendus sous seing privé), sociétés de capitaux, le tout dans la perspective du grand marché européen. En fait au-delà de l'Europe, c'est le monde qui est visé.

21. – La réforme était lancée. La chancellerie élabora deux avant-projets de loi, l'un sur la réforme de certaines professions judiciaires et juridiques, l'autre sur l'exercice des professions libérales sous forme de sociétés de capitaux. Les deux projets définitifs furent déposés à l'Assemblée nationale le 4 avril 1990. Si le second fut voté sans coup férir par les deux assemblées, le premier connut des traverses. Il fut d'abord rejeté, par 288 voix contre 285, à l'Assemblée nationale, puis repêché à la session suivante. Le texte gouvernemental fut profondément amendé lors des débats parlementaires.

22. – Le bref panorama historique que nous venons de tracer montre que les professions judiciaires et juridiques sont parties d'un état de parcellisation pour aller, dans la seconde moitié du XXe siècle, vers une concentration croissante. On peut, à première vue, s'en étonner. En effet, à la parcellisation correspondait une certaine spécialisation. Aux avocats la parole, aux avoués l'écrit et la représentation, aux agréés le droit du commerce, aux conseils juridiques la consultation en droit des affaires. La concentration efface cette spécialisation organique. Or, le mouvement général du savoir et de la technique va vers la spécialisation.

En réalité la parcellisation avait des causes plus conjoncturelles que rationnelles. L'Ancien Régime avait multiplié les juridictions et parallèlement les auxiliaires de justice. C'est que le roi vendait les offices de judicature et le produit de ces ventes constituait une part non négligeable des ressources publiques. La rénovation napoléonienne conserva par habitude la division entre procureurs (rebaptisés avoués) et avocats (6). On a dit (V. *supra*, n° 12) comment les circonstances avaient fait éclore des agréés et des conseils juridique.

La concentration n'est qu'un retour du balancier de l'histoire qui se cumule avec la spécialisation, laquelle se fait à l'intérieur de la profession. Elle suit, avec un certain retard, celle qui s'est produite dans le domaine des entreprises.

23. – La concentration de 1990, suivant celle de 1971, a laissé en dehors bien des professions juridiques et même judiciaires (avoués d'appel, huissiers de justice, avocats aux Conseils) ce qui empêche que puisse être établi un véritable monopole de l'exercice du droit. La loi du 31 décembre 1990 a établi à ce sujet un compromis laborieux et combien imparfait. Le regroupement pourrait s'opérer par la voie de sociétés interprofessionnelles. Mais cette perspective rencontre des résistances tenaces ici ou là. Peut-être que chacun a peur d'y perdre un peu de soi.

La concentration offerte par la loi n'entraîne pas d'ailleurs la disparition de l'artisanat et des petites unités. L'installation de quelques grandes structures du droit à Paris, regroupées avec des établissements de New York, Londres, Francfort ou Berlin, n'élimine pas la masse des avocats qui continuent de s'occuper artisanalement (soit individuellement, soit dans une SCP de deux ou trois membres) de divorces, d'accidents de la circulation, de loyers, de copropriété, de bornage et de droit de passage, etc. Selon le rapport Saint-Pierre, aux USA où la concentration est la plus accusée, à la fin des années 80, 80 % des juristes exerçaient dans des structures de petite taille (p. 16 du rapport). La grande entreprise ne chassera jamais, dans un système libéral, la petite entreprise ni l'artisan de proximité, si elle attire davantage les feux des médias.

24. – Le fait pour la profession d'avocat d'avoir absorbé celle de conseil juridique n'est pas allé pour elle sans de profonds changements.

Il n'était pas question de faire disparaître les sociétés de forme commerciale qui vendent aux entreprises des prestations de conseil. On leur a proposé un nouveau type de société, la Société d'exercice libéral (SEL) qui n'est autre qu'une transposition à la profession libérale des sociétés commerciales : tel

(6) Dans le Reich de Bismark et Guillaume II, qui réalisa l'unification allemande, ne se trouvaient pas ces antécédents historiques, si bien que la défense et la représentation en justice furent confiées à un unique professionnel, le Rechtsanwalt, lequel cumule parfois les fonctions de notaire. Au surplus la formation du Rechtsanwalt est commune à celle du juge.

fut l'objet de la loi n° 90-1258 promulguée le même jour que celle portant réforme de certaines professions judiciaires et juridiques. Pour l'application de cette loi à chacune des professions intéressées, des décrets ont été pris. Celui qui concerne la profession d'avocat porte le n° 93-492 et la date du 25 mars 1993.

Par ailleurs le décret du 23 juillet 1972 sur les SCP d'avocats a été remplacé par un nouveau texte n° 92-680 du 20 juillet 1992, la loi applicable restant celle n° 66-879 du 29 novembre 1966 légèrement remaniée par la loi susvisée du 30 décembre 1990 sur les SEL.

25. – Si l'intégration des avoués n'avait pas posé de problème majeur, car il s'agissait de gens d'une même famille, celle du Palais, il n'en va pas de même de l'intégration des conseils juridiques. Après plusieurs années de pratique, demeurent au sein de la même profession d'avocat, deux métiers, celui de conseil et de rédacteur d'actes qu'on a pris l'habitude de nommer le « juridique » et le « judiciaire » (opposition impropre car le judiciaire est tout autant juridique). Les différences – et les tiraillements – se situent surtout aux plans de la formation et de la déontologie. Les avocats du conseil considèrent, avec raison, que la formation dans les Centres régionaux de formation professionnelle est trop axée sur le judiciaire, et avec moins de raison (ou plus d'arrière-pensées) que la déontologie du judiciaire est trop étroite pour encadrer le juridique. Le rassemblement de tous les juristes dans un seul corps, et notamment des juristes d'entreprise, s'il peut amener un renforcement de la profession par le nombre, conduirait nécessairement à un éparpillement encore plus grand et à une perte d'identité de ses diverses composantes.

26. – La profession de conseil juridique était pratiquée par des salariés et elle désirait conserver cet « acquis », prétention qui se heurtait à une répugnance marquée et compréhensible des avocats. Comment peut-on être à la fois indépendant et salarié ? Mais le salariat allait dans la logique des sociétés, car la personne morale doit bien agir par l'intermédiaire de personnes physiques qui, dans des groupes importants, seront ses employés. Ceux-ci se répartissent d'ailleurs en deux catégories : les dirigeants sociaux qui sont des patrons capitalistes, ne portant du salarié que la dépouille formelle, et les véritables travailleurs du droit qui exercent sous la direction des dirigeants.

Pour absorber les conseils juridiques, les avocats ont dû se résigner à compter parmi eux des confrères salariés. Des différends ont aussitôt surgi entre les sociétés de conseils juridiques et les barreaux sur l'application des clauses du contrat de travail issues de l'ancienne convention collective des conseils juridiques, en ce qui concerne le droit de rétablissement à l'expiration du contrat. Ils ont été résolus en privilégiant la liberté de rétablissement sur la défense du cabinet ancien employeur, ce qui n'est pas du goût des grandes structures. Le droit du travail a du mal à s'accorder avec la déontologie. Il apparaît d'ailleurs que le salariat ne fait pas école parmi les « avocats de souche » ; ceux-ci lui préfèrent le contrat de collaboration (non salarié) dit libéral (7) qui se situe dans la tradition de la profession.

Le problème de la cohabitation du salariat et du statut libéral de l'avocat serait aggravé par l'introduction dans la même profession réglementée des juristes d'entreprise, si celle-ci devait être réalisée.

27. – Il est symptomatique de constater que la réforme de la profession d'avocat ait immédiatement suivi l'application de la TVA à cette profession.

(7) L'habitude s'est établie de distinguer collaborateur salarié et collaborateur libéral.

Le fiscal a été le signe du changement de nature de la profession libérale ; celle-ci est entrée dans la prestation de service du type économique (business services comme il est dit dans le GATT). L'avocat doit présenter une facture (on ne dit plus note d'honoraires) comme le fait l'agent économique suivant les prescriptions de l'ordonnance du 1er décembre 1986 (art. 31) ce qui ne va pas sans risques de transgression du secret professionnel. Cette réglementation de la facturation est mal adaptée à la rémunération de l'avocat.

La forme seule n'est pas en jeu, mais le mode de fixation du prix de la prestation, appelée encore honoraires. Le client entend prévoir le coût de l'intervention, il désire qu'on lui établisse préalablement un « devis », qu'on affiche le prix unitaire (Ord. susvisée, art. 28). Voici l'intronisation de la convention d'honoraires avec la possibilité d'une clause de *quota litis*.

28. – Sociétés de capitaux, salariat, facturation des prestations, clause de *quota litis*, nous sommes à des années-lumière des discours tenus à la rentrée de la Conférence du stage par les bâtonniers pendant les deux derniers siècles. Nous entrons dans un siècle nouveau, le XXIe. (La date artificielle marque une ligne de fracture de l'histoire).

Et pourtant la prestation de l'avocat contient, plus qu'une autre, une charge de confiance, de confidentialité, de probité qui doivent être préservées dans le torrent du modernisme. Ce ne peut être que par l'encadrement strict de la règle de droit, quelle qu'en soit la source, légale, ordinale, coutumière. Plus les tentations d'affairisme sont grandes, plus les risques de dérapages importants, et plus la règle doit entrer dans le détail de l'action et encadrer les conduites. La tradition morale ne suffit pas (8).

Il n'y a d'ailleurs pas de contradiction entre la liberté et la règle. La condition première du libéralisme est que la liberté y soit définie par le droit, et ce avec d'autant plus de rigueur que le champ de l'action est plus étendu et plus périlleux. La déontologie, bien loin de s'estomper, doit resserrer ses mailles. Les invocations incantatoires à l'honneur, à l'honnêteté, au désintéressement, à la probité, voire à la délicatesse ne suffisent pas, il y faut un code détaillé de bonne conduite.

Et une instance disciplinaire pour les sanctionner, où le bâtonnier joue maintenant le rôle de procureur depuis la loi du 11 février 2004. Membre du conseil, bâtonnier, sont de moins en moins des distinctions honorifiques qui viennent avec l'âge, mais des fonctions de gestion, de gouvernement et de juridiction – ce qui commence d'ailleurs à poser des problèmes à ceux qui les exercent dans le même temps où ils font leur métier d'avocat. C'est le sort de toutes les institutions qui grandissent et se compliquent d'exiger davantage de leurs dirigeants élus, si bien qu'un jour se posera le problème du bénévolat.

---

(8) R. MARTIN, *Quand l'histoire bégaye* : *Gaz. Pal.* 12-13 avr. 1995, p. 11.

Première partie

FONCTION DE L'AVOCAT

Chapitre 1

LA LIBERTÉ DE LA DÉFENSE

A. – Notion des droits de la défense

29. – Dans l'imagerie populaire, l'avocat est l'homme vêtu de noir, qui se lève le dernier devant le jury de la cour d'assises et qui déploie son éloquence pour défendre l'accusé. Il représente la *Défense* pour celui qui est sous le coup d'une menace de peine grave, autrefois la mort, maintenant la réclusion à perpétuité.

Rien d'étonnant à cela, car la première manifestation historique du pouvoir de justice, ancrée dans le subconscient du peuple est celui de punir. Le grand prêtre, le chef de tribu, le monarque, la République châtie ceux qui contreviennent aux lois essentielles de la société (1).

Mais la défense en face de ce pouvoir, le contre-pouvoir de la défense, ne s'est pas dégagée aussi naturellement qu'on pourrait l'imaginer. Dans l'Antiquité grecque, le logographe rédigeait le discours que l'intéressé lisait à l'audience. Les Romains ont inventé la plaidoirie et nous ont légué le célèbre Cicéron qui alimentait les versions latines de notre jeunesse. Par contre, dans l'Ancien Régime français, l'avocat était écarté de la défense pénale. Ce déficit de la défense accompagne l'affirmation par le souverain de son pouvoir de punir. Il est jaloux de ce pouvoir et s'irrite de le voir contester. Une défense organisée, confiée à un spécialiste, apparaît comme une entrave insupportable à la puissance régalienne, fondement de l'ordre social. Il en reste quelque chose dans l'esprit des détenteurs de l'exécutif, alors même qu'ils sont réputés être les serviteurs de l'État de droit : et le public lui-même, avide de répression, particulièrement en des temps troublés, supporte souvent mal la défense qu'il perçoit comme un obstacle à la sécurité. Les juges eux-mêmes ne sont pas à l'abri de la tentation.

30. – La conception de la défense comme une composante de l'œuvre de justice est une conquête relativement récente de l'État de droit. La Déclaration des droits de 1789 proclame le principe de la légalité des peines : « Nul homme ne peut être accusé, arrêté, détenu que dans les cas déterminés par la loi, et selon les formes qu'elle a prescrites » (art. 7). Mais elle ne vise pas explicitement le droit à la défense. Pour inclure ce droit dans la Constitution

(1) Les plus anciens monuments du droit parvenus jusqu'à nous sont des codes de peines : Code d'Hammourabi, vers 1775 avant Jésus-Christ, lois Hittites vers le XIVe siècle avant Jésus-Christ. Ce sont des collections de textes d'origine royale, coutumière ou judiciaire.

que nous régit, le Conseil constitutionnel a dû le découvrir dans les « principes fondamentaux reconnus par les lois de la République » (déc. n° 80/127, 19 et 20 janv. 1981 : *Gaz. Pal.* 1981, 1, p. 57). Par contre, l'expression de ce droit figure clairement dans la Convention européenne de sauvegarde des droits de l'homme et des libertés fondamentales (art. 6) dont nous reproduisons un extrait :

« Toute personne a droit à ce que sa cause soit entendue équitablement et publiquement et dans un délai raisonnable, par un tribunal indépendant et impartial, établi par la loi, qui décidera soit des contestations de ses droits et obligations de caractère civil, soit du bien-fondé de toute accusation en matière pénale dirigée contre elle...

« Tout accusé a droit notamment à... se défendre lui-même ou avoir l'assistance d'un défenseur de son choix et, s'il n'a pas les moyens de rémunérer un défenseur, pouvoir être assisté gratuitement par un avocat d'office, lorsque les intérêts de la justice l'exigent ».

Il convient de remarquer que le droit au défenseur-avocat n'est expressément exprimé qu'en ce qui concerne l'accusation en matière pénale. C'est dans cette situation que la notion de défense apparaît dans la pure acception du terme. L'accusé se défend et il est défendu contre l'accusateur devant le juge.

31. – Pourtant on peut penser que le droit à la défense est inclus dans le procès équitable concernant les contestations des droits et obligations de caractère civil. C'est une extension de la compréhension du concept qui s'est banalisée, si bien qu'on parle des droits de la défense aussi bien pour le procès civil que pour le procès pénal – et on peut y ajouter le procès administratif.

Cet usage unanimement reçu ne va pas toutefois sans une certaine ambiguïté, car dans le procès civil la partie attaque et défend à la fois : le procès débute d'ailleurs par l'attaque de la partie demanderesse, et il est alors sémantiquement osé de parler de ses garanties procédurales comme des droits de la défense. Les termes de l'article 30 du Nouveau Code de procédure civile sont significatifs à ce sujet : « L'action est le droit, pour l'auteur d'une prétention, d'être entendu sur le fond de celle-ci afin que le juge la dise bien ou mal fondée. Pour l'adversaire, l'action est le droit de discuter le bien-fondé de cette prétention » (ce code n'emploie pas le terme de droit à la défense). L'action civile est aussi bien attaque que défense, et chaque partie peut être concurremment demanderesse et défenderesse. Chacune a droit à voir respecter par l'autre et par le juge les garanties que lui accorde la procédure civile (il en est de même pour le particulier guerroyant contre l'Administration, il a un droit à la procédure). On peut résumer en disant que la procédure assure l'action (V. W. Baranès et M.-A. Frison-Roche, *Le souci de l'efficacité du droit* : *D.* 1996, chron. p. 301).

Cette restriction étant faite sur la validité du concept, nous suivrons l'usage commun, et nous parlerons indistinctement de « droits de la défense » aussi bien pour les procès civil et administratif que pour le procès pénal. Le droit à la défense renvoie à la forme, tant il est vrai que « la forme est la sœur jumelle de la liberté » (Von Jehring, *Esprit du droit romain*, trad. de Melenaere, t. III, p. 164).

32. – Selon la Convention européenne de sauvegarde des droits de l'homme, le droit à la défense n'implique pas nécessairement l'assistance d'un avocat : l'accusé peut se défendre lui-même, dit-elle ; et nous ajouterons que la partie au procès civil ou administratif n'est que ponctuellement obligée de se faire représenter – et par suite assister – par un avocat (ou un avoué ou un avocat aux Conseils). Et pourtant la défense appelle naturellement l'avocat (l'*advocatus* est étymologiquement « celui qui est appelé »).

Le procès quel qu'il soit est un débat de droit. Dans un État de droit, on juge nécessairement selon les règles de droit. Or, la science du droit ne s'improvise pas, elle s'apprend et s'expérimente. Le juge connaît le droit (*jura novit curia*), le plaideur qui comparaît devant lui ne le connaît pas, parce qu'il ne l'a pas étudié. Pour rétablir l'équilibre dans le débat, ce plaideur doit être substitué par un champion qui sait aussi le droit, comme le juge : c'est l'avocat. Le défenseur professionnel est une pièce indispensable du procès équitable. Il a fallu toutefois attendre la loi du 31 décembre 1990 pour reconnaître expressément à l'avocat la qualité « d'auxiliaire de justice » (L. 31 déc. 1971, art. 3, modifiée par L. 31 déc. 1990). Le terme auxiliaire est ambigu ; il vaudrait mieux dire partenaire (V. R. Martin, *L'avocat auxiliaire de justice*, Mélanges P. Julien, éd. Edilaix, 2003, p. 258).

33. – L'avocat ne saurait remplir son rôle de contre-pouvoir dans la dialectique judiciaire s'il n'est pas libre, à savoir si son choix a été imposé à la partie par une autorité extérieure, s'il ne lui a pas été loisible de refuser la sollicitation du plaideur, et s'il n'est pas lui-même indépendant de toute autorité.

Il doit exister entre l'avocat et son client un lien de confiance qui ne peut être assuré que si l'un et l'autre jouissent de la liberté de s'accorder et de se séparer, ce qui implique entre eux un accord toujours renouvelé. Le Nouveau Code de procédure civile a le mérite de proclamer cette vérité première en son article 19 : « Les parties choisissent librement leur défenseur soit pour se faire représenter soit pour se faire assister suivant ce que la loi permet ou ordonne ».

À la liberté de la partie répond celle du défenseur. Celui-ci ne peut être qu'un professionnel libéral dont la vertu cardinale est l'indépendance. Elle est proclamée à l'article 1er de la loi du 31 décembre 1971. Cette indépendance s'affirme à l'égard du juge, à l'égard des autorités publiques et des groupes de pression, elle s'affirme aussi à l'égard du client lui-même. L'avocat n'est pas obligé de se charger de l'intérêt qu'on lui demande de défendre ni de la manière dont on le lui demande. Un service national de la défense, dispensé par des avocats fonctionnaires, est la marque certaine d'un État totalitaire ou du despotisme selon le langage de Montesquieu.

34. – Suivant les principes que nous venons d'énoncer, nous envisagerons séparément la liberté du choix de l'avocat par le client et du client par l'avocat devant les juridictions pénales et devant les juridictions civiles (ou administratives), car les modalités techniques ne sont pas les mêmes.

B. – Liberté du choix de l'avocat au pénal

35. – L'article 6 de la Convention européenne sur la sauvegarde des droits de l'homme accorde à l'accusé la faculté de se défendre lui-même ou de faire appel à l'assistance d'un avocat. Toutefois la procédure pénale française impose dans certains cas l'assistance d'un avocat.

C'est le cas devant la cour d'assises, aux termes de l'article 274 du Code de procédure pénale dont nous rappelons les termes :

> « L'accusé est invité (par le président) à choisir un conseil pour l'assister dans sa défense.
> « Si l'accusé ne choisit pas de conseil, le président lui en désigne un d'office.
> « Cette désignation est non avenue si, par la suite, l'accusé choisit un conseil ».

(V. également, CPP, art. 317-1).

Cette disposition s'explique par la gravité des condamnations qui peuvent être prononcées.

Il en est de même devant le tribunal pour enfants. L'article 10 de l'ordonnance du 2 février 1945 prévoit qu'à défaut de choix d'un défenseur par le mineur ou son représentant légal, le juge des enfants ou le juge d'instruction désignera ou fera désigner par le bâtonnier, un défenseur d'office. L'enfant plus encore que l'adulte a besoin d'être défendu par un homme de l'art, et la loi vient au secours de son ignorance et de sa faiblesse.

Selon l'article 114 du Code de procédure pénale, le juge d'instruction doit faire désigner d'office un avocat pour assister la personne mise en examen pendant l'instruction, dès lors qu'elle n'en a pas choisi à l'origine et qu'elle fait parvenir une demande de désignation. C'est le cas également des prévenus atteints d'une infirmité et qui demandent à être assistés au moment de l'audience (CPP, art. 417). Celui qui est gardé à vue peut recevoir l'assistance d'un avocat, au besoin désigné d'office.

Par ailleurs, la personne poursuivie qui désire l'assistance d'un avocat peut se trouver dans l'incapacité de faire elle-même un choix par inexpérience ; elle peut alors s'en remettre au bâtonnier qui désignera un avocat d'office. Ce sera le cas le plus souvent lors de la comparution immédiate (ex-flagrant délit), car le prévenu n'aura pas le loisir d'exercer le choix d'un avocat.

36. – L'avocat pressenti par le client peut ne pas accepter la cause (V. *infra*, n° 50). Mais l'avocat désigné d'office y perd une partie de sa liberté. En effet, aux termes de l'article 9 de la loi du 31 décembre 1971, « l'avocat régulièrement commis d'office par le bâtonnier ou par le président de la cour d'assises ne peut refuser son ministère sans faire approuver ses motifs d'excuse ou d'empêchement par le bâtonnier ou le président ». L'avocat est alors, en quelque sorte, en service commandé et il doit rendre compte à celui qui l'a désigné (V. CA Lyon, 14 juin 1993 : *Juris-Data* n° 046701. – Cass. 1re civ., 2 mars 1994, pourvoi n° 92-15.3632 et pour l'assistance à la garde à vue : Cass. 1re civ., 24 juin 1997 : *JCP* G 1998, II, 10035, note R. Martin).

La décision du bâtonnier ou du président est une mesure d'administration judiciaire insusceptible de recours (Bordeaux, 23 oct. 1987 : *D.* 1988, 275, note Angevin). On peut penser qu'elle donne lieu à un échange de vues familial entre partenaires et que la volonté de l'avocat désigné ne sera pas violentée, car il serait alors un piètre défenseur (sur les motifs légitimes d'un refus de la désignation, V. *infra*, n° 51).

L'avocat commis ne peut, sous aucun prétexte, se substituer un confrère sans l'accord de celui qui l'a commis.

Si l'accusé refuse le concours de tout avocat devant la cour d'assises, l'avocat commis ne peut pas quitter la barre (c'est le cas lors du jugement de crimes inspirés par une idéologie politique). Il ne peut pas non plus intervenir et plaider contre la volonté de l'accusé. Il doit rester silencieux, comme le témoin muet de la régularité de la procédure (V. Lyon, 14 juin 1993 : *Gaz. Pal.* 1993, 2, p. 495).

Il y a lieu de ne pas confondre les désignations d'office dont nous venons de parler avec la désignation d'office faite par le bâtonnier dans le cadre de l'aide juridictionnelle, lorsque le demandeur à l'aide n'a pas indiqué l'avocat de son choix.

37. – Le choix de l'avocat ne connaît pas de limite territoriale. Par ailleurs, la personne poursuivie peut désigner plusieurs avocats concurremment. L'acte d'instruction peut alors se transformer en manifestation publique, lorsque le nombre des avocats est tel que ceux-ci constituent une petite foule. On a connu un événement de cette sorte à Nice en 1994 (aff. *Vergès*). Toutefois un seul conseil doit être indiqué pour recevoir notifications et convocations (CPP, art. 117).

38. – Devant les juridictions pénales, le principe est que le prévenu doit se présenter en personne. Toutefois le Code de procédure pénale, pour les petites infractions, permet que l'avocat du prévenu puisse présenter sa défense en son absence (CPP, art. 410 et 544). Et la chambre criminelle de la Cour de cassation, statuant en assemblée plénière, le 2 mars 2001 a étendu cette possibilité à tous les délits en faisant référence à l'article 6-1 de la Convention EDH (*JCP* 2001, II, 10611, note Liévremont : *Ann. loyers* 2001, p. 808, obs. R. Martin).

C. – Assistance et représentation devant les juridictions civiles et administratives

39. – Devant les juridictions civiles et administratives, l'avocat jouit d'un monopole de représentation et d'assistance, sauf devant les juridictions d'exception où certaines personnes peuvent représenter et assister. Ces habilitations varient suivant les juridictions. Devant le tribunal de commerce la représentation est libre, sous réserve que le représentant soit porteur d'un pouvoir écrit. Mais il a été jugé qu'un agent de recouvrement ne peut représenter d'une manière habituelle et rémunérée (Cass. 1re civ., 7 avr. 1999 : *Bull.* I, n° 120. – *Adde,* CA Paris, 21 mai 2001 : *Gaz. Pal.* 9 juin 2001, p. 14, concl. G. Gizardin). La représentation emporte assistance. Il est écrit à l'article 413 du Nouveau Code de procédure civile que le mandat de représentation emporte mission d'assistance. Il convient en conséquence de distinguer de façon plus précise les deux notions.

Il y a assistance lorsque le plaideur comparaissant en personne, son avocat se tient à ses côtés. Il y a représentation lorsque l'avocat se substitue au plaideur et agit en son nom. Il se noue alors entre avocat et partie un contrat que l'on appelle mandat *ad litem*, dénomination qui comporte une certaine dose d'incertitude, car la mission de l'avocat n'est pas alors uniquement celle d'un mandataire, mais aussi celle d'un locateur d'ouvrage (en langage moderne celle d'un prestataire de services). Lorsque l'avocat représente et qu'il y joint nécessairement l'assistance, autrement dit la défense du plaideur, on ne peut alors séparer en pratique les deux fonctions : elles sont étroitement mêlées.

La distinction apparaît formellement lorsque la représentation est obligatoire devant le tribunal de grande instance (on la nomme postulation) et qu'elle est territoriale. Certes un avocat unique appartenant au barreau du tribunal peut cumuler postulation et assistance, mais les deux rôles peuvent être répartis sur deux professionnels, l'un territorialement compétent pour postuler, l'autre d'un barreau extérieur assurant l'assistance. On retrouve ici l'ancienne dualité avoué/avocat. Cette dualité a été conservée devant la cour d'appel. Encore que dans les deux cas, si le postulant signe les conclusions et ainsi les fait siennes, c'est le plaidant qui en fait les rédige le plus souvent.

Devant les tribunaux administratifs et les cours administratives d'appel, la partie doit être représentée par un avocat en plein contentieux, et celui-ci cumule alors représentation et assistance. Il n'y a pas territorialité de la représentation. Toutefois, dans le contentieux de l'excès de pouvoir, la partie peut se présenter en personne et signer les écritures. Cette dispense aurait pour motif d'ouvrir librement ce contentieux, ce qui est peu convainquant quand on sait la technicité du recours pour excès de pouvoir. Sous couvert de libéralisme, le législateur rend un mauvais service au citoyen profane et aux juridictions administratives encombrées de recours mal fondés en droit.

L'accès à la Cour de cassation et au Conseil d'État passe par la voie des avocats aux Conseils, qui forment un corps particulier situé hors de notre propos. Là encore le législateur a fait une exception en matière sociale qui contribue à l'encombrement de la Cour de cassation.

Devant le conseil des prud'hommes et le tribunal paritaire des baux ruraux, les parties doivent obligatoirement comparaître en personne, sauf excuse. Le rôle de l'avocat ne peut y être que d'assistance.

L'avocat peut représenter devant les administrations publiques sans avoir à justifier de son mandat (CE, 5 janv. 2002 : *Gaz. Pal.* 22-24 sept. 2002, p. 24 ; et spécialement pour l'administration fiscale : CE, 5 juin 2002 : *D.* 2002, 2286, note F. Douet).

1° Représentation ou mandat *ad litem*

40. – Suivant l'article 411 du Nouveau Code de procédure civile, « le mandat de représentation en justice emporte pouvoir et devoir d'accomplir au nom du mandant les actes de procédure ».

Cet énoncé indique que le contenu du mandat *ad litem* est beaucoup plus large que celui du mandat ordinaire. Par celui-ci le mandant confère au mandataire le pouvoir et le devoir d'accomplir pour lui et en son nom un acte juridique (ou plusieurs actes juridiques déterminés). Le mandat de représentation en justice ne donne pas pouvoir à l'avocat d'accomplir tel acte (ou tels actes), mais une série d'actes qui ne peuvent être exactement prévus à l'avance : il lui confère mission de conduire un procès, avec ses imprévus, et d'accomplir pour ce faire les actes de procédure nécessaires. C'est l'avocat qui décidera des actes à accomplir. Celui-ci, indépendamment même de sa fonction d'assistance, dans le seul cadre du mandat *ad litem,* est chargé d'un ouvrage (d'une prestation), ce qui donne à ce mandat son caractère spécifique (cf. J.-Cl. Woog, *La pratique professionnelle de l'avocat*, Litec, 3e éd., 1993, p. 169). Nous verrons que la responsabilité de l'avocat est celle d'un locateur d'ouvrage et non d'un mandataire (V. *infra*, nos 432 et s.).

41. – Toutefois le titulaire de l'action en justice reste seul partie à l'instance, à l'exclusion du mandataire, selon la règle : « Nul en France ne plaide par procureur ». L'avocat mandataire accomplit les actes de procédure sans être partie, et donc sans être tenu personnellement des obligations et des charges qui en découlent (Solus et Perrot, *Droit judiciaire privé*, t. III, n° 40). Le mandat de représentation implique la dualité des personnes du représentant et du représenté, « dualité nécessaire pour le bon déroulement de l'instance » (Solus et Perrot, préc.). Ainsi un avocat engagé dans un procès personnel ne peut postuler pour lui-même (TGI Paris, 1re ch., 11 juill. 1984 : *D.* 1985, inf. rap. p. 110, obs. Brunois).

Cette dernière espèce montre que la scission entre la partie et son représentant n'a pas seulement pour finalité de substituer au profane un sachant, mais qu'elle tend aussi à opérer une distanciation entre la personne du litigant et son rôle dans le procès. La partie n'est pas toute la personne, elle est sa réduction à usage processuel. Les avocats le savent bien, ou le sentent, qui évitent de plaider pour eux-mêmes quand ils sont engagés personnellement dans un procès. Cette distanciation est conçue comme « nécessaire au bon déroulement de la justice parce que le plaideur est trop près de ses intérêts et de ses passions pour en restituer une vue claire au juge » (Solus et Perrot, préc.). C'est un des aspects de la fonction d'auxiliaire de justice remplie par l'avocat.

Faut-il étendre cette interdiction à certains membres de la famille proche, conjoint, ascendants, descendants ? Cela nous paraît souhaitable et devrait figurer dans le règlement intérieur.

42. – Le mandat reçu par l'avocat (ou l'avoué, ou l'huissier de justice quand exceptionnellement il peut représenter) se différencie dans sa formation, sa preuve et ses effets du mandat ordinaire (les règles du mandat ordinaire s'appliquent au mandat *ad litem* quand celui-ci est donné, lorsque la loi l'autorise, devant les juridictions d'exception, à une personne étrangère aux professions judiciaires réglementées).

Le contrat de représentation entre l'avocat et son client est formé, dans l'immense majorité des cas, sans écrit ; il résulte de la remise des pièces au mandataire. Il est parfois confirmé par une lettre missive. L'acceptation du mandat par l'avocat est également tacite. Au contraire, le mandat donné à un particulier doit faire l'objet d'un pouvoir écrit, ne serait-ce que pour en justifier (J. Viatte, *Le mandat ad litem : Gaz. Pal.* 1976, doctr. p. 392). L'avocat n'a pas à justifier de son mandat. Cette dispense est traditionnelle et elle constitue un privilège de sa profession. Il est cru sur parole lorsqu'il déclare à l'instance se présenter au nom de telle partie (NCPC, art. 416 : « Quiconque entend représenter ou assister une partie doit justifier qu'il en a reçu le mandat ou la mission. L'avocat ou l'avoué est toutefois dispensé d'en justifier. L'huissier de justice bénéficie de la même dispense dans le cas où il est habilité à représenter ou assister une partie ». Sur l'application de cette règle devant le Conseil de la concurrence : CA Paris, 1re ch. com., 26 avr. 1994 : *Gaz. Pal.* 1994, 2, p. 648, et devant une caisse primaire d'assurance à l'occasion d'une mise hors convention d'un orthophoniste : CE, 26 juill. 1996 : *Juris-Data* n° 002073 ; *Dr. adm.* 1996, comm. n° 490).

43. – Le mandat *ad litem* comporte le pouvoir et le devoir d'accomplir au nom du mandant les actes de procédure. C'est un mandat général qui recouvre le procès, y compris postérieurement au jugement l'exécution de celui-ci, à la condition toutefois qu'elle soit entreprise dans l'année qui suit le jour du jugement passé en force de chose jugée (NCPC, art. 420). Le mandat ne s'étend pas toutefois à l'exercice des voies de recours qui requiert un mandat spécial.

Malgré la généralité du mandat *ad litem*, certains actes particulièrement importants ne peuvent être accomplis, en cours d'instance, que si le mandataire a obtenu au préalable un pouvoir spécial du mandant. Les uns sont nuls si le pouvoir spécial n'a pas été donné : l'inscription de faux (NCPC, art. 306, al. 1er), la délation du serment décisoire (art. 322), la récusation (art. 343), le renvoi pour cause de suspicion légitime (art. 356), la surenchère (C. civ., art. 2185-4° et CPC, art. 673). D'autres restent opposables à l'adversaire et au juge, mais engagent la responsabilité du mandataire s'ils ont été faits sans pouvoir spécial : désistement, acquiescement, offres, aveu, consentement (NCPC, art. 417. – Cf. Solus et Perrot, t. III, nos 53 et s. – Cadiet et Jeuland, 5e éd., no 500. – Pour un acquiescement, V. Cass. 2e civ., 27 févr. 1980 : *D.* 1980, inf. rap. p. 464, obs. P. Julien : *Bull. civ.* II, n° 43. – 24 mai 1984 : *Bull. civ.* II, n° 92 : *D.* 1984, inf. rap. p. 110, obs. Brunois).

2° Assistance

44. – Nous avons vu que la représentation emporte assistance (V. *supra*, n° 39). Mais l'assistance peut intervenir sans représentation.

Cette assistance, exclusive de représentation, aura lieu quand la partie est obligée de se présenter en personne (prud'hommes, tribunaux des baux ruraux). Quand la partie a une simple faculté de se présenter en personne, elle ne le fera en pratique que si elle désire se passer d'avocat, sinon elle donnera à l'avocat la double mission de représentation et d'assistance. L'assistance pure se produit le plus souvent lorsque la partie est représentée par un autre mandataire de justice : c'est le cas de figure habituel devant la cour d'appel où la partie est obligatoirement représentée par un avoué et assistée à son gré par un avocat, ainsi que devant le tribunal de grande instance quand l'avocat se dédouble en postulant et plaidant, reconstituant ainsi l'ancienne dualité avoué/avocat.

Le contenu de la mission d'assistance est défini à l'article 412 du Nouveau Code de procédure civile ; elle emporte « pouvoir et devoir de conseiller la partie et de présenter sa défense sans l'obliger ». C'était la mission classique de l'avocat avant la disparition des avoués d'instance, image de sa totale liberté et de son irresponsabilité : elle subsiste, mais en étant mêlée souvent de représentation ce qui retire à sa pureté.

Cette mission est double : elle comprend le conseil dans toutes les phases du procès d'une part, et la défense à l'audience, à savoir la plaidoirie d'autre part. La fonction de conseil se conjugue avec la fonction de représentation, que celle-ci soit remplie par un seul avocat ou qu'elle soit confiée à un autre : avocat postulant ou avoué. La fonction de plaider est assurée par le seul avocat qui assiste. Nous examinerons successivement ces deux faces de l'assistance qui posent des problèmes différents.

a) Le conseil

45. – Le dédoublement de la représentation et du conseil faisant partie de l'assistance entraîne un dédoublement des obligations et des responsabilités correspondantes.

Au cours de l'instruction, le représentant accomplit les actes de procédure qui sont opposables à la partie adverse et au juge (V. *supra*, n° 42). L'assistant apporte à cette phase son conseil : il n'engage pas, par ses actes, celui qu'il assiste. Il tient un rôle de mentor.

En théorie, les deux fonctions sont bien distinctes, et la responsabilité civile pèse sur le postulant qui accomplit les actes de procédure et signe les conclusions, s'appropriant par là leur contenu, même si elles ont été préparées par l'assistant (Cass. 1re civ., 14 janv. 1981 : *Bull. civ.* I, n° 13 ; *Gaz. Pal.* 1981, 1, pan. jurispr. p. 106 : *RTD civ.* 1981, p. 446, obs. R. Perrot. – 29 avr. 1997 : *JCP* G 1997, II, 22948, note R. Martin. – *Adde* Versailles, 23 sept. 1982 : *D.* 1984, inf. rap. p. 110, obs. Brunois ; *Gaz. Pal.* 1983, 1, p. 174. – Cf. G. Flécheux et Fabiani, *La responsabilité civile de l'avocat* : *JCP* G 1974, I, 2673. – Sur la responsabilité, *infra*, nos 432 et s.). En pratique les choses sont plus compliquées, car l'avocat qui assiste remplit le plus souvent le rôle de *dominus litis* : il risque donc d'engager sa responsabilité concurremment avec celle du postulant. Dans ce cas, et à l'égard du client, il nous paraît que les deux avocats, ou encore l'avocat et l'avoué, doivent être déclarés responsables *in solidum*, alors que la faute est commune, l'un ayant mal dirigé, l'autre mal contrôlé (V. Cass. 1re civ., 12 juin 1990, *J. Amselem* c. *Depra*, pourvoi n° 88-15 103).

b) La plaidoirie (2)

46. – Le moment de la plaidoirie se transforme et s'amenuise. Les morceaux d'éloquence, truffés de citations latines ou non, n'ont plus cours devant

(2) On devrait dire plaidoyer, la plaidoirie étant l'art du plaidoyer. Mais le terme aujourd'hui couramment utilisé est celui de plaidoirie pour désigner l'action de plaider. Nous nous en tenons à cet usage.

des juges blasés et pressés. Les « explications orales », c'est le terme qui tend à supplanter celui de plaidoirie, deviennent sèches, techniques et brèves, pour être efficaces. Certains préconisaient de remplacer la juxtaposition des monologues par des dialogues entre avocats et juge, ce qui avait été mis en pratique dès 2001, devant le Tribunal de grande instance de Paris par le président Magendie sous l'appellation de « plaidoirie interactive » (V. R. Martin, *JCP* G 2002, I, 136, n° 3). Ce système a été généralisé par le décret n° 2005-1678 du 28 décembre 2005 réformant les articles 779 et 785 du NCPC. Le juge de la mise en état fait un rapport oral à l'audience avant les plaidoiries (art. 785). Pour l'établissement de ce rapport, il peut demander aux avocats de déposer au greffe leurs dossiers, comprenant notamment les pièces produites (aucun délai n'est imparti par le décret). Ce rapport va permettre au président de chambre ou au juge de la mise en état de diriger les plaidoiries (art. 779). L'avocat est interrogé sur les points de fait et de droit qui paraissent utiles. Il perd ainsi l'initiative de la construction de sa plaidoirie ; il répond à des questions. Bien mieux (ou pire) le président ou le juge de la mise en état peut, à la demande des avocats, les autoriser à déposer leurs dossiers au greffe quand il lui apparaît que l'affaire ne requiert pas de plaidoiries. C'est l'officialisation de la pratique du dépôt du dossier lors de l'audience, sans passer par l'audience. Les avocats risquent fort de donner leur accord sous influence. Dans ce cas l'audience des plaidoiries n'est pas tenue ; la procédure est totalement écrite (V. R. Martin, *Les avocats sevrés de plaidoiries : JCP* G 2006, act. 96 ; *adde Ann. Loyers* 2006, p. 586 et 587).

Pourtant l'audience demeure, quoiqu'on en dise, le sommet de l'instance. C'est en ce lieu et en ce temps que se retrouvent toutes les parties, par le truchement de leurs avocats, devant le juge, dans un contact quasi physique, et que s'échangent les ultimes arguments. Certaines affirmations écrites ne passent pas la barre, alors que l'oral permet de dire ce qu'on n'aurait pu écrire.

47. – Devant les juridictions de droit commun la parole de l'avocat n'engage pas les clients, seules les écritures les lient. Notamment un aveu judiciaire ne peut résulter des propos tenus à la barre (Cass. 1re civ., 14 avr. 1991 : *D.* 1991, inf. rap. p. 154). Cette immunité fait de la plaidoirie la partie artistique du procès, celle de la rhétorique propre à l'avocat où il peut déployer son talent, voire son charisme, sous sa seule autorité personnelle. Ici et alors subsiste à plein sa liberté traditionnelle. Mais devant les juridictions d'exception où la procédure est orale, la parole vaut conclusions et elle doit être surveillée. C'est ce qui explique la longue réticence historique des avocats à se présenter devant ces juridictions.

Les notes de plaidoirie, qui figurent au dossier remis au tribunal, sont assimilées à la plaidoirie : elles ne sont pas écritures, mais paroles. Dans cette logique, elles ne sont pas communiquées à l'adversaire. Mais si l'avocat adverse entend son confrère, il ne peut lire par-dessus son épaule ses notes, dont le juge par contre prendra connaissance et quelquefois avant l'audience. Il y a là une atteinte certaine au contradictoire. Un progrès vers la loyauté du débat voudrait que ces notes soient communiquées, ce qui est maintenant rendu facile par la photocopie ou l'imprimante. L'usage ancien imposait qu'elles soient écrites de la main même de l'avocat. La machine à écrire, puis le traitement de texte ont renvoyé cet usage à l'histoire. L'évolution à venir fera que ces notes seront communiquées.

L'immunité de parole de l'avocat manifeste au plus haut point la distanciation entre l'avocat et son client (V. *supra*, n° 41). L'avocat à la barre développe son argumentation comme il l'entend, suivant sa propre conception de l'efficacité, dégagé des instructions du client ; il se substitue alors complètement à la partie. Là se trouve le point culminant de l'effacement de la personne comparaissant au procès, lorsque son rôle est joué par l'avocat, selon sa propre mise en scène. Cette remarque vaut également pour le pénal. La distanciation y est encore plus forte, car l'avocat ne peut s'identifier à l'accusé, mais parle à propos de l'accusation (Woog, p. 1009).

L'immunité de l'avocat va encore au-delà, en ce que les discours prononcés et les écrits produits devant les tribunaux ne donnent lieu à aucune action en diffamation, injure ou outrage (L. 29 juill. 1881, art. 41, sur la liberté de la presse. – Cass. req. 2 mai 1983, *DP* 1987, 1, 328). Dans le texte légal qui la fonde, elle voisine avec celle des parlementaires. Son lien est par là évident avec la démocratie (Woog, p. 850).

Toutefois, les juges peuvent prononcer la suppression des discours injurieux, outrageants ou diffamatoires et condamner leurs auteurs, ou leurs divulgateurs, à des dommages-intérêts... mais la divulgation est alors accomplie (pour la suppression d'une annotation parlant d'une erreur grossière du juge : Cass. com., 21 oct. 1997, rapporté Ch. Atias, *L'erreur grossière du juge* : *D.* 1998, chron. p. 280). L'immunité cesse lorsque les faits diffamatoires sont étrangers à la cause à l'occasion de laquelle ils ont été commis (pour une application : Cass. crim., 13 mai 1933 : *DP* 1933, 1, 172, note G. Lenoir). L'avocat ne peut par ailleurs se départir de sa dignité, de la courtoisie et d'un certain respect au moins formel dû au juge. S'il s'en écarte, il peut être sanctionné disciplinairement (V. *infra*, n° 531, sur les manquements à l'audience).

À ces vertus, on peut ajouter la brièveté, qui parait être un trait de notre temps. L'alinéa 3 de l'article 440 du Nouveau Code de procédure civile donne au président de la juridiction le pouvoir de « faire cesser les plaidoiries », autrement dit de retirer la parole aux avocats, « lorsque la juridiction s'estime éclairée ». Ce texte peut receler un danger d'arbitraire : il est laissé à la prudence du président. Il se manifestera le plus souvent par une invitation à la brièveté en termes diplomatiques. Ce qui n'empêche que l'avocat doit se convaincre que l'efficacité d'une plaidoirie ne se mesure pas à sa longueur. Dire d'un avocat qu'il a été « complet » n'est pas un compliment. Les avocats peuvent compter sur le tact et la courtoisie des présidents, en retour ils doivent se garder d'en abuser.

48. – La surcharge de travail des avocats, le fait qu'ils n'ont pas le don d'ubiquité alors qu'ils pratiquent de plus en plus « l'ambulatoire », l'exercice de la profession en groupements ont créé un problème nouveau, celui de *l'intuitu personae* de la plaidoirie.

Nous avons insisté sur le lien personnel de confiance qui doit exister entre l'avocat et son client (et nous y reviendrons) et nous venons d'éclairer l'importance que conserve la plaidoirie, laquelle est encore grossie dans l'esprit du plaideur. Il est par suite normal que celui qui a instruit le dossier, qui a reçu le client, plaide la cause à l'audience et qu'il ne se fasse pas substituer par un confrère. Le client attend cela de lui.

Pareille obligation a paru naturelle aussi longtemps que l'avocat a exercé individuellement, et elle a été sanctionnée par le juge (Nantes, 20 déc. 1977 : *D.* 1978, inf. rap. p. 302. – TGI Nice, 22 déc. 1959 : *D.* 1960, 440, note P. Mimin. – Cass. civ., 16 mars 1965 : *D.* 1965, 425. – Bordeaux, 11 mars 1983 : *Gaz. Pal.* 1983, 2, p. 384. – Cass. 1re civ., 11 juill. 1983 : *JCP* G 1983, IV, 355). Mais l'exercice en société est venu brouiller les perspectives. On en arrive à penser que le client qui s'adresse à une société d'avocats accepte par avance que son dossier soit traité alternativement par l'un ou l'autre des associés, y compris pour le prononcé de la plaidoirie.

Au risque de paraître rétrograde, nous sommes pour notre part d'avis que le client de la société a le droit de savoir qui plaidera à l'audience. Il peut exiger que ce soit tel associé en faisant connaître son choix à l'avance ; et même nous croyons que la correction exige que son attention soit attirée sur ce point et que lui soit communiqué le nom de l'associé qui se trouvera à l'audience et qu'il rencontrera s'il y assiste lui-même.

49. – Les avocats ont l'obligation d'être exacts aux audiences et le Conseil de l'Ordre doit y veiller (L. art. 17-4°). Mais ils peuvent être en butte à des empêchements de dernière heure, serait-ce de santé, qui les amènent à solliciter du tribunal et du confrère adverse une remise de l'audience. Une telle démarche ne va pas sans soulever des difficultés endémiques. Certes la mise en état de l'affaire doit supprimer les remises que nous qualifierons de procédurales, mais il reste les autres.

Le confrère adverse, surtout s'il est demandeur, peut être pressé de voir l'affaire évacuée. Il est pris entre l'attente légitime du client et ses devoirs de confraternité. Ceux-ci prévaudront souvent, car ce qu'il refuse aujourd'hui, il peut le demander demain. La confraternité est un échange de bons procédés.

Les magistrats ne sont pas tenus par de telles préoccupations et se sentent de moins en moins obligés par l'accord des avocats. Ils montrent une impatience qui va croissante à l'égard des demandes de renvoi. Ils s'irritent de la désorganisation du rôle qu'elles entraînent, gagnés qu'ils sont par des préoccupations de productivité. Une affaire qui a produit quelque tumulte démontre la détérioration des rapports entre magistrats et avocats à ce sujet.

Deux bâtonniers, adversaires dans un divorce, avaient demandé conjointement la remise de l'affaire fixée à l'audience, en invoquant des obligations de leurs charges respectives (la demande de renvoi avait été présentée par leurs collaborateurs qui n'avaient pas mission de plaider à leur place). La cour d'appel a refusé de renvoyer l'audience à une autre date et a prononcé la radiation de l'affaire du rôle (Aix, 24 juin 1988 : *Gaz. Pal.* 1988, 2, p. 703, note A. Damien, pourvoi rejeté par Cass. ass. plén., 24 nov. 1989 : *D.* 1990, 25, concl. Cabannes ; *JCP* 1990, II, 21407, note Cadiet : *Gaz. Pal.* 1989, 2, p. 971, note JGM). Le Conseil de l'Ordre du barreau d'Aix-en-Provence a protesté contre cette décision. Quel qu'en soit le bien-fondé juridique, elle nous paraît avoir été inopportune, le résultat d'un mouvement d'humeur regrettable. Les bâtonniers sont soumis à des charges de plus en plus contraignantes qui sont d'intérêt public et ils ont droit traditionnellement à quelques égards. Il est d'usage que le bâtonnier qui doit plaider voit son affaire appelée dès qu'il se présente à l'audience. Il ne subit pas le tour du rôle.

Nous avons noté, tout en le regrettant, que l'exercice en groupe de la profession diminuait l'*intuitu personae* de la plaidoirie. Cette situation nouvelle doit permettre aux membres du groupe de se substituer mutuellement aux audiences, ce qui facilite la présence d'un avocat et élimine le risque d'une demande de renvoi. Nous avons toutefois préconisé que certaines précautions soient prises pour l'information du client. Mais cette possibilité de substitution ne peut être générale et le problème subsistera au moins marginalement (sur l'ensemble de la question, cf. Woog, p. 169 et s.).

D. – Liberté pour l'avocat d'accepter ou non la sollicitation du client

50. – Nous avons exposé les modalités de la liberté pour le plaideur du choix de l'avocat. À cette liberté du plaideur correspond une liberté de l'avocat de choisir son client, ou d'une façon plus réaliste de refuser la sollicitation d'un client potentiel. C'est la conjonction de ces deux volontés libres qui assure l'existence et la persistance du lien de confiance indispensable dans le rapport avocat/client.

1° L'exercice de la liberté

51. – Les auxiliaires de justice, officiers publics, sont tenus de prêter leur ministère à ceux qui le sollicitent. Tel est le cas notamment des huissiers de justice. Aux termes de l'article 15 du décret n° 56-222 du 29 février 1956, les huissiers de justice « sont tenus d'exercer leur ministère toutes les fois qu'ils en sont requis, sauf dans le cas d'empêchement et pour cause de parenté ou d'alliance » (3). Aucune obligation de ce genre ne pèse sur l'avocat.

Nous ne pensons pas qu'une distinction doive être faite à cet égard selon la catégorie de la prestation : défense en justice, postulation, consultation, rédaction d'actes. L'avocat peut, pour les mêmes motifs, refuser de défendre, postuler, consulter, rédiger des actes. On a pu penser que cette liberté est restreinte s'agissant de la postulation, alors que celle-ci est soumise à la territorialité. Mais l'avoué d'instance disposait lui-même d'une possibilité de refuser son ministère (il était officier ministériel mais non officier public, l'avoué près la cour d'appel étant dans la même situation). Le plaideur a le choix, pour se faire représenter devant le tribunal de grande instance, entre tous les avocats du barreau, et il peut en cas de refus général demander au bâtonnier une désignation d'office.

52. – Il reste à examiner les raisons qui peuvent amener l'avocat à refuser son concours, et qui dans certains cas l'y obligent (cf. J.-Cl. Woog, *La pratique professionnelle de l'avocat*, Litec, 4e éd., 2001, p. 131, nos 1-5-2 et s.).

a) L'avocat doit refuser le dossier lorsqu'il se trouve dans un cas d'incompatibilité (V. *infra*, nos 109 à 118).

b) Il doit également le refuser lorsque cela susciterait un conflit d'intérêts entre plusieurs de ses clients (art. 7, D. 11 juill. 2005 ; ancien art. 155, D. 27 nov. 1991. – Cass. 1re civ., 3 juin 1981 : *Bull. civ.* I, n° 237 ; *JCP* G 1981, IV, 337 : *D.* 1982, 165, note Brunois). Il s'agit là d'une règle de conduite élémentaire qui doit être strictement observée : il y va de l'honnêteté intellectuelle de l'avocat lequel ne saurait soutenir concurremment des intérêts contradictoires et utiliser ses confidences contre le client. Les Britanniques diraient que c'est une règle de la justice naturelle. Elle se retrouve dans le Code de déontologie des avocats de la Communauté européenne.

Pourtant il a été jugé (Chambéry, 12 nov. 1991 : *Juris-Data* n° 050602) que le règlement intérieur d'un barreau ne saurait interdire à deux avocats mariés ou concubins de se charger de clients ayant des intérêts opposés. Pareille situation ne va pas toutefois sans inconvénient, car le secret professionnel risque de ne pas résister à la confidence de l'oreiller. Ce que ne peut interdire le règlement, la prudence incite à l'éviter. De la même façon, il n'est pas sain que l'avocat conjoint ou concubin d'un juge plaide devant lui ses affaires.

Cette obligation s'étend à tout le groupe lorsque la profession est exercée en groupe. Le dernier alinéa de l'article 7 du décret du 11 juillet 2005 le précise explicitement : « Lorsque les avocats exercent en groupe, les dispositions des alinéas qui précèdent sont applicables au groupe dans son ensemble et à tous

---

(3) Il en est de même des notaires qui par certains aspects peuvent être considérés comme des auxiliaires de justice, quand ils sont commis par un tribunal (L. 25 ventôse an XI, art. 3).

ses membres » (Cf. déjà, Rennes, 13 mai 1980 : *Gaz. Pal.* 1981, 1, p. 11, note A. Damien).

La stricte observance de l'obligation peut être difficile lorsque le groupe comprend de nombreux avocats : elle exige alors que l'information circule bien à l'intérieur du groupe et qu'elle soit coordonnée au plus haut niveau. C'est la rançon de la concentration. Faut-il soumettre à la règle les structures de moyens ? Nous pensons que cette exigence est excessive, car la structure de moyens (notamment la SCP) n'exerce pas elle-même la profession et fournit seulement les moyens matériels de cet exercice, chacun des membres exerçant individuellement (V. *infra*, n° 123). Une secrétaire commune peut certes avoir connaissance du dossier de l'adversaire, mais elle est tenue par délégation au secret professionnel. Deux avocats exerçant individuellement peuvent employer à temps partiel la même secrétaire, faudra-t-il leur étendre l'interdiction ? Pareille disposition risque de gêner la constitution de structures de moyens qui sont pourtant très utiles pour les avocats désirant concilier les impératifs économiques avec l'exercice individuel de leur profession. Beaucoup d'avocats redoutent l'association plus encore que le mariage.

Pourtant l'article 7 du décret du 11 juillet 2005 dispose : « (ces dispositions) s'appliquant également aux avocats qui exercent leur profession en mettant en commun des moyens, dès lors qu'il existe un risque de violation du secret professionnel ». Proposition ambiguë : quand existera-t-il un risque de violation du secret professionnel ? Ce que nous venons d'écrire paraît bien exclure ce risque. Chaque situation devrait être examinée *in concreto.* Il ne convient pas de décourager l'exercice de la profession en commun, si utile, surtout sous forme de SCP de moyens.

c) L'avocat ne saurait prêter la main à la commission d'un délit ou d'un crime, d'une fraude fiscale, au moyen d'un montage juridique qu'il aurait conçu. C'est la déontologie du conseil où rôde la tentation (pour une complicité d'escroquerie, Cass. crim., 30 sept. 1991 : *JCP* G 1992, II, 21858, note R. Martin, à propos du secret professionnel qui s'ensuit).

d) Les cas prévus aux *a, b* et *c* font une obligation à l'avocat de refuser le dossier. Au-delà de cette obligation, la simple prudence peut l'amener à décliner la sollicitation du client. Nous allons en décrire les variantes par ordre d'intensité décroissante.

Il est recommandé de s'abstenir de soutenir une cause contre d'anciens clients chaque fois qu'il existe un lien, si ténu soit-il, entre l'ancienne affaire et la nouvelle, si bien que l'avocat pourrait disposer de ce fait de renseignements privilégiés.

L'avocat ayant, comme conseil d'une personne morale, été en relation régulière, ou seulement répétée, avec un mandataire social ou un collaborateur de cette personne morale, doit s'abstenir de plaider contre eux (*Bulletin du bâtonnier de Paris*, juin 1984).

Il n'est pas convenable que l'avocat qui a rédigé un acte pour plusieurs parties plaide ensuite sur cet acte pour l'une des parties contre l'autre. Comme rédacteur de l'acte, il doit une obligation de conseil à toutes les parties, et il ne saurait contredire son propre conseil. Cette règle doit être étendue à l'avocat qui est intervenu dans la rédaction d'un acte pour une seule des parties. En effet, le risque est alors grand qu'il soit amené à « témoigner » sur sa portée, sur le contexte et l'interprétation de l'acte. Nous savons que cette opinion est contestée par les avocats (souvent anciens conseils juridiques) spécialisés dans la rédaction d'actes qui y trouvent une limitation contestable de leur activité. L'avocat doit abandonner le contentieux pour le client qu'il avait assisté dans la négociation et la rédaction de l'acte. Nous sommes pourtant persuadé que cette rigueur est nécessaire pour éviter des situations délicates. Tout aménagement à la règle contiendrait un risque (V. *infra*, n° 89).

Le dernier alinéa de l'article 9 du décret du 12 juillet 2005, issu directement du RIH et du RIU, contient, à notre avis, une clause équivoque : « Si l'avocat est intervenu en qualité de rédacteur unique sans être le conseil de toutes les parties, (…) il peut agir ou défendre sur l'exécution de l'acte dont il a été le rédacteur (…) Il peut également défendre sur la validité de l'acte ». Nous pensons que, du fait qu'il a été l'unique rédacteur, il est devenu *ipso facto* le conseil de toutes les parties, et pas seulement de son client initial.

L'avocat dispose d'une sorte de clause de conscience à l'égard de lui-même. Il peut refuser d'intervenir si cela l'amène à un conflit personnel intérieur avec ses convictions profondes.

Enfin l'avocat n'est pas le serviteur docile des désirs de son client : il lui doit un conseil contre ses propres emballements. Il doit soupeser le bien-fondé juridique du cas qui lui est soumis et avertir le client sur l'opportunité d'une demande, d'une défense, d'un acte. Il entre dans sa mission d'auxiliaire de justice de dissuader ce client de soutenir une position indéfendable. Un avocat a été condamné comme responsable d'avoir soutenu une cause juridiquement indéfendable (CA Paris, 1re ch. A, 8 nov. 2000 : *JCP* G 2001, I, 348, n° 24, obs. R. Martin). Cette observation vaut pour les intérêts civils, mais au pénal le mal est fait et il faut le prendre comme il est ou comme il apparaît : le criminel le plus abject doit trouver un avocat pour le défendre.

Il est classique à ce sujet de débattre du cas où l'accusé avoue sa culpabilité à l'avocat. Il s'agit heureusement d'un cas marginal, car l'accusé craindrait qu'un tel aveu démotive son défenseur. Si le dossier le permet, l'avocat peut-il encore plaider l'acquittement ou la relaxe ? La réponse généralement donnée est que l'avocat doit se démettre. Mais n'est-ce pas un demi-aveu, contraire au secret professionnel, nous serions tentés de dire le secret de la confession ? Nous ne pensons pas que la morale professionnelle le lui impose. La confidence reçue est d'abord couverte par le secret de celui qui la détient dans son propre for intérieur. L'avocat peut (doit) mettre entre parenthèses l'aveu de son client qu'il a recueilli pour plaider le dossier et non la personne. Cette opinion a été fortement contestée par des confrères.

Nous y ajouterons que l'avocat doit connaître ses propres limites et ne pas accepter une affaire portant sur une branche du droit qu'il maîtrise mal. Il peut d'ailleurs maintenant recourir dans ce cas à un spécialiste pour l'assister. Il doit aussi décliner son concours s'il n'est pas certain de pouvoir consacrer à l'affaire tous les soins qu'elle exige par suite de ses engagements antérieurs et de sa charge de travail. Cette exigence envers soi-même figure dans le Code de déontologie des barreaux européens à l'article 19.3.1.3.

53. – *e)* Le contrat entre avocat et client qui s'est formé sur la promesse d'une confiance réciproque doit pouvoir se défaire lorsque cette confiance vient à manquer en cours d'exécution. L'importance de l'*intuitu personae* ne peut s'accommoder de la règle ordinaire du *mutuus disensus*.

L'avocat peut décider spontanément de ne pas poursuivre sa mission, notamment si une des raisons que nous venons d'évoquer vient à surgir ; mais il a, dans ce cas, l'obligation de prévenir son client en temps utile pour permettre à celui-ci de le remplacer (NCPC, art. 419. – TGI Marseille, 7 févr. 1975 : *Gaz. Pal.* 1975, 1, p. 297, art. 156).

Le client a de son côté la possibilité de décharger l'avocat de sa mission et de lui demander la restitution du dossier (D. 11 juill. 2005, art. 13. – NCPC, art. 418). Lorsqu'il est ainsi déchargé, l'avocat doit restituer sans délai les pièces dont il est dépositaire ainsi que les actes de procédure. Les difficultés relatives à la restitution des pièces, ainsi qu'aux honoraires et provisions sont réglées conformément aux contestations en matière d'honoraires et débours, suivant les articles 174 et suivants du décret (D. 12 juill. 2005, art. 14 et Paris, 1re ch. A, 15 févr. 1983 : *Gaz. Pal.* 1983, 1, p. 329, note A.D. – TGI Paris, 6e ch., 11 mars 1981 : *Gaz. Pal.* 1981, 1, somm. p. 78 et la note). L'honoraire de résultat pose un problème particulier (*infra*, nos 392 et s.). En tout état de cause l'avocat délaissé ne peut retenir le dossier jusqu'au règlement de ses honoraires (Reims, 18 déc. 1979 : *Gaz. Pal.* 1980, 1, p. 275, note A. Damien, annulant un article du règlement intérieur soumettant à l'autorisation discrétionnaire du bâtonnier le droit pour un avocat d'accepter un client à la place d'un confrère). Un bâtonnier ne peut faire injonction à un avocat de son barreau de se dessaisir d'un dossier (Cass. 1re civ. 28 avr. 1998 : *JCP* G 1998, IV, 2316 : *Juris-Data* n° 001862). Le principe qui doit être respecté est celui de la liberté réciproque de l'avocat et du client.

Nous considérons comme non recevable une décision de la Cour d'appel de Pau statuant en matière de référé (14 janv. 1998 : *Gaz. Pal.* 12/16 avr. 1998) qui a cru pouvoir enjoindre à un avocat de renoncer à la défense de son client par suite de l'existence d'un conflit d'intérêts. L'avocat d'une société défendait au pénal son gérant, alors que la société avait été victime des agissements de ce gérant suivant l'accusation. Si conflit d'intérêts il y avait, seul le Conseil de l'Ordre pouvait le sanctionner.

L'article 19 du décret du 11 juillet 2005 réglemente la succession d'avocats dans un dossier : « Le nouvel avocat s'efforce d'obtenir de son client qu'il règle les sommes restant éventuellement dues à son confrère préalablement saisi du dossier. S'il reçoit du client un paiement alors que des sommes restent dues à son prédécesseur il en informe le bâtonnier ». Le bâtonnier n'a pas le pouvoir d'interdire au nouvel avocat d'accomplir tel ou tel acte. Il ne peut user que de son influence. Cette disposition se réduit à une recommandation de confraternité sans sanction réelle. Le précédent avocat ne dispose d'aucun droit de rétention sur les pièces du dossier.

Par ailleurs « l'avocat qui succède à un confrère intervenant au titre de l'aide juridictionnelle ne peut réclamer des honoraires que si son client a expressément renoncé au bénéfice de celle-ci. Il doit en avertir son confrère précédemment mandaté, le bureau d'aide juridictionnelle et le bâtonnier ».

2° Limites à la liberté de choix et de refus

54. – Nous avons traité de la commission d'office en matière pénale qui impose à l'avocat certaines contraintes (V. *supra*, n° 36). Deux autres institutions viennent contrarier le principe de liberté : l'aide juridictionnelle et l'assurance de protection juridique.

a) L'aide juridictionnelle

55. – L'assistance judiciaire ancienne était une charité que le Barreau faisait aux indigents. Le bénéficiaire ne disposait pas du choix de l'avocat, il devait accepter celui que le bâtonnier lui désignait, le plus souvent un stagiaire.

L'assistance est devenue une aide judiciaire avec la loi n° 72-11 du 3 janvier 1972 et le bénéficiaire de l'aide a reçu la possibilité de désigner son avocat en formulant sa demande d'aide, ce qui a été confirmé par la loi n° 91-647 du 10 juillet 1991 en son article 25 sur l'aide légale. Il importe évidemment qu'il prenne préalablement l'accord de cet avocat. En pratique, le plus souvent, c'est l'avocat consulté lui-même qui suggère la demande d'aide en constatant l'impécuniosité de son client. En contrepartie l'avocat reçoit maintenant une rémunération, certes chichement mesurée, mais qui n'est pas à dédaigner, et qui en tout état de cause modifie la nature de l'aide (V. *infra* n°s 414 et s.).

Mais celui qui sollicite l'aide légale n'use pas toujours, il s'en faut, de la faculté qu'il a de désigner l'avocat de son choix, et dans ce cas le bâtonnier procède à une désignation d'office. L'avocat ainsi désigné d'office a la possibilité de décliner sa mission auprès du bâtonnier, en invoquant les motifs que nous avons exposés, *supra,* n° 36, et dont il devra justifier. Un avocat ne saurait refuser systématiquement les désignations d'office sous prétexte qu'il est trop occupé et que la rémunération est insuffisante. C'est une charge de sa profession qu'il doit assumer. En pratique, le doigté du bâtonnier évite cette sorte de conflit, les aides juridictionnelles allant aux jeunes avocats et à ceux qui le désirent.

L'avocat salarié n'échappe pas aux désignations d'office et son employeur ne peut y mettre obstacle (D. art. 137). Il peut même travailler le dimanche au titre de l'aide juridictionnelle et des commissions d'office en matière pénale (D. art. 279 modifiant l'article R. 221-3 du Code du travail).

b) L'assurance de protection juridique

56. – L'assurance contre le risque du procès, dite assurance de protection juridique, a tendance à se généraliser. Elle était autrefois attachée comme un complément à une assurance de responsabilité, elle prend son autonomie en couvrant tout le contentieux qui peut advenir à l'assuré. L'interposition de l'assureur entre le client et l'avocat risque de distendre le lien qui les unit et dont nous avons souligné le caractère personnel. Deux écueils sont à éviter autant que faire se peut : que l'avocat soit imposé par l'assureur et que les honoraires soient unilatéralement fixés par lui.

L'assurance de protection juridique a été réglementée par une loi du 31 décembre 1989, réformée par une loi n° 2007-210 du 19 février 2007 (aperçu rapide de Didier Krajeski, *JCP* G 2007, act. 103). L'assuré a le choix de l'avocat, l'assureur ne pouvant lui proposer le nom d'un avocat que sur sa demande. L'article 3 de la loi, devenu l'article L. 126-3-1 du Code des assurances, indique que « les honoraires de l'avocat sont déterminés entre ce dernier et son client, sans pouvoir faire l'objet d'un accord avec l'assureur de protection juridique ». Mais tous les contrats d'assurance dommages comportent des plafonds de garantie. Il est naturel que la garantie soit proportionnelle à la prime. Si donc le client choisit un avocat dont les honoraires dépassent le plafond de garantie, il devra payer le surplus. La couverture ne sera que partielle. Cette circonstance pèse évidemment sur le choix de l'avocat.

Mais l'article 4 de la loi, devenu l'article L. 127-8 du Code des assurances, apporte un progrès à cette situation. Il dispose que « toute somme obtenue en remboursement des frais et des honoraires exposés pour le règlement du litige bénéficie par priorité à l'assuré pour la dépense restée à sa charge et subsidiairement à l'assureur dans la limite des sommes engagées ». On pense à l'indemnité de l'article 700 du NCPC dont le montant peut dépasser le plafond assuré.

Toutefois, l'État ne perd pas ses droits. Selon l'article 5 de la loi, « l'aide juridictionnelle n'est pas accordée lorsque des frais couverts par cette aide sont pris en charge au titre d'un contrat d'assurance de protection juridique ou d'un système de protection », par exemple une mutuelle. L'État escompte ainsi se dégager de l'aide juridictionnelle dans la mesure de l'assurance de protection juridique. La mutualisation des risques vient au secours de la solidarité. Mais nous craignons que le résultat pratique soit décevant. Les personnes en état de bénéficier de l'aide juridictionnelle seront rarement assurées du fait de l'impossibilité financière de payer les primes.

D'ailleurs d'une manière générale, l'assurance produit ce phénomène de concentration. Au justiciable individuel se substitue l'assureur et les affaires convergent vers les avocats des assureurs. Le lien personnel entre l'avocat et le client est alors rompu ou au moins distendu (sur la question de l'assurance de protection juridique, cf. B. Cerveau, *Le nouveau paysage de l'assurance de protection juridique* : *Gaz. Pal.* 1991, 1, doctr. p. 81. – R. Martin, *L'accès à la justice* : *Rev. huissiers* 1991, p. 710. – Rapport J.-P. Boutin : *Les Annonces de la Seine*, suppl. n° 34, 24 mai 2004).

E. – L'avocat de l'enfant

57. – La loi n° 93-22 du 8 janvier 1993, article 53, a introduit dans le Code civil un article 338-1 nouveau, dont nous rappelons les termes à cause de son importance tant théorique que pratique :

« Dans toute procédure le concernant, le mineur capable de discernement peut, sans préjudice des dispositions prévoyant son intervention ou son consentement, être entendu par le juge ou la personne désignée par le juge à cet effet.

« Lorsque le mineur en fait la demande, son audition ne peut être écartée que par une décision spécialement motivée. Il peut être entendu seul, avec un avocat ou une personne de son choix. Si ce choix n'apparaît pas conforme à l'intérêt du mineur, le juge peut procéder à la désignation d'une autre personne.

« L'audition du mineur ne lui confère pas la qualité de partie à la procédure ».

La procédure d'audition du mineur a été fixée par un décret n° 93-1091, article 20, du 16 septembre 1993, insérant dans le Nouveau Code de procédure civile des articles 338-1 à 338-9. Il convient de rappeler les termes de l'article 338-7 qui a trait à l'intervention de l'avocat :

« Lorsque le mineur se présente seul en vue de son audition, le juge lui donne avis de son droit d'être entendu avec un avocat ou une autre personne de son choix. Si le mineur exerce ce droit, l'audition est renvoyée à une date ultérieure.

« L'avocat choisi par le mineur doit en informer le juge.

« Si le mineur demande à être entendu avec un avocat et s'il ne choisit pas lui-même celui-ci, le juge requiert du bâtonnier la désignation d'un avocat » (pour un commentaire d'ensemble, V. R. Martin, *L'audition du mineur en justice* : J.-Cl. Procédure civile, fasc. 127-2).

Le rôle joué par l'avocat en ce cas apparaît comme bien particulier. Le mineur n'est pas parti à la procédure, cela est précisé *expressis verbis* par la loi. Il ne peut donc être question pour l'avocat d'assistance au sens technique de ce mot. Il n'est pas témoin, car il ne prête pas serment et ses déclarations ne lient pas le juge. Il donne un avis, mais cet avis, porté sur lui-même, ne peut être assimilé à une expertise. Il pourrait être un *amicus curiae*, encore qu'il soit bien éloigné du profil habituel de ce personnage, détenteur privilégié d'une connaissance, auquel le juge fait quelquefois appel pour compléter son information (cf. R. Martin, préc., n°s 65 et 66). Il faut admettre que la nature de l'audition du mineur est ambiguë et ambivalente, et cette indécision rejaillit sur la signification de la fonction dévolue à l'avocat.

58. – L'article 338-7 du Nouveau Code de procédure civile sus rapporté dit que le mineur « a le droit d'être entendu avec un avocat ». L'expression prudente contourne la difficulté par l'emploi du pronom « avec ». – Le même rôle peut d'ailleurs être tenu par une autre personne qu'un avocat – Quel peut être alors ce rôle ?

Il ne saurait être de défense, nous l'avons dit. Il ne peut être non plus de conseil. L'avocat n'a pas à influencer les déclarations du mineur. Alors pourquoi un avocat accompagnant le mineur devant le juge ? (Ce juge sera souvent le juge aux affaires familiales, juge unique). Il semble que le législateur ait pris obscurément conscience de l'insolite qu'il mettait en place, sous la pression de la Convention de l'ONU relative aux droits de l'enfant, à savoir traiter l'enfant comme un adulte doué de discernement et que cela l'a amené à recourir à un garde-fou : l'enfant sera accompagné, pris par la main, comme un enfant qu'il est (la Convention, et la loi interne qui s'en est suivie, ne font aucune distinction suivant les diverses phases de l'enfance, assimilée à la minorité). L'enfant sera rassuré, réconforté et éclairé par une présence affectueuse, ce qui l'empêchera d'être écrasé par la majesté du juge, et lui permettra peut-être de comprendre ce que l'on attend de lui. L'avocat jouera le rôle d'un père (ou d'une mère) idéal de substitution, qui pourra assurer une médiation entre le mineur et le juge.

C'est un hommage que le législateur rend à l'avocat, mais cet hommage est embarrassant.

59. – Sans entrer dans le détail de la procédure, nous noterons que l'avocat lors de cette démarche devra revêtir sa robe, car il est dans l'exercice de sa profession devant un tribunal. Et si l'avocat se présente en robe, on voit mal le juge en tailleur ou en veston. Ces détails vestimentaires risquent de gêner la communication du juge et de l'avocat avec le mineur, intimidé par cet apparat inhabituel pour lui. Il est possible, qu'à la demande du juge l'avocat se fasse autoriser par le bâtonnier à déposer sa robe pour la circonstance. Ce pourrait être une mesure générale adoptée dans le cadre du barreau par un accord entre le président de la juridiction et l'Ordre.

Selon la pratique antérieure du tribunal de grande instance de Paris, le mineur était d'abord entendu seul par le juge, puis son avocat intervenait après l'audition. Cette façon de procéder nous parait contraire aux nouveaux textes et on ne voit pas quel rôle peut jouer l'avocat après que la pièce est jouée. L'avocat n'a pas à « défendre » le mineur et à débattre sur ses déclarations. Il l'accompagne, et doit l'accompagner tout au long de son audition (4).

(4) Sur le droit de l'enfant mineur capable de discernement à être entendu on peut consulter : Cass. 1re civ., 18 mai 2005 : *JCP* G 2005, II, 10081, note F. Granet-Lambrechts.

Chapitre 2

L'AVOCAT ET LE JURIDIQUE

A. – Judiciaire et juridique

60. – La fonction de l'avocat n'a jamais été limitée à la défense devant les tribunaux. L'avocat a toujours donné des consultations. La consultation consiste à fournir, sur une question soumise à l'examen du consultant, un avis personnel, parfois un conseil, qui apporte à celui qui le consulte des éléments de décision, le cas échéant des éléments en faveur de sa cause (*Vocabulaire juridique H. Capitant*, sous la direction de G. Cornu). La décision à prendre peut concerner le montage juridique d'une opération quelconque, allant de la famille à la promotion immobilière, ou encore l'introduction d'une instance judiciaire, voire le soutien d'une instance en cours.

La consultation a même été au XIXe siècle la partie noble de l'activité de l'avocat, réservée aux professionnels de grandes notoriété et expérience, les avocats consultants (V. Introduction historique). Mais la complexité foisonnante du droit a rejeté la consultation vers des spécialistes, et par suite vers les conseils juridiques, en fiscalité, droit social, droit des sociétés, droit de la concurrence interne et communautaire, échappant en cela aux avocats. L'intégration des conseils juridiques dans la profession d'avocat l'a réintroduite dans le giron de l'avocat.

61. – Il a toujours été loisible à l'avocat en théorie de rédiger des actes juridiques échappant au monopole des notaires. Mais il a très peu exercé cette activité, sinon pas du tout. Les conseils juridiques s'étaient également installés sur ce créneau.

En définitive l'évolution de la profession d'avocat avait abouti au cours du XXe siècle, à cantonner celui-ci dans la défense devant les tribunaux, ce qu'on a appelé le judiciaire en le distinguant du juridique : ce juridique comprenant la consultation et la rédaction d'actes était devenu la chasse gardée des conseils juridiques. On peut observer que ces conseils juridiques étaient dès lors en concurrence plus avec les notaires, spécialistes de l'acte, qu'avec les avocats. Ils étaient même des pourvoyeurs en dossiers des avocats, lorsque le juridique tournait au contentieux. Les avocats anciens, qui restent confinés dans le judiciaire par choix, perdent cette source de clientèle, et le nouvel avocat, enrichi du conseil juridique, se trouve maintenant en concurrence directe avec le notaire.

62. – Les associations d'avocats, notamment l'Association nationale des avocats (ANA), ont obstinément milité pour l'extension du monopole à l'ensemble du juridique, dans le même temps qu'elles poursuivaient l'absorption des avoués et des conseils juridiques. La « grande réforme », entrevue en 1968, a partiellement échoué en 1971 (V. Introduction historique). Le projet a été repris en 1990 et il a abouti à une « réglementation de la consultation en matière juridique et de la rédaction des actes sous seing privé » (titre II de la loi du 31 décembre 1971 modifiée par celle de 1990). Cette réglementation est loin d'instituer le monopole rêvé, mais elle a le mérite de mettre un peu d'ordre dans le secteur, ouvert antérieurement à tous les vents. Elle est au surplus sanctionnée pénalement.

63. – La consultation et la rédaction d'actes sont réunies dans la même réglementation, parce qu'elles formaient un bloc dépendant de l'activité des conseils juridiques. Et pourtant ces deux activités sont matériellement bien distinctes. Le formel l'a emporté sur le matériel.

La consultation met en mouvement la plus haute perspicacité du juriste. Elle soumet un cas particulier à une analyse qui doit explorer tous les détours de la question et toutes les possibilités d'une (ou de plusieurs) solution. Elle pèse le pour et le contre : elle les expose en les argumentant. Elle lance parfois des perspectives au-delà de la question posée. Elle est le plus souvent l'œuvre d'un universitaire, d'un avocat aux Conseils ou d'un avocat hautement spécialisé et de grande renommée. Mais la consultation peut dégénérer en simple conseil sur une question banale. Il vaut mieux alors parler de conseil plutôt que de consultation.

La rédaction d'actes, sauf rares exceptions, est plus répétitive. Le technicien du droit s'aide de formulaires qui ont été mis au point par des consultants. Il complète la formule et l'adapte plus qu'il ne rédige l'acte. Il ne fait pas œuvre créatrice. Le danger qui le guette est la routine. Le jurisconsulte n'exerce pas la même espèce du genre juridique que le praticien qui dresse des actes sous seing privé.

Leur responsabilité n'est pas de même nature. En exagérant à peine, on peut dire que la consultation est une manifestation des beaux-arts, et l'artiste n'encourt pas de responsabilité. Il exerce dans l'espace de la création qui, pour être féconde, doit être libre. Le juriste dénué d'imagination ne donnera que de plats avis. Le consultant n'a pas une obligation de résultat et pour que sa responsabilité soit engagée, il faut qu'il commette une erreur de droit grossière constituant une faute lourde.

Au contraire le rédacteur d'acte assume une obligation de résultat : son acte doit être efficace. Il agit nécessairement dans le conformisme et la sécurité, évitant le risque de l'innovation (s'il s'y aventure, il doit en avertir le client et l'éclairer sur le degré des aléas encourus). Il est tenu de respecter les formes, les formalités, les délais, les impératifs de l'ordre public (V. *infra*, n°s 426 et s., sur la responsabilité de l'avocat).

Il convient encore d'y ajouter « l'ingénierie juridique » qui recouvre des « montages » plus sophistiqués que la simple rédaction d'un acte. Cette activité exige des connaissances interdisciplinaires, de l'imagination et de l'expérience. Elle est le fait de spécialistes hautement qualifiés. On peut difficilement l'assimiler à la simple rédaction d'actes.

Toutes ces activités entrent dans la catégorie légale dite du juridique et sont soumises à la même réglementation, malgré leur diversité. La loi est ici un véritable lit de Procuste.

64. – Il est une activité non judiciaire qui n'entre pas dans cette classe du « juridique » telle que nous venons de la définir. Les avocats « peuvent assister et représenter autrui devant les administrations publiques.. ». (L. art. 6). À la vérité nous pensons que cette activité se rattache plutôt au judiciaire qu'au juridique.

Il y a une gradation dans la fonction d'assistance et de représentation, telle qu'elle résulte de la loi. L'article 4 accorde à l'avocat le monopole d'assistance et de représentation devant « les juridictions et les organismes juridictionnels ou disciplinaires ». Les organismes juridictionnels, comme par exemple le Conseil de la concurrence, sont assimilés aux juridictions. Il en est de même des organismes disciplinaires. La procédure devant ces divers organes est contradictoire sur le modèle de la procédure judiciaire. Ils sont assimilés au judiciaire par la Cour européenne des droits de l'homme.

L'assistance et la représentation devant les administrations publiques ne sont pas attribuées en monopole à l'avocat, celui-ci n'ayant que la possibilité avec d'autres de le faire. Mais la procédure administrative tend, pour la sauvegarde des droits des administrés, à se rapprocher du contradictoire, à l'image de la pratique anglo-saxonne. L'avocat y retrouve donc les règles et les réflexes du judiciaire. L'Administration agit selon le droit et d'une certaine manière elle dit le droit. L'avocat dialogue avec elle sur le droit, comme il dialogue avec le juge. Nous pensons par suite que la déontologie du judiciaire et non du juridique doit être transposée à cette classe d'activité.

B. – Exercice du juridique à titre principal ou à titre accessoire

65. – Le titre II de la loi du 31 décembre 1971, dans sa rédaction de la loi du 31 décembre 1990 (art. 54 à 63) qui contient la réglementation du juridique, ne brille pas par la clarté du propos et la cohérence des dispositions. On sent qu'il a été bâti à coups d'amendements et qu'il est sorti de compromis successifs. Il convient de le décrypter, ce qui expose toujours l'interprète à quelques risques.

Le principe posé par la loi est que la consultation et la rédaction d'actes sous seing privé en matière juridique sont réservées à titre principal aux professions juridiques réglementées, dont les avocats, ou à des professionnels du droit compétents. D'autres personnes peuvent donner des consultations ou rédiger des actes, à titre accessoire à leur propre profession, mais elles doivent remplir des conditions générales de compétence, de moralité et d'assurance.

Ces conditions sont remplies *a priori* par les professions réglementées ou encore les professeurs de droit, et la loi aurait dû logiquement commencer par l'énumération de ces professions autorisées à exercer le juridique d'une façon générale ; mais sa rédaction cahotée a fait que les conditions générales se trouvent en tête du titre II (art. 54) alors que la liste des professionnels autorisés de façon principale se trouve à l'article 56. Nous rétablirons l'ordre logique en commençant par l'énumération des professionnels exerçant à titre principal (1°), puis celle de ceux qui exercent à titre accessoire (2°), en délimitant ensuite le champ de la réglementation (3°), car celle-ci ne s'applique pas à ceux qui exercent le juridique gratuitement ou non habituellement. Il reste encore un espace de liberté dont les frontières posent quelques problèmes.

66. – Nous avons annoncé que la loi n'établissait pas un véritable monopole auquel participeraient les avocats. Et pourtant la réglementation, quelque modeste qu'elle soit, pouvait poser une question de légitimité, eu égard au principe de libre concurrence qui régit notre société tant au plan national qu'au plan de la Communauté européenne. Le gouvernement a consulté le Conseil de la concurrence sur le projet de loi, et ce conseil a estimé que l'unification des professions d'avocat et de conseil juridique était neutre en matière de concurrence et qu'elle allait dans le sens de l'intérêt des consommateurs et du développement de la compétitivité ; mais il a émis des réserves quant au caractère trop étroit des dérogations au monopole (*sic*) des activités de consultation et de rédaction d'actes juridiques (avis 90 A 1 relatif au projet de loi portant réforme des professions judiciaires et juridiques, annexe 73 : *BOCC* n° 5/1990).

Cet avis doit servir d'avertissement aux syndicats d'avocats. Les monopoles n'ont plus cours, même sous le sceau de l'exception culturelle. La prestation juridique est menacée d'être assimilée à une prestation économique quelconque (V. accords du GATT), et maintenant la pratique de l'OMC (Cf. R. Martin. *Prospective européenne et mondiale pour l'avocat français* : *JCP* 1995, n° 26). L'avocat conserve un quasi-monopole de l'assistance et de la représentation devant les tribunaux parce qu'il est auxiliaire de justice et qu'il participe de ce fait à l'ordre public interne. Mais quand il œuvre dans le juridique, il entre fatalement en concurrence avec d'autres, car le droit n'a pas de périmètre borné, il est partout. La loi établit des degrés dans cette concurrence et la moralise. Elle ne peut aller plus loin. Les nouveaux avocats ne peuvent raisonnablement nourrir des ambitions corporatistes exagérées.

1° Professionnels exerçant le juridique à titre principal

67. – L'article 56 de la loi énumère les professionnels qui, dans le cadre des activités définies par leurs statuts respectifs, disposent concurremment du droit de donner des consultations et de rédiger des actes juridiques. Ce sont des juristes qui, par hypothèse, remplissent les conditions générales pour l'exercice du droit (V. *infra*, n°s 65 et s.) : caractère habituel et rémunéré, compétence assurée par les diplômes exigés pour l'exercice de la profession, moralité contrôlée, exigence du secret professionnel. La liste est la suivante : avocats au Conseil d'État et à la Cour de cassation ; avocats inscrits à un barreau français ; avoués près les cours d'appel ; notaires ; huissiers de justice ; commissaires-priseurs ; administrateurs judiciaires ; mandataires-liquidateurs (les commissaires-priseurs ne figuraient pas dans le projet de loi, ils ont été ajoutés par le Parlement).

On remarquera que le droit de consulter et de rédiger des actes n'est accordé qu'aux avocats inscrits à un barreau français. Mais il faut réserver le droit, pour les avocats de la Communauté européenne, de la liberté de prestation de services sur le territoire français (V. D. art. 200 et s. et *infra*, chapitre 3).

68. – L'article 56 susvisé de la loi introduit, pour les professionnels qu'il énumère, des degrés dans la compétence autorisée, par le membre de phrase « dans le cadre des activités définies par leurs statuts respectifs ».

Les avocats aux Conseils, les avocats aux barreaux, les avoués (qui signent les conclusions), les notaires sont des généralistes du droit qui peuvent consulter et rédiger des actes en toutes matières juridiques (remarquons que les notaires ont seuls une compétence générale car ils détiennent un monopole pour certains types d'actes et peuvent donner à tous les autres actes la forme authentique).

Par contre les huissiers de justice, les administrateurs judiciaires, les mandataires-liquidateurs, les commissaires-priseurs voient leur activité enfermée par leurs statuts dans des limites plus ou moins étroites. Les huissiers de justice ont qualité pour signifier les actes de procédure et ramener à exécution les décisions de justice, ainsi que les actes ou titres en forme exécutoire. Ils peuvent consulter en cette matière, mais on voit mal quels actes sous seing privé ils pourraient rédiger (les actes de procédure dont ils ont le monopole sont des actes authentiques). S'ils exercent accessoirement une activité d'administrateur de biens, ils peuvent rédiger des baux à loyer à titre accessoire. Les administrateurs judiciaires et mandataires-liquidateurs peuvent consulter et rédiger des actes dans le cadre des procédures collectives (V. Rapp. AN, p. 160. – Cf. L. n° 85-98, 25 janv. 1985, art. 11 et 27, modifiés L. n° 90-1259, 31 déc. 1990, art. 50 et 55). Quant aux commissaires-priseurs, ils ne peuvent consulter que dans le domaine de l'évaluation et de la vente des biens mobiliers corporels ; et là encore on voit mal quels actes ils pourraient rédiger (V. Bénabent, *La réglementation de l'exercice du droit* : *JCP* G 1991, I, 3490, n°s 21 et 22).

69. – L'article 57 ajoute à la liste de l'article 56 les fonctionnaires ou assimilés, en activité ou à la retraite. Ils peuvent consulter en toutes matières, mais non rédiger des actes. Ce sont les professeurs et maîtres de conférence chargés d'un enseignement juridique qui ont été d'abord envisagés par le législateur.

Cette activité de consultation leur est traditionnelle. Mais la référence au « champ d'application du décret du 29 octobre 1936 » est susceptible d'élargir cette catégorie, puisque l'article 3 de ce décret vise en général les « membres du personnel enseignant... des établissements d'enseignement », ce qui inclut les enseignants du secondaire en matière juridique ayant la qualité de fonctionnaire.

En ce qui concerne les fonctionnaires à la retraite, on comprend très bien que les magistrats retraités puissent consulter en matière juridique, ainsi que les anciens enseignants. Mais le texte n'est pas clair en ce qui concerne les autres fonctionnaires retraités. Le texte aurait mérité plus de clarté et de précision (V. A. Bénabent, préc., n° 68). Cette imprécision est d'autant plus regrettable qu'il existe des sanctions pénales (V. *infra*, n° 84). Il est raisonnable de penser que ne peuvent consulter en matière juridique que les fonctionnaires retraités qui, pendant leur activité, exerçaient des fonctions de caractère juridique, par exemple le fonctionnaire retraité de l'Équipement pourra consulter en matière d'urbanisme.

Le texte ajoute encore « les enseignants des disciplines juridiques des établissements privés d'enseignement supérieur reconnus par l'État délivrant des diplômes visés par le ministre chargé de l'Enseignement supérieur ».

70. – Le législateur a cru bon de préciser, dans l'article 58 de la loi, que les juristes d'entreprise salariés peuvent donner des consultations et rédiger des actes pour l'entreprise qui les emploie ou pour le groupe d'entreprises, et relevant de l'activité de l'entreprise. Le texte doit signifier *a contrario* qu'ils ne peuvent donner des consultations et rédiger des actes pour d'autres personnes que leur entreprise ou leur groupe d'entreprises, et que cet exercice du droit doit se rapporter à l'activité de l'entreprise. Cela interdit au juriste d'entreprise d'exercer une activité libérale concurremment avec son activité salariée.

2° Professionnels exerçant le juridique à titre accessoire

71. – L'article 59 de la loi reconnaît le droit de donner des consultations ou de rédiger des actes à des personnes n'appartenant pas aux professions judiciaires ou juridiques réglementées, mais dont l'activité est par ailleurs réglementée et touche par certains côtés au droit. Il s'agit de professionnels qui, dans l'exercice de leur activité, sont amenés à exercer le juridique à titre d'accessoire nécessaire à leur activité principale. Il faut que cet exercice du juridique constitue l'accessoire direct de la prestation qu'ils fournissent à titre principal.

L'article 60 y ajoute les personnes exerçant une activité professionnelle non réglementée pour laquelle elles justifient d'une qualification reconnue par l'État ou attestée par un organisme public ou un organisme professionnel agréé.

Ces deux sous-catégories sont fatalement hétéroclites. Dans la première, on peut classer : les experts-comptables, les agents immobiliers, les administrateurs de biens, les syndics de copropriété, les architectes, les banques, les assureurs, les centres et associations de gestion agréés. Dans la seconde : les ingénieurs conseils, les cabinets d'audit, les experts évaluateurs, les entreprises de recouvrement amiable.

Toutes ces activités de consultation et de rédaction d'actes sont soumises à des conditions générales d'exercice figurant à l'article 54 de la loi. Ces conditions s'appliquent également aux professionnels exerçant le juridique à titre principal (V. *supra*, n° 67), mais ceux-ci les remplissent *a priori* du fait de leur appartenance à la profession réglementée. Leur examen intéresse donc en pratique les personnes exerçant le droit à titre accessoire, c'est pourquoi nous les examinons à cette place.

a) Conditions générales mises à l'exercice accessoire du juridique

72. – La première condition générale qui était posée par l'article 54 dans sa rédaction de la loi du 31 décembre 1990 consistait en la possession de la licence en droit ou d'un diplôme équivalent, les équivalences devant être fixées par décret. La mise en vigueur de cette disposition s'est heurtée à des obstacles dirimants. La publication du décret sur les équivalences qui devait intervenir dans les cinq ans a été reportée à deux reprises jusqu'au 1er juillet 1997. Et en définitive, la loi n° 97-308 du 7 avril 1997 est venue substituer à la notion de diplôme équivalent celle de « compétence juridique appropriée ».

À la suite de cette modification législative, la situation se présente de la façon suivante :

– la compétence est reconnue de plein droit aux personnes exerçant des professions juridiques réglementées figurant aux articles 56, 57 et 58 de la loi, autrement dit celles qui exercent le droit à titre principal (V. *supra*, n° 67) ;

– elle est reconnue également de plein droit à celles exerçant une activité professionnelle réglementée, que nous avons regroupées dans la première sous-catégorie (V. *supra*, n° 68) ; elles sont donc assimilées sur ce point à la première catégorie ;

– en ce qui concerne les personnes exerçant une activité non réglementée, la seconde des sous-catégories, la compétence résulte d'un agrément donné par un arrêté ministériel après avis d'une commission *ad hoc* : il s'agit non d'un agrément à telle personne déterminée, mais à toutes les personnes exerçant cette activité ; la commission est composée d'un magistrat de la Cour de cassation, de la Cour des comptes, du Conseil d'État et d'un professeur des facultés de droit (cette disposition est entrée en application le 8 avril 1998 : V. D. n° 97-875, 24 sept. 1997 : *JO* 26 sept. 1997). Plusieurs arrêtés sont intervenus : 24 juin 1999 (*JO* 30 juin 1999, p. 9587), 19 décembre 2000 (*JO* 29 déc. 2000), 6 février 2001 (*JO* 15 févr. 2001). L'agrément a été conféré aux professions suivantes : consultants ou ingénieurs conseils exerçant leur activité dans différents secteurs, généalogistes, conseils en gestion de patrimoine, experts immobiliers, auditeurs et consultants en assurance.

La même procédure d'agrément s'applique aux organismes visés aux articles 61, 63, 64 et 65 de la loi (V. *infra*, n°s 77 et 78).

73. – Les conditions posées aux 2°, 3°, 4° de l'article 54 sont des conditions de moralité :

– il ne faut pas avoir été condamné pénalement pour des agissements contraires à l'honneur, à la probité et aux bonnes mœurs ;

– ou avoir été sanctionné disciplinairement ou administrativement (destitution, radiation, révocation, retrait d'agrément ou d'autorisation) pour des faits de même nature ;

– ou encore avoir été frappé de faillite personnelle ou d'autre sanction en application du titre VI de la loi n° 85-98 du 25 janvier 1985, ou dans le régime antérieur à cette loi, en application du titre II de la loi n° 67-563 du 13 juillet 1967. Et maintenant en application de la loi du 26 juillet 2005, chap. III du titre V.

Une personne morale dont l'un des dirigeants de droit ou de fait a fait l'objet d'une des sanctions susdites peut être frappée d'incapacité d'exercer par décision du tribunal de grande instance du siège social, « à la requête du Ministère public » (ce qui paraît exclure une plainte avec constitution de partie civile mettant en mouvement l'action publique).

74. – L'article 55 pose une obligation d'assurance pour la responsabilité civile professionnelle et de caution donnée par une entreprise d'assurance ou par un établissement de crédit habilité à cet effet pour la garantie de représentation des fonds et valeurs.

75. – Celui qui donne des consultations ou rédige des actes doit respecter le secret professionnel conformément aux dispositions des articles 226-13 et 226-14 du Code pénal. Il doit s'interdire d'intervenir s'il a un intérêt direct ou indirect à l'objet de la prestation fournie. On retrouve dans ces conditions un écho de la déontologie des professions réglementées.

b) Applications particulières

76. – Les avocats rêvent depuis toujours d'un véritable monopole sur le conseil juridique ; ils désireraient occuper seuls ce qu'ils ont appelé le « périmètre du droit ». Mais pour cela, il faudrait qu'ils cumulent, d'absorption en absorption, tous les métiers du droit, qu'ils deviennent les « légistes » universels. La loi du 31 décembre 1990 leur a apporté une satisfaction seulement partielle, comme on vient de le voir. Ils partagent le « périmètre du droit » avec d'autres professions juridiques réglementées traditionnelles, comme les notaires ou les huissiers de justice, avec lesquelles il n'y a pas d'affrontement frontal. Mais parmi les professions exerçant accessoirement le droit, il en est une qui vient directement en concurrence avec eux, celle d'expert-comptable, parce qu'elle est en relation constante avec les entreprises. C'est ainsi que s'est ouverte une guérilla entre « le chiffre et le droit ».

Les avocats se sont battus, lors de la discussion de la loi du 31 décembre 1990, pour que les experts-comptables ne puissent exercer le droit qu'à titre accessoire ; ils y sont parvenus. Encore faut-il définir l'accessoire.

L'article 22 de l'ordonnance n° 45-2138 du 19 septembre 1945, qui contient la charte de la profession d'expert-comptable, autorise ces derniers à donner des conseils en matière juridique sous la double condition :

– que ces consultations s'adressent à des entreprises dans lesquelles ils assurent des missions d'ordre comptable de caractère permanent ou habituel ;

– qu'elles soient directement liées aux travaux comptables dont ils sont chargés, ce qui laisse entendre qu'elles ne peuvent intervenir qu'en matière comptable ou fiscale et ne peuvent être étendues au droit social, au droit des sociétés ou au droit de la concurrence. Au surplus le texte ne vise que des consultations ou encore « des études et travaux d'ordre statistique, économique, administratif, juridique ou fiscal » et non la rédaction d'actes. Par l'effet de ce texte spécial prévalant sur le texte général de l'article 59 de la loi du 31 décembre 1971, la rédaction d'actes paraît bien interdite d'une façon générale aux experts-comptables. Ceci avait été confirmé par un arrêt de la chambre criminelle de la Cour de cassation (Cass. crim., 23 mars 1999 : *JCP* G 1999, I, 173, n° 2 ; *Gaz. Pal.* 10 avr. 1999, p. 46). Mais par une décision du 11 avril 2002 (*JCP* G. 2003, II, 10011, note Audran) la chambre criminelle a adopté une appréciation *in concreto* pour chaque acte incriminé. Cette interprétation a été reprise par la 1re chambre civile. (4 févr. 2003 : *JCP* G. 2003, IV, 1561 ; *Juris-Data* n° 2003-017457). L'avocat plaignant doit donc apporter la preuve que l'acte rédigé par l'expert-comptable ne se rattache pas directement à ses travaux comptables.

La guerre larvée du chiffre et du droit peut être illustrée par une péripétie qui a débouché sur une procédure judiciaire (TGI Niort, ord. réf., 3 févr. 1993 : *JCP* G 1993, II, 2202, note R. Martin, confirmée par Poitiers, 16 mars 1994 : *Gaz. Pal.* 15/16 avr. 1994, p. 33).

L'Ordre régional des experts-comptables avait organisé une « journée portes ouvertes », annoncée par un dépliant publicitaire, en proposant des conseils gratuits, notamment en matière juridique, sociale et de gestion. Sur la demande de l'Ordre des avocats du barreau de Charente, et l'intervention de plusieurs syndicats d'avocats, le juge des référés a décidé que cette action était contraire au statut professionnel des experts-comptables et à la loi du 31 décembre 1990 et a interdit la tenue de cette journée sur le fondement de l'article 809 du Nouveau Code de procédure civile.

Par ailleurs les experts-comptables se sont efforcés d'ouvrir une brèche dans la réglementation de la loi du 31 décembre 1990 à l'occasion de la modification de leur statut fixé dans l'ordonnance de 1945 susvisée. Mais cette tentative a échoué. La loi n° 94-679 du 8 août 1994 « portant diverses dispositions d'ordre économique et financier » comprend dans son titre IV des « dispositions portant réforme de la profession d'expert-comptable ». Ces dispositions n'étendent pas la sphère d'attributions des experts-comptables en matière juridique et l'article 22 susvisé n'a pas été modifié.

La loi nouvelle a seulement supprimé l'interdiction qui leur était faite de représenter leurs clients devant les administrations et organismes publics. Cela ne fait qu'entériner une pratique constante qui s'était établie malgré la prohibition légale. Il y a lieu de souligner que l'avocat, s'il peut représenter devant les administrations et organismes publics, n'en a pas le monopole. Il s'agira le plus souvent d'administrations fiscales.

Cela devrait mettre un terme à la guerre. Toutefois l'Institut français des experts-comptables et des commissaires aux comptes, lors de son congrès de 1994, a estimé que le futur diplômé d'expertise comptable devrait « plus largement prendre en compte la culture de l'entreprise et s'ancrer davantage encore dans le champ juridique et fiscal » (*LPA* des A.-M., 22 sept. 1994, p. 10, par E.-F. Flament).

Çà et là des protocoles d'accord sont intervenus entre Ordres d'avocats et d'experts-comptables pour la délimitation des frontières. Une charte de coopération a été signée entre une association d'avocats, l'ACE (Association des conseils d'entreprises) et l'IFEC (Institut français d'expertise comptable), mais celle-ci contient plus de bonnes intentions que de mesures concrètes

(V. R. Martin, *Chronique d'actualité* : *JCP* 1997, I, 4041, n° 11). Une charte de collaboration entre professionnels a été signée le 15 juin 2006 entre les présidents du Conseil national des barreaux, du Conseil de l'Ordre des experts-comptables, et du Conseil supérieur du notariat. « Elle entend organiser la collaboration ponctuelle entre les membres des trois professions. » Elle a été intégrée dans la dernière version du RIN publié au *JO* du 11 août 2007 (V. *supra* n° 3). La pacification pourrait passer par l'institution de sociétés interprofessionnelles, voire de réseaux, excluant toutefois les commissaires aux comptes (V. *infra* n°s 215 à 217) (1).

Dans leur ouvrage « La justice à l'épreuve », Messieurs Coulon et Soulez-Larivière écrivent au sujet des USA : « La distinction entre le chiffre et le droit a commencé à être organisée dès avant la guerre et s'est confirmée largement depuis lors. En 1999, la SEC (*Security Exchange Commission*) a décidé que les cabinets d'audit ne pouvaient pas contrôler les actes de leurs clients et leur fournir en même temps un conseil juridique ».

77. – Les associations reconnues d'utilité publique, ou dont la mission est reconnue d'utilité publique conformément au Code civil local d'Alsace-Moselle, les fondations reconnues d'utilité publique, les associations agréées de consommateurs, les associations agréées exerçant leur activité dans les domaines de la protection de la nature, de l'environnement, de l'amélioration du cadre de vie et du logement, les associations habilitées par la loi à exercer les droits de la partie civile devant la juridiction pénale (elles sont nombreuses et la liste s'en accroît), les associations familiales et les unions d'associations familiales, les groupements mutualistes peuvent donner à leurs membres des consultations juridiques relatives aux questions se rapportant directement à leur objet. Elles ne peuvent rédiger des actes.

Les syndicats ou associations professionnelles régis par le Code du travail peuvent donner des consultations juridiques et rédiger des actes au profit des personnes dont la défense des intérêts est inscrite dans leurs statuts, sur des questions se rapportant directement à leur objet. Le cercle des bénéficiaires est plus étendu que celui concernant les associations et leur compétence inclut la rédaction des actes, notamment des contrats de travail.

Les organismes professionnels ou interprofessionnels, les fédérations ou confédérations de sociétés coopératives peuvent donner des consultations juridiques et rédiger des actes au profit de ces organismes ou de leurs membres, sur des questions se rapportant directement à l'activité professionnelle considérée.

78. – Les organes de presse ou de communication audiovisuelle ne peuvent offrir des consultations juridiques dans leurs colonnes ou diffusions qu'autant qu'elles ont pour auteur un membre d'une profession juridique réglementée (L. art. 66). Cela nous paraît devoir imposer que le nom du consultant et sa qualité soient indiqués par l'organe de communication.

Mais il importe de définir les limites d'application de cette règle. D'abord il faut qu'il s'agisse d'une consultation, c'est-à-dire d'un avis personnalisé répondant à une question posée par le lecteur ou l'auditeur. En effet, la loi précise (art. 66-1) que la réglementation ne fait pas obstacle à la diffusion en matière juridique de renseignements ou d'informations de caractère documentaire. La documentation de caractère général est librement diffusée. Il en est de même de la doctrine.

---

(1) Pour les experts agricoles et fonciers et les experts forestiers : V. J.J. Alexandre, Ann. Loyer 2000, p. 1907 ; pour les géomètres experts : loi n° 94-529 du 28 juin 1994, art. 12.

Toutefois le ministre de la Justice estime que les consultations paraissant dans les journaux de grande diffusion ou données par la voie du téléphone ne peuvent être considérées comme rémunérées par le prix du journal ou de la communication téléphonique et qu'étant gratuites elles échappent à la réglementation (Rép. min. n° 66510, *JOAN* Q, 1er mars 1993, p. 792 : *JCP* G 1993, V, 58). On peut se demander alors à quoi correspondent les dispositions de l'article 66 sus rapportées.

79. – L'avocat peut-il consulter en matière d'investissement financier et plus généralement de gestion de patrimoine ? C'est une activité traditionnelle du « notaire de famille », tout au moins pour l'immobilier. Nous pensons pouvoir répondre par l'affirmative. Les droits financier, bancaire, immobilier, successoral sont ici étroitement mêlés à la stratégie de gestion, ce qui peut justifier l'intervention de l'avocat, s'entourant au besoin de l'avis de spécialistes.

Il importe évidemment qu'il se limite à conseiller sans exécuter ni servir d'intermédiaire. Le consultant ne saurait par exemple placer les produits de telles banques ou de tels établissements financiers, ni gérer un portefeuille (sauf mission reçue du tribunal) ; il ne saurait jouer non plus les intermédiaires en transactions immobilières (V. RIN, art. 6-4, al. 4).

Des conseils de cette sorte ne peuvent entrer dans la compétence de consultation accessoire de l'expert-comptable. Tout au plus celui-ci peut-il attirer l'attention de l'entreprise cliente sur l'opportunité de placer une trésorerie excédentaire.

Le conseil en gestion de patrimoine a été autorisé à consulter. Mais il doit s'en tenir à conseiller et non à gérer (arrêté du 19 déc. 2000, modifié par arrêté du 1er déc. 2003. – V. CE, 8 mars 2002 : *D.* 2002, inf. rap. 1321 ; CE, 3 juin 2002 : *D.* 2002, inf. rap. p. 2159 ; *JCP* 2003, I, 140, n° 4, obs. R. Martin).

3° Liberté du juridique exercé à titre gratuit ou occasionnel

80. – Selon les termes de l'article 54, alinéa 1er, de la loi, la réglementation que nous venons d'évoquer ne s'applique qu'à ceux qui donnent des consultations ou rédigent des actes sous seing privé pour autrui « à titre habituel et rémunéré ». Il en résulte que demeure libre la pratique gratuite, même à titre habituel, ainsi que la pratique occasionnelle, même à titre onéreux. Sur le caractère occasionnel, la jurisprudence pénale considère que l'habituel naît et que l'occasionnel cesse au deuxième acte.

On peut s'inquiéter de cette zone de liberté, car la réglementation n'a pas pour fin l'avantage du juriste, mais la protection du « consommateur » de droit. Il suffirait que le service soit gratuit pour qu'il puisse être mauvais et qu'il fasse impunément des ravages dans le public. Nous avons vu que la gratuité peut être l'accessoire d'un autre service (V. *supra*, n° 78 concernant les consultations par voie de presse ou de radio-télévision). Nous avions imaginé (V. 1re éd.) que la consultation juridique puisse être utilisée comme produit d'appel. La réalité nous a rattrapé. Une société de distribution de titres restaurant a offert en promotion des consultations juridiques. Le juge des référés, saisi par un avocat, lui a interdit cette pratique (TGI Auxerre, réf., 3 janv. 1995 : *JCP* G 1995, II, 22388, note R. Martin).

La tentation peut naître d'Internet. Des messages gratuits peuvent être lancés sur le réseau à destination de tout utilisateur connecté sans aucune garantie de provenance (V. *infra*, n° 81). Et si le service est payant, et qu'il soit situé hors des frontières, on ne voit pas comment une interdiction pourrait efficacement l'atteindre. La consultation pourrait d'ailleurs être considérée comme occasionnelle (cf. M. Paisant, *Cybermonde : Droit et droits des réseaux* : *JCP* G 1996, I, 3969).

81. – Le législateur a probablement perçu les dangers de la liberté accordée ainsi à la consultation gratuite, ou à la rédaction d'actes tout aussi gratuite qui est moins pratiquée. Il a donc posé quelques bornes au laisser-faire.

L'article 55, alinéa 4, de la loi dispose que « les obligations prévues à l'alinéa précédent sont également applicables à toute personne qui, à titre habituel et gratuit, donne des consultations juridiques ou rédige des actes sous seing privé ». Lesdites obligations sont les suivantes : respecter le secret professionnel et s'interdire d'intervenir si elle a un intérêt direct ou indirect dans l'objet de la prestation (V. A. Bénabent, *La réglementation de l'exercice du droit, JCP* G, 1991, I, 3490). On ne comprend pas pourquoi l'activité occasionnelle est exclue de ces précautions élémentaires. Ce n'est pas parce que la consultation ou la rédaction d'un acte sont occasionnelles qu'elles ne requièrent pas le secret et le défaut d'intérêt de celui qui rend le service.

82. – L'article 62 de la loi du 31 décembre 1971, dans sa rédaction de la loi du 31 décembre 1990, imposait que « tout acte sous seing privé contienne les nom, prénom et qualité de son rédacteur si celui-ci ne justifie pas d'une assurance de responsabilité professionnelle ». Or, une telle assurance est obligatoire pour ceux qui sont autorisés à agir « de manière habituelle et rémunérée » (L. art. 55). L'obligation d'indiquer le nom s'adressait par suite seulement au rédacteur d'acte à titre gracieux ou occasionnel, situation marginale ne justifiant pas une disposition particulière. Cet article a été abrogé par la loi du 7 avril 1997 (art. 3).

Pour notre part nous serions d'avis que tout acte sous seing privé rédigé par un professionnel contienne le nom de son (ou ses) rédacteur(s). Les choses seraient ainsi plus claires pour connaître quel est (quels sont) le(s) responsable(s) de la validité de l'acte. Lorsque l'acte a été co-rédigé et qu'un différend éclate ensuite sur son exécution ou son interprétation, les données pour résoudre le conflit d'intérêts entre les rédacteurs seraient ainsi bien établies.

83. – L'assurance de protection juridique risque de bousculer les limites mises à la consultation pour les professions non spécifiquement juridiques. Nous rappelons que l'assureur fait partie des professions réglementées.

La garantie fournie par l'assureur comporte le conseil préventif pour prévenir le litige (B. Cerveau, *Prestation de conseil juridique effectuée par l'assureur de protection juridique* : *Gaz. Pal.* 10-11 août 1994, p. 25). Ce conseil va du simple coup de téléphone à la lettre explicative, constituant une véritable consultation écrite.

Suivant le champ d'application de la police, tout le droit peut être embrassé par cette activité de conseil. Les dispositions de l'article 59 de la loi se trouvent ainsi contournées, l'assureur n'exerçant plus une activité accessoire mais principale. La consultation n'est pas l'accessoire de l'assurance mais son objet.

Il faudrait qu'une disposition légale oblige l'assureur à faire appel à des avocats. Toutefois, une telle obligation légale apparaît comme peu réaliste et facilement éludée. On ne voit guère un avocat tenant une permanence téléphonique, préparant la correspondance et recevant les assurés dans une agence de la compagnie d'assurances.

C. – Sanctions pénales

84. – L'exercice illégal de la consultation et/ou de la rédaction d'actes sous seing privé est sanctionné pénalement (L. art. 66-2). Les peines sont les mêmes que celles qui frappent les atteintes au monopole d'assistance et de représentation devant les juridictions et organismes juridictionnels ou disciplinaires : amende de 4 500 € et en cas de récidive amende de 9 000 € et/ou emprisonnement de six jours à six mois (L. art. 72).

L'article 66-3 précise que peuvent se constituer parties civiles les organismes chargés de représenter les professions autorisées à exercer le juridique à titre principal, pour les avocats les Ordres, ainsi que les organisations professionnelles représentatives de ces professions. Il appartient aux Ordres et aux syndicats de débusquer les activités illégales et de déclencher des poursuites correctionnelles en se constituant parties civiles, car il ne faut pas trop compter sur le parquet pour ce faire.

La Cour d'appel de Montpellier, saisie à la suite d'une plainte avec constitution de partie civile d'un Ordre, a jugé dans un arrêt du 23 août 1994 (dossier n° 363/94, inédit) que révélait un exercice illégal du droit, l'apposition, à l'entrée de locaux professionnels, de plaques comportant les indications suivantes : « Conseil en droit privé » ; « Juriste d'entreprise, droit fiscal, droit des affaires, droit des sociétés » ; « Assistance juridique, rédaction d'actes, représentation devant le tribunal de commerce ». Les condamnations prononcées ont été des amendes de 25 000 F. Ces plaques constituaient également une contrefaçon du titre de « Conseil juridique » qu'il est désormais interdit d'utiliser.

Par contre la culpabilité a été écartée pour les personnes ayant annoncé une qualification de « Conseil en économie privée » ; « Conseil en recouvrement et financement ».

L'article 66-4 de la loi réprime pénalement « quiconque se sera livré au démarchage en vue de donner des consultations ou de rédiger des actes en matière juridique ». Cette sanction vise tout démarchage, qu'il soit fait pour des professionnels ou pour des personnes exerçant à titre gratuit, au moins en apparence. Les peines sont celles prévues à l'article 72.

D. – Consultations gratuites données par les avocats

85. – Les avocats se sont toujours voulus au service des persécutés, des pauvres et des déshérités. C'est le côté charitable, aujourd'hui social de leur profession. Ils ont mis longtemps leur honneur à rendre ce service bénévolement. Toutefois, l'ampleur de la tâche dans la société moderne a dépassé leur bonne volonté et leurs moyens, si bien que ce devoir de solidarité a dû être relayé par une aide financière de l'État : aide judiciaire, puis aide juridictionnelle et d'accès au droit.

Mais le prurit du social ne s'est pas tari pour autant et par diverses voies, les avocats de la modernité ont proposé au public des consultations gratuites. Le progrès de la connaissance du droit – et des droits – s'ajoute ici en partie à la finalité de l'assistance. Toutefois, ces bonnes intentions ont donné lieu, et donnent lieu, à des déviations de la générosité vers l'affairisme ou le prosélytisme politique.

86. – L'article 92 du décret du 9 janvier 1972, aujourd'hui abrogé, édictait que l'avocat ne pouvait consulter que dans son cabinet personnel ou dans le cabinet d'un confrère. Selon le texte actuellement en vigueur (L. art. 3 *bis*), « l'avocat peut librement se déplacer pour exercer ses fonctions », y compris la consultation. Toutes les interdictions relevant du fait que les consultations juridiques étaient données hors du cabinet (en mairie, dans les locaux d'un comité d'entreprise, dans la Maison des étrangers de Marseille, etc.) sont devenues inopérantes. De ce fait la jurisprudence antérieure, d'ailleurs passablement incohérente, ne peut plus être utilisée qu'avec d'infinies précautions (V. à titre d'exemples, Cass. 1re civ., 29 avr. 1980 : *Gaz. Pal.* 1980, 2, p. 567 ; *D.* 1981, 525, note crit. A. Brunois. – 4 juin 1985 : *Gaz. Pal.* 1985, 2, pan. jurispr. p. 294, note Guinchard et Moussa).

Aucune disposition légale ou réglementaire ne s'oppose plus à ce que les avocats consultent hors de leur cabinet. Il ne semble pas que la gratuité de la prestation puisse être critiquée, encore qu'on pourrait y voir une concurrence déloyale, comparable à la vente à perte. Mais le plus grave danger de cette pratique consiste en ce qu'elle puisse déguiser un racolage de la clientèle, quand elle n'est pas organisée par l'Ordre, dans ses locaux.

Il serait bon que les règlements intérieurs posent des règles à respecter pour ce genre d'activité : lieu où les consultations sont données, anonymat de l'avocat qui les donne, interdiction de garder comme client une personne ayant bénéficié de la consultation, rémunération de l'avocat par un organisme proposant de telles consultations, etc. Et encore mieux, vaudrait-il que cette pratique soit abandonnée alors qu'a été mise en place l'aide d'accès au droit. Une interdiction pourrait s'appuyer sur le danger de racolage et de publicité déguisée, en constatant que le besoin de ces séances de consultations gratuites a disparu depuis l'institution de l'aide à l'accès au droit. Reste évidemment à ce que cet accès au droit soit mis en place de façon effective, sur tout le territoire national. L'aide à l'accès au droit a été réformée par une loi n° 98-1163 du 18 décembre 1998 (R. Martin, *JCP* 1999, n° 3, act. p. 121).

Pour cette raison, même le service de consultations gratuites offert par les grands barreaux ne s'impose plus. L'aide légale doit relayer les initiatives privées charitables. La qualité du service y gagnera d'ailleurs, car des consultations données à la chaîne ne peuvent consister qu'en des avis sommaires ou une orientation – et c'est l'orientation qui est dangereuse.

87. – Les grands barreaux proposent également un service d'accueil au Palais pour les personnes non averties qui se trouvent dans la nécessité d'aborder l'institution judiciaire : mineurs, femmes et hommes en rupture de couple, consommateurs. Son rôle ne peut être que de guider et rassurer. Par ailleurs des hôtesses d'accueil ou des agents de renseignement peuvent indiquer aux justiciables leur route dans le dédale du Palais. Mais certains chefs de juridiction ont pris l'initiative de déléguer des magistrats à l'accueil. Cette pratique, née d'une intention louable, se présente à l'examen comme complètement inopportune. En effet, le magistrat qui a accueilli le justiciable et lui a donné un conseil peut se retrouver en face de ce même justiciable comme juge et être amené après une instruction contradictoire, à démentir le conseil qu'il a donné. Quelle figure fera-t-il et que pensera le plaideur ? Il est toujours dangereux de mélanger les genres. Cette pratique paraît avoir été abandonnée.

E. – Déontologie de l'avocat appliquée au juridique

88. – La déontologie de l'avocat a été élaborée pour le judiciaire et reste orientée vers lui. La réglementation du juridique n'ajoute pour lui aucune règle supplémentaire. Il faut en conclure que s'applique au juridique la déontologie ordinaire. Celle-ci toutefois doit être adaptée à ses situations particulières et nous allons dégager quelques lignes directrices de cette adaptation. Il convient de souligner que celle-ci ne doit pas aboutir à un affaiblissement de la règle. Il ne doit pas y avoir deux catégories d'avocats, ayant deux morales différentes, ceux qui fréquentent le Palais et ceux qui consultent ou surtout rédigent des actes. La déontologie imposée à ces derniers doit être aussi stricte que celle du judiciaire ; nous irons même jusqu'à dire qu'elle doit être plus stricte, en ce sens que le procès implique que chacun des avocats en cause agit toujours sous la surveillance de l'autre ou des autres, alors que dans son activité juridique, l'avocat est seul devant sa propre conscience (Woog, p. 166).

Pourtant un courant se dessine chez les avocats conseils d'entreprise (ils ont leur propre association) pour réclamer la mise en place d'une déontologie particulière au juridique (et au surplus une formation spécifique, ce qui est plus recevable). Une telle innovation consacrerait l'éclatement de la profession nouvelle en deux métiers, ce qui laisserait penser que la fusion des conseils juridiques avec les avocats a été inutile (sur ce point, consulter J. Barthélémy, *Quel avenir pour les jeunes avocats ?* : *Gaz. Pal.* 1995, 1, doctr. p. 48 ; *L'avocat nouveau n'est pas arrivé* : *JCP* G 1996, I, 3931. – R. Martin, *Quand l'histoire bégaye* : *Gaz. Pal.* 12-13 avr. 1995, p. 11 ; *La fusion éclatée* : *JCP* G 1996, I, 3932).

89. – Une règle fondamentale réside en ce que l'avocat ne peut mettre en œuvre des intérêts opposés. Elle est claire dans le contentieux où s'affrontent des adversaires, beaucoup moins dans la rédaction des actes. L'acte est le plus souvent un contrat qui constate un accord. Les parties en présence n'ont pas de volontés opposées, mais par définition concordantes et le rédacteur constate cette concordance. Toutefois, sous ces volontés concordantes se cachent des intérêts opposés. L'accord résulte d'un arbitrage, d'une transaction au sens large du mot. Le rédacteur de l'acte est ainsi exposé de glisser vers la prévalence d'une des parties. Cette situation est bien connue des notaires.

Le rédacteur unique de l'acte doit maintenir la balance égale entre les parties, plus précisément il doit remplir un rôle de conseil auprès de chacune des parties en l'éclairant sur les conséquences de l'acte. Cela devient malaisé si l'une des parties est la cliente habituelle du rédacteur. Le risque de dérapage est alors certain. Dans ce cas il est préférable que chaque partie ait son propre avocat et que l'élaboration et la rédaction soient une œuvre commune. L'inconvénient en est le coût, car les honoraires sont multipliés par le nombre d'intervenants. Il serait opportun qu'un honoraire global soit réparti entre les avocats, comme il se pratique chez les notaires pour les actes dressés en double minute.

L'avocat qui a concouru à la rédaction d'un acte peut-il ensuite plaider sur cet acte ? S'il a été le rédacteur unique de l'acte, la réponse doit être incontestablement négative, car il a été nécessairement le conseil de toutes les parties. Si la rédaction a été conjointe par les avocats de chacune des parties, on peut *a priori* hésiter. Mais l'avocat ayant participé à la rédaction, même contradictoirement, donc à la conception de l'acte et à la négociation qui l'a précédé, serait dans le contentieux immanquablement amené à « témoigner » sur le contexte de l'acte et ce faisant à enfreindre le secret professionnel. Une règle générale doit être posée d'interdiction faite à l'avocat rédacteur d'intervenir dans une action judiciaire mettant en cause cet acte. Nous savons que cette opinion n'est pas partagée parmi les avocats pratiquant principalement le conseil et la rédaction d'actes, notamment les anciens conseils juridiques, car ils y voient une limitation à leur activité. Nous pensons pourtant qu'elle s'impose pour la clarté et l'indépendance de la mission remplie par l'avocat.

90. – La jurisprudence de la chambre criminelle de la Cour de cassation avait érodé le secret professionnel en ce qui concerne le juridique (V. *infra*, nos 469 à 472), sous prétexte que les droits de la défense n'y étaient pas engagés. Cette situation très regrettable a été corrigée par une loi du 7 avril 1997 modifiant l'article 66-5 de la loi du 31 décembre 1971. Le secret professionnel recouvre maintenant le juridique à l'égal du judiciaire.

91. – La confidentialité de la correspondance entre avocats défendant des intérêts opposés (V. *infra*, nos 477 et s.) est aussi nécessaire à observer dans les pourparlers précédant la rédaction d'un acte que dans la tentative de régler un différend par la transaction. En effet il est primordial, pour leur commodité et leur efficacité, que ces pourparlers préalables soient couverts par le secret.

92. – Il est de tradition que l'avocat n'ait pas à justifier de son mandat en justice. La rédaction d'actes l'entraîne à représenter peu ou prou les parties lors des pourparlers préalables : il avance des propositions, acquiesce à celles de l'autre partie. La question peut être ainsi posée de l'étendue de son mandat. C'est une source de responsabilité à la fois morale et pécuniaire dont les manifestations pourraient se multiplier avec son engagement de plus en plus poussé dans les affaires. Le spectre de l'« agent d'affaires », si souvent évoqué péjorativement, le guette.

La jurisprudence récente nous en apporte des exemples. Il a été jugé que l'avocat devait être porteur d'un mandat exprès pour engager son client à aliéner un immeuble (Cass. 1re civ., 12 mai 1993 : *JCP* G 1993, II, 22132, note R. Martin). Par contre, il peut sans mandat exprès négocier les conditions d'un bail (Cass. 1re civ., 12 mai 1993 : *JCP* G 1993, IV, 1720 ; *Bull. civ.* I, n° 163). La différence de traitement s'explique peut-être par le fait que dans le premier cas il s'agit d'un acte de disposition, alors que dans l'autre cas il s'agit d'un acte d'administration. Mais la frontière entre ce qui est permis ou non n'est pas certaine.

Cette jurisprudence est confirmée par l'article 8 du décret du 11 juillet 2005. Mais ce texte aurait dû distinguer le mandat *ad litem* qui peut être donné sans écrit et en vertu duquel l'avocat a l'initiative de la procédure.

93. – La profession d'avocat est partie d'une interdiction de la publicité pour admettre peu à peu une certaine dose de faire-savoir (V. *infra*, nos 483 et s.). Cette rigidité s'explique par ce qu'il y a de choquant à prospecter le procès. Il n'en est pas de même pour l'offre publique de contrat, lequel évoque la conciliation. La prestation est ici incontestablement utile et économique, donc soumise au régime de la concurrence et la concurrence ne peut se passer de publicité. Il serait pourtant regrettable que l'on adopte deux catégories de mesures, l'une pour la défense, l'autre pour le juridique, interdisant ici à l'avocat ce qui lui est permis ailleurs. Et puis le même avocat peut pratiquer les deux activités pour les mêmes clients. La réglementation de la publicité doit rester identique pour le judiciaire et le juridique et nécessairement elle s'alignera sur la plus sévère. Il convient que les règlements intérieurs des barreaux soient bien explicites à cet égard.

Chapitre 3

LES AVOCATS DE LA COMMUNAUTÉ EUROPÉENNE

A. – Liberté de prestation de services et d'établissement

94. – Le Traité de Rome, en sa version originaire, institue la libre prestation de services (art. 49 du Traité de Rome devenu art. 40 après le Traité d'Amsterdam) et la liberté d'établissement (art. 52 du Traité de Rome devenu art. 43 après le Traité d'Amsterdam) pour les ressortissants des États membres dans l'espace communautaire. Toutefois, l'article 45 fait une exception pour « les activités participant... même à titre occasionnel à l'exercice de l'autorité publique ». Tel est le cas des notaires et des huissiers de justice qui sont des officiers publics (1). Tel n'est pas le cas des avocats, bien qu'ils soient auxiliaires de justice, d'après la Cour de justice des Communautés européennes (CJCE, 21 juin 1974, aff. 2/74, *Reyners* : *Rec. CJCE*, p. 631). L'activité de l'avocat obéit donc aux articles 40 et 43 du Traité de Rome modifié (R. Martin, *D'une unification des professions juridiques dans le cadre de la CEE*, communication au *symposium* de procédure civile de Lublin 1993, *in* actes du colloque, p. 129 ; repris pour l'essentiel, *in Ann. loyers* 1993, p. 864).

Il importe de distinguer les deux notions de prestation de services et d'établissement qui ne sont pas commandées par les mêmes règles. La prestation de services concerne les activités de l'avocat communautaire en France de nature temporaire et épisodique ; c'est le cas par exemple d'un Rechtsanwalt allemand qui défend occasionnellement un plaideur devant un tribunal français. L'établissement concerne l'implantation permanente de l'avocat communautaire en France. Le Rechtsanwalt s'établit en France pour y exercer sa profession.

(1) Sur la distinction entre officiers publics et officiers ministériels, nous ne pouvons faire mieux que de nous rapporter à ce qu'en a écrit M. R. Perrot : « On ne confondra pas l'officier ministériel et l'officier public, lequel a spécifiquement pour fonction de dresser des actes publics ayant force authentique. Certains officiers ministériels sont en même temps officiers publics ; par exemple les notaires et les huissiers de justice. Mais en sens inverse certains officiers publics (comme par exemple le maire qui dresse les actes de l'état civil ou encore le greffier des tribunaux de grande instance) ne sont pas des officiers ministériels » (*Institutions judiciaires*, Montchrestien). Les avoués sont des officiers ministériels, mais ne sont pas des officiers publics.

Aux États membres de la Communauté ont été assimilés ceux qui font partie de l'Espace économique européen par une loi n° 93-142 du 31 décembre 1993, article 6 (*JO* 1er janv. 1994, p. 18), à savoir l'Islande, la Norvège et le Liechtenstein. La Confédération helvétique, par une « votation populaire », a refusé sa participation à cet Espace économique européen. Mais elle est liée par des traités bilatéraux. Elle est maintenant soumise au même régime que les pays membres de la Communauté et de l'Espace économique européen (V. D. 14 oct. 2004).

95. – Le traité ne contient aucune explication de la distinction entre prestation de services et liberté d'établissement. Un arrêt de la Cour de justice des Communautés du 30 novembre 1995 est venu lui apporter quelques éclaircissements (aff. C. 55/94, *Gebhard* c. *Consiglio dell'Ordine degli avvocati e procuratori di Milano* : *JCP* G 1996, II, 22633, note R. Martin : *Rec. CJCE*, I, p. 4165).

La Cour a dit pour droit que celui qui « exerce, de façon stable et continue, une activité professionnelle dans un autre État membre où, à partir d'un domicile professionnel, il s'adresse, entre autres, aux ressortissants de cet État » ne peut être considéré comme un prestataire de services, mais qu'il doit satisfaire aux conditions d'un établissement permanent. On peut tirer de cet arrêt les propositions suivantes :

– le caractère temporaire de la prestation de services s'apprécie en fonction de sa durée, de sa fréquence, de sa périodicité et de sa continuité ;

– le prestataire temporaire de services peut se doter, dans l'État membre d'accueil, de l'infrastructure nécessaire aux fins de l'accomplissement de sa prestation : bureau, secrétariat, mais de façon temporaire, si cette infrastructure est permanente, il s'agit d'un établissement ;

– l'établissement suppose que l'avocat migrant ait, au moins en partie, une clientèle constituée de ressortissants du pays d'accueil.

B. – Évolution de l'intégration européenne

96. – Le régime des avocats appartenant à la Communauté européenne et assimilés a une longue histoire. Il a fait d'abord l'objet d'une directive communautaire du 22 mars 1977 (Dir. n° 77/249/CEE, *JOCE* L. 78, 26 mars 1977) « tendant à faciliter l'exercice effectif de la libre prestation de service par les avocats ». Cette directive a été transposée en droit français dans le décret du 27 novembre 1991 aux articles 200 à 204 de la version d'origine, modifiée par un décret n° 95-110 du 17 octobre 1995, à la suite d'un arrêt de la CJCE du 10 juillet 1991 *(aff.* 294/89). Ces modifications ont été insérées dans le décret du 27 novembre 1991. Une directive du 21 décembre 1988 (n° 89/48, *JOCE* L. 19, 24 janv. 1999) a traité de l'équivalence des diplômes. Elle a été transposée à l'article 99 du décret du 31 novembre 1991 modifié et reprise au décret n° 2004-1123 du 14 octobre 2004.

Ce décret d'application de la loi n° 2004-130 du 11 février 2004 a introduit dans le décret du 27 novembre 1991 un titre V intitulé « *L'exercice de la profession d'avocat par les ressortissants des États membres de la Communauté européenne et de la Confédération suisse* ». Ce titre, qui comprend les articles 200 à 203-1, reprend complètement la matière. C'est donc sur lui que les explications qui suivent vont s'appuyer. Il est divisé en trois chapitres : Dispositions communes, Libre prestation de service et Exercice permanent de la profession d'avocat (Sur l'historique de cette évolution, on peut consulter l'édition précédente du présent ouvrage).

C. – Dispositions communes

97. – Selon l'article 200 nouveau du décret du 27 novembre 1991, le titre V du décret s'applique aux avocats migrants venant accomplir en France, à titre permanent ou occasionnel, sous leur titre professionnel d'origine, leur activité professionnelle. Il s'agit des avocats ressortissants des États membres de la Communauté, de ceux de l'Espace économique européen et ceux de la Confédération suisse. La liste des titres en langue nationale figure à l'article 201. Cette liste est appelée à s'allonger avec l'élargissement de la Communauté européenne et éventuellement de Conventions entre l'Union européenne et d'autres États. Le titre doit être accompagné du nom de l'organisme professionnel dont l'avocat relève ou de la juridiction auprès de laquelle il est habilité à exercer en application de la législation de cet État (en France il s'agit de l'Ordre).

Le procureur général près la cour d'appel dans le ressort de laquelle est assurée la prestation de service, le bâtonnier de l'Ordre des avocats territorialement compétent, le président ou les membres de la juridiction ou de l'organisme juridictionnel ou disciplinaire ou le représentant qualifié de l'autorité publique devant laquelle se présente l'avocat, peuvent lui demander de justifier de sa qualité (art. 202, dernier alinéa).

D. – La libre prestation de service

98. – L'avocat migrant exerce ses fonctions dans les mêmes conditions qu'un avocat du pays d'accueil, en France d'un barreau français. Il respecte les règles professionnelles françaises, y comprise la déontologie du décret du 12 juillet 2005 et celle du RIN, sans préjudice des obligations non contraires qui lui incombent dans l'État où il est établi. Il y a donc cumul des deux règlements nationaux, ce qui amènera en pratique à appliquer la règle la plus contraignante.

99. – La représentation devant le tribunal de grande instance pose un problème particulier. L'avocat migrant peut postuler, mais doit élire domicile chez un avocat du barreau du lieu d'exercice de la représentation. Il a donc, en ce cas, plus de pouvoir qu'un avocat d'un barreau français qui doit constituer un avocat du barreau local. Une discrimination négative a été ainsi créée au détriment des avocats inscrits à un barreau français. Devant la cour d'appel, l'avocat migrant doit « agir de concert » avec un avoué près cette cour, lorsque le ministère d'avoué est obligatoire. Cette notion « d'action de concert » est inconnue du NCPC ; en pratique, elle ne se distingue guère de la postulation. Lorsque le ministère d'avoué n'est pas obligatoire, l'avocat migrant doit « agir de concert » avec un avocat d'un barreau français habilité à représenter les parties. On distingue mal dans ce cas cette « action de concert » avec l'élection de domicile imposée devant le tribunal de grande instance. L'avocat migrant doit justifier de sa convention avec l'avocat ou l'avoué local. L'un et l'autre peuvent mettre fin à cette convention, à charge d'en assurer les autres parties, et le tribunal en indiquant l'avocat (ou l'avoué) qui a été nouvellement choisi.

100. – Devant les juridictions ou autorités françaises l'avocat migrant doit employer la langue française. Cette obligation a été instituée par un décret du 2 thermidor an II et un arrêté du 22 prairial an XI. Il s'agissait alors d'exclure des prétoires les langues régionales. L'interdiction doit être transférée aux idiomes des pays de la Communauté européenne et assimilés. La règle a été introduite dans la Constitution de la République par la loi constitutionnelle du 25 juin 1992 qui a ajouté à l'article 2 de la Constitution cet alinéa : « La langue de la République est le français ».

101. – Pour l'exercice en France des activités autres que la représentation devant les tribunaux ou les autorités, à savoir la consultation et la réaction d'actes, l'avocat migrant est soumis aux mêmes conditions d'exercice et aux mêmes règles professionnelles applicables aux avocats des barreaux français. L'article 2002-2 énumère l'essentiel de ces règles. Il reste aussi soumis aux règles professionnelles de l'État dans lequel il est établi. Il y a cumul des deux systèmes de réglementation.

102. – En cas d'infraction à cet ensemble de règles, l'avocat migrant est susceptible d'un action disciplinaire devant le Conseil de discipline français. Toutefois les peines infligées doivent être adaptées. L'interdiction temporaire ou définitive est remplacée par l'interdiction d'exercer en France son activité professionnelle. L'autorité disciplinaire française peut demander aux autorités compétentes de l'État d'origine communication des renseignements professionnels concernant l'avocat intéressé. Elle informe cette dernière autorité de toute décision prise. Ces communications restent confidentielles.

E. – La liberté d'établissement

103. – La question de la liberté d'établissement était en chantier dans les instances européennes depuis les années 80. Le Conseil consultatif des barreaux européens (CCBE) devenu depuis Conseil des barreaux européens (CBE), association de droit privé, a tenu dans l'évolution de cette question un rôle déterminant. Il a adopté, en octobre 1992, un avant-projet à la majorité de dix contre deux, l'Espagne et le Luxembourg s'y étant opposés. Cet avant-projet est passé par la Commission et il est devenu une proposition de directive, puis au Parlement européen où il a été notablement modifié. Il a été adopté par le Conseil dans la forme que lui avait donné le Parlement, celle-ci plus libérale que la proposition de la Commission. Il est devenu la directive du 16 février 1998.

104. – Cette directive devait être transposée dans les deux ans, elle ne l'a été que par la loi du 11 février 2004 (et non par un décret). Dans l'intervalle, les tribunaux ont considéré qu'à défaut de transposition dans le délai imposé, et en application de l'article 249 du traité CE (ex-art. 89), elle était directement applicable en France, car son contenu était inconditionnel et suffisamment précis (CA Pau, 21 mai 2001 : *D.* 2001, p. 121, note B. Blanchard. – CA Toulouse, 5 juill. 2001 : *Bull. inf. C. cass.* n° 1016 ; *D.* 2002, p. 1011). La loi du 11 février 2004 a fidèlement et complètement transposé cette directive. Elle a été intégrée dans la loi du 31 décembre 1971 par addition d'un titre IV intitulé « Dispositions relatives à l'exercice permanent de la profession d'avocat en France par les ressortissants des États membres de la Communauté européenne ayant acquis leur qualification dans un autre État membre » (art. 82 à 92). Ce titre comprend trois chapitres : L'exercice permanent sous le titre professionnel d'origine ; L'accès à la profession d'avocat et des dispositions diverses qui complètent les deux premiers chapitres. Le décret du 27 novembre 1991 ne comprend que deux articles, 203 et 203-1 sur la question.

a) Exercice permanent sous le titre professionnel d'origine (Foreign legal consultant)

105. – Le principe est que tout avocat d'un État membre de la Communauté européenne peut exercer, sans limitation de durée, la profession en

France sous son titre d'origine. Cet avocat est inscrit au tableau du barreau d'accueil sur une liste spéciale, au vu d'une simple attestation de son barreau d'origine. Il est soumis aux mêmes règles d'exercice que l'avocat de ce barreau. Mais il reste rattaché à son Ordre d'origine et la déontologie de cet Ordre se cumule avec celle du barreau d'accueil.

L'exercice de cet avocat migrant n'est pas limité à la consultation et à l'application de son droit national, elle s'étend au droit international communautaire et au droit français, autrement dit son champ d'exercice est général. Mais le public sera informé par son titre, et l'on peut penser qu'il n'exercera guère en droit français. Ce titre doit figurer sur tous les documents émanant de lui, avec l'indication du barreau d'origine et du barreau français auquel il est rattaché.

Il jouit au sein du barreau d'accueil des droits électoraux, y compris l'élection au CNB. Il peut postuler. Mais il est tenu aux contributions des membres de ce barreau.

Il est autorisé à souscrire dans son pays d'origine les assurances obligatoires, mais encore faut-il que les garanties soient égales à celles imposées par la réglementation de son barreau d'accueil.

106. – L'avocat forain peut exercer individuellement, comme collaborateur ou membre d'un groupement français ou ayant son siège dans son pays d'origine. Dans ce second cas, des conditions spéciales sont exigées du groupement : plus de la moitié des droits de vote au sein du groupement doit être détenue par des avocats. Le complément du capital et des droits de vote ne peut être détenu que par des personnes exerçant une profession libérale juridique ou judiciaire soumise à un statut ou dont le titre est protégé. Les dirigeants doivent faire partie du groupement ou exercer en son nom. Un groupement pluridisciplinaire pourra faire l'objet d'un décret, ce qui ouvre la voie à la pluridisciplinarité.

b) Accès à la profession

107. – L'avocat exerçant sous son titre d'origine qui justifie d'une activité effective et régulière sur le territoire français en droit français, depuis au moins trois ans, peut demander son intégration au barreau français. Il est alors inscrit au tableau, sans que rien ne le distingue des autres membres, avec toutes les obligations et toutes les prérogatives que cette appartenance impose. Il porte alors le titre d'avocat au barreau de X... Le délai de trois ans peut être réduit par décision du Conseil de l'Ordre. On remarquera que l'exercice du droit français est alors exigé, ce qui suppose la maîtrise de la langue française. L'intégration est quasiment de droit, sous réserve des qualités de moralité (4°, 5°, 6° de l'article 11 de la loi de 1971 *infra* n°s 332 et s.) et des incompatibilités (V. *infra* n°s 109 et s.). Il est loisible à l'avocat ainsi intégré de faire suivre son titre d'avocat au barreau de X... de la mention de son titre d'origine. L'avocat ainsi reçu dans un barreau français doit prêter le serment des avocats français.

L'assimilation souffre toutefois une limite : il ne peut compléter une juridiction. En effet l'article 45 du Traité CE exclut du champ d'application les dispositions relatives au droit d'établissement les activités « participant, même à titre occasionnel, à l'exercice de l'autorité publique ». Ainsi les avocats communautaires, qu'ils exercent sous leur titre d'origine, ou qu'ils aient été intégrés au barreau français, ne peuvent être appelés à suppléer les juges pour compléter un tribunal de grande instance, comme le prévoit l'article L. 311-9 du Code de l'organisation judiciaire, ni un tribunal administratif, comme le prévoit l'article L. 221-2 du Code de la justice administrative.

c) Discipline

108. – L'avocat migrant inscrit à un barreau français est soumis au régime disciplinaire du barreau d'accueil, avec les aménagements inscrits à l'article 203-1 du décret du 27 novembre 1991, dans sa rédaction du décret du 14 octobre 2004. Les poursuites disciplinaires ne peuvent être engagées qu'après que le bâtonnier en ait informé l'autorité d'origine. Celle-ci peut formuler ses observations écrites (art. 88 de la loi du 31 décembre 1971 modifié) Le bâtonnier adresse à l'autorité compétente d'origine les informations utiles sur la procédure disciplinaire envisagée. Ces informations portent notamment sur les faits reprochés, les règles professionnelles en cause, la procédure disciplinaire applicable et les sanctions encourues, les dispositions de l'article 88 de la loi du 31 décembre 1991, ainsi que celles de l'article 203-1 du décret du 27 novembre 1991. L'instance disciplinaire est saisie dans un délai qui ne peut être inférieur à un mois à compter de la communication du bâtonnier. Après la saisine de l'instance disciplinaire, l'autorité compétente d'origine peut présenter à tout moment ses observations écrites.

Chapitre 4

INCOMPATIBILITÉS

109. – Le chapitre Ier du titre III du décret du 27 novembre 1991 (art. 111 à 123) est consacré aux incompatibilités entre la profession d'avocat et d'autres professions ou activités. Le pivot de ces dispositions se situe au 1er alinéa de l'article 115 qui s'exprime de la façon suivante :

« La profession d'avocat est incompatible avec l'exercice de toute autre profession, sous réserve de dispositions législatives et réglementaires ».

Ce texte pose un principe d'incompatibilité de la profession d'avocat avec toute autre profession. Cette règle est traditionnelle (rappr. D. 9 juin 1972, art. 57 à 69), mais le nouveau décret a le mérite de la formuler en termes généraux. Elle est le gage de l'indépendance de l'avocat.

Les articles antérieurs à l'article 115 (art. 111 à 114) font de ce principe des applications particulières. Les articles postérieurs (art. 115, al. 2 à 123) énumèrent certaines compatibilités à des conditions déterminées. Nous suivrons le plan du décret.

A. – Les incompatibilités particulières

110. – La première incompatibilité citée est celle de commerçant. Sont interdites « toutes les activités de caractère commercial qu'elles soient exercées directement ou par personne interposée ». L'association avouée ou occulte avec un commerçant est prohibée, dès lors qu'elle implique de la part de l'avocat une immixtion dans les affaires commerciales et ne se borne pas à une simple mise de fonds. Il est admis que le conjoint de l'avocat exerce un commerce, mais une prudence particulière s'impose à l'époux avocat, pour ne pas se laisser créer une apparence de collaboration avec l'activité commerciale de son conjoint.

De même l'avocat ne peut être associé dans une société en nom collectif, associé commandité dans les sociétés en commandite simple ou par actions, gérant d'une société à responsabilité limitée. Toutefois, il peut gérer une société civile ayant pour objet la gestion d'intérêts familiaux ou professionnels, sous le contrôle du Conseil de l'Ordre qui peut lui demander tous renseignements nécessaires. L'avocat peut évidemment diriger une société d'exercice libéral d'avocats.

111. – Toutefois l'avocat, depuis la loi du 31 décembre 1971, en sa version d'origine (comme les conseils juridiques précédemment, D. n° 72-670, 13 juill.

1972, art. 49) peut remplir les fonctions de membre du conseil de surveillance d'une société commerciale ou d'administrateur d'une telle société, s'il justifie de sept années d'exercice d'une profession juridique réglementée (L. art. 6, al. 2).

Ce délai de sept ans peut être réduit par une décision du Conseil de l'Ordre de son barreau. La demande de dispense est adressée par lettre recommandée avec avis de réception ou remise contre récépissé au Conseil de l'Ordre, et comporte en annexe un exemplaire des statuts sociaux et, lorsque la société a au moins une année d'activité, une copie du dernier bilan. Le Conseil de l'Ordre peut demander à l'avocat de lui fournir toutes explications et tous documents utiles. À défaut de réponse dans le délai de deux mois, la dispense est réputée refusée (D. art. 112). Ce refus implicite peut alors être déféré à la cour d'appel.

L'avocat, remplissant la condition de sept années d'activité, qui est élu aux fonctions de membre du conseil de surveillance ou d'administrateur d'une société commerciale, doit en informer par écrit le Conseil de l'Ordre dont il relève dans un délai de quinze jours de la date de son élection. Il joint à ses déclarations les documents indiqués *supra*.

Le Conseil de l'Ordre a un droit de regard sur l'activité de l'avocat en cette qualité (D. art. 113, al. 3). S'il estime que l'exercice de ces fonctions est ou devient incompatible avec la dignité et la délicatesse imposée à l'avocat par les règles du barreau, il peut, à tout moment, inviter l'intéressé à se démettre immédiatement de ses fonctions. La décision du conseil est notifiée par lettre recommandée avec avis de réception à l'avocat. Elle est susceptible d'un recours devant la cour d'appel (sur les formes de ce recours, V. D. art. 16 et *infra*, nos 279 à 283). L'avocat avise sans délai le bâtonnier de sa réclamation.

Les responsabilités inhérentes à ces activités sont supportées exclusivement par les avocats qui les exercent ; elles doivent faire l'objet d'assurances spéciales qui sont contractées à titre individuel ou collectif, dans les conditions fixées par la loi du 13 juillet 1930 relative au contrat d'assurance (L. art. 27, al. 4, *infra*, nos 425 et 426).

112. – En vertu de l'interdiction générale figurant à l'article 115, la profession d'avocat est incompatible, non seulement avec une activité commerciale comme il vient d'être dit, mais avec toutes autres professions libérales et indépendantes, qu'elles soient réglementées ou non, sauf les exceptions indiquées *infra*, B, notamment officier ministériel, expert-comptable, conseil en brevet d'invention (Cass. 1re civ., 5 oct. 1998 : *JCP* G 2000, I, 239, n° 9) ou encore salariat autre que celui d'avocat, par exemple clerc de notaire, juriste d'entreprise (Paris, 3 févr. 1982 : *Gaz. Pal.* 1982, 1, p. 194, note A.D. ; *D.* 1984, inf. rap. p. 115. – Basse-Terre, 7 juin 1982 : *Gaz. Pal.* 1982, 2, p. 494). Il a été jugé que le conjoint d'un avocat pouvait exercer les fonctions d'huissier de justice dans le ressort d'un même tribunal (Limoges, 24 sept. 1987 : *Gaz. Pal.* 1987, 2, p. 791). C'est une préfiguration d'une société interprofessionnelle d'un genre particulier.

Il est soutenu que la profession d'avocat est compatible avec l'activité de syndic professionnel de copropriété (Damien et Ader, 2004/2005, n° 12-154). Cette opinion repose sur le fait que l'article 2 de la loi du 2 janvier 1970 (dite loi Hoguet) indique que cette loi n'est pas applicable aux membres des professions dont la liste sera fixée par décret et que l'article 95 du décret n° 72-618 du 20 juillet 1972 exclut les notaires, les avoués, les avocats, les huissiers de justice, les géomètres experts, les conseils juridiques, etc. C'est oublier que le syndic d'immeuble professionnel est un commerçant et qu'à ce titre l'avocat ne peut exercer cette profession. L'avocat ne peut faire profession de syndic d'immeuble en copropriété, mais seulement exercer occasionnellement cette activité, par exemple pour une copropriété où il est copropriétaire. Il ne peut accepter de mandat s'apparentant à l'agence d'affaires.

B. – Les compatibilités limitées

113. – Le second alinéa de l'article 115 du décret du 27 novembre 1991 dispose que la profession d'avocat est compatible, par exception à la règle générale posée au premier alinéa du même article, avec les fonctions d'enseignement, les fonctions de suppléant du juge d'instance, de membre assesseur des tribunaux pour enfants ou des tribunaux paritaires des baux ruraux, de conseiller prud'hommes, de membre des tribunaux des affaires de sécurité sociale, ainsi qu'avec celles d'arbitre, de médiateur, de conciliateur ou de séquestre. Il faut y ajouter la juge de proximité (loi n° 2002-1138 du 9 septembre 2002, Titre II).

En ce qui concerne les enseignants, le décret du 29 octobre 1936 limite l'exception à ceux qui enseignent le droit (art. 3). Ce peuvent être actuellement des professeurs de lycée. Mis à part les enseignants du droit, tous les autres fonctionnaires en activité ne peuvent être avocats.

Lorsqu'un avocat siège dans un conseil des prud'hommes, un tribunal paritaire des baux ruraux, un tribunal pour enfants, un tribunal de sécurité sociale, un avocat associé dans la même société, un collaborateur ou un salarié doivent s'abstenir de plaider devant la formation où siège leur associé ou « patron ». C'est la moindre des délicatesses.

114. – Les avocats peuvent être chargés par l'État de missions temporaires, même rétribuées, comme une enquête suivie d'un rapport, mais à la condition de ne faire pendant la durée de leur mission aucun acte de leur profession ni directement ni indirectement, sauf autorisation du Conseil de l'Ordre. L'avocat chargé de mission en avise le bâtonnier. Celui-ci saisit le Conseil de l'Ordre qui décide si cette mission est compatible ou non avec la poursuite de l'exercice professionnel. Dans l'affirmative l'avocat est maintenu au tableau, dans la négative, il est omis (D. art. 116).

115. – L'avocat peut accomplir des mandats électoraux sans cesser son activité d'avocat. Il est toutefois soumis à des restrictions qui se ramènent à l'interdiction de plaider contre la collectivité pour laquelle il délibère (cf. pour le détail C. élect., art. LO 149 et LO 297 pour les députés, sénateurs et députés européens ; D. art. 118, 119, 120 et 121 pour les collectivités locales). L'interdiction est étendue à la société dont l'avocat en question fait partie, ou à son associé. Le décret du 12 juillet 2005 en son article 20 indique que l'avocat exerçant les fonctions de collaborateur de député ou d'assistant de sénateur ne peut accomplir aucun acte de la profession d'avocat en faveur des personnes reçues dans le cadre de ces fonctions.

De même il est interdit aux avocats anciens fonctionnaires, de l'État (par exemple d'une administration fiscale) de plaider contre les administrations dépendant du département ministériel auquel ils ont appartenu, pendant un délai de cinq ans à dater de la cessation de leurs fonctions. Il en est de même pour les avocats, anciens fonctionnaires territoriaux, à l'égard des collectivités territoriales dont ils ont relevé. Un professeur de droit avocat ne peut défendre en justice un contribuable dans un litige qui l'oppose à l'administration fiscale (CE, 6 nov. 1992 : *RJF* 12/92, n° 1631), ni en général plaider contre l'État (TA Lille, 22 juin 1999 : *D.* 2000, p. 307, note G. -J. Guglielmi ; *JCP* G 2001, I, 1284 n° 4 obs. R. Martin).

La tradition du barreau admet que les avocats puissent exercer certaines hautes fonctions de l'État telles que président de la République, membre du Conseil constitutionnel, ministre, ambassadeur en mission extraordinaire, membre du Conseil supérieur de la magistrature, à condition de n'exercer aucun acte de la profession pendant la durée de leur mission.

116. – La loi du 31 décembre 1990 a innové en introduisant dans la loi du 31 décembre 1971 un article 6 *bis* selon lequel « les avocats peuvent recevoir des missions confiées par justice ». Or, l'article 115 prévoit expressément que l'avocat peut être médiateur, conciliateur ou séquestre. Ce peut être des applications particulières de l'article 6 *bis* de la loi. Mais l'énonciation n'est pas annoncée comme limitative. On a pensé à l'expertise. Cette hypothèse a été toutefois contestée (M. Olivier, *La nouvelle profession d'avocat et l'expertise judiciaire* : *Gaz. Pal.* 19 et 20 févr. 1991, p. 8). Elle a été approuvée (*Quid des missions d'expertise du nouvel avocat, La vie judiciaire*, 18 oct. 1992, p. 4). Il nous paraît exclu que l'avocat puisse figurer sur la liste des experts judiciaires, mais rien ne s'oppose à ce qu'une mission d'expertise ponctuelle lui soit confiée. Les experts inscrits sur les listes nationales ou régionales n'ont pas le monopole des expertises. Les tribunaux peuvent choisir leurs experts hors des listes.

Cette disposition a été introduite par voie d'amendement à l'Assemblée nationale contre l'avis du garde des Sceaux qui y voyait « une dénaturation assez profonde de l'avocat par rapport à l'institution judiciaire » ; réflexion étonnante alors que l'avocat est auxiliaire de justice et qu'il peut même compléter le tribunal ; c'est une vue bien sommaire de l'avocat seulement défenseur. La disposition a été reprise par le Sénat et finalement adoptée. Il semble que ce sont des raisons pratiques qui l'ont inspirée. Elle permet aux juridictions d'utiliser les compétences qui peuvent difficilement se trouver ailleurs, y compris pour une expertise, dans des matières hautement spécialisées où le fait est intimement imbriqué au droit, nous pensons aux brevets, à la propriété intellectuelle, à la fiscalité, au droit de la concurrence. Il faut constater que cette opportunité n'a pas été vraiment utilisée par les tribunaux.

117. – L'article 50 de la loi du 31 décembre 1990 a modifié l'article 11 de la loi n° 85-99 du 25 janvier 1985 relative aux administrateurs judiciaires, qui dispose maintenant que la qualité d'administrateur est incompatible avec l'exercice de toute autre profession, à l'exception de celle d'avocat. Les avocats peuvent donc être désignés comme administrateurs des entreprises en état de redressement judiciaire. Ici encore ce sont des raisons pratiques qui ont prévalu.

La loi rappelle, ce qui aurait pu aller sans dire, que la même personne ne peut exercer simultanément ou successivement pour une même entreprise les fonctions d'avocat et d'administrateur judiciaire. Cette interdiction s'applique également aux associés, aux collaborateurs et aux salariés de ladite personne.

En cas de cumul de la profession d'administrateur judiciaire avec celle d'avocat, les modalités d'accès à l'une ou l'autre de ces professions et leur exercice demeurent soumis aux règles qui les régissent respectivement.

L'avocat ne peut être mandataire-liquidateur (L. n° 85-99, 25 janv. 1985, art. 27). Ces dispositions peuvent être maintenues dans le régime de la loi du 28 juillet 2005 en l'état d'absence de dispositions contraires.

118. – Les termes généraux du 1er alinéa de l'article 115 du décret résolvent par la négative la question de la possibilité de cumuler la profession d'avocat avec celle de médecin (sur le droit antérieur on peut consulter, Cass. 1re civ., 27 févr. 1985 : *Gaz. Pal.* 1985, 2, p. 577, note A. Damien et obs. crit. Guinchard et Moussa : *JCP* 1985, IV, 167 ; *D.* 1987, somm. comm. p. 65, obs. Brunois qui constate l'impossibilité pratique d'exercer à la fois les deux professions) : ou encore de chirurgien-dentiste (CA Paris, 15 janv. 1998 : *Gaz. Pal.* 12/13 juin 1998, p. 16, note A. Damien. – Cass. 1re civ., 4 juill. 2000, n° 1249).

Par contre le cumul du barreau et de la prêtrise pose problème, car la prêtrise n'est pas une profession mais un état, auquel l'article 115 ne peut s'appliquer à la lettre. On peut être prêtre sans avoir la charge d'une cure ou d'une autre fonction quelconque de l'Église et donc avoir la disponibilité nécessaire à l'exercice de la profession d'avocat. La question est alors de décider si les impératifs de la prêtrise dans l'Église catholique romaine ne sont pas contradictoires, sur certains points, avec la déontologie de l'avocat, et notamment son indépendance (cette église est hiérarchisée). Il ne le semble pas, de l'avis de plusieurs barreaux qui ont admis des prêtres dans leurs rangs. Toutefois on leur fait prendre un engagement, approuvé par l'autorité hiérarchique dont ils dépendent, de ne suivre aucune directive de leur hiérarchie dans l'exercice de leur mission d'avocat (V. Damien et Ader 2004/2005, n° 12-183). À plus forte raison le pasteur d'une église réformée peut être inscrit au barreau.

Un avocat ne saurait être journaliste professionnel. Mais il peut collaborer comme « pigiste » à des organes de presse. Il peut faire état de sa qualité pour signer un article se rapportant au droit ou à la profession, mais il convient qu'il s'abstienne si le sujet est tout autre, politique, anecdotique, polémique ou frivole.

Un avocat peut être consul d'un État étranger, à la condition que cette fonction ne soit pas rémunérée par un traitement.

Deuxième partie

STATUT DE L'AVOCAT

Titre 1

MODES D'EXERCICE DE LA PROFESSION

119. – La profession d'avocat peut être exercée « soit à titre individuel, au sein d'une association, d'une société civile professionnelle, d'une société d'exercice libéral ou d'une société en participation prévues par la loi n° 90-1258 du 31 décembre 1990, soit en qualité de salarié ou de collaborateur non salarié d'un avocat, ou d'une association ou société d'avocats » (L. art. 7).

Les innovations de la réforme de 1990 sont l'introduction du salariat, de la Société d'exercice libéral (SEL) et d'une société en participation. Les SEL peuvent constituer des holdings.

Nous ajouterons que l'avocat, ou une société d'avocats, peut être également membre d'un groupement d'intérêt économique qu'il soit national ou européen.

L'association ou la société d'exercice, le groupement peuvent rassembler des membres appartenant à des barreaux différents, sans limitation au ressort d'une cour d'appel, mais la postulation devant le tribunal de grande instance est réservée à l'avocat inscrit au barreau établi près ce tribunal (L. art. 8). L'appartenance à des réseaux interdisciplinaires pose problème.

Chapitre 1

EXERCICE INDIVIDUEL, CABINETS GROUPÉS, SOCIÉTÉ CIVILE DE MOYENS

A. – Exercice individuel

120. – L'exercice individuel est la forme traditionnelle de la profession d'avocat. C'est lui qui traduit le mieux les caractères essentiels de cette profession, libérale et indépendante. Il convient aux individualistes impénitents. Ceux-ci restent nombreux malgré l'évolution irrésistible vers l'exercice en groupe et les raisons de cette évolution, tant est forte chez ceux qui ont choisi cet état et qui s'y tiennent, l'attrait de l'indépendance totale : indépendance matérielle, financière et indépendance d'esprit. À la rigueur ceux-ci acceptent-ils un collaborateur, qui est en général un jeune avocat faisant ses classes et qui un jour partira pour voler de ses propres ailes. On voit même certains avocats qui, après avoir goûté à la « socialisation », reviennent vers l'artisanat.

Les inconvénients de l'exercice individuel, lesquels constituent symétriquement les motifs des groupements, sont les suivants :

– la charge de l'ensemble des frais généraux d'un cabinet : loyer, secrétariat, documentation dont l'incidence s'est accrue au cours des temps. L'époque est révolue où l'avocat exerçait dans son appartement, avec une secrétaire, quelques codes et un Répertoire pratique ;

– la charge de la procédure, conséquence de la disparition de l'avoué, qui s'ajoute à celle de la préparation des dossiers et de la plaidoirie, créant une situation où la personne devrait jouir d'un don d'ubiquité ;

– la surcharge du droit qui fait que le généraliste solitaire est constamment dépassé par l'entassement des textes et de la jurisprudence. De ce point de vue la spécialisation peut ouvrir un champ nouveau à l'exercice individuel.

121. – Ces contraintes poussent vers un exercice collectif de la profession qui peut se situer à plusieurs degrés.

Pour diminuer la charge des frais généraux en les partageant, plusieurs avocats peuvent regrouper leurs moyens afin de poursuivre un exercice individuel ; ils peuvent le faire empiriquement sans mettre en place une véritable structure ou par l'intermédiaire d'une société civile de moyens.

Afin de parer aux deux autres sortes de contraintes que nous avons signalées, il faut aller plus loin et passer à l'association, c'est-à-dire à une mise en commun non seulement des charges mais aussi des produits, et donc des activités qui les génèrent. C'est ici que se situe la pierre d'achoppement du régime, la communauté de travail et de rémunération. Le contrat d'association sans création d'un être moral a constitué la première réalisation de l'exercice collectif ; il est maintenant dépassé et la forme sociale s'impose.

La Société civile professionnelle (SCP) date d'une loi du 29 novembre 1966, mais le décret d'application aux avocats n'a été pris que le 13 juillet 1972, concomitamment avec la première réforme des professions judiciaires. Elle a connu un succès certain et elle fonctionne sans trop d'à-coups ; elle n'alimente pas les recueils de jurisprudence. Elle a paru toutefois insuffisante pour faire face à certains défis du présent et une nouvelle forme sociale, la Société d'exercice libéral (SEL), a été proposée par la loi n° 90-1258 du 30 décembre 1990 (elle porte le même millésime que la loi réformant la profession). C'est une société de capitaux, certes adaptée à son objet qui est l'exercice d'une profession libérale réglementée. La loi de 1990 a créé également, sur initiative parlementaire, une réplique du *partnership* anglo-saxon sous le nom de société en participation. Il est difficile de prévoir si cette greffe étrangère prendra sur le tronc français. La loi du 19 décembre 2001, dite loi MURCEF, a permis la création de holdings regroupant des SEL.

Par ailleurs la pratique avait façonné l'état de collaborateur comme complément de l'exercice individuel, mais celui-ci n'avait pas de statut légal et ses frontières avec le salariat étaient devenues indistinctes. Il a reçu un statut de la loi n° 90-1259 du 31 décembre 1990, en même temps que le salariat était introduit dans la profession.

B. – Cabinet groupés

122. – Plusieurs avocats peuvent grouper leurs cabinets dans un même local et utiliser des services communs de secrétariat, documentation et communication, tout en continuant d'exercer leur profession à titre individuel. Ce mode d'exercice ne fait l'objet d'aucune disposition légale ou réglementaire. Les règlements intérieurs des barreaux en fixent le plus souvent les modalités.

En général le règlement exige la rédaction d'une convention écrite soumise à l'approbation du Conseil de l'Ordre. Cette convention énumère les dépenses communes et fixe la part contributive de chacun. Une comptabilité spéciale de ces dépenses doit être tenue. Tout différend doit être soumis à la conciliation du bâtonnier.

Le cabinet commun ne constitue qu'un mode d'exercice individuel de la profession ; son existence ne peut apparaître aux yeux des tiers ; il ne peut figurer sur le papier à lettres, les plaques apposées sur l'immeuble ou à l'entrée du cabinet, les annuaires téléphoniques ou professionnels, etc.

Il a été jugé que les avocats exerçant dans un cabinet groupé, chacun à titre individuel, peuvent plaider les uns contre les autres et se charger de clients aux intérêts opposés (Montpellier, 25 mai 1990 : *Gaz. Pal.* 1990, 2, p. 260). Le secrétariat commun peut alors présenter quelque inconvénient. Mais les employés des avocats groupés sont tenus par le secret professionnel dans la même mesure que leurs employeurs, et ce secret leur interdit de communiquer à un autre avocat du groupe les confidences qu'ils partagent avec l'un d'eux. Les termes de l'article 7 du décret du 12 juillet 2005 laisse maintenant planer quelque doute sur la solution, et c'est dommage.

C. – Société civile de moyens

123. – Cette société n'est qu'un avatar de la Société civile professionnelle, dont l'objet est beaucoup plus limité, ce qui entraîne une plus grande simplicité de fonctionnement. Nous décrirons dans le chapitre suivant le régime de la Société civile professionnelle d'exercice qui peut être transposé *mutatis mutandis* à la société civile de moyens. L'objet de cette dernière est de fournir à plusieurs avocats les moyens communs à l'exercice individuel de leur profession ; il s'agit en somme d'une structure sociale donnée aux cabinets groupés.

Ce type de société est prévu à l'article 36 de la loi du 9 novembre 1966 sur les SCP en ces termes :

> « Nonobstant toutes dispositions législatives ou réglementaires contraires, les personnes physiques exerçant des professions libérales et notamment les officiers publics et ministériels peuvent constituer entre elles des sociétés civiles ayant pour objet exclusif de faciliter à chacun de leurs membres l'exercice de son activité.
>
> « À cet effet, les associés mettent en commun les moyens utiles à l'exercice de leurs professions sans que la société puisse exercer celle-ci ».

Il résulte de ce texte que les associés ne peuvent être que des personnes physiques exerçant des professions libérales et que seuls ils peuvent mettre en commun les moyens utiles à l'exercice de leur profession. Cela exclut tout apport de fonds extérieurs. Mais la question peut être posée du groupement de plusieurs professions libérales différentes, y compris les officiers publics et ministériels. A. Damien est d'avis que la loi ne l'interdit pas (*Règles de la profession d'avocat*, 9e éd. n° 21. – L'avis émis dans l'ouvrage de Ader et Damien 2006/2007 est beaucoup plus nuancé, n° 51-22). Cette opinion est partagée par J. Monéger et M.-L. Demeester (*Profession : avocat*, n° 6-7). Mais A. Damien convient « que cela risque d'entraîner dans la pratique de nombreuses difficultés ». Le règlement de l'Ordre de Paris ne l'admet pas (*Vademecum*, 5e éd., janv. 1999, indiqué par H. Ader dans l'ouvrage collectif, *Droit et déontologie de la profession d'avocat*, Beignier et a., n° 93). Ce qui vaut pour le cabinet groupé vaut *a fortiori* pour la société de moyens. Il ne faut pas oublier que cette société est une SCP et que la SCP ne peut être constituée que d'avocats en exercice (V. *infra* n° 129). On ne saurait faire exception lorsque l'objet de la SCP est seulement de moyens et non d'exercice. Celle-ci doit suivre les règles générales de la SCP. La société de moyens n'est qu'un avatar de la SCP. Nous sommes donc d'avis que les associés d'une SCP de moyens ne peuvent être que des avocats.

Il en résulte également que cette société de moyens ne peut, à la différence de la société d'exercice, exercer elle-même la profession de ses membres. Et, par voie de conséquence, les apports ne peuvent consister qu'en biens matériels, l'industrie des associés étant exclue et restant attachée à la personne de chacun d'eux. Chaque associé exerce individuellement, appuyé sur l'infrastructure de la société.

Par définition la société de moyens n'a pas de ressources propres : elle fait face à ses besoins par les contributions de ses associés, telles qu'elles sont prévues aux statuts.

Comme dans les cabinets groupés, les avocats peuvent se charger de clients aux intérêts opposés, puisque chacun exerce individuellement, et le même problème se pose en ce qui concerne le secrétariat commun (sous la réserve que nous avons émise *supra*, n° 122).

Le règlement du barreau de Paris soumet les avocats membres d'une structure de moyens aux mêmes règles que les avocats membres d'une structure d'exercice (art. 9-5). Cette contrainte est supportable dans un très grand barreau, elle ne le serait pas dans un barreau moyen ou *a fortiori* petit.

Chapitre 2

ASSOCIATION ET SOCIÉTÉS D'AVOCATS

A. – Association

124. – Selon l'article 7 de la loi du 31 décembre modifié, « l'avocat peut exercer sa profession soit à titre individuel, soit au sein d'une association, d'une société civile professionnelle, d'une société d'exercice libéral ou d'une société en participation ». L'association est présentée comme la première marche de l'exercice collectif de la profession. Elle fait l'objet d'une section I, du chapitre II, du titre III du décret du 27 novembre 1991 (art. 124 à 128) alors que la société civile professionnelle (SCP) qui la suit, trouve sa source dans la loi du 27 novembre 1966 qui couvre toutes les professions libérales en leur permettant d'être exercées sous forme de sociétés civiles, dont l'application à la profession d'avocat résulte d'un décret du 13 juillet 1972. La loi distingue donc l'association de la SCP. La différence essentielle réside en ce que la SCP est dotée de la personnalité morale, alors que l'association ne l'est pas. La SCP exerce en tant que personne morale la profession, pourquoi elle est comprise dans ce qu'on appelle couramment les « structures d'exercice », alors que dans l'association la profession est exercée par chacun des associés. Mais en fait, la pratique de l'association se rapproche fort de celle de la SCP, surtout depuis le décret n° 2007-932 du 15 mai 2007 (*JO*, 16 mai 2007, p. 9230. – V. J.-J. Caussain, *La nouvelle donne des associations d'avocats : JCP* G 2007, I, 177 ; *JCP* G 2007, act. 229). Ce décret a apporté aux articles 124 à 128 du décret du 27 novembre 1991 des modifications notables, comme la possibilité de limiter la responsabilité professionnelle à l'auteur de l'acte fautif. Elle correspond de près à l'article 1832 du Code civil qui définit de façon générale la société comme étant « instituée par deux ou plusieurs personnes qui conviennent par un contrat d'affecter à une entreprise commune, des biens ou leur industrie, en vue de partager le bénéfice ou de profiter de l'économie qui pourra en résulter ». On peut s'accorder pour considérer l'association comme une société en participation créée de fait et ostensible, c'est-à-dire connue des tiers avec lesquels elle contracte, comme nous le verrons (V. J.-J. Daigre, *Les associations d'avocats, associations et sociétés, personnes morales ou groupement de fait ? : JCP* E 1997, I, 671) (1).

(1) Il convient de ne pas la confondre avec la « société en participation des professions libérales soumises à un statut législatif ou réglementaire ou dont le titre est protégé » qui est régie par les articles 2 et 23 de la loi n° 90-1258 du 31 décembre 1990 et les articles 44 à 38 du décret n° 93-492 du 25 mars 1993.

125. – La société en participation, dénuée de la personnalité morale, peut être interne aux associés et donc inopposable aux tiers ; elle peut être également ostensible par l'effet d'une publicité. L'association d'avocats est obligatoirement ostensible. Nous avons pris le parti de décrire d'abord les formalités qui y concourent.

Selon l'article 8 de la loi du 31 décembre 1971 « tout groupement, société ou association prévu à l'article 7 peut être constitué entre avocats personnes physiques, groupements, sociétés ou associations appartenant ou non à des barreaux différents ». Cette possibilité est rappelée au 1er al. nouveau de l'article 124 du décret du 27 novembre 1991 : « une association d'avocats peut comprendre des avocats personnes physiques et des personnes morales exerçant la profession d'avocat ».

Le contrat fondateur de l'association doit être écrit (art. 125). Dans la quinzaine de sa conclusion, il doit être remis contre récépissé ou notifié par lettre recommandée AR à chaque bâtonnier concerné (2). Il en est de même en cas de modification de la convention. Le bâtonnier saisit le Conseil de l'Ordre qui dispose d'un délai d'un mois pour mettre éventuellement en demeure les associés, par lettre recommandée AR, de rendre conforme la convention aux règles applicables à la profession (art. 125). La décision du Conseil de l'Ordre peut être déférée à la cour d'appel dans les formes de l'article 16 du décret (art. 128-1). Ensuite la convention fait l'objet de l'insertion d'un avis dans un journal d'annonces légales dans le département du lieu de l'inscription au tableau de chacun des associés. L'avis contient la dénomination, la liste des associés avec l'indication du barreau auxquels ils appartiennent. Le procureur général peut demander communication du contrat d'association (art. 127). En outre tout intéressé peut demander communication de la liste des associés et de la proportion de leurs droits dans l'association. Ce droit à communication peut être exercé à chaque lieu d'établissement de l'association (art. 127).

Le retrait ou l'admission d'un associé donne lieu à la publication mentionnée à l'article 126, et en cas d'adhésion d'un nouvel associé, les dispositions des 3e et 4e alinéas de l'article 125 sont applicables (art. 128-1) Il s'agit de renseigner les tiers sur la composition de l'association. Lorsque l'association s'est placée sous le régime de la responsabilité professionnelle de chacun des associés, cette mention doit figurer dans les actes de publicité (V. *infra* n° 127).

Dans les actes professionnels et les correspondances des associés, l'appartenance à l'association doit figurer, avec la précision qu'il s'agit d'une association d'avocats (art. 124-1).

126. – Du caractère ostensible de l'association dépend son régime de fonctionnement. Une addition de deux alinéas ajoutés à l'article 124 (2e et 3e) rappelle l'article 1872-1 du Code civil : « Chaque associé (d'une société en participation) ... si les participants agissent en qualité d'associé au vu et au su des tiers, est tenu à l'égard de ceux-ci des obligations nées des actes accomplis, en cette qualité, par l'un des autres, sans solidarité ». Cette règle commune à toutes les sociétés en participation, est reprise aux 2e et 3e alinéas nouveaux de l'article 124 du décret du 27 novembre 1991 : « Chacun des membres de l'association est tenu des actes accomplis par l'un d'entre eux, au nom de l'association, en proportion de ses droits dans l'association » (2e alinéa) et

---

V. *infra* n° 207 à 211. Cette imbrication de régimes formellement distincts et substantiellement cousins ne brille pas par sa simplicité ni sa cohérence.

(2) L'association peut être interbarreaux.

« chacun des membres de l'association répond en outre, sur l'ensemble de son patrimoine, des actes professionnels qu'il a accomplis à l'égard de ses clients ». Il y a une responsabilité conjointe des associés pour les actes accomplis par l'un d'eux, au nom de l'association. Nous sommes bien près d'une personnalité morale.

127. – Toutefois, c'est une innovation principale du décret du 15 mai 2007, les associés peuvent convenir d'une responsabilité professionnelle limitée à l'auteur de l'acte, selon l'article 124, al. 5 : « Le contrat d'association, sur décision unanime des associés, peut prévoir que la mise en œuvre de la responsabilité de l'un de ses membres n'engage pas celle des autres associés » La décision peut être prise lors de la formation de l'association ou pendant le cours de cette association. Dans l'un et l'autre cas, elle doit figurer dans la publicité (V. *supra* n° 125). En outre dans les actes et documents, la dénomination de la l'association doit être immédiatement précédée ou suivie de la mention « association d'avocats à responsabilité professionnelle individuelle » ou simplement par le sigle AARPI (comprenne qui pourra). L'assurance enlève à cette limitation beaucoup de son importance.

B. – La Société civile professionnelle d'exercice (SCP)

128. – La Société civile professionnelle a été introduite par une loi n° 66-879 du 29 novembre 1966. Cette loi prévoyait son adaptation à chacune des professions concernées par un décret en Conseil d'État. Le décret intéressant la profession d'avocat devait intervenir le 13 juillet 1972 et celui intéressant les conseils juridiques le 26 juillet 1972. La loi n° 90-1258 du 31 décembre 1990 sur les Sociétés d'exercice libéral comporte un volet relatif au statut des SCP en ses articles 24 à 31 qui modifient certaines dispositions de la loi du 29 novembre 1966. Un décret d'application concernant les avocats a suivi le 20 juillet 1992, portant le n° 92-680, qui abroge et remplace le décret du 13 juillet 1972. Ce même décret abroge celui du 26 juillet 1972 concernant les conseils juridiques, devenu sans objet (dans la présente section et par exception la loi du 29 novembre 1966 sera désignée comme la loi, sans autre spécification, et le décret du 20 juillet 1992 comme le décret. En conséquence tout renvoi à la loi du 31 décembre 1971 et au décret du 27 novembre 1991 comprendra expressément l'indication de ces textes par leur date).

Entre la loi du 26 novembre 1966 et celle du 30 décembre 1990, était intervenue la refonte du régime général des sociétés et celui des sociétés civiles par la loi n° 78-9 du 4 janvier 1978 qui a réécrit le titre IX du livre III du Code civil (art. 1832 à 1844-17 pour le régime général, art. 1845 à 1870-1 pour les sociétés civiles). Il importait de mettre en conformité les règles propres aux SCP avec le nouveau droit commun des sociétés et particulièrement des sociétés civiles. C'est ce qu'a fait la loi du 31 décembre 1990.

1° Constitution de la société

129. – La Société civile professionnelle d'avocats (SCPA) a pour objet l'exercice en commun de la profession d'avocat. Elle appartient au genre de la société civile, alors que la SEL appartient à celui des sociétés commerciales régies par la loi du 24 juillet 1966.

Aux termes de l'article 1832 du Code civil, l'objet de toute société est de partager les bénéfices tirés de l'activité exercée ou de profiter de l'économie procurée par le mode social d'exercice. C'est le premier terme de l'alternative qui s'applique à la Société civile d'exercice d'avocats.

La SCPA est constituée d'avocats, et uniquement d'avocats en exercice, soit inscrits au tableau, soit sur la liste du stage. Deux époux peuvent faire partie de la même société.

Les associés peuvent appartenir au même barreau ou à des barreaux différents, sans limitation au ressort de la cour d'appel ; on les désigne comme sociétés inter-barreaux. Dans ce cas la constitution est soumise à des formalités supplémentaires (V. *infra*, n° 131).

La SCPA est inscrite au barreau où elle a son siège sur une liste spéciale du tableau. Ses associés sont également inscrits individuellement au barreau au sein duquel ils exercent ; ce sont eux qui votent, et non la société, dans les assemblées de l'Ordre. En ce sens elle est transparente ; nous trouverons d'autres manifestations de cette transparence.

La SCPA est désignée par une raison sociale. Celle-ci rappelle tout simplement les noms des associés, ou tout au moins le nom de l'un d'entre eux ou les noms de plusieurs d'entre eux, suivi(s) des mots « et autres » (L. art. 8). Les noms peuvent être accompagnés des qualifications et titres professionnels des associés ; ils doivent être suivis de l'appellation en toutes lettres « Société civile professionnelle d'avocats » (D. art. 42). Les noms d'un ou plusieurs anciens associés peuvent être conservés dans la raison sociale à condition d'être précédés du mot « anciennement ». L'accord de l'ancien associé ou de ses héritiers est exigé (Cass. 1re civ., 1er juill. 1997 : *Juris-Data* n° 003162 ; *JCP* G 1997, IV, n° 1862 ; *Rev. huissiers* 1999, p. 131, note J.-J. Daigre). Toutefois, cette faculté cesse lorsqu'il n'existe plus, au nombre des associés, une personne au moins qui ait exercé la profession, au sein de la société, avec l'ancien associé dont le nom serait maintenu (L. art. 8, al. 2). Toute appellation de fantaisie est donc exclue.

130. – L'acte de constitution de la société doit être écrit (L. art. 7). Il peut être sous signatures privées ou notarié. Il contient normalement les statuts de la société. Toutefois, ces statuts peuvent figurer dans un acte distinct.

Mais l'accord de volontés ainsi constaté ne suffit pas pour créer l'être moral. Il y faut en sus l'inscription de la société à un barreau et son immatriculation au registre du commerce et des sociétés.

131. – *L'inscription de la SCPA au barreau* est faite au barreau du siège de la société. La demande d'inscription est adressée au Conseil de l'Ordre de ce barreau. Le conseil statue sur la demande d'inscription comme il le ferait pour une demande d'inscription ordinaire (D. 1991, art. 101). Une décision de rejet peut être déférée à la cour d'appel selon les modalités ordinaires (D. 1991, art. 16). Il y a un parallélisme parfait entre l'inscription de la société et l'inscription de l'avocat personne physique.

Toutefois, certaines particularités doivent être signalées. La demande d'inscription est présentée collectivement par les associés et elle est accompagnée d'un dossier qui doit comprendre, sous peine d'irrecevabilité :

– un exemplaire des statuts et le cas échéant une expédition ou une copie de l'acte constitutif, quand statuts et acte constitutif ne sont pas contenus dans le même *instrumentum* ;

– un certificat d'inscription au tableau délivré par le bâtonnier pour chacun des associés (nous rappelons que ces associés peuvent appartenir à des barreaux différents) ;

– une demande émanant de chacun des associés et sollicitant l'inscription de la société (D. art. 4) ;

– d'autres formalités s'y ajoutent dans le cas où la société est constituée d'avocats appartenant à des barreaux différents, et le délai des formalités d'inscription, qui est de deux mois, est alors porté à trois mois (D. art. 6 *in fine*).

Chaque associé appartenant à un barreau autre que celui du siège social en informe son bâtonnier par lettre recommandée avec avis de réception ou déclaration remise contre récépissé, comportant en annexe le projet de statuts de la société. Le bâtonnier saisit le Conseil de l'Ordre, qui dispose d'un délai d'un mois pour faire connaître au bâtonnier saisi de la demande d'inscription de la société, son avis sur la conformité des statuts aux dispositions législatives et réglementaires. Si le Conseil de l'Ordre ne fait pas connaître son avis dans le délai d'un mois, le défaut de réponse équivaut à un avis favorable (D. art. 5).

La communication préalable des statuts au Conseil de l'Ordre (ou aux conseils intéressés) s'explique par le pouvoir de contrôle que détient ce conseil (ou ces conseils) sur la conformité des statuts aux dispositions législatives et réglementaires. Il s'agit en quelque sorte d'un contrôle de légalité. Il ne peut s'étendre au-delà, par exemple à l'opportunité.

La même procédure est suivie pour la modification des statuts (D. art. 9).

Le décret de 1992, à la différence de celui de 1972, ne prévoit aucune réglementation particulière pour les bureaux secondaires, de la SCPA. Par suite c'est la règle générale qui s'applique (V. *infra*, n°s 369 à 375).

132. – *L'immatriculation de la société au registre du commerce et des sociétés* doit suivre l'inscription de cette société au tableau. Cette exigence découle de la loi du 4 janvier 1978 qui a subordonné la naissance de la personnalité morale d'une société civile à cette immatriculation (C. civ., art. 1842). La loi du 31 décembre 1990 sur la SEL, modifiant l'article 1er, alinéa 3, de la loi du 29 novembre 1966, est venue mettre les SCP en harmonie avec le droit commun nouveau des sociétés civiles.

Les formalités d'immatriculation sont régies par le décret n° 84-406 du 30 mai 1984, sous réserve de quelques particularités (D. art. 15). Un des associés, ou tous les associés, le décret ne le précise pas, adresse au greffier une ampliation de la décision d'inscription au tableau. Le greffier ne peut procéder à l'immatriculation de la société qu'au vu de cette ampliation. Il doit informer le bâtonnier de l'immatriculation de la société.

Tout intéressé peut se faire délivrer, à ses frais, par le greffier, un extrait des statuts contenant, à l'exclusion de toutes autres indications, l'identité des associés, l'adresse du siège de la société, la raison sociale, la durée pour laquelle la société a été constituée, les clauses relatives aux pouvoirs des associés, à leur responsabilité et à la dissolution de la société (D. art. 15).

2° Statuts et capital social

133. – Les statuts sont établis en autant d'exemplaires que d'associés, s'ils sont sous signatures privées, plus un exemplaire pour le Conseil de l'Ordre et un exemplaire pour le registre du commerce et des sociétés.

Ces statuts contiennent des indications obligatoires ou facultatives et indiquent la répartition du capital social.

134. – *Les indications obligatoires* sont les suivantes : la raison sociale, l'adresse du siège social, les noms, prénoms et domiciles des associés, la durée pour laquelle la société est constituée (D. art. 11).

Quant aux *indications facultatives*, elles peuvent concerner la désignation d'un ou plusieurs gérants choisis parmi les associés, – à défaut tous les associés sont gérants –, déterminer des modalités de répartition des bénéfices qui soient autres que la proportionnalité avec les apports en capital, par exemple pour tenir compte des activités ou notoriétés respectives (L. art. 14), stipuler que, dans les rapports entre associés, chacun est tenu des dettes sociales dans la proportion qu'ils déterminent (L. art. 15, dernier al.) – cette proportion sera par exemple alignée sur la répartition des bénéfices –, prévoir l'agrément d'un nouvel associé, après cession des parts, à une majorité plus forte que celle des trois quarts des voix (L. art. 19), ceci pour renforcer l'*intuitus personae* dans la société, ou encore des restrictions à la cession des parts entre associés (L. art. 20) afin de maintenir l'équilibre voulu au départ entre les associés.

135. – *Le capital social* est constitué par l'addition des apports des associés, et il *est réparti* entre les associés en parts, proportionnellement à ces apports.

Ces apports, qui peuvent être faits en propriété ou en jouissance, consistent en :

– des droits incorporels, et notamment la présentation de la clientèle d'un associé à la société ;

– les documents et archives et notamment les dossiers des clients ;

– des objets mobiliers à usage professionnel : bibliothèque, matériel de bureau, matériel informatique, meubles de bureau, etc. ;

– des immeubles ou locaux utiles à l'exercice de la profession ;

– du numéraire.

Les apports en nature doivent être libérés intégralement dès la constitution de la société (L. art. 10). Ils sont distinctement désignés dans les statuts et font l'objet d'une évaluation (D. art. 11, al. 4). Les apports en numéraire doivent être libérés, lors de leur souscription, pour la moitié au moins de leur montant nominal (D. art. 14, al. 1er). La libération du surplus doit intervenir en une ou plusieurs fois, soit aux dates prévues par les statuts, soit sur décision de l'assemblée des associés et au plus tard dans le délai de deux ans à compter de l'inscription de la société au tableau (D. art. 14, al. 2).

Dans les huit jours de leur réception, les fonds provenant de la libération des apports en numéraire sont déposés, pour le compte de la société, à la Caisse des dépôts et consignations, chez un notaire, dans une banque ou à une Caisse des règlements pécuniaires (CARPA). Le retrait des fonds est effectué par un mandataire de la société sur la seule justification de l'inscription de celle-ci au tableau (D. art. 14, dernier al.). Il aurait été plus logique d'exiger la justification de l'immatriculation au registre du commerce et des sociétés, puisque cette immatriculation est indispensable pour donner à la société la personnalité morale et qu'elle est postérieure à l'inscription au tableau.

Les parts des associés résultent des statuts, elles ne peuvent être représentées par des titres négociables (L. art. 9). Elles sont d'égales valeurs et leur nominal ne peut être inférieur à 15,24 € (D. art. 13). Le nombre de parts attribuées à chacun des associés est proportionnel à ses apports, qu'ils soient en nature ou en numéraire. Cette répartition figure dans les statuts.

Des parts d'intérêts peuvent être créées correspondant à un apport en industrie des associés. Ces parts d'intérêts ne concourent pas à la formation du capital social (D. art. 12, dernier al., renvoyant à l'article 1842 du Code civil). Elles donnent seulement droit à une part des bénéfices. Leur nombre et leur répartition doivent figurer dans les statuts. Ces parts d'intérêts sont incessibles et doivent être annulées lorsque leur titulaire se retire de la société pour quelque cause que ce soit, y compris la dissolution de celle-ci (D. art. 13, al. 3). Si des parts d'intérêts sont créées en cours de fonctionnement de la société, les statuts doivent être modifiés en conséquence.

3° Fonctionnement de la société

a) Gérance

136. – Selon l'article 11 de la loi du 29 novembre 1966, « tous les associés sont gérants ». Toutefois, les statuts peuvent désigner un ou plusieurs gérants parmi les associés, ou en prévoir la désignation par un acte ultérieur. Ce sera le cas des SCPA comprenant un nombre important d'associés et des établissements secondaires. Les conditions de nomination et révocation des gérants, leurs pouvoirs et la durée de leur mandat sont déterminés par les statuts.

Le ou les gérants n'ont qu'une fonction d'administration de la société ; ils n'interviennent pas dans l'exercice de la profession. Les avocats associés conservent leur entière indépendance dans cet exercice professionnel. Ceci se trouve clairement exprimé dans la loi : « Les pouvoirs des gérants ne peuvent, en aucun cas, avoir pour effet de créer une subordination des associés à la société pour l'accomplissement de leurs actes professionnels ». La SCPA regroupe des égaux sur le plan professionnel, quelle que soit leur part de capital et même s'ils ne sont porteurs que de parts d'intérêts, et cela explique que la règle veuille que, sauf exception expressément formulée, tous les associés soient gérants.

137. – Les gérants sont responsables des actes de gestion qu'ils accomplissent, soit à l'égard de la société, soit à l'égard des tiers. Cette responsabilité peut découler des infractions aux lois et règlements, de la violation des statuts, ou plus généralement des fautes commises dans leur gestion. Elle peut être individuelle si la faute est personnelle à tel gérant, ou solidaire si la faute est commune à plusieurs (L. art. 12). Mais dans ce dernier cas, le tribunal décide de la part contributive de chacun dans la réparation du dommage. La solidarité ne joue qu'à l'égard de la société ou des tiers qui ont subi le dommage. Pour la répartition de la réparation entre les gérants responsables, le juge apprécie la contribution de chacun à la faute commune.

b) Assemblées

138. – Les décisions qui excèdent les pouvoirs du ou des gérants sont prises par l'assemblée des associés (L. art. 13). Les modalités des réunions et des décisions des assemblées sont décrites aux articles 17 à 21 du décret, qui se suffisent à eux-mêmes.

Il est tenu une assemblée des associés au moins une fois par an. D'autres assemblées peuvent avoir lieu sur la demande d'un ou de plusieurs associés représentant au moins la moitié en nombre de ceux-ci, en indiquant l'ordre du jour désiré.

Le décret de 1992 aligne le régime des parts d'intérêts sur celui des parts de capital : chaque associé dispose d'autant de voix qu'il possède de parts sociales ou de parts d'intérêts. Toutefois, un associé ne peut avoir plus de la moitié des voix et donc détenir à lui seul la majorité absolue, alors même qu'il détient plus de la moitié des parts. Des droits de vote plural ne peuvent être attachés à certaines parts (L. art. 12, al. 2).

Les décisions sont prises, sauf exception, à la majorité des voix des présents ou représentés. Les décisions pour lesquelles une majorité qualifiée est imposée sont les suivantes : agrément des cessionnaires de parts (L. art. 19 *bis*), modification des statuts (D. art. 21). Mais les statuts peuvent imposer d'autres majorités qualifiées et aggraver la majorité exigée, en allant même jusqu'à l'unanimité.

Les associés peuvent décider, à la majorité des trois quarts de l'ensemble des voix une modification des statuts (D. art. 21). La modification des statuts est soumise aux mêmes formalités que la formation de ces statuts, lors de la constitution de la société : communication au Conseil de l'Ordre, avis des autres barreaux pour le cas d'une société inter-barreaux, dépôt au greffe du tribunal de commerce dans un délai de quinze jours, etc. (V. *supra*, n° 131).

c) Comptes sociaux et information des associés

139. – Après la clôture de chaque exercice, les gérants établissent le compte annuel de la société et un rapport sur les résultats. Les statuts fixent les modes de tenue des comptes sous réserve qu'ils satisfassent aux exigences fiscales.

Les comptes sont soumis à l'approbation des associés dans les trois mois qui suivent la clôture de l'exercice. À cette fin, les documents comptables sont adressés à chaque associé, avec le texte des résolutions proposées, et ce quinze jours au moins avant la réunion de l'assemblée. Cette information accompagnera normalement la convocation à l'assemblée, elle ne peut être en tout cas postérieure à cette convocation. Dans les petites sociétés ces communication et convocation peuvent être remises aux associés qui en donnent décharge.

Pendant le cours de l'exercice social, chaque associé peut, à toute époque, prendre connaissance des documents comptables, et de façon générale de tous documents intéressant la gestion de la société. Cette information s'étend aux dépôts de fonds de clients faits par la société à la CARPA.

4° Cession et transmission des parts sociales

a) Cession entre vifs par un associé

140. – Traditionnellement la clientèle du professionnel libéral n'est pas cessible, car on considère qu'elle est attachée à sa personne. Cette vue des choses ne correspond plus, depuis assez longtemps, à la réalité. Plutôt que d'abandonner le principe, on l'a contourné en admettant que l'obligation de présenter la clientèle à son successeur pouvait être monnayée. L'exercice de la profession libérale en groupe ne peut qu'accentuer ce mouvement ; le client s'habitue à ne plus avoir affaire à une seule personne, mais à une équipe et à être pris en charge tantôt par l'un tantôt par l'autre. Le client est alors attaché plus au cabinet collectif qu'à l'individu. La possibilité de céder à titre onéreux les parts d'une SCPA s'inscrit dans cette évolution. Elle consacre la patrimonialisation de la clientèle de la société.

Il reste toutefois, si l'on compare la situation avec celle d'une société commerciale, qu'il existe entre l'avocat associé et le client, et entre les associés, un *intuitus personae* plus accentué, ce qui a amené le législateur à entourer la cession des parts sociales d'une SCPA de certaines précautions et restrictions consistant notamment en l'agrément du nouvel associé par les anciens. Nous rappelons par ailleurs que seules les parts de capital sont cessibles à l'exclusion des parts d'intérêts.

141. – L'article 19 de la loi du 21 novembre 1966 pose le principe : « Les parts sociales peuvent être transmises ou cédées à des tiers avec le consentement des associés représentant au moins les trois quarts des voix. Toutefois les statuts peuvent imposer l'exigence d'une majorité plus forte ou de l'unanimité des associés ».

Il va de soi que le cessionnaire ne puisse être qu'un avocat inscrit au tableau ; si l'inscription n'est pas encore acquise, le contrat de cession est passé sous la condition suspensive de cette inscription (D. art. 24, al. 1er).

En vue de l'agrément du futur associé, le projet de cession est notifié à la société et à chacun des associés par lettre recommandée avec avis de réception. La réponse à la demande d'agrément est donnée par la société et non par les associés individuellement. L'assemblée des associés prend la décision à la majorité imposée par la loi ou les statuts. Si la société n'a pas fait connaître sa décision dans le délai de deux mois à compter de la dernière des notifications, l'agrément est considéré comme implicitement acquis.

À la suite de l'agrément exprès ou tacite, le cessionnaire demande son inscription au tableau comme associé, alors même qu'il serait déjà inscrit à titre individuel. Cette demande est accompagnée de l'expédition ou de la copie certifiée conforme de l'acte de cession et de toutes les pièces devant accompagner une demande d'inscription au tableau (V. *infra*, nos 344 et s.).

142. – Si la société se refuse à donner son consentement, les associés sont tenus, dans les six mois à compter de ce refus, d'acquérir ou de faire acquérir les parts sociales, à un prix fixé dans les conditions prévues à l'article 1843-4 du Code civil, à dire d'expert (L. art. 19, al. 3). À cet effet la société doit adresser, dans le délai de six mois, à l'associé cédant, un projet de cession de ses parts à celui qu'elle désigne ou de rachat par elle-même. Cette notification, faite par lettre recommandée avec avis de réception, emporte engagement du cessionnaire présenté par la société.

L'article 1843-4 susvisé prévoit que le prix de cession est fixé par un expert désigné, soit par les parties, soit à défaut d'accord par ordonnance du président du tribunal de grande instance statuant en la forme des référés et sans recours possible. Il y a là une restriction aux droits de l'associé cédant, qui peut être amené à céder ses parts à un prix inférieur à celui qui lui était offert par son candidat à l'acquisition non agréé. Il peut renoncer à la cession, s'il le préfère.

Si les parts sont rachetées par la société, il s'ensuit une diminution du capital social. Si elles sont rachetées par un autre associé (ou d'autres associés) qui augmente ce faisant sa mise, la cession n'a pas à être agréée, sauf disposition spéciale des statuts. Si elles sont acquises par un tiers présenté par la société, c'est-à-dire par son (ou ses) gérant, le tiers doit être agréé par les autres associés.

Les parts sociales sont librement cessibles entre associés (L. art. 20). Toutefois, les statuts peuvent contenir, même dans ce cas, une clause d'agrément de la cession, car celle-ci risque de compromettre l'équilibre entre associés voulu à l'origine. On retombe alors dans une façon de procéder analogue à celle qui vient d'être décrite pour le cessionnaire tiers.

En tout état de cause, en cas de rachat des parts par la société ou par un associé, ce qui n'entraîne pas une nouvelle inscription, l'acte de cession est adressé ou remis au bâtonnier (D. art. 25, al. 4 et art. 26).

143. – Il peut arriver que le cédant refuse de signer l'acte de cession à la société ou à un tiers qui lui est imposé ou encore à d'autres associés. La société peut alors lui notifier la cession par lettre recommandée avec avis de réception contenant mise en demeure de signer. Il est ensuite passé outre dans un délai de deux mois à partir de la notification. La cession lui est alors imposée au prix fixé par l'expert ; ce prix est consigné, et le retrait de l'associé est alors prononcé par le Conseil de l'Ordre (D. art. 24, dernier al.). Il lui est loisible, jusque-là, de renoncer à la cession.

144. – Nous avons décrit la procédure de cession à titre onéreux, la plus courante. Elle s'applique également lors d'une cession à titre gratuit, à la suite d'une donation. Pour une cession après décès de l'associé, on se reportera *infra*, n° 147.

145. – Un associé peut demander, à ses coassociés, son *retrait de la société,* ce qui suppose qu'il n'ait pas de successeur à présenter. La société est alors tenue, soit d'acquérir elle-même les parts, soit de les faire acquérir par des associés ou des tiers (L. art. 21). Les modalités du retrait sont décrites à l'article 28 du décret ; la demande de retrait est adressée à la société par lettre recommandée avec avis de réception, la société dispose de six mois à compter de cette demande pour notifier à l'associé, dans la même forme, le projet de cession ou le rachat de ses parts, contenant engagement du cessionnaire ou de la société. Suivant que la cession est consentie à un tiers, à un associé ou à la société, ce sont les formes décrites *supra,* n°s 140 à 144, qui s'appliquent.

L'associé peut être forcé au retrait par la perte de sa qualité d'avocat, soit par démission, soit par radiation du tableau ou de la liste du stage, soit par refus de certificat de stage. Il dispose alors d'un délai de six mois, courant du jour de sa sortie du barreau, pour céder ses parts à un tiers. Si à l'expiration de ce délai aucun cessionnaire n'a été présenté, il est procédé comme à l'article 25 du décret « dans la mesure où ses dispositions sont de nature à recevoir application » (D. art. 29), ce qui revient à dire qu'il convient de les adapter. La société doit alors, dans un nouveau délai de six mois, présenter un projet de cession ou de rachat des parts. Si le projet de cession implique un tiers, il est procédé à l'agrément de ce tiers et à sa présentation au Conseil de l'Ordre. Le prix de cession est fixé conformément à l'article 1843-4 du Code civil, à dire d'expert (V. *supra,* n° 140). Si l'associé refuse de consentir à la cession ainsi proposée, il est procédé à la cession forcée comme il est dit au dernier alinéa de l'article 25 (V. *supra,* n° 141). Les formalités sont allégées si le cessionnaire proposé est un autre associé, ou encore si les parts sont rachetées par la société.

Les mêmes dispositions légales s'appliquent à l'associé frappé d'interdiction légale ou placé sous le régime de la tutelle des majeurs. Dans ce cas le premier délai de six mois est porté à un an et l'associé est représenté dans la procédure par son représentant légal.

Il en est de même pour l'associé exclu de la société à la suite d'une peine disciplinaire égale ou supérieure à trois mois d'interdiction temporaire (V. *infra,* n° 158). Dans ce cas le délai imparti à l'associé exclu court du jour où la décision des autres associés prononçant son exclusion lui a été notifiée par lettre recommandée avec avis de réception (D. art. 30).

146. – Les parts sociales d'une SCPA ne peuvent être données en nantissement ni vendues aux enchères publiques (D. art. 13). Cette disposition accuse leur caractère d'*intuitus personae.* Le fait qu'elles ne peuvent être vendues aux enchères publiques leur retire de fait la possibilité d'être saisies. Aucune disposition ne les exclut expressément d'une saisie de droits d'associés, mais pareille saisie ne saurait aboutir à une vente forcée ; elle ne peut que les rendre indisponibles... et à attendre une vente amiable pour faire une saisie-attribution sur le prix (pour une vue plus – trop – optimiste, J.-J. Daigre, *Les sociétés civiles professionnelles d'avocats* : *Bull. Joly,* oct. 1992, p. 1052. – E. Putman, *Les nouvelles dispositions sur la vente des parts de sociétés civiles et d'exercice libéral et leur incidence en matière de saisie* : *LPA* 20 avr. 1994, p. 15. – R. Martin : *Rép. pr. civ. Dalloz,* V° Saisie-vente des droits d'associé et des valeurs mobilières, n° 18).

b) Cession après décès d'un associé

147. – De même que l'impossibilité pour un associé d'exercer la profession n'emporte pas la dissolution de la société, comme il vient d'être dit, il en est ainsi pour le décès d'un associé. Dans ce cas les ayants droit de l'associé décédé ont la faculté, dans un délai de six mois, de céder les parts de leur auteur (L. art. 2 et D. art. 31). Si une disposition testamentaire désigne un successeur, c'est lui qui sera présenté à la société. Le délai de six mois peut être renouvelé par le bâtonnier, avec le consentement des associés à la majorité des trois quarts, sauf dispositions plus restrictives des statuts. Au cours de ce délai, les ayants droit de l'associé décédé conservent vocation à la répartition des bénéfices attachés à la finance (L. art. 24, dernier al.).

La cession faite à l'acheteur présenté par les ayants cause s'opère dans les mêmes conditions que la cession entre vifs, soit que la cession soit consentie à un tiers ou à un associé.

Toutefois, un ou plusieurs ayants droit de l'associé décédé peuvent, s'ils remplissent les conditions pour exercer la profession d'avocat, demander l'attribution préférentielle à leur profit des parts (L. art. 24 et D. art. 33). Cette demande d'attribution est notifiée à la société et à chacun des associés par lettre recommandée avec avis de réception. L'ayant droit doit être agréé par la société suivant la procédure de cession entre vifs à un tiers, et ce en application des 2e, 3e et 4e alinéas de l'article 25 du décret.

Lorsque à l'expiration du délai de six mois, éventuellement prorogé, le ou les ayants droit de l'associé décédé n'ont pas exercé la faculté de céder les parts de leur auteur, et si aucun consentement préalable à l'attribution préférentielle de ces parts n'a été donné par la société, celle-ci dispose d'une année pour acquérir les parts de l'associé décédé.

Si les parts sociales sont cédées à un tiers, les dispositions de l'article 25 du décret sont applicables (V. *supra*, n° 140). Si elles sont acquises par la société ou par des associés, il est procédé conformément à l'article 26 du décret (V. *supra*, n° 141).

c) Publicité de la cession

148. – La cession des parts sociales doit être publiée au registre du commerce et des sociétés. Il en est également ainsi en cas de rachat de parts sociales par la société, ce qui entraîne une diminution du capital social.

Tout intéressé peut obtenir la délivrance d'un extrait de l'acte de cession contenant seulement les indications prévues à l'article 15 du décret : identité des associés, adresse du siège social, raison sociale, clauses relatives aux pouvoirs des associés, à la responsabilité pécuniaire de ceux-ci et à la dissolution de la société. Cette énumération ne cadre guère avec les renseignements qu'on peut attendre au sujet d'une cession de parts. L'intéressé (qui peut être un créancier du cédant) n'obtiendra que les identités du cédant et du cessionnaire, à l'exclusion notamment du prix de cession et des modalités de paiement.

Une copie de l'acte de cession est aussi déposée au secrétariat du barreau et le cas échéant des autres barreaux dont relèvent les associés (D. art. 35).

5° Associés nouveaux – Augmentation du capital social – Prorogation de la société

149. – Le nombre des associés peut augmenter, au cours de l'existence de la société, soit par suite d'une cession partielle de ses parts sociales par un associé sans augmentation du capital social, soit par suite d'une augmentation de ce capital par les apports d'un nouvel associé entraînant la création de nouvelles parts. S'il s'agit d'une cession sans augmentation de capital, il est procédé comme il est dit à l'article 24 du décret pour une cession entre vifs

(V. *supra*, n° 149). S'il y a augmentation du capital, on doit procéder aux mêmes formalités que pour la constitution de la société (V. *supra*, n°s 129 à 132).

150. – Si la constitution de réserves au moyen de bénéfices non distribués ou le dégagement de plus-values d'actif dues à l'industrie des associés (augmentation de la clientèle) le permet, il est procédé périodiquement à l'augmentation du capital social. Les parts sociales supplémentaires créées doivent être attribuées à tous les associés, y compris à ceux qui n'ont apporté que leur industrie (D. art. 39). Les conditions d'attribution des parts nouvelles sont fixées par les statuts.

Une augmentation de capital ne peut intervenir avant la libération totale des parts sociales correspondant à des apports en numéraire. L'augmentation de capital est publiée au registre du commerce et des sociétés, ce qui la rend opposable aux tiers. Toutefois ces tiers peuvent s'en prévaloir avant publication. Elle est déposée au secrétariat du barreau du siège et éventuellement des autres barreaux dont relèvent les associés (D. art. 39).

151. – Les associés peuvent prendre la décision de proroger la durée de la société à la majorité simple ou à celle prévue par les statuts. Cette décision de prorogation doit être portée à la connaissance du bâtonnier du siège qui la fait publier au registre des sociétés. Cette publication la rend opposable aux tiers, lesquels peuvent toutefois s'en prévaloir antérieurement (D. art. 40). Il est curieux de constater que le soin de publier la prorogation au registre des sociétés appartienne au bâtonnier et non à la société. Il serait opportun que les bâtonniers des autres barreaux auxquels peuvent appartenir les associés soient également informés.

6° Exercice de la profession par la société et les avocats associés

152. – L'existence d'une société groupant plusieurs avocats, qui a la personnalité morale, qui est inscrite au tableau en tant que telle concurremment avec ses membres, pose fatalement, dans l'exercice d'une profession aussi particulariste que celle d'avocat, des problèmes de coordination, le principe étant que « toutes les dispositions législatives et réglementaires relatives à l'exercice de la profession d'avocat, et spécialement à la déontologie, à la garantie et à la discipline, sont applicables aux SCPA et à leurs membres » (D. art. 41). Il y a application concurrente à la société des règles professionnelles communes à la profession d'avocat quel que soit son mode d'exercice, et des règles propres à la SCPA. Le décret sur la SCPA fixe les articulations de cette application concurrente.

Chaque associé exerce ses fonctions d'avocat au nom de la société. Il a été jugé que le pouvoir spécial donné à une SEL (il en est de même pour la SCP) pour former un pourvoi dans une matière dispensée du ministère d'avocat à la Cour de cassation vaut pour chacun des membres de la société (Cass. soc., 26 oct. 1999 : *JCP* G 2000, I, 231, n° 7).

a) Obligations, interdictions et incompatibilités

153. – La raison sociale de la SCPA doit figurer dans tous les actes, documents et correspondances émanant de la société, accompagnée de l'appellation « Société civile professionnelle d'avocats » en toutes lettres. Dans les actes professionnels, comprenant notamment les actes de procédure, qui sont accomplis par tel ou tel associé, celui-ci indique en sus de son identité la raison sociale de la société d'avocats dont il fait partie (D. art. 42).

La Cour d'appel de Poitiers en avait déduit qu'une assignation contenant comme postulant le seul nom d'un avocat membre d'une SCP était nulle, d'une nullité de fond. Son arrêt a été cassé avec le motif suivant : « Chaque associé exerce ses fonctions d'avocat au nom de la société, de telle sorte que l'avocat des demandeurs avait nécessairement agi au nom de la société dont il était membre ». Il y a lieu de souligner l'adverbe « nécessairement ». Il signifie que l'avocat personne physique agit, par l'effet de la loi, au nom de la société dont il fait partie alors même qu'il ne l'indique pas (Cass. 2e civ., 5 avr. 2007, n° 06-14.818). La Cour de cassation en tire la conséquence que le défaut de l'indication de la qualité d'associé ne constitue pas une nullité de fond, mais seulement une nullité de forme. Le défendeur pour se prévaloir de cette nullité doit prouver l'existence d'un grief que lui a causé ce vice de forme.

L'appellation « Société civile professionnelle » est protégée. Son emploi illicite ou de toute expression de nature à prêter à confusion avec celle-ci est puni d'un emprisonnement d'un an et d'une amende de 6 000 €, ou de l'une de ces deux peines seulement. Le tribunal peut en outre ordonner la publication du jugement, aux frais du coupable, dans trois journaux au maximum et son affichage dans les conditions prévues à l'article 131-35 du Code pénal (L. art. 29).

Tout associé ne peut être membre que d'une seule SCPA et ne peut exercer ses fonctions, étant membre d'une SCPA, ni à titre individuel, ni en qualité de membre d'une SEL (D. art. 43).

L'article 44 du décret dispose que « chaque associé exerce les fonctions d'avocat au nom de la société ». Toute l'ambiguïté de l'exercice de la profession au sein d'une SCPA, et plus généralement au sein d'une société, est concentrée dans cette phrase : la personne morale ne peut évidemment plaider, conclure, conseiller et rédiger un acte par elle-même ; elle le fait nécessairement (on pourrait dire ontologiquement) par l'un de ses membres ; ce ne sont pas seulement le (ou les) gérant qui engage la société, mais tous les associés lorsqu'ils accomplissent les actes de la profession. Donc l'exercice de la profession d'avocat reste sur le plan individuel. Toutefois, par une sorte de fiction, l'acte de l'avocat personne physique est attribué à la personne morale, ce qui entraîne la responsabilité civile et disciplinaire de la société et profite par ailleurs pécuniairement à la société, puisque c'est elle qui reçoit les rémunérations et non l'avocat qui a exercé son art.

154. – Les associés ne sont pas tenus, entre eux, au secret professionnel. Ils doivent s'informer mutuellement de leur activité. C'est une condition nécessaire au travail en équipe (D. art. 45).

Au tableau de l'Ordre figurent à la fois, sous deux rubriques distinctes, les avocats associés et la société (D. art. 46).

Le nom de chacun des associés, sur le tableau, apparaît par rang d'inscription au barreau, suivi de la mention de la raison sociale de la société dont il fait partie. Sur une annexe du tableau figurent les SCPA inscrites au barreau. Sont indiqués : la raison sociale, le lieu du siège social, le nom de tous les associés, le Barreau auquel appartient chaque associé. Le rang d'inscription des sociétés est déterminé par leurs dates d'inscription sur la liste annexe (D. art. 46).

En ce qui concerne le droit de vote aux organes institutionnels : Conseil de l'Ordre, bâtonnier, Conseil national des barreaux, chacun des associés dispose individuellement de son droit de vote ; la société est complètement transparente. De même chaque associé est décompté individuellement pour la détermination du nombre de membres du Conseil de l'Ordre. Toutefois le Conseil de l'Ordre ne peut comprendre en même temps, dans une proportion supérieure aux deux cinquièmes, des avocats appartenant à la même SCPA (D. art. 47).

Les cotisations professionnelles sont établies exclusivement au nom de chacun des associés et acquittées par eux (D. art. 48). Il est loisible à la société de prendre en charge ces cotisations, mais cette obligation ne vaut que dans les rapports entre la société et ses associés (pour les conséquences du défaut de paiement sur l'éligibilité des associés, CA Nîmes, 20 avr. 1993 : *JCP* G 1993, II, 22098, note R. Martin).

La règle fondamentale de la profession suivant laquelle l'avocat ne peut intervenir en conseil ou en défense pour les parties ayant des intérêts opposés s'applique aux groupements et particulièrement aux SCPA (D. 12 juillet 2005, art. 7, dernier al.). Dans les sociétés comprenant un grand nombre d'associés, ce peut être le cas d'une SEL, le respect de cette interdiction exige une bonne circulation des informations à l'intérieur de la société.

Il en est de même des incompatibilités frappant tel ou tel associé, par exemple le fait d'exercer un mandat politique ; ces incompatibilités s'étendent à tous les membres de la société.

b) Comptabilité, assurances, responsabilité

155. – La comptabilité est tenue au niveau de la société et non des associés. L'unité économique est la société ; c'est elle qui encaisse les honoraires, paie les frais généraux et dégage des bénéfices, lesquels sont distribués aux associés, ou mis en réserve (D. art. 49). Toutefois, au point de vue fiscal, la société est transparente. Les associés sont imposés individuellement à l'IRPP sur les bénéfices distribués, la société n'est pas imposée. Une loi du 12 avril 1996 a permis à la SCPA d'opter pour son assujettissement à l'impôt sur les sociétés, alignant ainsi son régime fiscal à celui de la SEL.

156. – L'obligation d'assurance pour la responsabilité professionnelle qui figure à l'article 27 de la loi du 31 décembre 1971 incombe à la société (D. art. 50). Cette assurance couvre les activités de tous les associés. Sur le plan civil, la société est solidairement responsable avec chaque associé des conséquences dommageables des fautes commises par l'associé. Ce dernier répond du dommage sur l'ensemble de son patrimoine (L. art. 16).

157. – En ce qui concerne les dettes nées de la gestion sociale, les associés en répondent solidairement à l'égard des tiers (L. art. 16). Mais les créanciers de la société ne peuvent poursuivre le paiement des dettes sociales contre un associé qu'après avoir mis vainement en demeure la société et à la condition d'appeler en cause cette dernière dans l'instance judiciaire en paiement. Les statuts peuvent déterminer la proportion dans laquelle chaque associé est tenu des dettes sociales pour les rapports entre associés (L. art. 15).

Les procédures collectives de la loi du 26 juillet 2006 sont applicables aux SCPA.

c) Discipline, suppléance, honorariat

158. – Les avocats associés sont soumis à la même discipline que ceux qui exercent individuellement et peuvent faire l'objet des mêmes sanctions disciplinaires. Mais ces sanctions vont réagir sur la société de deux manières : d'une part, la société peut être sanctionnée en soi, indépendamment des sanctions prononcées contre ses associés ; d'autre part, la sanction infligée à un des associés peut avoir des répercussions sur la vie sociale sans que la société soit elle-même sanctionnée.

Selon le deuxième alinéa de l'article 51 du décret, « la société ne peut faire l'objet de poursuites disciplinaires indépendamment de celles qui seraient intentées contre les associés ». Ce qui veut dire que la société, en tant que telle, ne peut être sanctionnée indépendamment d'un associé, mais qu'elle peut se voir infliger une sanction pour une faute commise par un associé, et pour laquelle cet associé est également sanctionné. Il n'est pas nécessaire que la faute soit commune à tous les associés, une sanction prononcée contre un seul associé peut faire sanctionner la société, c'est-à-dire atteindre par là indirectement les associés innocents.

La société est poursuivie devant le Conseil de discipline dans le ressort de son siège.

159. – Tout associé qui a fait l'objet d'une interdiction temporaire égale ou supérieure à trois mois peut être contraint de se retirer de la société par décision prise à l'unanimité des autres associés, étant toutefois exclus du vote ceux qui ont pu faire eux-mêmes l'objet d'une sanction pour les mêmes faits ou pour des faits connexes (D. art. 52, al. 1er). Dans ce cas l'associé exclu est contraint de céder ses parts (V. *supra*, n° 145).

L'associé interdit de ses fonctions ou omis de la liste du stage et qui ne peut de ce fait exercer aucune activité professionnelle pendant la durée de son interdiction ou de son omission, conserve néanmoins sa qualité d'associé avec les droits et obligations qui en découlent, sauf sa vocation aux bénéfices (D. art. 53, al. 1er). Il peut voter aux assemblées sociales et reste responsable des dettes de la société. Mais son retrait peut être exigé par une décision prise à l'unanimité des autres associés.

L'interdiction qui frappe un ou plusieurs associés, mais non la totalité d'entre eux, ou la société, n'entraîne pas la désignation d'un administrateur ; la société continue de fonctionner avec les associés non sanctionnés (D. art. 53, al. 2). Toutefois, si tous les gérants de la société ont été interdits, les associés innocents doivent désigner parmi eux un ou des nouveaux gérants. Il en est de même en cas de radiation d'associés.

La décision qui prononce l'interdiction soit de la société, soit de tous les associés, commet un ou plusieurs administrateurs pour accomplir tous les actes professionnels relevant des fonctions de la société ou des associés interdits (D. art. 53, al. 3). Si les associés inscrits à un autre barreau sont interdits, le Conseil de l'Ordre de ce barreau désigne un administrateur. C'est pourquoi l'interdiction doit être portée à la connaissance de tous les bâtonniers intéressés (D. art. 53, dernier al.).

La radiation de tous les associés ou celle de la société entraîne de plein droit la dissolution de la société et sa liquidation. Le liquidateur remplit les fonctions d'administrateur. Au cas de radiation de la société sans que celle-ci entraîne celle de tous ses sociétaires, le liquidateur peut être choisi parmi les associés non sanctionnés (D. art. 54 renvoyant à l'article 72).

160. – Si l'un des associés est temporairement empêché d'exercer ses fonctions par cas de force majeure, sa suppléance est assurée par les autres associés appartenant au même barreau (D. art. 56, al. 1er).

Si l'associé empêché appartient à un autre barreau où il est le seul inscrit, sa suppléance suivra le droit commun (V. *infra*, n° 430). Il en sera de même si tous les associés inscrits au même barreau sont simultanément empêchés, et encore, cas rarissime, où tous les associés seraient dans l'impossibilité de manifester leur volonté.

161. – Les fonctions d'avocat associé dans une SCPA sont assimilées à celles d'avocat pour la collation du titre d'avocat honoraire (D. art. 57).

7° Nullité et dissolution de la société

162. – La société peut disparaître par suite du prononcé de sa nullité par une décision de justice, de la survenance du terme, d'une dissolution anticipée décidée par les associés, ou provoquée par un événement extérieur : radiation de la société du tableau, décès des associés, retrait de tous les associés, fusion, scission, ou encore au cas où il ne subsiste qu'un seul associé. Dans tous ces cas la dissolution entraîne liquidation de la société.

Le décret pose d'abord les règles générales concernant la liquidation, puis envisage les dispositions particulières aux différents cas de nullité ou de dissolution. Par souci de coller au concret, nous adopterons l'ordre inverse, la liquidation étant la conséquence unique de tous les cas de nullité et de dissolution.

a) Nullité

163. – La nullité de la SCPA obéit au régime de droit commun des nullités des sociétés. L'article 69 du décret rappelle une des règles du droit commun suivant laquelle la nullité de la société ne porte pas atteinte à la validité des actes professionnels accomplis par les avocats associés avant la date où cette nullité est devenue définitive.

La nullité n'est opposable aux tiers qu'à compter de sa publication au registre du commerce et des sociétés (D. art. 58). Cette publicité est faite à la diligence du bâtonnier du lieu du siège social. Celui-ci en informe également les autres barreaux dont relèvent des associés, s'il échet (D. art. 68).

b) Dissolution

164. – La société prend notamment fin *par l'expiration du terme* pour lequel elle a été constituée. Toutefois, elle peut être prorogée dans les conditions prévues à l'article 1844-6 du Code civil, c'est-à-dire par décision des associés prise à l'unanimité, ou si les statuts le prévoient, à la majorité fixée pour la modification de ceux-ci.

Les associés peuvent décider la dissolution anticipée conformément à l'article 1844-7 du Code civil. Cette décision ne peut être prise que par les trois quarts au moins des associés disposant ensemble des trois quarts des voix. Dans ce cas le liquidateur est désigné à la majorité des associés détenant la moitié au moins des parts sociales et la moitié au plus des parts d'industrie. À défaut, il est désigné par ordonnance du président du tribunal de grande instance statuant en référé, à la demande de l'un quelconque des associés (D. art. 70). Cela implique que tous les autres associés doivent être appelés à l'instance.

Le liquidateur informe le bâtonnier de sa désignation et dépose au greffe du tribunal de commerce la délibération des associés qui l'a désigné ou encore l'ordonnance de référé. Il ne peut entrer en fonction avant l'accomplissement de ces formalités.

La dissolution n'est opposable aux tiers qu'à compter de sa publication au registre du commerce et des sociétés (D. art. 58).

165. – *La radiation de tous les associés ou de la société* entraîne de plein droit la dissolution de celle-ci (V. *supra*, n° 159). La décision qui prononce la radiation désigne un liquidateur qui remplit les fonctions d'administrateur. Les associés radiés ne peuvent être choisis comme liquidateurs (D. art. 72).

Le bâtonnier fait procéder à la publication de la décision au registre du commerce et des sociétés et en informe éventuellement les autres barreaux intéressés (D. art. 73).

166. – Le décès d'un associé n'entraîne pas dissolution de la société. Mais le décès simultané de tous les associés, ou encore leurs décès successifs sans qu'à la date du dernier d'entre eux les parts sociales des prédécédés aient été cédées à des tiers, provoquent la disparition de la société, par absence d'associés. Les articles 74 à 76 du décret envisagent pareille situation.

Le liquidateur est alors désigné conformément aux dispositions de l'article 173 du décret du 27 novembre 1991 et remplit les fonctions attribuées à l'administrateur provisoire par ce texte.

Le liquidateur ou le bâtonnier fait procéder à la publication au registre du commerce et des sociétés (D. art. 76).

167. – Si tous les associés demandent simultanément leur retrait de la société, celle-ci se trouve dissoute, ou encore si les retraits ont été successivement demandés sans qu'à la date de la dernière demande les parts sociales des retrayants antérieurs aient été cédées. La dissolution est acquise à la date des demandes simultanées ou de la dernière des demandes successives (D. art. 77).

Les publications sont faites comme il est dit, *supra*, au n° 164.

168. – *S'il ne reste qu'un seul associé*, la société n'est pas dissoute pour autant immédiatement. Celui-ci dispose d'un délai d'un an pour céder une partie de ses parts sociales à un tiers et reformer ainsi un groupe. Ce délai peut être prorogé de six mois par le tribunal (C. civ., art. 1844-5). Si l'associé ne profite pas de cette possibilité dans le délai imparti, il est procédé à la liquidation de la société. L'associé unique est de plein droit liquidateur, et en cas de refus ou d'empêchement de sa part, un avocat est désigné par le bâtonnier du barreau auquel appartient la société (D. art. 78).

Pendant le délai d'une année, l'associé unique peut encore participer, par voie de fusion, à la constitution d'une nouvelle SCPA. La société ancienne, ainsi fusionnée, se trouve dissoute de plein droit à compter de la date d'inscription de la nouvelle société issue de la fusion. En cas de dissolution de la société, celle-ci entraîne la transmission universelle du patrimoine de la société à l'associé unique sans qu'il y ait lieu à liquidation (Cf. J.-J. Daigre, *Les sociétés civiles professionnelles d'avocats* : *Bull. Joly*, 1992, p. 1055).

169. – Les articles 79 et 80 du décret n° 92-704 du 23 juillet 1992 prévoyait les fusions et les scissions des SCPA. Ils ont été abrogés par le décret du 15 mai 2007 et remplacés par un chapitre II *bis* (art. 57-1 à 57-5) établissant de nouvelles règles (Nous avions critiqué l'ancienne rédaction dans les éditions précédentes).

La **fusion** peut se faire soit par la création d'une nouvelle société, soit par l'absorption d'une société par une autre.

1° Des SCPA peuvent constituer par voie de fusion entre elles, ou avec des sociétés d'exercice libéral d'avocats (SEL) une nouvelle SCP d'avocats (art. 57-1). Il en résulte que les sociétés qui participent à l'opération sont dissoutes de plein droit à compter de la réalisation définitive de la fusion, c'est-à-dire de l'inscription de la nouvelle société.

Les représentants des sociétés fusionnées présentent au bâtonnier du siège de la société nouvelle la demande d'inscription de cette société et peuvent alors procéder à l'inscription au registre du commerce qui va donner la personnalité morale à la nouvelle société.

2° Une SCPA peut absorber plusieurs SCPA ou SEL (art. 57-2). La société absorbante subsiste et les sociétés absorbées sont dissoutes de plein droit à compter de la réalisation définitive de la fusion, c'est-à-dire à la date de la dernière assemblée générale, sauf convention contraire (art. 57-3 al. 3).

En pratique, les problèmes posés par la fusion des sociétés d'avocats sont les mêmes que ceux qui se présentent pour les sociétés commerciales : évaluation des patrimoines apportés par les sociétés fusionnées et détermination de la parité d'échange (V. J.-J. Daigre préc., n° 172, *Bull. Joly* 1992).

170. – De même façon, la **scission** peut intervenir au profit de sociétés nouvelles ou de sociétés existantes.

1° Une SCPA peut, par voie de scission, transmettre son patrimoine à des SCPA ou à des SEL nouvellement crées (art. 57-3). La société est dissoute de plein droit à compter de la réalisation définitive de la scission, c'est-à-dire de la date de l'inscription des nouvelles sociétés.

2° La scission peut se faire au profit de sociétés existantes. Une SCPA peut, par voie de scission, transmettre son patrimoine à des SCPA ou à des SEL existantes (art. 57-4). La société scindée est dissoute de plein droit dès la réalisation définitive de la scission, c'est-à-dire à la date de la dernière assemblée générale ayant approuvé l'opération, sauf convention contraire (art. 57-4, al. 3).

Toute fusion ou scission doit être approuvée par les trois quarts des associés représentant les trois quarts des voix.

8° Liquidation de la société

171. – La liquidation de la société est menée par un liquidateur. Celui-ci est désigné normalement dans les statuts (D. art. 61, al. 1er), mais cette règle souffre bien des exceptions suivant l'origine de la liquidation (V. *supra*, les causes de dissolution qui introduisent des variantes dans la désignation du liquidateur).

Le liquidateur représente la société pendant la durée de la liquidation et accomplit, en remplacement des associés, tous actes relevant de l'exercice de la profession d'avocat (D. art. 62) ; ce qui veut dire que ce liquidateur ne peut être qu'un avocat en exercice. Suivant le droit commun, la personnalité morale de la société en liquidation se survit pour les besoins de la liquidation, jusqu'à la clôture de celle-ci. Toutefois dans les actes faits par le liquidateur, la raison sociale doit être suivie de la mention « société en liquidation » (D. art. 59).

On peut se demander pourquoi les anciens associés qui demeurent et qui sont en exercice ne seraient pas chargés de suivre les dossiers en cours ; ils sont les mieux placés pour le faire. D'autant que pendant la durée de la liquidation, la personnalité morale de la société dissoute est maintenue, si bien que l'avocat associé reste tenu envers elle et ne peut exercer, soit à titre individuel, soit en entrant dans une nouvelle société (D. art. 43). La solution la moins mauvaise nous paraît être dans ce cas de désigner comme liquidateurs les associés qui demeurent en exercice. Cette situation doit amener les Conseils disciplinaires à ne pas prononcer la radiation du tableau de la société lorsque certains de ses membres ne sont pas de leur côté radiés, car c'est sanctionner indirectement les associés innocents. En tout état de cause il y a grand intérêt à ce que la période de liquidation soit la plus courte possible.

Il serait souhaitable qu'une « toilette » du décret intervienne pour autoriser les anciens associés en exercice à exercer leur profession d'avocat individuellement ou en entrant dans une autre société, pendant la durée de la liquidation.

La situation que nous avions redoutée s'est réalisée lors du retrait quasi instantané des trois associés d'une SCP, ce qui a entraîné *ipso facto* sa dissolution. Elle a généré un contentieux entre le Conseil de l'Ordre et les anciens associés. La Cour d'appel de Bordeaux a été amenée à le trancher (8 juin 1995 :

JCP 1996, II, 22652, note R. Martin). Elle a décidé que, si à partir de la dissolution, le liquidateur doit traiter les dossiers en cours, chacun des associés reprend sa liberté d'exercer à titre individuel sa profession sans attendre la clôture de la liquidation.

Cette solution nous apparaît sage, car il serait inique d'empêcher les anciens associés d'exercer pendant la période de liquidation de la société. Toutefois elle mériterait d'être consacrée légalement. Plus généralement les anciens associés en état d'exercer devraient être autorisés à le faire pendant la période intermédiaire, quelle que soit la cause de la dissolution de la société.

172. – La mission du liquidateur, outre celle d'administrateur, est classique : elle est rappelée à l'article 63 du décret : réaliser l'actif, apurer le passif et, après remboursement du capital social aux associés ou à leurs ayants droit, répartir entre ceux-ci l'actif net provenant de la liquidation (boni de liquidation) conformément aux statuts.

Le liquidateur convoque les associés ou leurs ayants droit dans les trois mois de la clôture de chaque exercice (D. art. 64), ce qui laisserait supposer que la liquidation s'étende sur plusieurs exercices, hypothèse à déconseiller. Il les convoque en fin de liquidation pour statuer sur le compte définitif, se faire délivrer quitus et constater la clôture de la liquidation.

L'assemblée ne peut délibérer valablement que si les trois quarts au moins des associés sont présents ou représentés. Si ce quorum n'est pas atteint, une seconde convocation est adressée, et l'assemblée peut délibérer si elle compte au moins deux associés (D. art. 19). La décision est prise à la majorité des voix des associés (D. art. 20). Mais les statuts peuvent prévoir des conditions de quorum et de majorité plus exigeantes. Elles sont, en tout état de cause, identiques à celles qui sont prévues pour l'approbation des comptes en fin d'exercice annuel (D. art. 65, al. 1er).

Si l'assemblée ne peut délibérer, ou si elle refuse d'approuver les comptes du liquidateur, le tribunal de grande instance du lieu du siège social est saisi par le liquidateur ou tout intéressé, afin de trancher sur la clôture de la liquidation.

Le liquidateur informe le bâtonnier du barreau auprès duquel est inscrite la société de la clôture de la liquidation. Il nous paraît opportun que ce bâtonnier communique l'information aux bâtonniers des autres barreaux auprès desquels exerçaient des associés.

La rémunération du liquidateur est fixée par l'assemblée qui le nomme ou par la décision de justice qui le désigne. Celle-ci peut être constituée par une quote-part ou même par la totalité des bénéfices nets sociaux pendant le cours de la liquidation. Cette attribution au liquidateur des bénéfices de la société doit être rapprochée du pouvoir qui lui est donné par l'article 62 « d'accomplir, en remplacement des associés, tous actes relevant de la profession d'avocat ».

C. – Société d'exercice libéral (SEL)

1° Considérations générales

173. – La Société d'exercice libéral a été créée par une loi qui porte la même date que celle de la réforme des professions judiciaires et juridiques, le 31 décembre 1990. C'est plus qu'une coïncidence. Pourtant le domaine de cette loi s'étend à toutes « les professions libérales soumises à un statut législatif ou réglementaire ou dont le titre est protégé ». Il déborde donc largement celui de la profession d'avocat. Pour son application à chacune des professions intéressées, des décrets en Conseil d'État étaient nécessaires (L. art. 21). Celui qui concerne la profession d'avocat porte le n° 93-492 et la date du 25 mars 1993. Il est d'application immédiate. Une loi n° 93-1415 du 28 décembre 1993 est venue apporter quelques retouches à la loi n° 90-1258 du 31 décembre 1990 (sur cette dernière loi, V. J.-J. Daigre, *Bull. Joly*, 1994, chron. 104 et sur la SEL en général, J.-J. Daigre et D. Lepeltier, *Sociétés d'exercice libéral*, GLN Joly) – dans la présente section, la loi citée sans autre précision sera celle du 21 décembre 1990 et le décret celui du 25 mars 1993.

174. – Cette innovation législative consiste à transposer au secteur libéral le régime des sociétés commerciales, et par là des sociétés de capitaux. Les statuts peuvent contenir une clause compromissoire (Cass. com., 5 oct. 1999 : *Juris-Data* n° 003375). Elle dispose d'ailleurs par exceptions à la loi n° 66-537 du 24 juillet 1966 qui constitue le droit commun des sociétés commerciales (L. art. 1er, al. 1er) et le décret du 25 mars 1993 renvoie à celui n° 67-236 du 23 mars 1967. Le projet de loi osait affirmer qu'il s'agissait d'introduire la société de capital dans les professions libérales, le Parlement ne l'a pas osé ; il a adopté l'euphémisme de « Société d'exercice libéral ».

Il faut reconnaître que les professions libérales, et particulièrement celle d'avocat, ne se coulent pas sans résistance dans le moule de la société commerciale. Leur exercice n'est pas identique à un business service, parce que la profession libérale, malgré son nom, est réglementée en vue d'un service de caractère public et social. Que la loi dise de l'avocat qu'il est un *auxiliaire de justice* le distingue d'une façon évidente d'un vendeur de machines à laver. C'est pourquoi le législateur, dans son œuvre de transposition de la société commerciale, a dû composer avec cette réalité. Il en est sorti un être moral quelque peu hybride.

La Société d'exercice libéral est parée des attraits communs à toutes les formes de sociétés de capitaux : régime fiscal et social des salariés pour les dirigeants, fiscalité plus avantageuse pour les investissements, hiérarchisation des professionnels au sein du groupe avec l'introduction du « libéral salarié », limitation de la responsabilité pécuniaire des associés. Mais n'aurait-on pu parvenir aux mêmes résultats sans passer par la voie oblique de la société commerciale transformée ?

Le poids de situations existantes a poussé dans ce sens. Certaines professions libérales avaient déjà adopté la forme de la société commerciale, et notamment les conseils juridiques que la réforme intégrait dans la profession d'avocat. En devenant avocats, ceux-ci n'acceptaient pas de revenir en arrière. La profession absorbée, en ce domaine comme en d'autres, a exercé une contagion sur la profession absorbante. Des mesures transitoires sont d'ailleurs intervenues pour permettre aux anciennes sociétés de conseils juridiques purement commerciales de passer à la Société d'exercice libéral, d'un commercialisme tempéré (V. *infra*, n° 212).

La Société d'exercice libéral d'avocats a incontestablement un objet civil, mais elle est commerciale par la forme. En effet l'article 1er, alinéa 2, de la loi du 24 juillet 1966 dispose que « sont commerciales à raison de leur forme et quel que soit leur objet, les sociétés en nom collectif, les sociétés en commandite simple, les sociétés à responsabilité limitée et les sociétés par actions ». La SEL peut emprunter l'une ou l'autre de ces catégories. Une difficulté s'est présentée en ce qui concerne l'EURL. Celle-ci est une SARL ayant un seul associé et *a priori* la SEL devrait pouvoir prendre cette forme. Mais elle n'est pas citée expressément à l'article 1er de la loi n° 90-1258 du 31 décembre 1990 et le 2e alinéa de cet article dispose que « ces sociétés (SEL) ont pour objet *l'exercice en commun* de la profession ». La Cour d'appel de Paris s'est appuyée sur la lettre de ce texte pour refuser à un avocat d'exercer seul sous forme d'une EURL (22 janv. 1997 : *JCP* G 1997, II, 22971, note R. Martin ; *Bull. Joly* 1997, n° 228, note J.-J. Daigre). Mais une loi n° 99-515 du 23 juin 1999 a supprimé de l'article 1er de la loi du 31 décembre 1990 le membre de phrase suivant lequel les SEL ont pour objet « l'exercice en commun de la profession », ce qui retire son fondement légal à l'interdiction. Il semble que la société par actions simplifiée (SAS), qui peut être également unipersonnelle, puisse être adoptée par les avocats (cf. M. Germain, *JCP* G 1999, n° 38, Actualité).

175. – Le tribunal de commerce est le juge naturel des sociétés commerciales. Mais une disposition spéciale de la loi du 31 décembre 1990 sur la SEL écarte la compétence des tribunaux de commerce ; l'article 15 de cette loi introduit dans le Code de commerce un article 631-1 qui donne compétence exclusive aux tribunaux civils pour les litiges opposant une SEL à un tiers ainsi que pour les contestations survenant entre associés.

Ici le fond l'emporte sur la forme. Mais pour les litiges entre associés, une clause compromissoire peut figurer dans les statuts (même texte), ce qui est confirmé maintenant par la nouvelle rédaction de l'article 2061 du Code civil.

Aucune disposition particulière ne figure dans la loi en ce qui concerne le régime des preuves. Il convient d'admettre que la preuve sera libre à l'égard de la société, comme en matière commerciale (C. com., art. 110-3) et que la comptabilité régulière tenue par une SEL pourra être produite en justice à titre de preuve (C. com., art. 123-23).

176. – La SEL est régie par la loi aujourd'hui codifiée dans le nouveau Code de commerce et le décret sur les sociétés commerciales avec les aménagements qui leur ont été apportés par la loi du 31 décembre 1990 et pour la profession d'avocat par le décret du 25 mars 1993.

Nous supposons connu le « droit commun » des sociétés commerciales, et nous ne nous attacherons donc qu'aux spécificités concernant la SEL exerçant la profession d'avocat. Quand nous écrirons SEL nous ne viserons que la SEL d'avocats, pour éviter le sigle SELA qui pourrait prêter à confusion.

En effet, la SEL peut revêtir toutes les formes de sociétés commerciales et chacune est désignée par un sigle : SELARL, SELAFA, SELCA (pour la société unipersonnelle, se reporter *supra,* n° 174 *in fine*). Nous ne traiterons pas séparément de chacune de ces espèces, car les règles spécifiques de la SEL sont assez semblables pour toutes. Nous les grouperons en suivant l'ordre habituel des rubriques en matière de société. Nous retrouverons, ce faisant, des constantes avec les règles posées pour la SCPA et nous pourrons renvoyer aux développements antérieurs concernant celle-ci. En effet, pour la SEL comme pour la SCPA se rencontrent les problèmes tenant à la coexistence d'une structure collective et de l'exercice indépendant de la profession par les associés.

2° Constitution

a) Répartition du capital social

177. – La répartition du capital social a donné lieu, lors des débats parlementaires, aux discussions les plus âpres. C'est qu'à ce point s'affrontent les deux finalités antagonistes de l'institution : d'une part, donner à ces sociétés la possibilité de réunir un capital suffisant en les ouvrant, d'autre part, sauvegarder le caractère personnalisé de l'activité libérale. Le résultat ne pouvait être qu'un compromis. Il figure à l'article 5 de la loi. L'idée directrice est que plus de la moitié du capital social et des droits de vote doit être détenue par des professionnels en exercice au sein de la société. Une double exigence est ainsi posée ; d'abord que les professionnels en exercice (avocats inscrits au tableau) détiennent ensemble plus de la moitié du capital social, ensuite que les mêmes détiennent plus de la moitié des droits de vote. Il peut en effet y avoir divergence entre la détention du capital et celle des droits de vote, si certains associés disposent de droits de vote double.

178. – La minorité du capital elle-même n'est pas ouverte à n'importe quels porteurs. L'article 5 énumère quatre catégories de personnes qui sont autorisées à détenir des parts ou actions d'une SEL d'avocats :

– des personnes physiques ou morales exerçant la profession d'avocat hors de la société. Ce qui permet de constituer des réseaux par la prise de participation ; mais non des groupes intégrés dans la mesure où ces prises de participation doivent rester minoritaires. Au surplus, elles ne pourront pas être réciproques (cf. L. 1966, art. 358 et 359) ;

– des personnes physiques (avocats) retraitées qui ont précédemment exercé leur profession au sein de la société ; cette possibilité est toutefois limitée à une durée de dix ans à partir du départ à la retraite ;

– si ces avocats retraités décèdent avant l'expiration du délai de dix ans, pourront rester associés pendant cinq ans à partir de leur décès, leurs ayants droit ;

– peut prendre une part minoritaire du capital, la société holding qui a procédé à un RES sur la SEL dans les conditions de l'article 220 *quater* A du Code général des impôts, à condition que les membres de cette société holding exercent la profession au sein de la SEL.

(Le 5° de l'article 5 ne peut s'appliquer qu'à des sociétés interprofessionnelles. Or, à l'heure présente une SEL d'avocats ne peut être interprofessionnelle).

Si ces règles de répartition du capital social viennent à ne plus être respectées au cours de la vie sociale, la société dispose d'un délai d'un an pour se mettre en conformité avec les dispositions légales, et ce en application du droit commun des sociétés commerciales (L. 1966, art. 5, al. 4). À défaut par les associés de faire le nécessaire, tout intéressé peut demander en justice la dissolution de la société. Mais le tribunal peut accorder un nouveau délai de six mois au maximum qui courra du jour du jugement. En tout état de cause la dissolution ne peut être prononcée si, au jour où le tribunal statue sur le fond, la situation a été régularisée. Nous rappelons que le tribunal compétent est le tribunal de grande instance du lieu où la société a son siège.

Une disposition particulière concerne l'inobservation de la limite de cinq ans pour les ayants droit d'un associé retraité qui vient à décéder. La société pourra décider de réduire son capital du montant de la valeur nominale de leurs parts ou actions, et de les racheter dans les conditions prévues à l'article 1843-4 du Code civil, c'est-à-dire selon une estimation faite par expert.

L'article 8 de la loi impose que les actions de SELAFA ou de SELCA revêtent obligatoirement la forme nominative. Ainsi tout intéressé peut contrôler, à tout moment, la qualité des personnes qui détiennent le capital social et si la répartition de ce capital est conforme à la loi.

b) Procédure de constitution

179. – La SEL ne peut être constituée que par des avocats en exercice, inscrits au tableau ou sur la liste du stage ; encore faut-il qu'il se trouve parmi eux un avocat au moins inscrit au tableau (disposition reprise de la SCPA). Des retraités ou leurs ayants droit ne peuvent participer à la formation d'une SEL ; cette catégorie d'associés ne peut apparaître qu'au cours de la vie sociale (il faut réserver les cas de fusion et de scission). Les associés fondateurs peuvent appartenir à des barreaux différents (D. art. 2).

La SELARL comprend au minimum deux associés et au maximum cinquante (L. 1966, art. 36) (pour l'EURL, V. *supra*, n° 174 *in fine*). Dans la SELAFA le nombre minimum d'actionnaires est réduit à trois (L. art. 4). Dans la SELCA, le nombre minimum d'associés est de quatre, avec au moins un associé commandité et trois associés commanditaires. On peut imaginer des avocats exerçant au sein d'une autre structure commanditer des avocats exerçant dans la SELCA et ainsi contrôler cette SELCA.

La SEL doit être inscrite au tableau du barreau du lieu de son siège social (D. art. 3). Les modalités d'inscription sont calquées sur celles de l'inscription d'une SCPA (V. *supra*, n° 129) :

– demande adressée par les associés au bâtonnier, accompagnée notamment des statuts de la société ;

– si la société est inter-barreaux, le bâtonnier de chacun des barreaux intéressés doit être informé, et le Conseil de l'Ordre de ces barreaux doit donner son avis dans les quarante-cinq jours sur la conformité des statuts avec les dispositions légales ou réglementaires (D. art. 5) ;

– le Conseil de l'Ordre du barreau du siège de la société statue sur la demande d'inscription ; cette inscription ne peut être refusée que si les statuts déposés ne sont pas conformes aux lois et règlements ;

– un recours est ouvert devant la cour d'appel contre la décision du Conseil de l'Ordre dans les conditions ordinaires (se reporter au décret du 27 novembre 1991, art. 16).

La surveillance du Conseil de l'Ordre sur la légalité des statuts se poursuit durant tout le cours de la société. En effet toute modification des statuts doit être soumise au Conseil de l'Ordre (D. art. 8, al. 1er). Celui-ci doit être également informé des modifications apportées à la liste des associés et au montant de leurs participations au capital social (D. art. 8, al. 2).

Après son inscription au tableau, la SEL doit être immatriculée au registre du commerce et des sociétés. Elle n'acquiert la personnalité morale qu'à partir de cette immatriculation. La demande d'immatriculation doit pourtant être déposée avant la demande d'inscription, laquelle doit contenir la justification de la demande d'immatriculation (D. art. 4, 3° et art. 10, al. 2). La SEL est dispensée de la publicité spéciale prévue pour les sociétés commerciales aux articles 281 à 284 du décret n° 67-236 du 23 mars 1967, notamment de l'insertion dans un journal d'annonces légales.

c) Dénomination et siège social

180. – À défaut d'indication contraire dans la loi et le décret, il faut admettre que la dénomination sociale puisse être librement choisie et qu'elle puisse être une dénomination de fantaisie. Toutefois, la dignité de la profession marque la limite de cette liberté laissée à l'imagination et au marketing (il existe sur ce point une opposition avec ce qui est prévu pour la SCPA, *supra*, n° 129). La Cour de cassation (Cass. 1re civ., 29 avr. 1997, arrêt n° 776 D, inédit) a admis la dénomination d'« Acaccia » – sigle « d'avocats consultants associés pour le conseil et le contentieux immobilier et administratif » – pour une SELARL, mais n'a pas autorisé qu'elle soit suivie de la devise « les épines du droit ».

Cette dénomination peut inclure les noms d'un ou plusieurs associés, les noms d'un ou plusieurs anciens associés ayant exercé au sein de la société à condition d'être précédés du mot « anciennement ». Toutefois cette faculté cesse lorsqu'il n'existe plus, au nombre des associés, une personne au moins qui ait exercé la profession au sein de la société avec l'ancien associé dont le nom est maintenu (D. art. 2, al. 3), réglementation parallèle à celle de la SCPA.

La dénomination sociale, suivie immédiatement de la mention « Société d'exercice libéral », avec l'indication de son capital, doit figurer sur tous les documents émanant de la société (papier à lettres, publications légales, actes de procédure, voire publicité autorisée, etc. – L. art. 2, al. 1er ; D. art. 19, al. 1er). Dans ses actes professionnels chaque associé indique son appartenance à la SEL et la raison sociale de celle-ci (D. art. 19, al. 2).

181. – Le siège social est fixé dans le ressort du barreau auquel la société est inscrite. Des bureaux secondaires peuvent être ouverts dans le ressort des barreaux où certains de ses associés ou avocats salariés sont inscrits.

d) Apports et droits sociaux

182. – Les apports sociaux ne sont pas différents de ceux d'une SCPA (V. *supra*, n° 133). Les biens apportés doivent être affectés à l'exercice de la profession et à l'établissement du siège et de ses bureaux annexes ; une SEL ne pourrait par exemple être propriétaire d'un immeuble qu'elle louerait à un tiers, même si ce tiers est un avocat ou une autre société d'avocats.

183. – Les droits sociaux sont soit des parts, soit des actions nominatives. Ils sont répartis conformément aux apports.

Nous avons vu (V. *supra*, n° 146) qu'aux termes de l'article 23 du décret sur les SCPA du 20 juillet 1992, les parts d'une SCPA ne pouvaient être données en nantissement ni être vendues aux enchères publiques. Aucune disposition de ce genre ne figure dans le décret du 25 mars 1993 concernant les SEL. Il faut en conclure que les parts et actions de ces sociétés peuvent être nanties et vendues aux enchères publiques. La vente aux enchères peut intervenir notamment à la suite d'une saisie-vente de ces parts ou actions, ce qui restitue à une telle mesure d'exécution son efficacité, sous réserve de l'agrément du cessionnaire. Il faut y voir un affaiblissement de l'*intuitus personae* par rapport à la SCP.

184. – Des actions à vote double peuvent être créées dans les SELAFA et les SELCA. Mais par dérogation aux articles 175 et 176 de la loi du 24 juillet 1966, certaines conditions sont imposées à la détention de telles actions (L. art. 8) :

– elles ne peuvent être attribuées à des actionnaires autres que des avocats en exercice ;

– elles doivent l'être à tous les avocats en exercice, sauf à les réserver à ceux qui justifient d'une certaine ancienneté dans l'actionnariat, qui ne pourra pourtant être inférieure à deux années ;

– si ces actions sont transférées et que le bénéficiaire du transfert n'est pas un avocat en exercice, elles perdent leur droit de vote double.

185. – La loi permet expressément (art. 9), reprenant en cela le droit commun des sociétés commerciales, la création d'actions à dividende prioritaire, sans droit de vote. Mais celles-ci ne peuvent être détenues que par des actionnaires autres que des professionnels en exercice.

186. – Les commandités d'une SELCA ne peuvent être que des avocats en exercice, personnes physiques. Il peut n'y avoir qu'un seul commandité

(L. art. 13, al. 1er). Ces commandités répondent indéfiniment et solidairement de toutes les dettes sociales (L. art. 13, al. 2). Le nombre des associés commanditaires ne peut être inférieur à trois (L. 1966, art. 251). Ils ne sont responsables des dettes sociales qu'à hauteur de leurs apports. Ils ne peuvent accomplir aucun acte de gestion interne ou externe, même en vertu d'une procuration. Tout acte intervenu en contravention de cette interdiction serait nul. Pour autant cette nullité ne saurait être opposée aux tiers de bonne foi, ni invoquée pour dégager l'actionnaire commanditaire de sa responsabilité solidaire prévue à l'article 28 de la loi du 24 juillet 1966 quand celui-ci s'est immiscé dans la gestion de la société (L. art. 13, al. 3).

La qualité d'avocat commandité se perd par décès, démission, radiation, ou destitution. Les statuts peuvent prévoir une procédure de révocation. La décision de révocation doit être prise à l'unanimité des autres associés commandités. Le commandité qui quitte la société ou ses ayants droit sont indemnisés dans les conditions prévues à l'article 1843-3 du Code civil, à dire d'expert (L. art. 13, al. 6).

3° Fonctionnement de la société

a) Dirigeants sociaux

187. – Une place prépondérante est donnée aux avocats en exercice dans la direction de la société (L. art. 12). Les dirigeants ne peuvent être choisis que parmi eux : gérant, président du conseil d'administration, membres du directoire, président du conseil de surveillance, directeur général ; les deux tiers au moins des membres du conseil d'administration ou du conseil de surveillance de la SELAFA doivent être des associés actifs.

Les conditions restrictives, figurant aux articles 93, 107 et 142 de la loi du 24 juillet 1966 sont écartées (L. art. 12, al. 2, modifié par art. 3-I, L. n° 93-1415, 28 déc. 1993). Il en est de même des articles 107 et 142 (L. n° 93-415, 28 déc. 1993, art. 3-II), ce qui veut dire qu'un avocat salarié de la société peut faire partie du conseil d'administration ou du conseil de surveillance d'une SELAFA. Ces dispositions permettent le cumul de l'état de salarié avec celui de dirigeant, au sens large, de la société. À l'état de salarié peut être assimilé celui de collaborateur libéral de la société (Cf. J.-J. Daigre, *Bull. Joly*, 1994, chron. 104).

Seuls les associés avocats en exercice peuvent prendre part aux délibérations des organes chargés d'autoriser ou d'approuver les conventions passées entre ceux-ci et la société, lorsque ces conventions portent sur les conditions dans lesquelles ils y exercent la profession.

b) Comptes d'associés

188. – Le montant des avances en compte fournies par les associés en exercice ne peut excéder deux fois leur part en capital porté à trois fois par le décret du 15 mai 2007. Celui des avances fournies par les autres associés ne peut excéder leur part en capital (D. n° 92-704, 22 juill. 1992). Les fonds propres sont préférés aux avances en comptes, car ils s'incorporent au capital social, garantie des tiers.

Au surplus les sommes ainsi avancées ne peuvent être retirées par l'associé prêteur, en tout ou en partie, qu'après une notification faite à la société par lettre recommandée avec avis de réception, en respectant un préavis dont la durée est fixée par les statuts et qui ne peut être inférieur à six mois pour les associés en exercice et à un an pour les autres associés. Ce préavis assez long a pour fin de ne pas mettre la société en difficulté financière par des retraits intempestifs.

4° Cession et transmission des actions ou des parts

a) Cession par des avocats associés en exercice

189. – La cession d'actions ou de parts d'une SEL par des associés en exercice recouvre en fait une cession de clientèle (V. *supra*, n° 140 pour la SCPA). Le cédant peut transférer tous ses droits sociaux et sortir de la société ou seulement une partie et demeurer associé. La cession peut intervenir à titre onéreux, contre un prix, ou à titre gratuit par donation ou succession. Mais elle suppose en tous les cas que le cessionnaire remplisse les conditions pour être inscrit à un barreau. Elle est par suite consentie sous la condition suspensive de cette inscription, si celle-ci n'est pas déjà obtenue. Pour ce qui concerne l'inscription du cessionnaire au tableau, ce sont les conditions ordinaires qui s'appliquent (D. art. 11, al. 2).

Mais surtout la cession est subordonnée à l'agrément du cessionnaire par la société.

190. – *Les conditions d'agrément* du nouvel associé varient suivant le type de société ; elles sont plus strictes pour la SELARL que pour la SELAFA. Les conditions minimales sont fixées par la loi ; elles peuvent être aggravées par les statuts.

Les conditions légales résultant de la loi de 1966 sur les sociétés commerciales ont été rendues plus sévères par la loi sur la SEL (L. art. 10).

Dans la SELARL, les cessions de parts sociales à des tiers à l'exception du conjoint, des ascendants et descendants, sont subordonnées à l'agrément préalable des trois quarts des porteurs de parts exerçant la profession au sein de la société.

Dans la SELAFA, l'agrément doit être donné soit par les deux tiers des avocats actionnaires en exercice, soit par les deux tiers des membres du conseil de surveillance ou du conseil d'administration.

Dans la SELCA, les cessions d'actions de commanditaires sont soumises à l'agrément préalable des commanditaires dans les mêmes conditions que pour la SELAFA et des deux tiers des commandités ; la cession des parts de commandités est soumise à l'agrément de l'unanimité des commandités et à la majorité des deux tiers des commanditaires.

Quand la cession des parts ou actions intervient entre avocats en exercice appartenant à la même société, il n'est pas besoin d'agrément puisque le cessionnaire est déjà associé, ni d'inscription au barreau puisqu'il est déjà inscrit.

La cession doit être dans tous les cas notifiée au bâtonnier du barreau où le siège social est fixé.

Les cessions à titre gratuit sont soumises aux mêmes conditions (D. art. 13).

Si l'agrément du cessionnaire est refusé, la société a l'obligation de présenter un autre cessionnaire ou de racheter elle-même les parts ou actions (L. 24 juill. 1966, art. 45 et 275). À défaut d'accord entre les parties, le prix de cession est fixé dans les conditions prévues à l'article 1843-4 du Code civil, à dire d'expert ; toute clause contraire des statuts est réputée non écrite.

Le rachat de parts ou actions par la société équivaut à une réduction du capital social, laquelle doit être publiée au registre du commerce et des sociétés.

b) Cession par un associé minoritaire

191. – Il s'agit soit d'avocats ou sociétés d'avocats n'exerçant pas au sein de la société soit d'avocats retraités ou leurs ayants droit. Si la cession est consentie à un avocat qui exercera au sein de la société et qui appartiendra de ce fait à la majorité, le nouvel associé doit être agréé dans les conditions qui viennent d'être exposées (V. *supra*, n° 190). Si la cession est consentie à un associé qui n'exercera pas au sein de la société et qui restera minoritaire, les conditions d'agrément sont celles du droit commun de la loi de 1966 : articles 45 et suivants pour la SELARL, 274 et suivants pour la SELAFA, 30 pour les associés commandités et 274 pour les associés commanditaires dans la SELCA.

c) Cession imposée

192. – Si l'associé cesse d'exercer la profession d'avocat pour une cause quelconque, démission, radiation, mise sous tutelle des incapables majeurs, il dispose d'un délai de six mois pour céder ses parts. Cette cession peut être faite à un tiers dans les conditions ordinaires, à un autre ou à d'autres associés, ou à la société elle-même, ce qui entraîne une réduction du capital social (D. art. 14). Les incapables majeurs sous tutelle peuvent toutefois rester associés minoritaires passifs pendant dix ans (L. art. 5, al. 2, 2°).

La cession de ses parts ou actions est également imposée à un avocat associé qui fait l'objet d'une décision d'exclusion de la société (D. art. 15 et 28). Une décision d'exclusion peut être prise à l'unanimité des autres associés dans les cas suivants : condamnation disciplinaire passée en force de chose jugée à une peine égale ou supérieure à trois mois d'interdiction d'exercice de la profession ou condamnation pénale définitive à une peine d'emprisonnement égale ou supérieure à trois mois. Le délai de six mois laissé à l'associé exclu pour céder ses droits prend effet du jour de la notification de la décision d'exclusion.

d) Augmentation du capital, prorogation de la durée de la société et procès-verbaux

193. – Un nouvel associé peut entrer dans la société par création de parts ou actions entraînant une augmentation du capital social. Celui-ci doit être inscrit au barreau ou sur la liste du stage. S'il est inscrit à un barreau autre que celui dont la société relève, l'avis du Conseil de l'Ordre de son barreau doit être recueilli (D. art. 16).

194. – Toute décision de proroger la durée de la société doit être portée immédiatement à la connaissance du bâtonnier du barreau auprès duquel la société est inscrite, par le représentant légal de cette société (D. art. 17).

195. – Pour la présentation des procès-verbaux de délibération des associés, du conseil d'administration ou du conseil de surveillance, on se reportera à l'article 34 du décret qui se suffit à lui-même. Le registre des délibérations doit être coté et paraphé par le bâtonnier.

5° Exercice de la profession par la SEL

a) Mode d'exercice

196. – La problématique de l'exercice de la profession d'avocat par une SEL est la même que pour une SCPA ; le lecteur voudra bien se reporter *supra*, n° 152. Nous en rappelons les points principaux :

– chaque associé exerce ses fonctions d'avocat au nom de la société (D. art. 21) ;

– l'avocat associé doit indiquer dans toutes les manifestations de son activité professionnelle sa qualité d'associé de telle société dénommée (D. art. 19) ;
– il ne peut exercer exclusivement qu'à titre d'associé (D. art. 20). Toutefois un avocat exerçant par ailleurs peut être associé minoritaire d'une SEL ;
– il doit consacrer toute son activité professionnelle à la société, en concertation avec les autres associés (D. art. 22).

197. – La SEL est inscrite au tableau sur une liste annexe comme la SCPA (D. art. 23). L'avocat associé est inscrit au tableau à son rang personnel avec l'indication de son appartenance à la société.

Le droit de vote et de participation aux organes statutaires appartiennent individuellement à chaque associé (D. art. 24). Les restrictions à l'éligibilité au Conseil de l'Ordre sont celles prévues pour la SCPA (V. *supra*, n° 154).

Les fonctions d'avocat associé ouvrent la collation du titre d'avocat honoraire (D. art. 33).

b) Comptabilité et assurances

198. – Tous les registres et documents imposés par les textes législatifs et réglementaires pour l'exercice de la profession d'avocat sont ouverts et établis au nom de la société (D. art. 25). C'est au niveau de la société que la comptabilité doit être tenue, que les déclarations doivent être faites et que le contrôle ordinal est opéré. Au surplus les règles comptables propres au type de société commerciale doivent être observées (L. 24 juill. 1966, art. 340).

199. – C'est également la société qui doit contracter les assurances obligatoires de responsabilité professionnelle et de représentation des fonds.

Toutefois, les cotisations ordinales sont établies au nom de chacun des associés et ceux-ci sont responsables de leur paiement, alors même que dans les rapports entre associés, la société les aurait pris en charge (CA Nîmes, 20 avr. 1993 : *JCP* G 1993, II, 22098, note R. Martin).

c) Discipline et suppléance

200. – Le régime des poursuites disciplinaires des avocats associés dans une SEL et de la société elle-même est identique à celui des SCPA (V. *supra*, n° 158 ; D. art. 27 et s.).

Il en est également ainsi pour les mesures d'administration provisoire et de suppléance.

d) Responsabilité

201. – Comme en droit commun des sociétés, la SEL est responsable de ses propres dettes qui sont des dettes d'administration, à l'exclusion des associés, contrairement à ce qu'il en est pour la SCP (V. *supra*, n° 157). Mais l'article 16 de la loi n° 90-1258 du 31 décembre 1990 dispose que chaque associé répond personnellement sur l'ensemble de son patrimoine des actes professionnels qu'il accomplit, la société étant dans ce cas solidairement responsable de son associé. Nous rappelons que cette responsabilité professionnelle doit être obligatoirement couverte par une assurance.

6° Nullité, dissolution, liquidation

a) Nullité

202. – Les causes de nullité d'une SEL sont celles du droit commun des sociétés commerciales ; elles ne peuvent résulter que d'une disposition expresse de la loi du 24 juillet 1966 ou de celles qui régissent la nullité des contrats (L. 1966, art. 360). Toutefois en ce qui concerne les SELARL et les SELAFA, leur nullité ne peut résulter ni d'un vice du consentement, ni de l'incapacité des associés, à moins que cette dernière n'atteigne tous les associés fondateurs, ce qui est une hypothèse hautement improbable. Elle pourrait résulter théoriquement de clauses léonines que contiendraient les statuts (art. 360 susvisé), mais cette hypothèse est également improbable du fait du contrôle exercé sur les statuts par le Conseil de l'Ordre.

La nullité de la SEL ne porte pas atteinte à la validité des actes professionnels accomplis par les avocats associés, au nom de la société, avant la date où la décision prononçant la nullité est devenue définitive (D. art. 41), solution identique à celle valant pour la SCPA.

La décision prononçant la nullité de la SEL doit être publiée au registre du commerce et des sociétés par les soins du bâtonnier. Le greffier fait paraître une insertion au *Journal officiel*. Pour les sociétés inter-barreaux, les autres barreaux intéressés doivent être informés (D. art. 40).

La nullité n'emporte pas la disparition rétroactive de la société, mais sa dissolution et sa liquidation.

b) Dissolution

203. – Les causes de dissolution de la SEL sont celles du droit commun des sociétés : expiration de la durée, nullité, dissolution anticipée décidée par les associés, cession des actifs après redressement judiciaire, dissolution anticipée prononcée par justice, notamment en cas de mésintelligence ou de mésentente entre les associés conduisant à la paralysie de l'activité sociale, fusion ou scission. Les statuts peuvent prévoir d'autres causes de dissolution.

La radiation de tous les avocats associés exerçant au sein de la société ou la radiation de la société elle-même entraîne de plein droit la dissolution de celle-ci par extinction de son objet (D. art. 42, al. 1er). En effet, la société ne peut plus alors exercer la profession. En ce qui concerne les effets de la radiation ne frappant pas la totalité des associés, ils sont très proches de ceux concernant la SCPA (V. *supra*, n° 165 et D. art. 29).

La nullité ou la dissolution de la société ne sont opposables aux tiers qu'à compter de l'accomplissement des formalités de publicité au registre du commerce et des sociétés.

204. – La dissolution d'une SEL peut résulter de la fusion de celle-ci avec une autre société ou encore de sa scission en plusieurs sociétés.

La procédure et les effets de la fusion sont homologues à celle des SCPA. D'ailleurs une SCPA peut fusionner avec une SEL (V. D. art. 7, *supra*, n° 169). Il en est de même de la scission (V. *supra*, n° 170).

Une SCPA peut être transformée en SEL. L'opération s'analyse en la disparition de la SCPA et la création d'une SEL, ce qui entraîne toutes les formalités impliquées par cette cessation. Toutefois il y a continuité de la personne morale (C. civ., art. 1844-3). L'article 20 de la loi avait prévu des dispositions fiscales particulières pour la transformation d'une SCP en SEL. Celles-ci ont été abrogées par la loi de finances pour 1992 (L. n° 91-1322, 30 déc. 1991, art. 13). Dès lors le droit commun fiscal s'applique, en particulier le régime de faveur de l'article 202 *ter*, alinéa 2, du Code général des impôts.

c) Liquidation

205. – La liquidation d'une SEL est régie par ses statuts et les dispositions de la loi du 24 juillet 1966 (D. art. 36). Toutefois le décret prévoit quelques modalités spéciales.

Le liquidateur peut être choisi soit parmi les avocats associés exerçant la profession, soit parmi les associés avocats minoritaires. Mais un liquidateur extérieur à la société devra être désigné lorsque la société a été frappée de radiation ; par ailleurs, les fonctions de liquidateur ne peuvent être confiées à un avocat ayant fait l'objet d'une peine disciplinaire (D. art. 37). Le liquidateur peut être remplacé par une ordonnance du président du tribunal de grande instance rendue en référé.

Le liquidateur accomplit tous les actes relevant de la profession d'avocat pour les besoins de la liquidation, ce qui implique que ce liquidateur soit obligatoirement un avocat (V. pour la SCPA, n° 171).

Le liquidateur informe le bâtonnier du barreau auprès duquel la société est inscrite de la clôture de la liquidation.

206. – Une SEL peut subir un redressement ou/et une liquidation judiciaires. Mais quel est le tribunal compétent pour en connaître alors que la société est commerciale par sa forme et civile par son objet ? L'article 631-1 introduit dans le Code de commerce par la loi du 31 décembre 1990 sur les SEL (art. 15) nous paraît devoir lever toute incertitude, c'est le tribunal de grande instance qui est compétent et non le tribunal de commerce (en ce sens, CA Paris, 1re ch. A, 6 juill. 1994 : *Gaz. Pal.* 1er sept. 1994, p. 25).

La SEL (comme la SCPA) était soumise aux procédures collectives de la loi de 1985. Elle est maintenant alignée sur le régime de tous les avocats, quel que soit leur mode d'exercice, par l'intervention de la loi du 26 juillet 2005. Le tribunal compétent pour en connaître est le tribunal de grande instance du siège social. Le Conseil de l'Ordre participe à toutes ces procédures : conciliation, sauvegarde, redressement judiciaire et liquidation judiciaire (V. R. Martin et P. Neveu, *L'application à la profession d'avocat de la loi du 26 juillet 2005 sur la sauvegarde des entreprises : JCP* G 2006, I, 125. – V. *infra*, troisième partie, chap. 9).

D. – Société en participation d'avocats

207. – La loi n° 90-1258 du 31 décembre 1990 a autorisé l'exercice des professions libérales réglementées sous forme de sociétés en participation, à la suite d'un amendement parlementaire. Il s'agissait, dans l'esprit du député ayant déposé l'amendement, d'offrir à ces professions, et notamment à la profession d'avocat, une structure d'exercice équivalente à celle des *partnerships* anglo-saxons. Ces *partnerships* aux couleurs de la France ont pris la forme d'une société en participation qui figure au Code civil (art. 1871 à 1873) c'est-à-dire d'un groupement de professionnels, personnes physiques sans personnalité morale.

Toute liberté est laissée aux partenaires pour établir contractuellement le régime de leurs rapports. Toutefois, la loi apporte quelques contraintes pour tenir compte de la spécificité de l'objet social qui est l'exercice d'une profession réglementée. Elles sont formulées aux articles 44 à 48 formant le titre II du décret n° 93-492 du 25 mars 1993. Ce sont ces contraintes spécifiques aux sociétés en participation d'avocats que nous allons exposer, après avoir noté une particularité essentielle qui distingue cette société du type général de la société en participation. Selon l'article 1871 du Code civil une telle société n'est pas soumise à publicité, elle est occulte. Or, la société en participation d'avocats est soumise à publicité et elle devient par là opposable aux tiers (L. art. 22). Il en résulte des conséquences importantes qui donnent à cette institution son originalité.

1° Constitution

208. – La société en participation ne peut être constituée qu'entre des avocats personnes physiques en exercice. Sa durée peut être illimitée, et dès lors l'un quelconque des associés peut mettre fin à la société dans les conditions prévues à l'article 1872-2 du Code civil. Elle n'a pas de personnalité morale, mais « doit avoir une dénomination » (L. art. 22, al. 3). Elle doit faire l'objet d'une publicité, non par inscription au registre du commerce et des sociétés, mais par insertion d'un avis dans un journal habilité à recevoir les annonces légales dans le département du lieu d'inscription au tableau ou sur la liste du stage de chacun des associés (D. art. 44, al. 2). La société en tant que telle n'est pas inscrite au tableau du barreau. L'avis publié contient la dénomination de la société, la liste des associés et l'indication du barreau auquel ils appartiennent (D. art. 44, al. 3). Au surplus les associés doivent dans leurs documents et leurs actes professionnels indiquer leur appartenance au groupement (D. art. 45). Nous pensons qu'il en résulte que doit figurer au tableau l'appartenance de chacun des associés à la société.

Dans la quinzaine de la publication, une copie de l'avis publié et un exemplaire du contrat de constitution sont soumis à chacun des bâtonniers intéressés. Le bâtonnier peut demander de modifier la convention pour la mettre en conformité avec les règles de la profession (D. art. 46). Le Conseil de l'Ordre peut être saisi à cet égard et sa décision est susceptible d'un recours devant la cour d'appel dans les conditions ordinaires de l'article 16 du décret du 27 novembre 1991.

Toute modification dans la composition du groupe doit être publiée dans les mêmes formes et notifiée au(x) bâtonnier(s).

209. – La société en participation n'ayant pas la personnalité morale n'a pas de patrimoine propre, donc pas de capital social. Toutefois pour fonctionner elle a besoin de moyens incorporels et corporels qui lui sont « apportés » par ses associés. Ces « apports » restent la propriété de l'associé qui les met ainsi à la disposition de la société. Toutefois, le contrat de société peut prévoir qu'ils deviendront la propriété indivise de tous les associés. Ces éléments sont assez insolites et contradictoires, comme l'est cette forme sociale qui ressortit davantage du pragmatisme anglo-saxon que de l'esprit du système français. C'est probablement ce qui explique qu'elle n'obtient pas grand succès. Au surplus, l'association telle que réformée par le décret du 15 mai 2007 fait double emploi avec la société en participation.

2° Fonctionnement

210. – Les associés de la société en participation n'exercent pas la profession au nom de la société puisque celle-ci n'a pas de personnalité morale. Toutefois, ils doivent faire figurer dans les documents et actes professionnels leur qualité d'associé (V. *supra*, n° 208).

Ils sont tenus solidairement et indéfiniment à l'égard des tiers des engagements pris par chacun d'eux (L. art. 23, al. 2 et 3). Cette responsabilité solidaire et indéfinie doit s'étendre à la responsabilité professionnelle en l'absence d'indication contraire.

L'admission ou la révocation d'un associé est décidée à l'unanimité, sauf clause contraire de la convention. Une prestation compensatrice peut être prévue en cas de retrait d'un associé (L. art. 23, al. 2 et 3). Cette indemnité peut être analysée comme la réparation d'une responsabilité contractuelle qui peut être le fait soit du retrayant soit de ses associés suivant les circonstances.

Les bénéfices réalisés sont imposés au nom de chacun des associés. Toutefois il est permis à la société en participation d'opter pour l'impôt sur les sociétés (CGI, art. 206-3 et 239). Le régime fiscal est aligné sur celui de la SCPA.

3° Dissolution

211. – Ni la loi ni le décret n'ont rien prévu en ce qui concerne la dissolution des sociétés en participation. Celle-ci doit être réglée par la convention et à défaut par les dispositions du Code civil.

Il nous apparaît toutefois que la dissolution doit faire l'objet d'une publication dans les mêmes formes que la constitution : avis dans un journal d'annonces légales et notification au(x) bâtonnier(s) par respect du parallélisme des formes.

Après la dissolution, les avocats anciennement associés reprennent l'exercice individuel de la profession ou peuvent entrer dans une autre société.

Il n'y a pas lieu à liquidation puisqu'il n'existe pas de capital social. Si une indivision des moyens avait été stipulée, il convient de procéder à son partage.

E. – Mise en conformité des anciennes sociétés de conseils juridiques

212. – Antérieurement à leur intégration dans la profession d'avocat, les conseils juridiques pouvaient exercer sous les espèces d'une société commerciale. L'article 62 ancien de la loi du 31 décembre 1971 n'y mettait qu'une restriction : plus de la moitié du capital social devait être détenue par des conseils juridiques en exercice, inscrits sur la liste dressée par le procureur de la République. Ces sociétés de conseils juridiques pouvaient donc comporter une minorité d'associés étrangers à la profession. Ces sociétés devaient disparaître dans un délai de cinq ans, c'est-à-dire le 1er janvier 1997, pour se transformer en SEL dont le régime est plus restrictif quant à la détention du capital (L. n° 90-1258, 31 déc. 1990, art. 18, 1re phrase).

À défaut, tout intéressé pouvait demander en justice la dissolution de la société (2e phrase de la rédaction initiale de l'article susvisé). Le tribunal pouvait toutefois accorder à la société un délai maximal de six mois pour régulariser la situation et la dissolution ne pouvait être prononcée si, au jour où il est statué sur le fond, la régularisation avait eu lieu.

Ce texte présentait le grave inconvénient de mettre les associés anciens conseils juridiques et majoritaires à la merci des minoritaires pour fixer la valeur des parts ou actions détenues par ces derniers. Il a été modifié par une loi n° 93-1415 du 28 décembre 1993, article 3-II, qui a ajouté la disposition suivante après la première phrase : « À l'expiration de ce délai (de cinq ans), si un ou plusieurs associés ne satisfaisant pas aux conditions fixées à l'article 5 de la présente loi (règles de répartition du capital de la SEL) n'ont pas cédé les parts ou actions qu'ils détiennent, la société peut, nonobstant leur opposition, décider de réduire son capital du montant de la valeur nominale de leurs parts ou actions et de les racheter à un prix fixé, sauf accord entre les parties, dans les conditions prévues à l'article 1843-4 du Code civil », c'est-à-dire selon l'évaluation fixée par expert. Ainsi les associés exerçant la nouvelle profession d'avocat ne sont pas acculés à la dissolution de la société en cas de conflit avec les associés minoritaires non professionnels et ils peuvent racheter les parts ou actions de ces derniers à un prix objectif.

Il subsiste cependant une difficulté. La mise en œuvre de cette procédure suppose que les associés professionnels disposent de la majorité qualifiée nécessaire pour décider la réduction du capital social, soit trois quarts des parts sociales pour les SARL (L. 1966, art. 60) et pour la SA deux tiers des voix des actionnaires présents ou représentés (L. 1966, art. 153). Ils peuvent ne pas disposer de ces majorités, alors que la part des minoritaires dans le capital social peut aller jusqu'à 49 %. Dans ce cas les associés avocats peuvent se voir acculer à la dissolution de la société s'ils refusent de passer sous les fourches Caudines des minoritaires (V. J.-J. Daigre, *Bull. Joly* 1994, chron. 104, II).

F. – Groupements divers

213. – Outre les structures de moyens et d'exercice que nous venons d'examiner, sont apparus des groupements de conception plus souple, tels les Groupements d'intérêt économique (GIE), les réseaux et des conventions de correspondances plus ou moins organisées.

1° Groupement d'intérêt économique

214. – Un GIE peut être constitué entre professionnels pour faciliter et développer les activités de chacun en lui offrant des services communs. Il a la personnalité morale, mais ne peut en aucun cas exercer la profession. Il n'est pas destiné à faire des bénéfices, mais seulement à procurer des avantages et ses dépenses sont financées par les contributions de ses membres. C'est une structure de moyens.

La question qui se pose est de décider si un GIE peut regrouper d'autres professionnels que des avocats (ou des sociétés d'avocats), s'il peut être en quelque sorte interprofessionnel. On pourrait admettre que seules des personnes exerçant une profession libérale soumise à un statut législatif et réglementaire puissent participer à un GIE comprenant des avocats. Mais ce serait anticiper sur l'interprofessionnalité du groupe qui n'est pas à ce jour admise. Un moyen terme pourrait être trouvé qui limite les professionnels participants aux professions juridiques, à savoir notaires et huissiers de justice. L'intérêt d'un tel groupement n'est pas évident.

Un Groupement d'intérêt économique européen (GIEE) peut être constitué entre avocats de la Communauté européenne. La même question se pose alors au sujet de l'interprofessionnalité.

L'appartenance à un GIE doit faire l'objet d'une couverture particulière pour la garantie de la responsabilité professionnelle. Le contrat de constitution du GIE doit être soumis au Conseil de l'Ordre.

2° Réseau

215. – Le GIE a l'inconvénient d'être une structure trop lourde et trop rigide, alors qu'il possède la personnalité morale. Le réseau offre des avantages approchants d'une manière plus informelle, ce qui laisse une marge importante de liberté contractuelle. Mais cette liberté présente en contrepartie le danger de licences. Les conseils juridiques utilisaient cette technique du réseau et la loi du 31 décembre 1990 a prévu à ce sujet une mesure transitoire.

L'article 67, alinéa 3, de cette loi dispose que « les sociétés ou groupements de conseils juridiques qui étaient affiliés à un réseau national ou international non exclusivement juridique pourraient continuer à faire mention de l'appartenance à ce réseau pendant un délai de cinq ans à compter de la date d'entrée en vigueur de la loi », soit le 1er janvier 1992. Ce délai est venu à expiration le 1er janvier 1997. Mais depuis lors aucune disposition légale n'est intervenue pour combler le vide ainsi créé et des sociétés d'avocats continuent de mentionner leur appartenance à un réseau national ou international.

216. – L'appartenance d'un avocat d'un barreau français à un réseau pluridisciplinaire et souvent transnational, ce qui intéresse surtout le juridique, pose de graves problèmes pour l'identité de cet avocat. La réglementation de l'appartenance à un tel réseau et de ses conditions a donné lieu à de vifs débats entre les avocats traditionnels pratiquant surtout le judiciaire et ceux issus des conseils juridiques pratiquant le conseil et la rédaction d'actes au sein de grandes structures. Les premiers sont hostiles aux réseaux où ils voient des multinationales difficilement contrôlables, les seconds entendent conserver la liberté des affaires et considèrent la déontologie traditionnelle comme une entrave à leur développement économique. Deux métiers s'affrontent pour coexister.

Le pouvoir politique a hésité à prendre parti sur cette question sensible. M. Nallet, ancien garde des Sceaux, a été chargé de présenter un rapport au Premier ministre, rapport présenté en juillet 1999 (publié à la Documentation française). Ce rapport était plus descriptif des difficultés que porteur de propositions. Il ne fut suivi d'aucune loi ni d'aucun décret.

Le CNB s'efforça de combler le vide dans le RIH puis le RIU. Mais on connaît les malheureux avatars de ces décisions. En définitive, en vertu du pouvoir normatif qui lui a été conféré par la loi du 11 février 2004, l'assemblée générale a approuvé un texte le 12 juillet 2007, publié au *Journal officiel* du 11 août 2007, comme l'a décidé le décret du 15 mai 2007. Ce texte a valeur réglementaire. Nous disposons donc d'un règlement exécutoire d'origine corporative.

217. – L'article sur les réseaux a conservé la même numérotation que ceux du RIH et RIU, soit l'article 16. Il comprend huit sous-articles fort abondants et qui entrent très avant dans le détail. On y sent la marque d'un avocat d'affaire rédigeant un contrat international. Il ne saurait être question, dans le cadre du présent ouvrage, de compiler dans le détail ses dispositions qui sont – ou doivent être – à la disposition de tout avocat. Nous allons en dégager les traits essentiels qui en reflètent l'esprit.

L'avocat d'un barreau français appartenant à un réseau doit observer les « principes essentiels de la profession » qui figurent à l'article 1er du décret du 12 juillet 2005 et sont rappelés dans le RIN. Parmi ces principes nous relèverons l'indépendance, le secret professionnel, et l'évitement des conflits d'intérêts. Une disposition essentielle consiste en ce que l'examen des comptes (commissaire aux comptes) ne soit pas réuni dans le même réseau que le Conseil. Un arrêt de la CJCE du 19 février 2002 a jugé que le règlement de l'Ordre (en l'espèce l'Ordre national néerlandais) peut interdire à un avocat membre de cet Ordre d'appartenir à un réseau qui pratique l'audit (CJCE, 19 févr. 2002, aff. C 309/99 *Wauters*). La mésaventure du cabinet Andersen, impliqué dans la faillite de la société Amron, ne peut que renforcer le courant de la séparation du contrôle et du conseil.

3° Convention de correspondance organique

218. – De tout temps les avocats ont eu des correspondants : confrères locaux pour les affaires de la compétence d'un autre tribunal que celui de leur barreau, huissiers de justice, notaires. Mais ces liens restaient officieux. La tendance est de les officialiser en les faisant figurer sur le papier à lettres ou autres documents et de les formaliser dans une convention. Pour caractériser pareille convention, nous ne pouvons mieux faire que nous en reporter au règlement du barreau de Paris :

« Chaque fois qu'un avocat au barreau souhaite officialiser des relations professionnelles régulières avec un avocat inscrit au tableau d'un autre barreau français, ils doivent établir une convention dite de « correspondance organique nationale », soumise à l'autorisation préalable du bâtonnier. Une telle convention peut envisager une coopération impliquant un référencement mutuel de clientèle, nécessairement gratuit, l'indication du nom et de l'adresse du correspondant sur le papier à lettres du cocontractant, le mot « correspondant » devant précéder ou suivre immédiatement le nom de l'intéressé. Une telle convention ne peut comporter des dispositions permettant de l'assimiler à une structure ou à la mise en place d'un « bureau secondaire ». Ce qui est permis dans le cadre national peut être étendu au cadre international.

La manie de l'organigramme est allée plus loin, jusqu'à la constitution d'un « réseau » de correspondants prenant la forme d'une association loi de 1901 (par exemple le réseau Gésica). On voit que la frontière est imprécise entre le réseau et la convention de correspondance. Ce sont des phénomènes d'une recherche publicitaire en gonflant à peu de frais l'importance apparente du cabinet.

219. – Certains appelaient de leurs vœux la société holding. Elle a été introduite par la loi n° 2001-1168 du 11 décembre 2001, dite MURCEF qui procède à une modification de la loi n° 90-1258 du 31 décembre 1990 (art. 32 de la loi MURCEF créant un article 32-1 de la loi de 1990). La nouvelle société holding se nomme « société de participation financière des professions libérales » (SPFPL). Celle-ci a procédé par une modification de la loi n° 90-1258 du 31 décembre 1990 sur les SEL en introduisant un article 31-1 (article 32 de la loi MURCEF). Le législateur a ensuite revu sa copie dans la loi « Professions » n° 2004-130 du 11 février 2004, article 72. Le décret d'application du 23 août 2004 qui intéresse les avocats porte le n° 2004-862 (*JO* 25 août 2004, p. 15-229).

La SPFLP permet à des sociétés d'avocats, généralement des SEL, de se constituer en holding avec l'apport de capitaux étrangers. Des personnes physiques peuvent également participer à la formation de leur capital. Mais celuici est étroitement encadrée à l'image de la SEL. Ce capital avec les droits de vote y attachés doit être détenu au moins pour moitié par des avocats en exercice. La détention de l'autre moitié est elle-même verrouillée. Elle est ouverte à des avocats retraités qui ont exercé la profession au sein de la société membre de la SPFLP ou de ses filiales et après leur décès à leurs ayants-droit pendant un délai maximum de dix ans ; à des personnes exerçant une profession judiciaire ou juridique soumise à un statut législatif ou réglementaire – ce pourrait être des avoués, huissiers de justice, notaires.

LA SPFLP doit être inscrite au tableau du barreau du siège. La demande d'inscription est adressée au bâtonnier qui la transmet au Conseil de l'Ordre à qui appartient la décision d'inscription. Celle-ci peut être refusée si le dossier n'est pas conforme aux dispositions législatives et réglementaires en vigueur. Le Conseil de l'Ordre doit être particulièrement attentif à la répartition du capital. Une décision de rejet est susceptible d'un recours devant la cour d'appel. La société holding doit être immatriculée au registre du commerce et des sociétés. Elle peut revêtir toute forme de société commerciale, comme la SEL, en général ce sera la société anonyme. Tout changement de la situation originaire autorisée doit être communiqué au bâtonnier dans un délai de trente jours. Si la nouvelle situation est irrégulière et n'a pu être corrigée, la société peut être radiée du tableau par une décision du Conseil de l'Ordre qui peut être déférée à la cour d'appel. La radiation entraîne la liquidation de la société.

La loi du 11 février 2004 a corrigé deux imperfections de la loi MURCEF qui rendaient en pratique la SPF non opérationnelle (V. J.-J. Daigre : *Bull. Joly* sociétés 2002, § 127, p. 565 et Mélanges Lombois, p. 221). D'une part, elle lui permet de développer une activité accessoire en marge de la prise de participation dans ses filiales, cette activité accessoire devant être en relation directe avec l'objet de la SPF et destinée exclusivement aux sociétés dont elle détient des participations. D'autre part, elle lui permet de prendre elle-même des participations dans des groupements de droit étranger ayant pour objet l'exercice de la profession d'avocat. (J.-J. Daigre, Bull. Joly sociétés, § 89, n° 455).

L'introduction dans notre panoplie institutionnelle de la SPFPL marque un pas supplémentaire vers la banalisation de la profession d'avocat dans le business services, il est vrai avec certaines précautions.

Chapitre 3

COLLABORATION LIBÉRALE ET COLLABORATION SALARIÉE

A. – De la collaboration au salariat

220. – La collaboration a existé de tout temps, dans la profession d'avocat, comme un fait ; elle était l'état de l'avocat stagiaire « faisant ses classes » chez ce qu'il était convenu d'appeler « patron » (nous conservons cette appellation faute d'un terme moins archaïque qui convienne – et puis le mot a pour lui son ascendance romaine). C'était une période d'apprentissage, transitoire par nature. On ne pouvait parler véritablement de contrat, les rapports étant ceux de maître à élève. La rémunération était enfouie dans le non-dit. L'avocat débutant, n'ayant reçu aucune formation pratique préalable, ne pouvait rendre des services pendant plusieurs mois, si ce n'est faire les courses et assurer les renvois.

Il pouvait exister une autre collaboration plus proche du patronat romain, celle où un avocat chevronné choisissait de travailler, au moins partiellement, pour un confrère plus achalandé. La rémunération se faisait alors au coup par coup en rétrocessions d'honoraires. Le tout était couvert par des usages paternalistes, la profession étant regardée comme une grande famille, dont le bâtonnier figurait le père.

La loi du 31 décembre 1971, dans son texte d'origine, et le décret du 9 juin 1972 ont intronisé le collaborateur en lui apportant un statut de droit. C'était le signe que l'esprit de la collaboration avait changé et qu'il convenait de protéger le collaborateur contre son patron. Le collaborateur n'était plus seulement et principalement l'apprenti qui rêvait de s'établir au plus tôt, il devenait aussi un cadre rémunéré qui glissait en fait vers le salariat. Au point que des tribunaux ont pu « qualifier » de salariés des collaborateurs (TI Paris, 8 avr. 1977 : *JCP* G 1977, II, 18676, note Chaput ; *D.* 1977, 652, note Denis. – CA Paris, 7 nov. 1977 : *JCP* G 1977, II, 18748, note Chaput ; *D.* 1977, 652, note Ph. Jestaz. – Cass. 1re civ., 26 janv. 1982 : *D.* 1982, 528, note P. Godé). Si bien qu'une loi interprétative du 30 juin 1977, modifiant l'article 7-1 de la loi du 31 décembre 1971, vint rappeler que l'avocat collaborateur ne pouvait avoir qualité de salarié, que le salariat était incompatible avec cette profession.

221. – En ce qui concerne les conseils juridiques, l'article 58 de la loi du 31 décembre 1971 disait qu'ils pouvaient exercer « soit à titre individuel ou en groupe, soit en qualité de collaborateur d'un autre conseil juridique personne physique ou morale ». Mais l'article 51 du décret du 13 juillet 1972 glissait que la collaboration pouvait être salariée. La circulaire ministérielle du 16 août 1972 (*JO* 25 août, p. 1151) interprétait ainsi ce texte : « le contrat de collaboration peut être un contrat de travail ou un contrat d'une autre nature que le salariat », ce qui n'était guère éclairant. C'est par cette petite porte réglementaire que le salariat a été introduit dans la réglementation naissante de la profession de conseil juridique, et d'une façon ambiguë alors que le contrat de travail y apparaissait comme une variante d'une collaboration peu déterminée. Dans la convention collective des conseils juridiques salariés, ce contrat de travail était désigné comme une « collaboration salariée ».

Il y avait une certaine ambiguïté dans le langage, persistant après le décret du 31 décembre 1990, alors que d'une part la collaboration traditionnelle des avocats de souche ne comportait pas d'attribut, alors que d'autre part le salariat nouveau était désigné comme une « collaboration salariée ». Cette ambiguïté a été levée par la loi du 2 août 2005 dite PME, article 18, qui a intronisé la dénomination de « collaboration libérale » pour la distinguer de celle de « collaboration salariée ». Il y a donc un genre : la collaboration, comprenant deux espèces : la collaboration libérale et la collaboration salariée. Ces expressions figurent dans le RIN. Elles sont passées dans le langage courant.

222. – C'est à l'article 7 nouveau, de la loi du 31 décembre 1971, réécrit par celle du 31 décembre 1990, qu'apparaît le salariat dans la profession réformée de l'avocat. Voici ce texte : « L'avocat peut exercer sa profession soit à titre individuel, soit au sein d'une association, d'une société civile professionnelle, d'une société d'exercice libéral ou d'une société en participation, prévues par la loi n° 90-1258 du 31 décembre 1990 relative à l'exercice sous forme de sociétés des professions libérales soumises à un statut législatif ou réglementaire ou dont le titre est protégé, *soit en qualité de salarié ou de collaborateur non salarié* d'un avocat ou d'une association ou société d'avocats ». Après cette déclaration de principe, le texte poursuit par une série de dispositions dont certaines sont communes au « contrat de collaboration libérale» et au « contrat de travail » (exigence d'un écrit, liberté d'établissement ultérieur) mais dont la plupart marquent la spécificité de l'un par rapport à l'autre.

Le décret du 27 novembre 1991 accentue et souligne la séparation entre contrat de travail et contrat de collaboration libérale. Dans le chapitre II qui traite des « modalités particulières d'exercice de la profession », une section II est consacrée à la « collaboration » (sans attribut) et une section III au « salariat ». Le décret ne contient aucune disposition commune aux deux. Si nombre de ces dispositions sont symétriques, c'est par leurs différences et non par leurs similitudes. Le contrat de travail et le contrat de collaboration, ainsi dénommés par le décret, sont traités séparément. Au contraire le RIN prévoit des dispositions communes.

223. – En pratique le contrat de travail, venu des conseils juridiques, s'est conservé chez les avocats anciens conseils juridiques ou dans des groupes importants spécialisés dans le conseil et l'ingénierie juridiques. Il n'a pas débordé chez les avocats dits de souche qui lui préfèrent le contrat de collaboration libérale. Selon Me Bedel de Buzareingues, alors président de la CNBF, en cinq ans, sur environ trente mille avocats, 3 700 – dont 2 279 anciens conseils juridiques salariés – ont choisi l'exercice de la profession en qualité de salarié (*Gaz. Pal.* 2/4 avr. 1995, p. 5).

Le contrat de travail donne à l'avocat salarié plus de protection, d'avantages sociaux et fiscaux que le contrat de collaboration libérale. Mais c'est l'offreur et non le demandeur qui choisit l'un ou l'autre, sauf pour les dirigeants d'une SEL qui sont à la fois salariés et patrons, et plus patrons que salariés. Or, l'offreur préfère la collaboration libérale parce qu'elle est plus souple et qu'elle n'enferme pas les rapports contractuels dans le carcan du droit du travail. Le salariat ne connaît donc pas le développement que certains pouvaient attendre. La collaboration libérale est largement majoritaire. Mais l'effet pervers de cette situation conduit assez fréquemment à une dénaturation du contrat de collaboration libérale, où le patron prend ce qui lui est favorable, sans être assujetti aux lourdes contraintes du droit du travail. On en revient ainsi aux dérives que la jurisprudence avait manifestées en 1977 (V. *supra*, n° 220). La Cour d'appel de Montpellier a eu l'occasion en 1995 de requalifier un contrat de collaboration libérale en contrat de travail (CA Montpellier, 6 mai 1996 : *JCP* G 1996, II, 22685, note R. Martin). Le pourvoi a été rejeté.

224. – Nous allons successivement examiner le contrat de collaboration et le contrat de travail. Nous commencerons par ce dernier dont l'existence et l'application proposent le plus de difficultés. Son analyse nous permettra d'éclairer l'originalité du contrat de collaboration libérale.

B. – Le contrat de travail (collaboration salariée)

225. – Un avocat peut être, depuis le 1er janvier 1992, l'employé d'un autre avocat ou d'un groupe d'avocats, en vertu d'un contrat de travail qui les unit. C'est une petite révolution dans la profession d'avocat. Lors de la réforme, elle s'est heurtée à des oppositions décidées (V. notamment, B. Boccara, *La grande peur de 1992. Réalités et mirage du barreau français*, Stock, 1988. L'auteur rejette le salariat au nom des traditions les plus profondes du barreau français). Il a fallu payer ce prix à la réforme. Force est de constater la contradiction qui est au cœur de l'institution de l'avocat salarié. La profession d'avocat est par nature « libérale et indépendante » (L. art. 1er), alors que l'état de salarié implique la subordination envers l'employeur. Il s'est agi pour le législateur de résoudre cette « quadrature du cercle » selon le mot d'un parlementaire lors des débats. Il a pensé y parvenir par une distinction entre la déontologie propre à l'avocat et les conditions de travail du salarié. L'avocat salarié conserve sa liberté et son indépendance dans l'exercice de son art et il n'est subordonné à son employeur, qui est lui-même avocat, qu'en ce qui concerne les « conditions de travail ». C'est ce qu'exprime l'article 137 du décret : « L'avocat salarié est lié par un contrat de travail écrit qui ne peut porter atteinte au principe déontologique d'égalité entre les avocats, nonobstant les obligations liées au respect des clauses relatives aux conditions de travail ». Le discours est embarrassé : l'employé est l'égal de son employeur en liberté et indépendance, et il lui est toutefois subordonné quant aux conditions de travail. Reste à déterminer la frontière des conditions de travail de telle sorte que celles-ci ne portent pas atteinte à l'égalité essentielle entre salarié et employeur quant à la liberté et à l'indépendance du subordonné (1).

1° Contenu du contrat de travail

226. – Le contrat de travail doit être constaté par écrit. L'écrit est considéré par le législateur moderne comme un moyen de protection du contractant le

(1) Cette dialectique entre indépendance et subordination a fait l'objet d'une étude magistrale de Mme Virginie Renaux-Personnic, *L'avocat salarié : entre indépendance et subordination,* Presses Universitaires d'Aix-Marseille, 1998, p. 60.

plus faible ; il permet d'imposer certaines clauses et d'en exclure d'autres, dès la formation de l'accord des volontés – l'ordre public rôde avec les moyens de contrôle du respect de cet ordre. Le contrat est encadré par la loi et le règlement. Au surplus le droit du travail s'applique à lui en son entier (2). Sa validité fait l'objet d'un contrôle préalable du Conseil de l'Ordre à qui il est obligatoirement communiqué et du procureur général à sa demande. Toutefois, cet examen préalable ne le purge pas de tous ses vices éventuels. Il peut être remis en cause devant la juridiction arbitrale du bâtonnier et sur recours, du premier président de la cour d'appel (V. *infra*, n°s 238 et s.). Il s'agit donc d'un contrat réglementé. Au surplus les Ordres proposent des modèles types.

Il existait une convention collective entre conseils juridiques employeurs et salariés ; elle est devenue caduque par la transformation de ses acteurs en avocats. Elle a été remplacée par une nouvelle convention signée le 27 février 1995. Celle-ci n'apporte guère d'éclaircissements ; elle colle de près à la loi et au règlement qu'elle paraphrase le plus souvent. Elle exprime une conception étroite des « conditions de travail » : durée du travail, repos dominical, absences, congés.

227. – Les clauses qui doivent figurer obligatoirement dans le contrat concernent la rémunération, la définition du lien de subordination et le respect de la clientèle. Nous allons les reprendre.

a) Rémunération

228. – L'avocat salarié reçoit pour prix de son travail un salaire ; toute rétrocession d'honoraires est exclue. Toutefois le calcul du salaire peut inclure une formule d'intéressement ; le plus souvent sur les bénéfices dégagés par l'employeur, société d'avocats.

Les indemnités versées par l'aide juridictionnelle sont acquises à l'employeur qui met son employé à la disposition de l'aide (CA Rouen, 12 oct. 1993, inédit, confirmant bâtonnier de Rouen, 4 déc. 1992 : *JCP* G 1993, II, 22137, note R. Martin, V. RIN, art. 14-3).

b) Lien de subordination

229. – Nous avons vu que le lien de subordination se limitait aux conditions de travail (V. *supra*, n° 225 et D. art. 137). Il ne peut porter atteinte à l'« indépendance que comporte le serment » (D. art. 139, 4°), non plus « qu'aux obligations professionnelles en matière d'aide juridictionnelle et de commission d'office » (D. art. 139, 2°). Les précautions sont ainsi accumulées pour tempérer la sujétion inhérente au salariat. Que faut-il en penser ? Ne sont-ce pas des précautions oratoires ? Quelles sont les conditions de travail ?

Certainement les horaires, les périodes de congé, le véhicule de fonction, l'installation matérielle. Mais la distribution des dossiers en fait-elle partie, la répartition de la présence aux audiences, aux expertises, le partage des missions ? Probablement car il s'agit d'organiser le travail en groupe. Non sans qu'on pense que l'indépendance ne s'exerce que dans la grille d'un emploi du temps imposé.

Cette indépendance serait-elle seulement de nature intellectuelle, le salarié, comme le collaborateur, restant « maître de l'argumentation qu'il développe » (D. art. 130) ? Mais ce dernier refuge risque lui-même d'être envahi par l'em-

(2) L'insertion du contrat de travail de l'avocat salarié dans le droit du travail fait l'objet de la 2e partie de l'ouvrage de Mme V. Renaux-Personnic, préc. note 1, qui ne comporte pas moins de 250 pages toutes utiles.

ployeur. Le salarié n'agit pas pour lui-même, il engage la société qui l'emploie et il est normal que le dirigeant de cette société surveille la qualité, voire l'opportunité de ses prestations, qu'il donne des directives, qu'il corrige des bavures, qu'il rectifie la syntaxe voire l'orthographe, en bref qu'il intervienne dans la conception même de l'œuvre. L'avocat n'est pas alors considéré autrement qu'un cadre à qui la direction laisse l'autonomie qu'elle croit opportune.

230. – La question s'est posée d'une façon très pratique à l'occasion de la « double signature », à savoir l'exigence faite à l'avocat salarié de faire contre signer ses consultations et conclusions par un dirigeant du groupe. La cour de Nîmes a eu l'occasion de condamner pareille obligation faite à l'employé (16 nov. 1993 : *Juris-Data* n° 047278). Elle a estimé qu'elle était contraire à l'indépendance de l'avocat salarié et qu'elle contrevenait à l'article 7, alinéa 4, de la loi du 31 décembre 1971. Cette décision a été critiquée (J. Barthélémy, *La cosignature d'une consultation d'un avocat salarié* : *Gaz. Pal.* 1994, 1, doctr. p. 811). L'auteur fait observer que l'indépendance doit emporter la responsabilité, or l'employeur est responsable des actes de ses préposés. Ce contrôle ne serait qu'un aspect du « contrôle de qualité » en honneur dans les entreprises (cf. la pratique des « cercles de qualité »). Tout le monde a raison, mais l'un considère le côté avocat et l'autre le côté salarié, et les points de vue ne sont guère compatibles. Dans le salariat, l'avocat laisse immanquablement une bonne part de son indépendance, et c'est la nature même de l'avocat traditionnel qui en est transformée. Le gentleman *lawyer* devient un business *lawyer*. Peut-être que le salariat se conçoit mieux dans le conseil et la rédaction des actes que dans la défense en justice, mais alors la fusion des conseils juridiques et des avocats n'aurait pas fait disparaître deux métiers différents au sein de la même profession. Le RIN autorise la double signature (art. 14-3).

231. – La loi a prévu une « clause de conscience » pour l'avocat salarié. Il peut « demander à être déchargé d'une mission qu'il estime contraire à sa conscience ou susceptible de porter atteinte à son indépendance » (L. art. 7, al. 6). Pareille clause existe depuis longtemps pour les journalistes et le législateur s'y est référé. Mais elle n'apparaît au jour qu'au moment d'un licenciement ou d'une démission provoqués par un changement dans la ligne du journal. Dans le quotidien et aussi longtemps qu'une relation de confiance existe entre employeur et salarié, la clause restera silencieuse. Que pourra faire un avocat qui constatera que son employeur facilite et conseille la fraude fiscale à ses clients ? Il ne pourra que quitter le cabinet et tout se résoudra en une indemnité de licenciement (V. Taquet, *La clause de conscience chez l'avocat salarié* : *JCP* E 1994, 350).

c) Respect de la clientèle

232. – L'avocat salarié ne peut avoir de clientèle personnelle (L. art. 7, al. 4). Il est en quelque sorte attaché à la clientèle de son employeur et doit s'y consacrer entièrement. Nous relevons dans un contrat de travail d'une importante société d'avocats, anciens conseils juridiques, la clause suivante : « L'avocat s'oblige à consacrer toute son activité professionnelle à F... Il ne peut exercer personnellement, directement ou indirectement, aucune autre activité professionnelle sans une autorisation expresse et écrite de l'employeur ». Il y a là une différence essentielle avec l'avocat collaborateur libéral qui peut avoir une clientèle personnelle.

Cette exclusivité pose problème si le salarié travaille à temps partiel, ce qui n'est nullement interdit. Peut-il, dans le temps que son salariat lui laisse libre, exercer à titre individuel ? Le tranchant de l'expression donnée à la loi paraît bien l'interdire. Par contre, il pourrait partager son temps entre deux employeurs, en prenant la précaution de ne pas enfreindre le secret professionnel et de ne pas se charger d'intérêts opposés. Équilibre toujours délicat à maintenir.

233. – Le gros problème touchant au respect de la clientèle est posé au moment de la séparation de l'employeur et du salarié. Le risque pour l'employeur réside en ce qu'une partie de sa clientèle suive l'employé ; et contre ce risque il entend se prémunir.

Dans l'ancienne profession d'avocat, la fin de la collaboration n'avait pas généré un contentieux notable. Il n'en était pas de même chez les conseils juridiques ; des litiges étaient remontés jusqu'à la Cour de cassation. Celle-ci avait jugé que le conseil de prud'hommes n'était pas compétent pour connaître d'une action en concurrence déloyale d'une société de conseils juridiques contre l'un de ses anciens employés (Cass. soc., 25 juin 1975 : *Bull. civ.* V, n° 60).

La convention collective des conseils juridiques contenait la clause suivante : « Sera présumé constituer un abus et un manquement à la loyauté confraternelle le fait, pour les collaborateurs conseils juridiques salariés, d'intervenir directement, indirectement ou par personne interposée, moins de trois ans après la résiliation du contrat de collaboration, pour un client de l'ancien employeur sans l'accord préalable et par écrit de ce dernier, que la mission soit permanente ou temporaire ».

Cette clause avait été déclarée licite par la Cour de cassation (Cass. soc., 12 juin 1986 : *Bull. civ.* V, n° 298) en considérant qu'en « contrepartie l'intéressé avait droit à une indemnité conventionnelle de licenciement et à une indemnité conventionnelle de fin de carrière ».

La convention collective étant devenue caduque à la suite de l'intégration des conseils juridiques dans la profession d'avocat, les sociétés d'avocats employant des avocats salariés, prirent soin d'introduire cette clause (ou une stipulation approchante) dans leurs contrats individuels de travail. Mais pareille clause fut contestée à l'égard de la nouvelle réglementation et sa validité fut soumise aux tribunaux.

234. – La Cour d'appel de Nîmes dans un arrêt du 10 août 1993 (*JCP* G 1994, II, 22209, note R. Martin ; *D.* 1994, inf. rap. p. 1) déclara que pareille clause était illicite comme contraire à la liberté d'établissement ultérieur de l'avocat salarié inscrite à l'article 7 de la loi du 31 décembre 1971. La cour avait été saisie par l'employeur après que le Conseil de l'Ordre du barreau eut demandé la suppression de la clause lorsque le projet de contrat lui avait été soumis (dans le même sens et dans les mêmes conditions, CA Angers, 2 oct. 1992 : *D.* 1992, 522, note Serra. – Douai, 21 mars 1994, *Ordre des avocats du barreau de Lille*, inédit).

À l'occasion d'un litige individuel entre un avocat et son ancien employeur, le bâtonnier de Rouen a estimé pareillement que la clause était illicite (4 déc. 1992 : *JCP* G 1993, II, 22137, note R. Martin).

Le Barreau des Hauts-de-Seine ayant intégré dans son règlement intérieur une disposition reprenant la clause en question a été désavoué par la Cour d'appel de Versailles (16 févr. 1994 : *Gaz. Pal.* 1994, 1, p. 311, note A. Damien). Le Barreau de Metz avait fait de même et la cour d'appel de cette ville avait considéré que la clause n'était pas incompatible avec les textes en vigueur. La Cour de cassation a cassé son arrêt avec le motif suivant : « Attendu cependant que les dispositions critiquées, qui instituent au profit du patron ou de l'employeur un droit de contrôle préalable sur le choix des clients de son ancien collaborateur ou salarié, restreignent sa liberté d'établissement ultérieur et sont donc contraires au texte précité » – article 7 de la loi – (Cass. 1re civ., 14 oct. 1997 : *Bull. civ.* I, n° 274. Cette jurisprudence a été confirmée et complétée par un arrêt du 17 nov. 1998 : *JCP* G 1999, II, 10006, note R. Martin).

La cause est donc entendue. L'avocat salarié (comme d'ailleurs l'avocat collaborateur. – V. *infra*, n° 245) ne peut voir sa liberté d'établissement limitée par le contrat de travail après expiration de ce contrat. Les avocats salariés y ont gagné par rapport à leur ancien état de conseils juridiques salariés.

Mais la liberté ne peut signifier licence et on ne saurait admettre que l'avocat détourne la clientèle de son ancien employeur. Il faut ici rappeler qu'au-delà de la loyauté commerciale, l'avocat est tenu par des devoirs plus stricts de confraternité, de délicatesse et d'honneur. Indépendamment d'une action judiciaire ouverte à l'ancien employeur, le Conseil disciplinaire peut sanctionner les agissements d'un avocat peu scrupuleux.

2° Contrôle de la conformité du contrat de travail

235. – Le contrat de travail est soumis au contrôle préalable du Conseil de l'Ordre (il en est de même du contrat de collaboration libérale, *infra*, n° 246). Celui-ci doit vérifier si le contenu du contrat est conforme aux règles que nous venons d'exposer. À cet effet, dans la quinzaine de la conclusion du contrat – ou de la modification d'un de ses éléments substantiels – l'acte est transmis au Conseil de l'Ordre par remise contre récépissé ou par lettre recommandée avec avis de réception. Le conseil peut, dans un délai maximum d'un mois, mettre les contractants en demeure de modifier le contrat pour qu'il soit mis en conformité avec la réglementation. Le défaut de réponse dans le délai est considéré comme une approbation du contrat. La décision du Conseil de l'Ordre peut faire l'objet d'un recours devant la cour d'appel.

En ce qui concerne les sociétés inter-barreaux, c'est le Conseil de l'Ordre du barreau où l'avocat salarié est inscrit qui est compétent et non celui du siège de l'employeur. En effet, l'avocat salarié est soumis au règlement intérieur de son barreau et au Conseil de l'Ordre de ce barreau pour l'exercice de sa profession comme salarié.

Le procureur général peut demander communication du contrat de travail (D. art. 140), ce qui suppose qu'il peut faire des observations sur sa teneur.

Ce contrôle préalable ne purge pas le contrat des vices qui pourraient l'affecter. Ceux-ci pourront être éventuellement et postérieurement sanctionnés par le juge de ce contrat.

3° Exécution du contrat de travail

236. – Lorsqu'il exerce ses activités professionnelles, l'avocat salarié indique, outre son propre nom, le nom de l'avocat pour le compte duquel il agit (D. art. 136).

L'avocat employeur est civilement responsable des actes professionnels accomplis pour son compte par son salarié (D. art. 138).

Il est tenu, pour le compte de l'avocat salarié, au paiement des cotisations dues par cet avocat pour le fonctionnement de l'Ordre et celui du Conseil national des barreaux (D. art. 138, al. 2).

L'avocat salarié est autorisé à travailler le dimanche au titre de l'aide juridictionnelle et des commissions d'office (D. art. 279 rédigeant C. trav., art. R. 221-3).

237. – Certains barreaux faisaient figurer au tableau la qualité de salarié de l'avocat et l'indication de son employeur. La Cour de cassation n'avait pas censuré cette pratique (Cass. 1re civ., 10 janv. 1995 : *JCP* G 1995, II, 22434, note R. Martin). Nous l'avions approuvée en la justifiant par l'information du public, alors que l'avocat salarié ne pouvant avoir de clientèle personnelle, en s'adressant à lui, le client s'adressait nécessairement à son employeur. Elle a été critiquée au nom de l'égalité des avocats, ce qui suppose une connotation péjorative pour les avocats salariés. Le décret n° 95-110 du 17 octobre 1995 est venu la condamner en disposant que « le tableau ne peut comporter la mention avocat salarié ou avocat collaborateur » (disposition intégrée à l'article 95-1 du décret du 27 novembre 1991).

C. – Contentieux du contrat de travail

238. – La condition de salarié d'un avocat aurait dû normalement amener à attribuer le contentieux de l'exécution du contrat de travail à la juridiction prud'homale, en application de l'article L. 511-1 du Code du travail. Mais le caractère original des relations de travail entre avocats a conduit le législateur à donner compétence au bâtonnier en première instance.

La loi écrit que les différends sont soumis à « l'arbitrage » du bâtonnier. Ce terme a une signification bien précise dans le langage juridique qui est ici quelque peu sollicitée. Certes le bâtonnier ne tranche pas comme une juridiction véritable, puisque ses décisions doivent être rendues exécutoires par le président du tribunal de grande instance (D. art. 153, al. 2), – il en est de même en matière de fixation d'honoraires. Mais l'arbitrage est décidé et l'arbitre (ou les arbitres) désigné par une convention des parties, alors que cet arbitre est institué par la loi et imposé aux parties. Le bâtonnier a le pouvoir, qui n'appartient qu'au juge, de trancher l'incident de vérification d'écriture et de faux (D. art. 147). Au surplus la procédure à suivre est décrite par le décret.

On peut se demander si pour tout ce qui n'est pas prévu spécialement au décret il convient de s'en rapporter aux normes de l'instance arbitrale inscrites aux articles 1460 et suivants du Nouveau Code de procédure civile ou à la procédure de droit commun. Nous penchons pour la seconde branche de l'alternative, car la procédure de l'arbitrage ordinaire s'adapte très mal à l'instance devant le bâtonnier qui est plus judiciaire qu'arbitrale, si l'on peut dire.

En tout état de cause le bâtonnier tranche en droit, comme un arbitre, et non comme amiable compositeur. Cela ne l'empêche pas de tenter de concilier les parties ce qui entre dans sa fonction naturelle, comme dans celle du juge (NCPC, art. 21).

239. – La compétence *ratione loci* du bâtonnier pose problème quand l'employeur et le salarié n'appartiennent pas au même barreau ; c'est le cas dans les sociétés inter-barreaux.

Nous pensons qu'il y a lieu d'appliquer, par analogie, la règle posée à l'article R. 517-1 du Code du travail qui donne compétence au conseil de prud'hommes dans lequel est situé l'établissement où est effectué le travail. En effet, le contrat, pour être original, n'en reste pas moins un contrat de travail et dans le silence des textes spéciaux, il convient de s'en rapporter au droit du travail. C'est donc le bâtonnier du barreau où est inscrit l'avocat salarié qui est compétent. Cette compétence contentieuse rejoint celle du Conseil de l'Ordre pour contrôler la validité du contrat de travail.

Les parties ne peuvent déroger à cette compétence territoriale (NCPC, art. 48), ce qui interdit aux sociétés d'avocats inter-barreaux d'imposer la compétence du bâtonnier du lieu de leur siège. Encore moins les parties ne peuvent attribuer compétence à un autre arbitre que le bâtonnier ; une clause compromissoire serait nulle.

240. – Le bâtonnier est saisi, soit par une requête déposée au secrétariat de l'Ordre contre récépissé, soit par une lettre recommandée avec avis de réception. « L'acte précise, à peine d'irrecevabilité l'objet du litige, l'identité des parties et les prétentions du saisissant ». La rédaction de ce texte est vicieuse : l'objet du litige se confond avec les prétentions des parties, car l'objet du litige est déterminé par les prétentions des parties (NCPC, art. 4). Le texte ne dit pas si le fondement des prétentions doit être indiqué, en d'autres termes si l'acte doit être motivé. Cela nous paraît s'imposer, à peine de nullité, par analogie avec l'article 56 du Nouveau Code de procédure civile. La saisine simplifiée du conseil de prud'hommes ne devrait pas avoir cours entre avocats qui connaissent le droit.

Le bâtonnier peut s'abstenir, et dans ce cas il est remplacé par le bâtonnier le plus ancien dans l'ordre du tableau, qui peut ne pas faire partie du Conseil de l'Ordre. Ou bien il peut être récusé pour l'une des causes prévues à l'article 341 du Nouveau Code de procédure civile :

– si lui-même ou son conjoint a un intérêt personnel à la contestation ;

– si lui-même ou son conjoint est créancier, débiteur, héritier présomptif ou donataire de l'une des parties ;

– si lui-même ou son conjoint est parent ou allié de l'une des parties jusqu'au quatrième degré inclusivement ;

– s'il y a eu ou s'il y a procès entre lui ou son conjoint et l'une des parties ou son conjoint ;

– s'il a précédemment connu de l'affaire comme juge ou arbitre ou s'il a conseillé l'une des parties ;

– s'il est chargé ou son conjoint d'administrer les biens d'une des parties.

En cas de récusation, c'est le bâtonnier le plus ancien dans l'ordre du tableau qui arbitrera.

La demande de récusation du bâtonnier est déposée au secrétariat de l'Ordre. Elle est instruite et jugée selon les formes prévues aux articles 344 et 345 du Nouveau Code de procédure civile.

241. – Le bâtonnier convoque les parties par lettre recommandée avec avis de réception huit jours au moins avant la date de l'audience ; une copie de l'acte de saisine est notifiée avec la convocation. Les parties doivent comparaître en personne, mais peuvent se faire assister d'un confrère, ce qui doit être indiqué dans la convocation (D. art. 144). Les débats ont lieu hors la présence du public (D. art. 150). Les procès-verbaux de l'instance et les transactions sont signés par le bâtonnier et les parties (D. art. 146). La compétence donnée au bâtonnier s'étend aux contestations relatives à l'étendue de sa saisine (D. art. 146).

Les débats sont clos à la mise en délibéré de l'affaire. Pendant le délibéré aucune demande ne peut être formée ni aucun moyen soulevé ; de même aucune observation ne peut être présentée, ni aucune pièce produite, si ce n'est à la demande du bâtonnier. Dans ce cas le contradictoire doit être respecté, quoique le texte spécial ne le dise pas.

La décision du bâtonnier est notifiée aux parties par le secrétariat de l'Ordre, par lettre recommandée avec avis de réception ; copie en est adressée au procureur général. Le délai d'appel court à partir de cette notification.

242. – Comme nous l'avons dit *supra*, les décisions du bâtonnier n'ont pas force exécutoire par elles-mêmes, mais peuvent être rendues exécutoires, lorsqu'elles n'ont pas été déférées à la cour d'appel, par le président du tribunal de grande instance.

Toutefois, sont de droit exécutoires à titre provisoire les décisions du bâtonnier qui ordonnent le paiement de sommes au titre de rémunérations ne dépassant pas neuf mois de salaire, calculés sur la moyenne des trois derniers mois (D. art. 153). Cela veut dire que la décision doit être rendue exécutoire par le président du tribunal de grande instance, s'il en est saisi, malgré l'appel.

L'article 148 du décret donne au bâtonnier une compétence calquée sur celle du juge des référés.

Au cas où l'une des parties sollicite une mesure d'urgence, elle peut saisir le bâtonnier à bref délai. Ce dernier peut alors ordonner toutes les mesures qui ne se heurtent à aucune contestation sérieuse ou que justifie l'existence d'un différend (à rapprocher de l'article 808 du Nouveau Code de procédure civile). Il peut toujours, même en présence d'une contestation sérieuse, ordonner les mesures conservatoires ou de remise en état qui s'imposent soit pour prévenir un dommage imminent, soit pour faire cesser un trouble manifestement illicite (à rapprocher de l'article 809, alinéa 1er du Nouveau Code de procédure civile). Dans le cas où l'obligation n'est pas sérieusement contestable, il peut accorder une provision (à rapprocher de l'article 809, alinéa 2 du Nouveau Code de procédure civile). Dans ces cas d'urgence, le bâtonnier est tenu de rendre sa décision dans le mois de sa saisine, à peine de dessaisissement au profit du premier président de la cour d'appel.

Selon l'article 152 du décret, l'appel est interjeté dans les conditions prévues aux premier, deuxième et sixième alinéas de l'article 16 du même décret.

Il est donc formé par lettre recommandée avec avis de réception adressée au secrétariat-greffe de la cour d'appel ou remise contre récépissé au greffier en chef. Le délai de recours est d'un mois. Ce délai ou l'appel suspendent l'exécution de la décision, sauf dans les cas évoqués *supra*, au n° 242. L'appel est instruit et jugé selon les règles applicables à la procédure sans représentation obligatoire.

La cour d'appel ne statue pas en audience solennelle comme pour les recours contre les délibérations du Conseil de l'Ordre ou les décisions disciplinaires (l'application du 4e alinéa de l'article 16 est exclue). L'affaire vient devant la formation ordinaire de la cour et la chambre sociale est tout indiquée pour en connaître.

D. – Le contrat de collaboration libérale

1° Contenu du contrat de collaboration

243. – Le contrat de collaboration se trouve décrit à l'article 7 de la loi et aux articles 129 à 135 du décret.

Ce contrat doit être établi par écrit, comme le contrat de travail, et pour les mêmes raisons (V. *supra*, n° 226).

Il doit contenir obligatoirement certaines clauses, alors que d'autres sont prohibées.

a) Stipulations obligatoires

244. – Les stipulations qui doivent figurer obligatoirement dans le contrat de collaboration libérale sont les suivantes :

Les modalités de la rémunération : le mode usuel de la rémunération du collaborateur est la rétrocession d'honoraires. Toutefois un minimum garanti de rétrocession peut être fixé, ce qui ressemble à un salaire minimum. Le règlement intérieur du barreau peut comporter un barème de rétrocession (D. art. 129). Un arrêt de la Cour d'appel de Paris a fixé le montant de la rémunération à 30 000 F par mois à défaut de convention sur ce point (1re ch. A, 22 févr. 1994 : *Juris-Data* n° 021272). Elle a pris en considération l'ancienneté au barreau du collaborateur ainsi que le nombre important et la nature des affaires traitées par lui. Il est vrai que cette collaboration, qui n'avait pas donné lieu à un contrat écrit, n'avait duré que deux mois. La rémunération versée au collaborateur par son patron, même pour la partie fixe, a la nature d'honoraires et non de salaire ; elle est donc soumise à la fiscalité et aux charges sociales et ordinales des honoraires.

Les conditions dans lesquelles l'avocat collaborateur pourra satisfaire aux besoins de sa clientèle personnelle (L. art. 7). Cela revient à dire que du temps doit être laissé au collaborateur, lequel s'allongera au fur et à mesure que sa clientèle personnelle grandira. Cette obligation faite au patron contredit la possibilité d'une collaboration à plein temps. Le collaborateur qui travaille à plein temps pour son patron ne peut avoir de clientèle personnelle. Et pourtant des règlements intérieurs ou des contrats types prévoient la collaboration à plein temps, ce qui crée un risque de requalification du contrat de collaboration en contrat de travail.

Les horaires de travail. Il n'est pas aisé de fixer des horaires dans une profession où les attentes au Palais de justice sont imprévisibles et où l'on peut être appelé en pleine nuit pour une garde à vue, et de les combiner avec le service de la clientèle personnelle. Une pareille stipulation nous apparaît bien illusoire. On peut sentir sur ce point une contagion du contrat de travail.

Les périodes de congé. La rétrocession d'honoraires se prête mal à la rémunération de la période de congé, le collaborateur devra souvent se contenter du minimum garanti.

La durée du contrat. Celui-ci peut être à durée déterminée ou indéterminée. Dans ce second cas doit être prévue la durée du préavis ; elle peut raisonnablement varier de un à trois mois.

Une clause de conscience (D. art. 133). Des désaccords répétés entre le patron et son collaborateur sur l'esprit de la défense ou du conseil doivent amener à la séparation des parties. Celle-ci ne pose pas le problème de la responsabilité de la rupture du contrat (licenciement ou démission) et des indemnités qui en découlent comme pour le contrat de travail.

Le RIN ajoute à la loi et au règlement en prévoyant l'indisponibilité pour raison de santé, le congé de maternité, la durée de la période d'essai, l'interdiction faite au collaborateur d'assister ou de représenter une partie ayant des intérêts opposés à ceux d'un client du cabinet. Nous pensons que c'est à tort, car il faut laisser au contrat de collaboration assez de souplesse afin qu'il puisse correspondre à des situations très diverses. Cette souplesse est ce qui le différencie du contrat de travail. Nous avons noté que certaines dispositions légales ou réglementaires étaient elles-mêmes quelque peu irréalistes.

b) Clauses prohibées

245. – Certaines clauses sont par ailleurs prohibées :

Celles qui limiteraient la liberté d'établissement ultérieur. La jurisprudence qui s'est établie à l'occasion du contrat de travail doit être étendue *a fortiori* au contrat de collaboration (V. *supra*, nos 233 et 234). La liberté d'établissement du collaborateur après expiration du contrat de collaboration doit être encore plus absolue que celle de l'avocat salarié, alors que le collaborateur a pendant la collaboration une clientèle personnelle et que la collaboration est le plus souvent une situation transitoire.

Celles qui seraient susceptibles de porter atteinte à l'indépendance que comporte le serment de l'avocat (D. art. 133). Aucun lien de subordination n'existe entre patron et collaborateur.

Celles qui limiteraient les obligations du collaborateur en matière d'aide juridictionnelle et de commission d'office (D. art. 133). Les indemnités versées au titre de l'aide juridictionnelle, comme les honoraires complémentaires en cas d'aide partielle, sont acquises au collaborateur. Il s'agit pour lui de clients personnels.

2° Contrôle de la conformité du contrat de collaboration libérale

246. – Dans la quinzaine de la conclusion du contrat (ou d'un acte modificatif), un exemplaire est remis contre récépissé ou expédié par lettre recommandée avec avis de réception au Conseil de l'Ordre. Celui-ci a un droit de regard sur la conformité du contrat aux règles impératives qui le gouvernent et que nous venons d'exposer. Il peut, dans un délai d'un mois, mettre en demeure, par lettre recommandée avec avis de réception, les avocats contractants de modifier la convention de telle façon qu'elle soit conforme à la réglementation d'ordre public (D. art. 133). La décision du Conseil de l'Ordre peut faire l'objet d'un recours devant la cour d'appel.

Le procureur général peut demander la communication du contrat de collaboration (D. art. 134), ce qui implique qu'il peut faire des observations sur son contenu, saisir éventuellement le Conseil de l'Ordre et exercer un recours devant la cour d'appel.

3° Exécution du contrat de collaboration libérale

247. – Le contrat de collaboration était le statut habituel de l'avocat stagiaire. Celui-ci faisait ses classes sous la direction d'un « patron » dans le cadre d'un contrat de collaboration. Les rapports du stagiaire avec le patron étaient nécessairement teintés de paternalisme, ou pour le moins de la « crainte révérencielle » de l'élève à l'égard du maître. Le rapport maître/élève prenait le pas sur le rapport patron/collaborateur. La préoccupation première du maître de stage n'était pas d'attendre un service de son stagiaire, mais au contraire de lui apporter un enseignement. Le problème de la collaboration était ainsi déplacé vers celui de la formation.

La situation était tout autre pour le collaborateur ayant choisi d'exercer la profession, à titre permanent sous ce statut. Dans ce cas, toute idée de subordination était exclue, le rapport était d'égalité entre les partenaires.

La disparition du stage va-t-elle modifier au fond cet état de chose ? Nous ne le pensons pas. Deux formes de collaboration subsiteront : celle du jeune avocat dont la collaboration restera une position d'attente, une sorte d'apprentissage libre ; et celle du collaborateur confirmé et permanent. Mais ces deux situations de fait seront couvertes par une réglementation identique à laquelle nous nous tenons nécessairement.

248. – Le collaborateur à qui un dossier a été confié « demeure maître de l'argumentation qu'il développe » (D. art. 130). Toutefois, « lorsque cette argumentation est contraire à celle que développerait l'avocat auquel il est lié, il est tenu, avant d'agir, d'en informer ce dernier ». Nous retrouvons ici, sur le plan pratique, la contradiction qui existe pour le salariat dès le plan théorique. La locution embarrassée du décret signifie en clair que le patron a un droit de censure sur le collaborateur, qu'il conserve le dernier mot en cas de divergence de conception de la défense ou du conseil. La déclaration de principe introduit la restriction ! À la vérité il est inévitable et naturel que le patron commande puisque c'est en son nom que le collaborateur agit et qu'il est responsable de ses actes (V. *supra*, n° 247). La collaboration ne peut se vivre harmonieusement que dans un climat de connivence, de confiance réciproque et de libre discussion avant que le collaborateur ne s'incline en dernière instance. Si le climat se détériore, la collaboration cessera et la séparation se fera plus facilement que le licenciement ou la démission d'un avocat salarié.

249. – Le collaborateur doit indiquer, notamment à la juridiction devant laquelle il se présente, outre son nom, le nom de l'avocat pour lequel il agit (D. art. 132). Cela veut dire que le collaborateur ès qualités agit pour le compte de son patron. Ainsi tantôt le collaborateur agit pour lui lorsqu'il traite les affaires de ses clients personnels, tantôt pour son patron dans le cadre de l'exécution du contrat qui le lie. Il a deux casquettes, et il doit annoncer celle qu'il porte lors de ses interventions.

Et le patron est tout naturellement responsable des actes accomplis pour son compte par son collaborateur (D. art. 131). Son assurance professionnelle couvre la responsabilité née du chef de celui qu'on peut appeler son préposé. Mais lorsque le collaborateur agit pour son propre compte, il doit être personnellement couvert par son assurance. Nous retrouvons l'ambivalence du personnage.

250. – Le patron doit mettre à la disposition de son collaborateur les moyens matériels à l'exercice de la profession, non seulement pour le service de ses clients, mais aussi pour le service des clients personnels du collaborateur : bureau, téléphone, télécopie, secrétariat, documentation, etc. (cf. L. art. 37). Il doit lui rembourser les frais de déplacement et autres qu'il expose.

Il arrive qu'un avocat « sous-traite » à l'un de ses confrères, ayant un cabinet propre, des dossiers. Cette pratique entre-t-elle dans le cadre de la collaboration réglementée ? Nous ne le pensons pas. Le contrat de collaboration suppose la cohabitation des parties dans le même cabinet et une certaine publicité. La « sous-traitance » peut être librement aménagée de l'accord des parties. Le partage des honoraires est interdit, mais la rétrocession ne l'est pas – difficile de faire la différence !

E. – Conclusion

251. – Des analyses qui précèdent il s'avère, d'une part, que le contrat de travail s'insère mal dans la pratique de la profession d'avocat, d'autre part, que le contrat de collaboration libérale, tel qu'il est pratiqué, recèle pas mal d'hypocrisies. Ni l'un ni l'autre ne conviennent vraiment à encadrer les rapports existant, dans le cabinet, entre avocat(s) dirigeant(s) et avocat(s) subalterne(s). Le contrat de travail est une pièce rapportée, traînant avec lui les *impedimenta* du droit du travail, le contrat de collaboration libérale se satisfait d'apparences. Il faudrait trouver autre chose à leurs places, un contrat de « collaboration d'exercice libéral » (3) spécifique, adapté aux exigences et contraintes de la profession d'avocat. Les lignes directrices d'un tel contrat pourraient être les suivantes :

– distinguer la collaboration de l'avocat débutant qui est une sorte d'apprentissage de celle de l'avocat confirmé qui peut traiter techniquement sur

(3) Nous empruntons l'expression à Mme Renaux-Personnic.

un pied d'égalité avec le dirigeant du cabinet (la suppression du stage ne supprimera pas la nécessité d'un apprentissage sur le tas) ;

– distinguer la collaboration ponctuelle, à temps partiel, de la collaboration à temps complet, cette dernière interdisant au collaborateur d'avoir une clientèle personnelle ;

– fixer des modes de rétrocession d'honoraires adaptés à chacune des situations qui viennent d'être énoncées.

Ce contrat serait dégagé du droit du travail. Il créerait ses propres règles autonomes et deviendrait ainsi enviable pour les avocats patrons, tout en ménageant une protection raisonnable pour les avocats collaborateurs.

Chapitre 4

LA SPÉCIALISATION

252. – Au début du XIXe siècle le droit fut résumé en cinq codes : le Code civil et son accessoire le Code de procédure civile, le Code pénal et le Code d'instruction criminelle, le Code de commerce. Ces instruments et quelques ouvrages permettaient à l'avocat d'embrasser l'ensemble de sa matière et de répondre à toute interrogation du client. C'était un immense progrès par rapport à l'Ancien Régime avec ses coutumes innombrables, son droit féodal et son droit canonique. Les exégètes du Code civil pouvaient y consacrer leur vie en de nombreux volumes sans craindre que leur travail soit aussitôt démodé.

Mais cette belle et simple architecture ne dura guère. Dès la seconde moitié du siècle, des droits spéciaux apparurent qui venaient en troubler l'harmonie : assurances, douanes, législation industrielle, travail, brevets, sociétés commerciales. Puis le mouvement s'accéléra et il est de nos jours devenu une fuite éperdue vers l'avant. On n'ose plus citer les droits spéciaux sans risque d'en oublier ; désignons pour mémoire et à titre d'exemples : le droit administratif né d'une source insolite, la jurisprudence du Conseil d'État, le droit des loyers qui se fit jour dès la première guerre mondiale, le droit du fisc envahissant, le droit du travail puis de la Sécurité sociale, le droit de l'urbanisme, branche détachée du droit administratif, nous en sommes au droit d'un personnage singulier, le consommateur et au droit communautaire avec l'intrusion directe de l'Europe dans notre espace national.

Le juriste encyclopédique a dû capituler, après l'homme de science ; son savoir s'est émietté et chacun s'est réfugié dans la province de sa dilection. L'heure du spécialiste avait sonné, au moins chez les universitaires.

253. – Car l'avocat faisait front par nécessité. C'est qu'il est par destination généraliste. Le client qui vient le consulter n'est pas en mesure de classer *proprio motu* son cas dans telle ou telle catégorie de la dogmatique ; s'il le pouvait, c'est qu'il serait juriste. Il attend justement le coup d'œil du maître. Et puis les situations concrètes entremêlent les qualifications juridiques. Pour prendre un exemple devenu banal, la propriété est maintenant davantage définie par le droit public que par le droit civil. Ce qui explique que les praticiens ont mis longtemps à avouer qu'ils ne pouvaient être compétents en tout. Le CAPA n'est-il pas encore encyclopédique ?

L'apparition d'avocats spécialisés ne peut faire disparaître l'avocat généraliste, pour les raisons que nous venons de dire, mais leur coexistence fait naître le problème de l'articulation de leurs exercices. Deux cas de figure peuvent être imaginés : d'abord celui de l'avocat généraliste ayant en outre une spécialité ; ensuite des avocats généralistes, d'une part, et d'une panoplie de spécialistes, d'autre part. Le modèle de la médecine, en avance sur le droit, nous ferait pencher plutôt vers la seconde branche de l'alternative. Le client ordinaire va d'abord consulter le généraliste qui le dirige, si cela est nécessaire, vers un spécialiste, sans que pour autant le généraliste soit dessaisi du dossier. L'entreprise structurée, disposant de juristes salariés, peut s'adresser directement au spécialiste idoine. L'obstacle majeur qui a retardé la spécialisation, et qui subsiste dans sa mise en place, réside dans la crainte de l'avocat non spécialiste premier consulté de voir l'affaire lui échapper au profit du spécialiste vers lequel il a aiguillé le client. Cette peur du partage milite pour l'élaboration d'une déontologie nouvelle qui clarifie les rôles. Il nous semble que pour y parvenir le mieux, le second cas de figure est plus favorable que le premier. Mais nous sommes au tout début d'une évolution.

Les grandes sociétés d'avocats proposent un modèle particulier, car elles peuvent envisager de réunir en leur sein toutes, ou la plupart, des spécialités possibles, le groupe jouant le rôle de généraliste dans la circulation intérieure du dossier.

254. – Il en était autrement chez les conseils juridiques. La spécialisation était inscrite dans le décret n° 72-670 du 13 juillet 1972 aux articles 8 à 10. Trois spécialités étaient prévues : la matière fiscale, le droit social et le droit des sociétés, toutes orientées vers l'entreprise. La compétence s'acquérait par quatre années au moins de pratique professionnelle et elle était consacrée par une mention portée sur la liste établie par le procureur de la République. Les conseils juridiques, en entrant dans la profession d'avocat, ne pouvaient qu'apporter avec eux cette consécration légale de la spécialisation. Ce fut chose faite par la loi du 31 décembre 1990 qui introduisit dans la loi du 31 décembre 1971 un article 12-1 ainsi conçu : « ... la spécialisation est acquise par une pratique professionnelle continue d'une durée fixée par un décret en Conseil d'État et qui ne peut être inférieure à deux ans, sanctionnée par un contrôle des connaissances et attestée par un certificat délivré par un centre régional de formation professionnelle ». Le surplus de la réglementation résulte du décret du 27 novembre 1991 (art. 86 à 92-1) et d'arrêtés ministériels (8 juin 1993 et 8 déc. 1993).

La loi avait mis en place un régime transitoire qui s'est terminé au 31 décembre 1993. Un assez grand nombre de certificats de spécialisation a été acquis par la voie de ce régime transitoire. Nous le laisserons de côté puisqu'il s'est achevé.

A. – Liste des spécialités

255. – Il convenait avant tout de dresser la liste des spécialités.

Nous savons que les conseils juridiques connaissaient trois spécialités (V. *supra*, n° 254). En 1984 le Conseil de l'Ordre de Paris proposait quarante-quatre puis cinquante-cinq activités dominantes, et enfin vingt et une. La CNA avançait cinquante-neuf rubriques. La commission commune à la conférence des bâtonniers, au barreau de Paris et à l'association des centres de formation suggérait en 1989 vingt et une rubriques. Le risque était à l'inflation des spécialités.

L'article 21-1 de la loi susvisée chargea le CNB « de déterminer les conditions générales de l'obtention des mentions de spécialisation ». Celui-ci soumit la question à débat et consultations, puis fit des propositions à la

Chancellerie. Pour décider du nombre des spécialités, il s'arrêta à une solution moyenne, en partant de la définition suivante de la spécialité : « Un *corpus juris* particulier qui exige des connaissances approfondies tant techniques que juridiques et qui correspond à la pratique d'un ensemble de disciplines constituant un tout homogène ». Cette définition écartait les spécialités trop « fines » et peut-être éphémères, mais également les définitions trop larges qui auraient contredit la notion même de spécialité. Si l'on peut pardonner cette redondance, une spécialité doit être spéciale.

256. – La proposition du CNB comprenait quatorze spécialités ; la Chancellerie scinda la rubrique « droit commercial et des sociétés » en deux, ce qui fait que l'arrêté du 8 juin 1993 comprend quinze rubriques. Nous allons en faire l'inventaire, avec des indications sur leur contenu inspirées de celles du CNB :

– *droit des personnes* : famille, regroupée maintenant devant une juridiction spécifique le juge aux affaires familiales, patrimoine et successions, régimes matrimoniaux, protection de l'enfant, étrangers. Le concept de patrimoine retenu par le CNB nous paraît bien peu précis, et le droit des étrangers ressortit plutôt au droit public ;

– *droit pénal* : la spécialité embrasse tout le droit pénal depuis le voleur de poules jusqu'au contrefacteur et à l'initié des marchés boursiers. Il est vrai que le procès pénal a son image propre, quel qu'en soit l'objet, et qu'il a connu de tout temps des spécialistes, parfois de grande renommée ;

– *droit immobilier* : baux à l'exception des baux ruraux qui ressortissent à la catégorie suivante, construction, copropriété, expropriation. Les baux urbains auraient pu faire l'objet d'une rubrique distincte, tant leurs régimes d'exception se sont diversifiés et compliqués ;

– *droit rural*, y compris les baux à ferme ;

– *droit de l'environnement*. Nous craignons que cette rubrique doive plus à la mode qu'à un *corpus juris* aux contours définis. L'urbanisme par exemple n'est-il pas une composante importante de l'environnement, alors qu'il se situe ailleurs ?

– *droit public* : contentieux administratif, urbanisme, collectivités locales, droit public des affaires. Vaste programme. Il est vrai que ces matières sont réunies devant le même ordre de juridiction qui a ses caractéristiques et ses procédures particulières ;

– *droit de la propriété intellectuelle* : propriété industrielle, propriété littéraire et artistique, informatique. La sous-spécialité des brevets est pratiquée par des cabinets plus juridiques que contentieux et hyper-spécialisés ;

– *droit commercial* : fonds de commerce dont la pratique est surtout juridique plus que judiciaire, redressement et liquidation judiciaires, droit cambiaire ;

– *droit des sociétés* qui reprend l'ancienne spécialisation des conseils juridiques ;

– *droit social* avec la même observation : travail, sécurité sociale, prévoyance ;

– *droit économique*. La notion de droit économique est en doctrine mal fixée, car tout le droit patrimonial peut être pris sous l'angle économique. Du point de vue pratique on peut y réunir : le droit de la banque et de la Bourse, de la concurrence, de la distribution et de la consommation – encore que le consommateur ne fasse pas bon ménage avec le banquier et la société de Bourse et n'utilise guère le Conseil de la concurrence ;

– *droit des mesures d'exécution*. Les voies d'exécution sur les biens mobiliers dépendent du monopole des huissiers de justice, mais l'avocat y pénètre quand le contentieux se développe devant le juge de l'exécution. La conduite de la saisie des immeubles appartient à l'avocat. Celui-ci décide des mesures conservatoires et en exécute certaines : hypothèque, nantissement de fonds de commerce ;

– *droit communautaire*. Celui-ci pénètre toutes les catégories du droit interne, mais sa spécificité de langage et de compétence juridictionnelle impose souvent le recours à un spécialiste ;

– *droit des relations internationales*. Cette rubrique peut concerner le droit international privé qui n'est qu'une recette de résolution des conflits entre des législations nationales intéressant toutes les matières possibles de l'activité humaine. Le droit international public est surtout le domaine de fonctionnaires.

Cette liste ainsi arrêtée est limitative (Cass. 1re civ., 10 juin 1997 : *JCP* G 1997, II, 22923, note R. Martin), mais elle n'est pas immuable ; elle pourra être modifiée au gré de l'évolution et cela par simple arrêté ministériel. On peut prévoir, sans risque de se tromper, que la tendance sera à ce qu'elle s'allonge. On a par exemple oublié le droit maritime qui est une vraie spécialité, davantage que le droit commercial par exemple.

Rien n'interdit à un avocat de cumuler plusieurs spécialités. Pour celui qui exerce individuellement il devra par nécessité naturelle se limiter à deux, au plus trois spécialités. Il en est autrement pour la société à plusieurs têtes. Elle peut réunir sans difficulté plusieurs spécialités, à la limite toutes les spécialités. Il serait bon, dans ce cas, que la spécialité de chacun des associés soit annoncée au public... si le support n'est pas trop étroit.

B. – Pratique professionnelle

257. – La durée de la pratique professionnelle a été fixée à quatre ans (D. art. 88, al. 1er). On a repris en cela le précédent des conseils juridiques. Elle peut être acquise en France ou à l'étranger.

L'article 88 du décret énumère les activités qui peuvent soutenir cette pratique. Nous renvoyons au détail du texte que nous pouvons résumer de la façon suivante : il s'agit d'une sorte de stage chez un avocat ou une société d'avocats déjà spécialisés, chez un autre professionnel du droit pratiquant la spécialité – par exemple expert-comptable pour la fiscalité, notaire pour le droit immobilier – dans le service juridique d'une entreprise, d'une administration, d'un syndicat, d'une organisation internationale. L'enseignement universitaire comme professeur ou maître de conférence peut tenir lieu de pratique. Celle-ci peut même, par équivalence, résulter de travaux de recherches comme une thèse de doctorat, des publications et communications.

La pratique peut se situer pendant le stage de l'avocat débutant. Elle doit être continue, rémunérée et pour une durée normale de travail (sauf dans le dernier cas). Une interruption supérieure à trois mois doit être autorisée par le CRFP.

Elle est justifiée par une attestation mentionnant la durée du service effectuée, la nature des fonctions occupées, ou encore par la justification des travaux, publications, activités dont il est fait état dans une déclaration faite sur l'honneur.

C. – Examen de contrôle des connaissances

258. – L'examen de contrôle des connaissances est organisé par le CRFP. Selon l'article 91 du décret du 27 novembre 1991, il devait se dérouler devant le jury du CAPA. Or, il arrivait que ce jury ne comprenne aucun examinateur de la spécialité. Le décret du 17 octobre 1995 a corrigé cette anomalie en établissant un jury particulier comprenant un universitaire, un magistrat et un avocat exerçant dans la spécialité.

L'examen comporte, pour chacune des mentions de spécialisation sollicitées, un exposé oral de vingt minutes environ après une préparation d'une heure, sur un sujet tiré au sort par le candidat, portant sur la spécialité revendiquée. Cet exposé est suivi d'un entretien avec le jury d'une durée n'excédant pas trente minutes sur les matières de la spécialité. L'épreuve est publique et une session est tenue chaque année.

Cet examen pose la question de sa préparation.

La préparation doit être mise en place par les centres de formation. Il paraît impossible que tous les centres puissent dispenser une préparation pour toutes les spécialités. Il y aurait pénurie d'enseignants et pénurie d'élèves pour certaines spécialités. L'appareil est lourd à mettre en place. Il est probable que les centres devront eux-mêmes se spécialiser, celui de Paris compris. Il est même possible que la préparation soit concentrée dans certains centres.

En ce qui concerne les candidats à la spécialisation, ils sont de deux sortes : soit de jeunes avocats qui dès leur prestation de serment commenceront leur pratique professionnelle pour accéder à l'examen quatre ans après, soit des avocats inscrits au tableau ayant plus ou moins d'ancienneté et qui entendent acquérir une spécialisation (en ce qui concerne cette seconde catégorie le régime transitoire a fait le plein pour un certain temps).

Il existe une dispense de l'examen pour certaines personnes dont la pratique antérieure ou une thèse de doctorat attestent *de plano* de leur compétence. En voici la liste :

– les membres ou anciens membres du Conseil d'État, les magistrats ou anciens magistrats de la Cour des comptes, les magistrats ou anciens magistrats de l'ordre judiciaire (encore qu'ils ne soient pas spécialisés), des juridictions administratives, des chambres régionales des comptes justifiant de quatre années au moins d'affectation au sein d'une formation correspondant à la spécialité demandée ;

– les professeurs d'enseignement supérieur et maîtres de conférences ayant effectué en cette qualité quatre années au moins d'enseignement de la discipline correspondant à la spécialité demandée ;

– les fonctionnaires ou anciens fonctionnaires de catégorie A ou les personnes assimilées, ayant accompli, en cette qualité, quatre années au moins de services effectifs dans une administration, un établissement, un service ou une organisation internationale, ayant une activité correspondant à la spécialité demandée (on pense aux fonctionnaires des impôts ou de la branche urbanisme de l'Équipement) ;

– les docteurs en droit dont la thèse a porté sur la spécialité revendiquée et justifiant de quatre années de pratique professionnelle acquise dans les conditions prévues par l'article 88 du décret. Or, cet article 88 assimile à la pratique professionnelle « les activités, travaux ou publications relatifs à la spécialité », conduits à titre individuel. La thèse de doctorat peut de toute évidence constituer cet équivalent de la pratique. La combinaison de ces deux textes aboutit à dispenser le docteur en droit à la fois de la pratique professionnelle et de l'examen et à l'aligner ainsi sur le professeur et le maître de conférence... lesquels sont ordinairement docteurs en droit. Cette analyse n'a pas été retenue par la Cour d'appel de Chambéry (4 févr. 2000 : *JCP* G 2000, I, 231, n° 6). Celle-ci a décidé que l'article 93-4 exige cumulativement deux conditions : la thèse et quatre ans de pratique professionnelle, la thèse ne pouvant être assimilée à cette pratique, mais la pratique professionnelle peut consister dans « la rédaction d'autres ouvrages et publications ».

La personne dispensée d'examen adresse sa demande au président du CRFP et c'est le centre qui, au vu du dossier, décide de l'attribution de la spécialité. Sa décision peut être frappée de recours devant la cour d'appel dans les formes prévues à l'article 16 du décret.

Titre 2

ORGANISATION DE LA PROFESSION

Chapitre 1

LE BARREAU ET LE CONSEIL DE L'ORDRE

A. – Le Barreau

259. – Une tradition très ancienne veut que la profession d'avocat soit organisée en barreaux autonomes (1). Jusqu'en 1992, elle n'a jamais eu de représentation nationale (V. Introduction historique), et lors de la réforme, les anciens avocats ont fermement résisté à l'institution d'un Ordre national. Les barreaux ont été conservés comme cellule de base. Toutefois, un Conseil national des barreaux a été institué. Il représente l'ensemble de la profession auprès des pouvoirs publics et a une fonction « d'harmonisation » de l'action des barreaux.

L'enceinte du barreau correspond à la circonscription du tribunal de grande instance, juridiction de droit commun, héritier du tribunal civil d'arrondissement (D. art. 1er). Les avocats établis auprès de plusieurs tribunaux de grande instance, situés dans le ressort de la même cour d'appel, peuvent se grouper en un seul barreau (D. art. 2). C'est le cas de petits barreaux qui peuvent ainsi accéder à la taille critique. La décision est prise, pour chaque barreau, à la majorité des voix.

260. – On ne fait pas toujours la distinction entre barreau et Ordre, l'un et l'autre étant employés indifféremment, et pourtant à y regarder de plus près, les deux signifiants n'ont pas le même signifié.

Aux termes de l'article 1er du décret « le Barreau comprend les avocats inscrits au tableau », ce qui exclut les avocats honoraires. Mais selon l'article 3 du même décret « l'assemblée générale de l'Ordre des avocats est composée des avocats disposant du droit de vote... », ce qui inclut les avocats honoraires. Le Barreau est la partie active de l'Ordre, celle qui plaide (à la barre). Le Conseil de l'Ordre administre l'ensemble de l'Ordre, y compris les honoraires (V. *infra*, n° 284 et s., la distinction entre l'assemblée générale de l'Ordre et l'assemblée générale du barreau). On ne peut pas être avocat en exercice si l'on ne fait pas partie d'un barreau et par suite d'un Ordre, et on ne peut pas

(1) Le nom de barreau vient du lieu où plaide l'avocat, la barre, qui désigne par dérivation le corps des avocats qui plaident. Les avocats honoraires, qui ne plaident plus, ne font pas partie du barreau, s'ils font toujours partie de l'Ordre. V. Martin, *Ordre et barreau : Gaz. Pal.* août 2002, 11/13, p. 28.

être avocat honoraire sans faire partie d'un Ordre alors qu'on ne participe plus au barreau de cet Ordre.

Le Barreau est doté de la personnalité morale (L. art. 21), ce qui lui permet de recevoir des dons, legs, de posséder un patrimoine, d'organiser des œuvres d'assistance, de veiller sur la formation des avocats, de contracter et d'ester en justice.

Cette personne morale a une administration collective, le Conseil de l'Ordre (L. art. 15), lequel est présidé par un bâtonnier (V. *infra*, chapitre 6). Dans la réalité ce bâtonnier joue un rôle plus important que celui de la présidence du Conseil de l'Ordre, car il est l'exécutif de ce conseil (L. art. 21, selon lequel il représente le Barreau) et possède des pouvoirs propres importants. Conseil de l'Ordre et bâtonnier sont élus par l'ensemble des membres de l'Ordre. Le régime est représentatif, car l'assemblée générale du barreau n'a qu'une fonction réduite et simplement consultative.

261. – Le Barreau entre dans la catégorie des Ordres professionnels. Il a la nature juridique d'un établissement d'utilité publique (l'article 21-1 de la loi qualifie ainsi le Conseil national des barreaux, et les barreaux qu'il regroupe ne peuvent avoir une autre nature juridique).

En cela il se distingue des associations ou des syndicats d'avocats qui sont des organismes privés, lesquels se donnent pour but de défendre les intérêts communs de leurs membres qu'il ne faut pas confondre avec l'intérêt général de la profession.

La Cour européenne des droits de l'homme a jugé que l'obligation faite à un professionnel d'être affilié à un Ordre ne constitue pas une entrave à la liberté d'association reconnue par la Déclaration européenne de sauvegarde des droits de l'homme, dès lors que l'appartenance à l'Ordre n'empêche pas les professionnels de constituer des associations et d'y adhérer volontairement (CEDH ass. plén., 23 juin 1981 : *Gaz. Pal.* 1981, 2, p. 775, note G. Delamarre).

L'appellation Ordre est protégée et son usage abusif fait l'objet d'une sanction pénale. Cet usage est interdit dans la dénomination d'un groupement professionnel constitué sous quelque forme que ce soit. La sanction figure à l'article 73 de la loi qui renvoie aux peines prévues à l'article 72 (V. troisième partie, chapitre 1, A).

B. – Composition du Conseil de l'Ordre

262. – Tout barreau est organisé suivant le modèle que nous avons esquissé (V. *supra*, n° 260). Toutefois, dans les barreaux où le nombre des avocats inscrits au tableau (à l'exclusion des stagiaires) est inférieur à huit, les fonctions du Conseil de l'Ordre sont remplies par le tribunal de grande instance (L. art. 16). Lorsque l'effectif du barreau atteint huit membres, le Conseil de l'Ordre est constitué suivant les modalités prévues à l'article 11 du décret. Ces dispositions sont devenues théoriques du fait de l'augmentation du nombre des avocats et de la possibilité des petits barreaux de se grouper.

La composition du Conseil de l'Ordre avait été fixée à l'article 4 du décret du 27 novembre 1991. Elle a été reprise dans un décret n° 2004-577 du 15 juin 2004 (*JO* 22 juin 2004).

Le nouveau règlement va dans le sens d'une simplification. Dans les barreaux comprenant entre 200 et 1 000 avocats ayant droit de vote (y compris les avocats honoraires) le nombre des membres du Conseil de l'Ordre est fixé uniformément à 21 membres. Pour les barreaux comprenant plus de

1 000 avocats, ce nombre est fixé à 24. Quant au Conseil de l'Ordre du barreau de Paris, le nombre de ses membres passe de 36 à 42.

Pour les barreaux de moins de 200 membres la composition reste inchangée :

– 6 membres pour les barreaux de 16 à 30 ;
– 9 membres pour les barreaux de 31 à 50 ;
– 12 membres pour les barreaux de 51 à 100 ;
– 18 membres pour les barreaux de 101 à 200.

Le Conseil de l'Ordre ne siège valablement que si plus de la moitié de ses membres sont présents. Il statue à la majorité des voix des présents (D. art. 4). Le bâtonnier qui préside le Conseil de l'Ordre dispose d'une voix au sein de ce conseil (V. *infra*, n° 291, au sujet des rapports du bâtonnier et du Conseil de l'Ordre).

On peut observer que le nombre des membres du conseil est dans tous les cas de figure divisible par trois, car ils sont renouvelés par tiers tous les ans, et pour trois ans. Compte tenu de la présence du bâtonnier, le conseil, dans les barreaux de vingt et un membres et à Paris, comprend un nombre pair de votants. Il peut donc y avoir lors d'un vote partage des voix. Dans ce cas la voix du bâtonnier n'est pas prépondérante. Cette éventualité ne paraît pas avoir suscité jusqu'alors de difficultés.

Une loi n° 93-1415 du 28 décembre 1993 est venue ajouter à l'article 17, 1° de la loi du 31 décembre 1971. Dans les barreaux comprenant au moins cinq cents avocats disposant du droit de vote, le Conseil de l'Ordre peut siéger en une ou plusieurs formations de neuf membres pour prendre les décisions suivantes : inscription au tableau ou sur la liste du stage, et omission, autorisation d'ouverture de bureaux secondaires ou retrait de l'autorisation. La formation restreinte peut toujours renvoyer devant la formation plénière.

Le décret du 17 octobre 1995 a ajouté à celui du 27 novembre 1991 un article 4-1 qui fixe les modalités de fonctionnement des formations restreintes. La délibération du Conseil de l'Ordre qui décide de la composition de ces formations est notifiée au procureur général. La formation restreinte ne peut siéger valablement que si plus des deux tiers de ses membres sont présents. Le renvoi à la formation plénière ne peut être décidé qu'après audition du requérant.

C. – Élection des membres du Conseil de l'Ordre

1° Électeurs et éligibles

263. – Les membres du Conseil de l'Ordre sont élus pour trois ans, au scrutin secret, uninominal, majoritaire à deux tours. Ne sont éligibles que les avocats inscrits au tableau (D. art. 8), ce qui exclut les honoraires (2).

Les électeurs sont tous les avocats personnes physiques, inscrits au tableau, et les honoraires. Le conseil est renouvelable par tiers chaque année. Les membres du conseil sont immédiatement rééligibles à l'expiration du premier mandat. À l'expiration de deux mandats successifs, ils ne sont rééligibles qu'après un délai de deux ans, réduit à un an dans les barreaux comprenant moins de seize avocats disposant du droit de vote. Les anciens bâtonniers sont indéfiniment rééligibles. En cas d'égalité des voix l'avocat le plus âgé est proclamé élu.

(2) Des avocats honoraires peuvent siéger au Conseil de l'Ordre à titre consultatif.

264. – Seules les personnes physiques peuvent être membres du Conseil de l'Ordre (D. art. 8). Une société ou un groupement ne peut être élu en tant que tel à cette fonction. Les associés peuvent être élus individuellement. Toutefois, le Conseil de l'Ordre ne peut comprendre en même temps, dans une proportion supérieure à deux cinquièmes, les avocats associés d'une même société (D. 20 juill. 1992 sur les SCP, art. 47 et D. 25 mars 1993 sur les SEL, art. 24).

Dans les barreaux qui comprennent plus de seize avocats disposant du droit de vote, ne peuvent être élus aux fonctions de membres du Conseil de l'Ordre (ou de bâtonnier) que les avocats qui ont prêté serment depuis plus de quatre ans au 1er janvier de l'année au cours de laquelle a lieu l'élection (D. art. 9). Il est tenu compte de l'ancienneté acquise en qualité de conseil juridique inscrit sur la liste (D. art. 257). Sont inéligibles les avocats frappés d'une interdiction temporaire et ceux qui ont été privés, à l'occasion d'une sanction disciplinaire, du droit de faire partie du Conseil de l'Ordre (D. art. 184). Un lien de parenté existant entre deux avocats ne fait pas obstacle à ce qu'ils fassent partie du même Conseil de l'Ordre ; rien n'interdit également que deux époux fassent partie du même Conseil de l'Ordre, encore que pareille situation nous paraisse devoir être évitée.

C'est le bâtonnier qui dresse la liste des électeurs et des éligibles, qui fixe le nombre des membres du Conseil de l'Ordre à élire ainsi que les modalités du scrutin et qui proclame les résultats (CA Aix, 17 mai 1976 : *Gaz. Pal.* 1976, 2, p. 54. – Cass. 1re civ., 29 avr. 1930 : *Gaz. Pal.* 1980, 2, p. 589).

2° Époque des élections

265. – Les élections ont lieu dans les trois mois qui précèdent la fin de l'année civile, à la date fixée par le Conseil de l'Ordre. Les élections partielles ont lieu dans les trois mois de l'événement qui les rend nécessaires.

Quelle que soit la date des élections, le mandat des membres du Conseil de l'Ordre (et du bâtonnier) commence au début de l'année civile suivante pour se terminer à la fin d'une année civile.

Lorsque, pour quelque cause que ce soit, un membre du Conseil de l'Ordre (ou le bâtonnier) cesse ses fonctions avant le terme normal de son mandat, il est procédé à l'élection d'un remplaçant pour une période restant à courir jusqu'à ce terme. Quand cette période est inférieure à un an, la réélection est immédiatement possible en la même qualité. Les élections suivantes sont soumises aux règles habituelles concernant la durée des mandats (D. art. 10).

Lorsque par suite d'une augmentation du nombre des avocats ayant le droit de vote le nombre des membres du Conseil de l'Ordre franchit un seuil, il y a lieu d'élire des membres supplémentaires par des élections partielles dans les trois mois. Le renouvellement triennal pose alors un problème qui ne peut être résolu que par le tirage au sort. Les modalités en sont laissées au soin du Conseil de l'Ordre.

3° Opérations électorales

266. – Le règlement du barreau prévoit le plus souvent le mode de convocation des électeurs. Il est souhaitable que cette convocation soit faite par lettre individuelle, au moins pour les avocats honoraires qui ne fréquentent pas assidûment le Palais. Le règlement intérieur peut également prévoir qu'à cette lettre soit jointe la liste des candidats ; s'il en est ainsi, le défaut de communication de cette liste est de nature à entraîner l'annulation de l'élection (CA Paris, 30 juin 1976 : *Gaz. Pal.* 1976, 2, p. 746).

Le règlement intérieur peut prévoir la possibilité du vote par procuration (Cass. 1re civ., 14 mars 1984 : *Bull. civ.* I, n° 95 ; *Gaz. Pal.* 1984, 1, p. 150, note Damien).

Le vote est secret et toutes mesures doivent être prises pour assurer ce secret, notamment le passage par un isoloir (Cass 1re civ., 27 févr. 2007 : *Bull civ.* I, n° 80). Le Barreau de Paris a introduit le vote électronique. Un candidat au dauphinat a formé un recours en annulation des élections devant la cour d'appel. Celle-ci a rejeté ce recours par un arrêt du 27 janvier 2005 (*aud. sol.* RG 04/22318) sa décision a été cassée par un arrêt de la 1er chambre du 7 juin 2005 (n° 1097) avec le motif suivant : « La lettre du président de la Commission nationale informatique et des libertés envoyée à M. L... le jour même de l'audience des plaidoiries (...) comportait des éléments susceptibles de modifier l'opinion des juges quant à la confidentialité du scrutin au regard notamment des modalités adoptées dans l'utilisation d'identifiants personnels ». En clair, l'identification du votant n'était pas suffisamment assurée (V. J- Sampiéri-Marceau, *Vote électronique, secret, indépendance et confidentialité, D.* 2005, p. 1721). L'auteur susnommé écrit à ce sujet : « Les fichages – quels qu'ils soient – exposent manifestement aux risques de viol du secret, de la confidentialité et donc de l'indépendance. Le vote électronique implique un fichage. Ne fait-on pas ainsi le jeu de tous les pouvoirs ? Ne sacrifie-t-on pas, au nom de la science et de la modernité, la seule garantie qui nous reste : celle issue du secret de l'isoloir ? ». La cour de Lyon, cour d'appel de renvoi, a rejeté la demande d'annulation du scrutin (CA Lyon, 3 oct. 2005, Annonces Seine, 3 oct. 2005, p. 11).

Les bulletins blancs, ceux qui comprennent des noms de personnes étrangères au barreau et ceux qui comprennent plus de noms que de places sont considérés comme nuls. Si le bulletin comporte moins de noms que de places, il est en général considéré comme valable pour ceux qui y figurent. Ces opinions ne sont qu'indicatives.

4° Recours en matière d'élections

267. – Les avocats disposant du droit de vote peuvent déférer les élections à la cour d'appel dans le délai de huit jours qui suit la proclamation des résultats. La réclamation est formée par lettre recommandée avec avis de réception adressée au secrétariat-greffe de la Cour ou remise contre récépissé au greffier en chef. Le requérant avise sans délai le procureur général et le bâtonnier par lettre recommandée avec avis de réception. Le greffier convoque les avocats dont l'élection est contestée (Cass. 1re civ., 15 mai 2007 : *Bull. civ.* I, n° 184.

Le procureur général peut déférer les élections à la cour d'appel dans le délai de quinze jours à partir de la notification qui lui a été faite par le bâtonnier du procès-verbal des élections. Il informe dans le même délai le bâtonnier de son recours par lettre recommandée avec avis de réception (D. art. 12).

La procédure devant la Cour est celle qui est décrite *infra*, nos 279 et s.

D. – Fonctions du Conseil de l'Ordre

268. – L'article 4 du décret indique d'une façon générale que le Conseil de l'Ordre « administre le Barreau ». L'article 17, alinéa 1er, de la loi précise que « le Conseil de l'Ordre a pour attribution de traiter toutes questions intéressant l'exercice de la profession et de veiller à l'observation des devoirs de l'avocat ainsi qu'à la protection de ses droits ». Suit une longue liste des « tâches » du conseil en onze points, liste qui n'est d'ailleurs pas exhaustive. Nous n'allons pas reprendre cette liste point par point – elle renvoie d'ailleurs à des questions qui sont traitées dans le corps de l'ouvrage, car le Conseil de l'Ordre est présent, avec le bâtonnier, à chaque pas de la vie du barreau – nous allons nous efforcer de classer par catégorie les fonctions de cet organe. Nous proposons trois catégories : une fonction d'administration, une fonction réglementaire et une fonction de police. Nous laissons de côté la fonction disciplinaire qui sera traitée au chapitre 8 de la Troisième partie.

1° Fonction administrative

269. – L'objet de cette fonction peut être à caractère collectif, l'acte d'administration intéressant l'ensemble du barreau, ou à caractère individuel, l'acte concernant un avocat en particulier.

a) Décisions à caractère collectif

270. – Le Conseil de l'Ordre arrête le tableau (D. art. 95. – V. chapitre 8, D).

Il organise des services généraux (L. art. 17, 8°). Ces services peuvent être à l'usage des avocats : bibliothèque, télex, banques de données, informatique, caisse de secours et de prévoyance, cafétéria, etc. Ils peuvent être à l'usage du public : accueil et orientation des justiciables, aide aux familles en difficulté, aux enfants aux consommateurs pour la défense de leurs droits.

Il prépare et exécute le budget de l'Ordre et gère ses biens (L. art. 17, 6°). Les ressources de l'Ordre proviennent d'abord des cotisations versées par les avocats du barreau et ceux d'un autre barreau ayant ouvert un cabinet secondaire ; leur montant est fixé par le conseil. La jurisprudence a considéré comme légitime que le montant de la cotisation varie suivant l'ancienneté (CA Paris, 3 juin 1980 : *Gaz. Pal.* 1981, somm. p. 84. – Cass. 1re civ., 22 janv. 2002 : *JCP* G 2002, 1, 136, obs. Martin) ou/et proportionnellement aux revenus de l'avocat (CA Paris, 26 juin 1985 : *Gaz. Pal.* 1985, 2, p. 437, note A. D.). Certains barreaux ont prétendu asseoir la cotisation afférente à un bureau secondaire sur l'ensemble des revenus du cabinet, ce qui est discriminatoire. La jurisprudence a condamné cette pratique (Cass. soc., 16 mars 1994, n° 91-20.698 : *FNUJA Infos*, 7 août 1994, n° 359). Les produits financiers des CARPA procurent également aux Ordres des ressources importantes qui sont affectées en priorité à la formation et plus particulièrement aux centres de formation (V. chapitre 8, C, 1°).

En matière de formation, le Conseil de l'Ordre délègue ses représentants au conseil d'administration des centres (D. art. 43). Il existe un lien étroit entre le Barreau et le centre de formation auquel a été déléguée la fonction de formation. Le Conseil de l'Ordre donne son avis sur la liste des avocats maîtres de stage (D. art. 59) (3).

b) Décisions à caractère individuel

271. – Nous avons noté (V. *supra*, n° 270) que le Conseil de l'Ordre arrête le tableau. Cela se traduit par des décisions de caractère individuel : au tableau, omission du tableau, admission à l'honorariat (V. chapitre 8, D).

Le Conseil de l'Ordre autorise l'ouverture des bureaux secondaires dans son ressort et peut décider leur fermeture (L. art. 8-1).

---

(3) Devenu sans objet du fait de la suppression du stage.

Il refuse ou accorde son agrément à l'admission d'un stagiaire étranger (D. art. 84).

Il peut dispenser du délai de sept ans l'avocat qui désire exercer les fonctions d'administrateur d'une société (D. art. 112).

Certaines de ces décisions peuvent être implicites, à savoir qu'au cas où le Conseil de l'Ordre ne répond pas dans un délai fixé, ce silence équivaut selon les cas à un rejet ou à une acceptation de la demande (se reporter aux textes ci-dessus visés).

Lorsqu'un barreau comprend au moins 500 avocats disposant du droit de vote, ce qui inclut les honoraires, le Conseil de l'Ordre peut statuer en formations de 5 membres présidées par le bâtonnier ou un ancien bâtonnier pour les délibérations suivantes : inscription au tableau, omission, autorisation d'ouverture d'un bureau secondaire ou le retrait de cette autorisation. Les membres qui composent ces formations peuvent être des membres du Conseil de l'Ordre ou des anciens membres de ce conseil ayant quitté leur fonction depuis moins de huit ans. Ils sont choisis sur une liste arrêtée chaque année par le Conseil de l'Ordre. Il semble que l'ancien bâtonnier qui préside la formation puisse avoir quitté le Conseil de l'Ordre depuis moins de huit ans.

2° Fonction réglementaire

272. – L'article 17, 1°, de la loi donne au Conseil de l'Ordre le pouvoir d'arrêter le règlement intérieur du barreau et de le modifier éventuellement ; c'est un véritable pouvoir réglementaire qui est ainsi délégué par la loi.

Le règlement intérieur est en effet une norme juridique, applicable aux avocats appartenant à l'Ordre. Dans la hiérarchie des normes, il se situe au-dessous de la loi et du décret, ce qui implique qu'il ne peut contredire ni la loi ni le décret ni le RIN, mais seulement les compléter dans l'espace qui lui est laissé. En cas de débordement qui constituerait un excès de pouvoir, le règlement peut être déféré à la cour d'appel pour demander son annulation. Il intervient soit par renvoi exprès du décret, soit d'une façon autonome.

Le décret renvoie au règlement intérieur pour les matières suivantes : modalités des élections au Conseil de l'Ordre et au bâtonnat (D. art. 6), modes de publicité autorisés (D. art. 162), consultation des assemblées générales et des avocats stagiaires sur leur statut (D. art. 17) (4), fixation des mesures propres à la vérification des comptabilités (D. art. 235), conditions de la collaboration (D. art. 129).

Parmi les normes édictées par le règlement sans renvoi de la loi ou du décret, on peut citer : l'obligation d'utiliser un cahier des charges types pour les ventes immobilières, celle d'exiger un dépôt de garantie pour enchérir dans les mêmes ventes (héritage des compagnies d'avoués) (5), interdiction d'afficher à la porte du cabinet les ventes aux enchères devant notaire (Cass. 1re civ., 15 févr. 1983 : *Bull. civ.* I, n° 59), la défense faite de signifier pendant la période de service allégée des sommations de produire aux ordres, des dénonciations de règlements provisoires ou de jugements statuant sur les contestations en cette matière, et d'une façon générale de signifier des actes d'avocat à avocat faisant courir des délais de déchéance (Cass. 1re civ., 15 févr. 1983 : *Bull. civ.* I, n° 59 ; *Gaz. Pal.* 1983, 1, p. 271, note A. D. ; *D.* 1984, inf. rap. p. 117). Le Barreau de Paris soumet au visa du Conseil de l'Ordre les requêtes

(4) L'article 17 n'a plus d'objet alors qu'il n'y a plus de stagiaires, ce qui est regrettable.

(5) L'illégalité de ces clauses a été déclarée comme contraire à la liberté des enchères (Cass 1re civ., 16 déc. 2003 : *JCP* 2004, I, 117, n° 9, obs. R. Martin).

unilatérales présentées au tribunal de grande instance en chambre du conseil, autrement dit en matière gracieuse.

Il s'agit du contrôle préalable de la légalité de ces requêtes, ce qui ne peut que rassurer le juge.

Étaient également soumises au visa préalable les assignations délivrées aux membres du corps judiciaire et à certaines personnalités. La Cour d'appel de Paris a annulé cette disposition comme contraire à l'indépendance de l'avocat, et on pourrait ajouter à l'égalité des citoyens devant la loi et au droit fondamental d'agir en justice (Paris, 1re ch. A, 29 mars 1995 : *Gaz. Pal.* 9-10 juin 1995, p. 11, note A. Damien). Une version atténuée du texte a été estimée légal (CA Paris, 1re ch., 27 oct. 1999, inédit).

La compétence réglementaire a été fortement réduite par le décret du 27 novembre 1991, par celui sur la déontologie du 12 juillet 2005 et par le RIN du 11 août 2007. Cette concentration a l'avantage de l'unification des règles professionnelles pour tous les barreaux français. Il faut y ajouter sur le plan transnational le Code de déontologie des avocats européens, intégré au RIN, ce qui lui donne force exécutoire. Mais les Ordres, noyaux de la profession, y ont perdu de leur autonomie.

273. – Le développement de la réglementation étatique a mécaniquement réduit le champ du particularisme des règlements intérieurs. D'ailleurs beaucoup de règles posées d'abord par les règlements intérieurs, et particulièrement celui de Paris, sont passées dans la réglementation légale. Ce mouvement d'uniformisation est accentué par l'action d'unification menée par le CNB (L. art. 21-1. – *supra*, n° 272). C'est une conséquence du nomadisme de l'avocat, favorisé par la rapidité des communications, sur tout le territoire national d'abord, maintenant sur celui de la Communauté européenne, et bientôt à l'échelle de la planète, du développement des bureaux secondaires et des sociétés inter-barreaux. Cette mondialisation de l'exercice de la profession s'accommode mal d'un émiettement des règles et usages des divers barreaux à l'échelle d'un tribunal de grande instance. En ce domaine comme en d'autres, la réglementation, pour être connue et appliquée, tend à s'uniformiser. Les particularismes locaux s'effacent, en dépit de la nostalgie de ce qu'on nomme les « identités ».

3° Fonction de police

274. – Le Conseil de l'Ordre a une mission générale de police sur la conduite des avocats de l'Ordre, afin de prévenir, autant que faire se peut, des infractions aboutissant à des sanctions disciplinaires. Cette mission est appliquée en divers endroits de la loi à des points particuliers.

Le 3° de l'article 17 donne pour tâche au Conseil de l'Ordre « de maintenir les principes de probité, de désintéressement, de modération et de confraternité sur lesquels repose la profession et d'exercer la surveillance que l'honneur et l'intérêt de ses membres rendent nécessaires ».

Le paragraphe suivant (4°) entre davantage dans le détail pratique quand il enjoint au Conseil de l'Ordre de « veiller à ce que les avocats soient exacts aux audiences et se comportent en loyaux auxiliaires de justice ». Se comporter en loyal auxiliaire de justice renvoie à respecter scrupuleusement le Nouveau Code de procédure civile et le Code de procédure pénale.

Pour contrôler les maniements de fonds, le Conseil de l'Ordre vérifie la tenue des comptabilités (L. art. 17, 9°) ; il veille à l'exécution des directives du CNB (L. art. 17, 10°) ; il vérifie la conformité des contrats de collaboration et de travail (D. art. 113 et art. 139), il peut décider la fermeture d'un bureau secondaire (D. art. 167), refuser une dispense du délai d'ancienneté pour la participation de l'avocat à un conseil d'administration de société (L. art. 6).

Cette surveillance se manifeste par des mises en garde, des admonestations, des remontrances « paternelles » transmises par le bâtonnier à l'avocat indiscipliné.

E. – Publicité des délibérations et des décisions du Conseil de l'Ordre et recours contre ces délibérations et décisions

1° Publicité des délibérations et décisions (6)

275. – Les séances du Conseil de l'Ordre ne sont pas publiques, même pour les avocats, et ses décisions ne sont pas lues publiquement. Mais une publicité encadrée en est organisée par l'article 13 du décret. Celle-ci est non seulement à usage d'information mais elle est également préparatoire au recours dont ces décisions peuvent faire l'objet devant la cour d'appel. Elle s'adresse au procureur général, aux avocats concernés, aux juridictions et à tous intéressés à des degrés divers. Malheureusement la rédaction de l'article 13 et des articles suivants laisse à désirer, si bien que nous devrons avoir recours à une analyse serrée des textes pour les décrypter, avec une certaine marge d'indécision.

276. – Aux termes de la première phrase du 1er alinéa de l'article 13, toutes les délibérations de caractère réglementaire sont notifiées au procureur général. La deuxième phrase y ajoute l'obligation de lui notifier les décisions relatives à l'inscription ou au refus d'inscription au tableau, à l'omission du tableau, à l'inscription d'une mention de spécialisation ou au refus d'une telle mention, au contrat de collaboration et au contrat de travail. Il s'agit de décisions à caractère individuel mais qui engagent l'ordre public. Le procureur général a un droit de recours contre toutes les délibérations et les décisions figurant au 1er alinéa (V. *infra*, n° 279).

La notification doit être faite par le bâtonnier dans les quinze jours de la délibération ou de la décision par lettre recommandée avec avis de réception (2e alinéa de l'article 13).

277. – Les délibérations et décisions visées au 1er alinéa doivent également être notifiées « s'il y a lieu, à l'avocat concerné » (2e alinéa de l'article 13).

Cette incidente (« s'il y a lieu ») à forme restrictive paraît indiquer que seules les décisions à caractère individuel, dans la mesure où elles concernent tel avocat, doivent lui être notifiées par lettre recommandée avec avis de réception. Le caractère administratif des délibérations et le « s'il y a lieu » paraissent exclure qu'elles soient notifiées à tous les avocats de l'Ordre, ce qui constituerait pratiquement une lourde contrainte. Ne seraient visées par l'alinéa 2, pour ce qui est de l'avocat, que les décisions énoncées dans la deuxième phrase de l'alinéa 1er.

Mais le 2e alinéa débute par une exclusion : « Sous réserve des dispositions particulières contenues dans le présent décret ». Ce qui veut dire que d'autres décisions doivent être notifiées individuellement à tel avocat concerné : décisions relatives aux contrats d'association (D. art. 126) et de sociétés, aux

(6) Il faut noter la différence de terminologie entre « délibération » et « décision ». Le mot « délibération » signifie l'activité administrative de caractère collectif du Conseil de l'Ordre, le mot « décision », les actes du Conseil de l'Ordre à caractère individuel : autorisation ou refus de l'autorisation, imposition de prescriptions spéciales, etc.

avocats administrateurs de sociétés (D. art. 114), aux bureaux secondaires (L. art. 8-1).

Le procureur général peut de son côté en demander la communication, sans qu'elles doivent lui être notifiées.

278. – Les délibérations portant sur le règlement intérieur du barreau font l'objet d'une publicité particulière, outre leur notification au procureur général, comme administratives.

Elles sont communiquées (et non notifiées) au premier président de la cour d'appel, au président du tribunal de grande instance. Une copie du règlement intérieur et de ses modifications est déposée au secrétariat-greffe de chaque juridiction près laquelle est établi un barreau. Ces mesures ont pour fin l'information des juridictions, sans leur ouvrir un droit de recours.

Au surplus la copie déposée comme il vient d'être dit « est tenue à la disposition de tout intéressé ». L'information s'adresse ainsi au public.

En ce qui concerne les avocats, les mêmes délibérations sont « portées à la connaissance de chacun des avocats inscrits au tableau ou sur la liste du stage » (les honoraires ont été oubliés). Le texte ne dit pas comment, laissant en cela l'initiative au Conseil de l'Ordre. Si le pouvoir réglementaire avait voulu que la copie soit notifiée à chacun des avocats, il l'aurait écrit explicitement, comme il le fait aux deux premiers alinéas de l'article. Il faut en inférer qu'une telle notification n'est pas prescrite... mais n'est pas non plus interdite. On peut penser à un affichage dans le local de l'Ordre, à une annonce dans le *Bulletin du bâtonnier,* à une remise d'un exemplaire du règlement à chaque avocat par dépôt dans sa case, et pourquoi pas à une remise contre récépissé.

Mais l'avocat peut déférer le règlement intérieur à la cour d'appel (V. *infra,* n°s 279 à 281) et une notification éventuelle ou une remise contre récépissé auraient une incidence sur le point de départ du délai de recours.

2° Recours ouverts contre les délibérations et décisions du Conseil de l'Ordre

279. – Le Conseil de l'Ordre ne peut évidemment agir que dans le cadre de la légalité. Nous avons évoqué cet aspect des choses à l'occasion de son pouvoir réglementaire (V. *supra,* n° 270), en disant que ses décisions pouvaient faire l'objet d'un recours qui s'apparente à celui de l'excès de pouvoir, le juge compétent pour en connaître étant la cour d'appel. Cette proposition doit être généralisée, comme il est indiqué à l'article 19 de la loi :

> « Toute délibération ou décision du Conseil de l'Ordre étrangère aux attributions de ce conseil ou contraire aux dispositions législatives ou réglementaires est annulée par la cour d'appel, sur les réquisitions du procureur général.
>
> « Peuvent également être déférées à la cour d'appel, à la requête de l'intéressé, les délibérations ou décisions du Conseil de l'Ordre de nature à léser les intérêts professionnels d'un avocat ».

Il résulte de ce texte que le recours en annulation d'une délibération ou d'une décision du Conseil de l'Ordre peut être formé soit par le procureur général soit par un avocat y ayant intérêt. Le procureur général est gardien de l'ordre public et cet ordre public est d'abord affecté par les délibérations réglementaires, mais il peut l'être également par des décisions individuelles (V. *supra,* n° 271). Quant à l'avocat, ses intérêts peuvent être lésés d'abord par une décision individuelle qui le concerne, mais aussi par une délibération réglementaire. La recevabilité de son recours est mesurée à l'aune de l'intérêt que présente pour lui l'annulation de la décision ou de la délibération. Nous nous trouvons en face de la problématique du recours pour excès de pouvoir, familière aux juridictions administratives. Cet intérêt ne peut qu'être largement apprécié, car les intérêts de tel avocat sont le plus souvent affectés par une délibération de caractère collectif. Le requérant sera normalement un avocat appartenant au barreau, mais il pourra être un avocat ayant ouvert un cabinet secondaire ou une société inter-barreaux (CA Versailles, 3 févr. 1993 : *Juris-Data*, n° 040275). Il a été jugé que le recours contre une décision d'inscription au tableau ne peut être formé que par l'avocat intéressé ou par le procureur général à l'exclusion d'autres avocats du barreau (CA Saint-Denis de la Réunion : *Gaz. Pal.* 1992, 1, p. 250).

280. – Les modalités du recours formé par le procureur général figurent à l'article 14 du décret : « Le procureur général peut déférer à la cour d'appel, conformément au premier alinéa de l'article 19 de la loi du 31 décembre 1971 (préc.) et dans les conditions prévues à l'article 16, une délibération ou une décision du Conseil de l'Ordre. Il en avise le bâtonnier par lettre recommandée avec demande d'avis de réception ».

Cet article 14 renvoie à l'article 16 du même décret qui est par suite applicable au recours formé par le procureur général. Mais le même article 16 contient également les conditions du recours d'un avocat alors que les modalités de l'un et l'autre recours ne sont pas identiques, celui de l'avocat étant précédé d'une réclamation préalable adressée au Conseil de l'Ordre (D. art. 15, et *infra*, n° 281) ; ce mélange des genres entraîne des imprécisions dont nous allons rendre compte.

Nous reproduisons les termes des deux premiers alinéas de l'article 16 qui concernent le point qui nous occupe :

« Le recours devant la cour d'appel est formé par lettre recommandée avec demande d'avis de réception adressée au secrétariat-greffe de la cour d'appel ou remis contre récépissé au greffier en chef. Il est instruit et jugé selon les règles applicables en matière contentieuse à la procédure sans représentation obligatoire.

« Le délai de recours est de un mois ».

Gageons que le procureur général utilisera pour former son recours la remise au greffier en chef de la Cour.

En ce qui concerne le délai du recours, l'article 14 renvoyant à l'article 16, celui-ci est fixé à un mois. Ce délai prend cours tout naturellement de la notification de la délibération ou décision qui a été faite au procureur général (V. *supra*, n° 276).

La procédure devant la cour d'appel se déroule ensuite d'une façon identique à celle qui suit l'introduction du recours par un avocat (V. *supra*, n° 282).

281. – En ce qui concerne les modalités du recours formé par l'avocat, il convient de combiner les dispositions des articles 15 et 16, ce qui ne va pas sans problème.

Pour la clarté de l'analyse nous croyons devoir reproduire les termes de l'article 15 :

« Lorsqu'un avocat s'estimant lésé dans ses intérêts professionnels par une délibération ou une décision du Conseil de l'Ordre entend la déférer à la cour d'appel, conformément au deuxième alinéa de l'article 19 de la loi du 31 décembre 1971, il saisit préalablement de sa réclamation le bâtonnier par lettre recommandée avec demande d'avis de réception (la déclaration contre récépissé a été oubliée).

« La décision du Conseil de l'Ordre sur la réclamation doit être notifiée à l'avocat intéressé, par lettre recommandée avec demande d'avis de réception, dans le délai d'un mois à compter de la réception de la lettre recommandée prévue au premier alinéa.

« En cas de décision de rejet de la réclamation, l'avocat peut la déférer à la cour d'appel dans les conditions prévues à l'article 16. Si dans le délai d'un mois prévu au deuxième alinéa du présent article, aucune décision n'a été notifiée, la réclamation est considérée comme rejetée et l'avocat peut déférer dans les mêmes conditions à la cour d'appel le rejet de sa réclamation ».

Il résulte de ce texte que la saisine de la cour d'appel par l'avocat est précédée d'une sorte de préalable gracieux devant le Conseil de l'Ordre ; il est demandé au conseil de procéder à une seconde lecture de sa délibération ou décision. Le conseil doit statuer sur la réclamation dans le mois. À défaut de le faire, son silence est considéré comme un rejet implicite. Soit le rejet explicite de la réclamation, soit le rejet implicite peuvent être déférés à la cour d'appel.

Reste la question des délais de ce recours à double détente. L'article 15 prévoit que le rejet de la réclamation (explicite ou implicite) peut être déféré à la cour d'appel dans les conditions prévues à l'article 16, à savoir en ce qui concerne le délai dans le mois (art. 16, 2e al., préc.). Ce délai prend cours du jour de la notification de la décision du Conseil de l'Ordre ou à l'expiration du mois à partir de la réclamation. Toutefois, dans sa rédaction initiale, l'article 15 ne prescrivait aucun délai à l'avocat pour saisir le Conseil de l'Ordre de sa réclamation. Cette lacune a été corrigée par le décret du 17 octobre 1995 qui a ajouté au 1er alinéa de l'article 15 : « dans le délai de deux mois à compter de la date de notification ou de publication de la délibération ou de la décision ».

Par ailleurs, selon l'article 16, dernier alinéa du décret « le délai d'appel (*sic*) suspend l'exécution de la décision du Conseil de l'Ordre. L'appel exercé dans ce délai est également suspensif ». Il semble que la décision ainsi visée est celle qui a été rendue par le Conseil de l'Ordre sur la réclamation de l'avocat (V. *supra*, n° 281), et non la délibération ou la décision originaires. Le terme d'« appel » substitué à celui de « recours » renforce cette interprétation. Le décret considère alors qu'il s'agit de l'appel d'une décision de caractère juridictionnel rendue sur la réclamation de l'avocat. La Cour connaîtrait au second degré d'une décision au premier degré du Conseil de l'Ordre.

Mais alors on s'explique mal pourquoi le recours formé directement par le procureur général devant la cour d'appel n'est pas suspensif, ou encore la réclamation elle-même adressée par l'avocat au Conseil de l'Ordre.

3° Procédure du recours devant la cour d'appel

282. – La procédure qui suit la saisine de la cour d'appel est identique quel que soit le requérant, procureur général ou un avocat intéressé.

L'alinéa 1er de l'article 16 du décret précité renvoie pour la procédure à celle qui est suivie devant la Cour lorsque la représentation par avoué n'est pas obligatoire (procédure prévue au Nouveau Code de procédure civile, art. 931 à 948). La procédure est donc orale.

Le Conseil de l'Ordre est parti à l'instance (art. 16, al. 3). C'est naturel puisqu'il défend sa délibération ou décision. Il y est représenté par le bâtonnier.

L'affaire est jugée par une formation spéciale de la Cour. Le décret du 9 juin 1972 renvoyait à l'article R. 214-4 du Code de l'organisation judiciaire, c'est-à-dire à « l'assemblée des chambres » de la Cour. Le décret du 27 novembre 1991 en son article 16, renvoie à l'article R. 212-5 du même code, c'est-à-dire à « l'audience solennelle ». Les articles 275 et 276 du décret modifient en conséquence les articles R. 212-4 et R. 212-5 du Code de l'organisation judiciaire.

Il en résulte que ce n'est plus l'assemblée des chambres qui a compétence, mais la Cour siégeant en audience solennelle, comme pour les renvois après cassation en matière civile. Cette audience se tient devant deux chambres sous la présidence du premier président. Dans les cours qui ne comprennent qu'une chambre civile, la chambre des appels correctionnels assure avec cette chambre le service des audiences solennelles. Le régime est ainsi unifié pour toutes les cours d'appel, alors que l'assemblée des chambres comprend trois chambres à la Cour d'appel de Paris.

283. – L'audience se tient en principe hors la présence du public, mais « à la demande de l'intéressé, les débats se déroulent en audience publique... et mention en est faite dans la décision ».

Cette exception à la tradition du huis clos a été imposée par la jurisprudence de la Cour européenne des droits de l'homme (23 juin 1981, aff. *Le Compte, Van Leuven et de Moyers* : *Gaz. Pal.* 1981, 2, p. 775, note Delemarre), et l'application qu'elle a faite de l'article 6 de la Convention européenne de sauvegarde des droits de l'homme. À la suite de cette décision la Cour de cassation avait été amenée à admettre que le professionnel mis en cause puisse demander que l'audience soit publique (Cass. 1re civ., 10 janv. 1984 : *Bull. civ.* I, n° 8 ; *JCP* G 1984, II, 20210, concl. Gulphe ; *D.* 1985, inf. rap. p. 105, obs. Brunois ; *Gaz. Pal.* 1984, 2, p. 702, note A. D. ; *RTD civ.* 1984, p. 771, obs. R. Perrot, jurisprudence régulièrement répétée par la suite jusqu'au décret du 27 novembre 1991 qui l'a consacrée).

La décision rendue par la cour d'appel est notifiée par le secrétariat-greffe par lettre recommandée avec demande d'avis de réception au procureur général, au bâtonnier et à l'avocat intéressé (D. art. 16, 4e al.).

L'arrêt de la cour d'appel peut être déféré à la Cour de cassation.

F. – L'assemblée générale du barreau

284. – Lorsqu'on parle d'assemblée générale, il convient de préciser, car il y a deux assemblées générales, celle de l'Ordre et celle du barreau (V. *supra*, n° 260 sur la distinction entre Ordre et barreau).

L'assemblée de l'Ordre figure à l'article 3 du décret ; elle est composée, suivant ce texte « des avocats disposant du droit de vote », à savoir les avocats inscrits au tableau et les avocats honoraires. Plus qu'une assemblée, à proprement parler, c'est un corps électoral. Nous en avons déjà traité (V. *supra*, nos 263 à 267).

L'assemblée du barreau est composée des avocats inscrits au tableau. C'est d'elle dont nous allons nous occuper.

285. – Les modalités de la réunion de l'assemblée du barreau sont inscrites aux articles 17 et 18 du décret. Ces textes sont assez succincts et renvoient pour le surplus aux règlements intérieurs.

Cette assemblée joue un rôle modeste dans le gouvernement du barreau, car elle ne remplit qu'une fonction consultative et elle n'est pas maître de son ordre du jour. Elle ne peut examiner que les questions qui lui sont soumises, soit par le Conseil de l'Ordre, soit par un de ses membres ; mais ce dernier doit en informer le conseil quinze jours au moins à l'avance. Il en résulte que c'est le conseil qui portera la question à l'ordre du jour de l'assemblée. Il ne semble pas toutefois que le conseil ait un droit de censure sur les questions proposées par les membres de l'assemblée.

L'assemblée est convoquée par le Conseil de l'Ordre, agissant par son bâtonnier. Certains règlements intérieurs prévoient une fréquence minimum de la réunion de l'assemblée ; mais les plus nombreux, dont le règlement de Paris, laissent la convocation de l'assemblée à la discrétion du Conseil de l'Ordre.

Dans les grands barreaux, l'assemblée générale se réunit en colonnes.

286. – L'assemblée ne peut émettre que des vœux ou des avis sur les questions portées à son ordre du jour. Ceux-ci sont transmis au Conseil de l'Ordre qui doit délibérer sur eux dans les trois mois. Lorsque le Conseil de l'Ordre n'adopte pas le vœu ou ne suit pas l'avis exprimé, il doit motiver sa délibération. Celle-ci est portée à la connaissance de la plus prochaine réunion de l'assemblée générale ; au surplus elle est consignée sur un registre spécial tenu à la disposition des avocats.

Il faut admettre que la délibération du Conseil de l'Ordre puisse faire l'objet d'un recours par un avocat devant la cour d'appel sur le fondement de l'article 19 de la loi, et selon les modalités décrites aux articles 15 et 16 du décret. Le point de départ du délai de deux mois prévu à l'alinéa 1er de l'article 15 du décret peut poser problème. Il pourrait prendre effet soit du jour de la consignation de la délibération du Conseil de l'Ordre soit du jour de sa communication à une assemblée générale. La consignation étant faite sur un registre spécial tenu à la disposition des avocats, il semble qu'elle réalise une publicité suffisante pour faire courir le délai de recours.

Chapitre 2

LE BÂTONNIER

287. – Primitivement le « Chef de l'Ordre » des avocats était le doyen, non le doyen d'âge mais le plus ancien dans l'Ordre. Le titre de bâtonnier apparaît au XIVe siècle : il est donné au prieur de la confrérie de Saint-Nicolas (et non de Saint-Yves), association religieuse qui rassemblait avocats et procureurs, parce que celui-ci portait le bâton ou bourdon dans les processions. Il partageait ce titre avec les prieurs des autres confréries. Ce prieur-bâtonnier devait au cours des temps supplanter le doyen.

Lors de la reconstitution de l'Ordre sous le Premier Empire, l'appellation de bâtonnier fut confirmée pour désigner le chef de l'Ordre. Il était désigné par le procureur général sur une liste présentée par les Anciens de l'Ordre. C'est à partir de 1830 que le bâtonnier fut élu par l'assemblée générale des avocats, avec une éclipse sous le Second Empire. Cette élection par ses pairs modifiait la nature du bâtonnier. Il cessait d'être le chef de l'Ordre pour devenir *Primus inter pares.*

Il est curieux de constater que le mot « bâtonnier » n'a été introduit que tardivement dans les dictionnaires. Les grands dictionnaires du XIXe siècle (Trévoux, Moreri, Mariage) l'ignorent. Certes on le trouve dans l'édition de 1856 du *Bescherelle,* avec la définition de « Chef de l'Ordre », mais le rédacteur estime que cette dénomination est peu adéquate et souhaite qu'il en soit trouvé une autre. Et pourtant elle a perduré.

288. – La loi de 1971, non plus que le décret de 1991, ne contient de dispositions groupées sur le bâtonnier. L'article 21 de la loi dit que « le bâtonnier représente le Barreau dans tous les actes de la vie civile » et qu'« il prévient ou concilie les différends d'ordre professionnel entre les membres du barreau et instruit toutes les réclamations formulées par les tiers ». Et l'article 6 du décret ajoute que « le Conseil de l'Ordre est présidé par le bâtonnier ». Ces deux textes, directement consacrés au bâtonnier, n'englobent pas et de loin, toutes les fonctions dévolues à celui-ci. Il faut aller les chercher dans de nombreuses dispositions disséminées à travers lois et décrets. Nous allons nous efforcer de répertorier, autant que faire se peut d'une façon exhaustive, ces diverses fonctions. Elles renverront d'ailleurs à d'autres de nos développements, et il suffira de les mentionner.

A. – Élection du bâtonnier

289. – Le bâtonnier, comme les membres du Conseil de l'Ordre, ne peut être qu'une personne physique et non une société d'avocats ; mais l'associé d'une société d'avocats peut être bâtonnier.

Pour son élection, la composition du corps électoral, les conditions d'éligibilité, la date des élections, les modalités d'une élection partielle en cas de vacance, et le contentieux électoral sont identiques à ceux qui gouvernent l'élection des membres du Conseil de l'Ordre. Nous y renvoyons (V. *supra*, n°s 263 à 267). Les conditions d'éligibilité du bâtonnier ne peuvent être modifiées par le règlement intérieur du barreau et notamment aggravées (Cass. 1re civ., 4 avr. 1995 : *JCP* G 1995, IV, n° 1378).

L'élection du bâtonnier précède celle du Conseil de l'Ordre. Elle se fait au scrutin secret majoritaire à deux tours. La majorité absolue des suffrages exprimés est requise au premier tour. Au second tour, peuvent seuls se présenter les deux candidats ayant obtenu au premier tour le plus grand nombre de suffrages. En cas d'égalité des voix, le plus âgé est proclamé élu (D. art. 6).

La durée du mandat du bâtonnier est de deux ans. Il n'est pas immédiatement rééligible, sauf dans les barreaux dont les avocats disposant du droit de vote ne sont pas supérieurs à trente, auquel cas le bâtonnier peut exercer deux mandats successifs (D. art. 6).

290. – Le décret du 27 novembre 1991, article 6, a généralisé l'élection d'un *dauphin*, qui se déroule dans les mêmes conditions et selon les mêmes formes que l'élection du bâtonnier. Le dauphin ainsi appelé est celui qui est désigné pour succéder au bâtonnier à l'expiration de son mandat, sous réserve de confirmation par l'assemblée générale de l'Ordre. Ce système à deux degrés a l'avantage de faire remonter en amont la compétition pour le bâtonnat, de permettre au dauphin de « faire ses classes » en siégeant au Conseil de l'Ordre avec voix consultative s'il n'est pas membre de ce conseil et de ménager ainsi une tradition des pouvoirs en douceur.

La date des élections du dauphinat est fixée par le Conseil de l'Ordre. Elle a lieu soit en même temps que les élections au Conseil de l'Ordre l'année où l'on n'élit pas le bâtonnier, soit le même jour que l'élection du bâtonnier.

Dans le cours normal des choses, le dauphin est confirmé par l'assemblée générale et accède au bâtonnat à l'expiration du mandat du bâtonnier sortant. Si par exception il n'est pas confirmé, il n'a plus de fonction dans l'Ordre, sauf éventuellement à être élu comme membre du conseil.

L'élection par scrutin séparé d'un dauphin présente des avantages sur un usage ancien qui voulait que soit considéré comme dauphin l'avocat qui, ayant déjà fait partie du Conseil de l'Ordre, y est à nouveau élu. Cet usage présentait plusieurs inconvénients : il obligeait à une élection partielle au Conseil de l'Ordre lorsque le dauphin avait été élu bâtonnier, il privait le conseil du retour en son sein d'avocats en ayant déjà fait partie et qui ne briguaient pas le bâtonnat, enfin rien n'empêchait qu'il y ait plusieurs membres du conseil en situation de dauphin, ce qui était générateur de désordre au moment de l'élection du bâtonnier.

B. – Le bâtonnier et le Conseil de l'Ordre

291. – Le rapport du bâtonnier et du Conseil de l'Ordre a une nature ambiguë. D'une part, il est élu séparément du Conseil de l'Ordre, il n'est pas compté dans le nombre imposé des membres de ce conseil, la durée de son mandat est de deux ans alors que celle des membres du Conseil de l'Ordre est de trois ans. Vu sous ce jour, on peut dire que le bâtonnier ne fait pas partie du Conseil de l'Ordre. D'autre part, il préside le Conseil de l'Ordre et y dispose du même droit de vote que celui des autres membres sans que sa voix soit prépondérante, et de ce point de vue on peut dire qu'il fait partie du Conseil de l'Ordre. En vérité, sa nature est double : d'une part, il apparaît comme l'exécutif du Conseil de l'Ordre qu'il préside, d'autre part, il représente l'Ordre et détient de ce fait des pouvoirs propres. Nous allons examiner successivement ces deux faces du bâtonnat.

292. – Le bâtonnier doit saisir le Conseil de l'Ordre de toute réclamation provenant d'un avocat contre une décision de ce conseil (D. art. 15, al. 1er), d'une demande d'inscription au barreau (D. art. 101), d'une demande de stage d'un avocat étranger (D. art. 84). Plus généralement le bâtonnier doit transmettre au Conseil de l'Ordre toutes demandes qui lui parviennent et qui sont de la compétence de ce conseil.

On peut observer à ce sujet que les règlements intérieurs des barreaux ont tendance à attribuer littéralement au bâtonnier des compétences appartenant au Conseil de l'Ordre. Il faut y voir un raccourci commode, sous-entendant par là que le bâtonnier sert de relais du Conseil de l'Ordre.

293. – Selon les termes de la loi « le bâtonnier représente le Barreau dans tous les actes de la vie civile » (L. art. 21). Il est le mandataire du barreau personne morale. Mais son rôle va bien au-delà du cadre juridique étroit que constitue le mandat. Il apparaît aux yeux du public et des autorités comme le représentant, au sens commun du mot, du barreau, avec la stature morale que cela lui confère. Cette représentation n'est pas seulement protocolaire, elle implique que le bâtonnier soit le porte-parole du barreau, et au-delà du barreau, de l'ensemble des avocats. Il exprime les valeurs de la profession, quand il convient de le faire. Certes le bâtonnier de Paris, par le poids de son barreau et par tradition, jouit d'une autorité renforcée ; le président de la Conférence des bâtonniers peut se faire l'interprète de l'ensemble des bâtonniers de province ; le président du CNB s'exprime au nom d'un organisme qui a reçu vocation de « représenter la profession auprès des pouvoirs publics » ; il n'en reste pas moins que le bâtonnier du plus modeste des barreaux de la France profonde, lorsqu'il porte la parole ès qualités, fait entendre la voix de toute la profession.

C. – Les pouvoirs propres du bâtonnier

294. – Ces pouvoirs propres, nous l'avons dit (V. *supra*, n° 288), sont disséminés au fil des textes. Ils sont d'abord de communication : de nombreuses informations concernant la vie du barreau doivent parvenir au bâtonnier et celui-ci doit en répercuter certaines sur les intéressés ; les informations reçues induisent assez souvent un droit de contrôle exercé par le bâtonnier. Ils sont ensuite de règlement des différends soit entre avocats, soit entre avocats et les tiers, par conciliation et même par arbitrage imposé légalement. Le bâtonnier a aussi en charge la gestion quotidienne de l'Ordre.

1° La communication

295. – Le bâtonnier doit être informé des recours qui sont formés en matière électorale soit par un avocat, soit par le procureur général (D. art. 12).

Il doit de même être averti en règle générale des recours qui sont formés contre les décisions du Conseil de l'Ordre (D. art. 14 et 15), et particulièrement :

– en cas d'appel d'une sanction disciplinaire soit par l'intéressé soit par le procureur général (D. art. 196) ;

– en cas de recours contre un refus d'admission au stage (D. art. 74) ;

– en cas de recours contre une décision du Conseil de l'Ordre concernant un avocat administrateur de société commerciale (D. art. 114).

Ces informations préparent l'intervention de l'Ordre, représenté par le bâtonnier, dans la procédure de recours devant la cour d'appel. Le bâtonnier est ensuite informé des décisions rendues par la cour d'appel.

La loi du 11 février a fait du bâtonnier l'organe de poursuite devant le conseil de discipline régional (V. *infra* chapitre 8). Le bâtonnier reçoit les déclarations de soupçon de blanchiment d'argent et sert d'intermédiaire avec la TRACFIN (V. *infra*, n° 468).

296. – Le bâtonnier a un droit de regard sur les activités des avocats du barreau pour prévenir ou résoudre des incidents :

Il peut demander à un avocat de lui communiquer sa comptabilité (D. art. 232) ou le compte relatif à une affaire (D. art. 245). Cette communication est faite en vue d'un contrôle. Il doit être informé des actions en responsabilité dirigées contre les avocats de son barreau (D. art. 163). C'est que de telles actions mettent en jeu l'assurance collective et elles peuvent révéler une faute disciplinaire. Il doit de même être informé d'une sommation faite à un avocat d'avoir à représenter des fonds qu'il détient (D. art. 208), de la cessation de la garantie financière (D. art. 223), du cumul d'assurances et de garanties (D. art. 227). Il peut autoriser le garant à consulter les documents comptables de l'avocat (D. art. 218). Ces événements intéressent la garantie financière des maniements de fonds qui est donnée par l'Ordre, lequel doit contracter une assurance (V. troisième partie, chapitre 3). Mais le bâtonnier ne peut enjoindre à un avocat de son barreau de se décharger d'un dossier (Cass. 1re civ., 28 avr. 1998 : *JCP* G 1998, IV, 2916 ; *Juris-Data* n° 001862).

Le bâtonnier est averti si l'État confie une mission temporaire à un avocat (D. art. 196).

297. – Symétriquement le bâtonnier doit tenir informé le procureur général, au moins une fois par an, du résultat des vérifications de comptabilité (D. art. 235) et des garanties financières constituées (D. art. 27). L'ordre public est intéressé par la régularité du maniement des fonds des clients.

Il doit informer les tiers, créanciers éventuels, en cas de cessation de garantie (D. art. 223).

Il doit notifier au procureur général le résultat des élections ordinales (D. art. 12), car celui-ci a un droit de recours.

Il doit l'informer de l'ouverture d'une suppléance (D. art. 173).

298. – Le contrôle du bâtonnier s'étend sur les avocats n'appartenant pas à son barreau quand ceux-ci exercent leurs activités dans le ressort du barreau.

Les avocats appartenant à un barreau français qui plaident devant une juridiction extérieure au ressort de leur barreau ont l'obligation de se présenter au bâtonnier local (D. art. 158). Cette démarche n'est pas seulement de courtoisie, elle se justifie parce que l'avocat passe alors sous la juridiction du bâtonnier local. Avec le nomadisme croissant des avocats il faut bien avouer que cette démarche n'est pas toujours respectée. Une carte laissée au siège de l'Ordre tient lieu de visite.

Quand il s'agit d'un avocat d'un barreau étranger mais appartenant à la Communauté européenne, le bâtonnier peut lui demander qu'il justifie de sa qualité (D. art. 201).

Le bâtonnier doit être informé de l'accueil d'un avocat stagiaire étranger (D. art. 84).

2° Le règlement des différends

299. – Le bâtonnier a un rôle général de prévention et de conciliation des différends qui s'élèvent entre confrères ou entre les avocats et leurs clients (L. art. 21 susvisé, n° 290). Il a aussi traditionnellement pour rôle d'apaiser les conflits entre avocats et magistrats. D'une façon générale il est consulté par les chefs de juridiction pour l'organisation des procédures de mise en état et de tenue des audiences.

Il a été jugé que le règlement intérieur peut imposer que toute difficulté survenant entre un avocat et un officier ministériel, un administrateur ou liquidateur judiciaires, soit, préalablement à tout développement de l'incident, soumise par l'avocat en cause au bâtonnier pour qu'il lui donne son avis ou pour lui demander d'intervenir (Cass. 1re civ., 21 févr. 1984 : *Bull. civ.* I, n° 67).

Cette mission de prévention, de conciliation et d'apaisement fait dire parfois que le bâtonnier remplit une fonction paternelle. L'autorité qu'il exerce sur les avocats et le prestige de son titre à l'égard des tiers l'aident dans cette mission.

300. – Au-delà le bâtonnier a reçu de la loi un pouvoir de caractère juridictionnel comme arbitre obligé. Il constitue la première instance des litiges entre avocats employeurs et avocats salariés (V. *supra*, nos 238 à 242), et pareillement entre avocats et tiers pour la fixation des honoraires (V. *infra*, n° 405).

Il intervient également pour la restitution des pièces par l'avocat au client lorsque l'affaire est terminée ou lorsque l'avocat en a été déchargé (D. art. 157). Cette restitution forcée des pièces accompagne généralement un litige sur le montant des honoraires.

Le RIN reprend certaines fonctions dévolues au bâtonnier et y ajoute, ce qui fait du bâtonnier le régent de l'Ordre, au détriment du Conseil de l'Ordre. La facilité a prévalu sur la démocratie.

« Sauf accord du bâtonnier l'avocat qui accepte de succéder à un confrère ne peut défendre les intérêts d'un client contre son prédécesseur » (art. 9-3).

- Les différends entre collaborateur libéral et « patron » doivent être soumis au préalable à la conciliation du bâtonnier. En cas d'échec de la conciliation, le bâtonnier doit recommander aux adversaires de recourir à un arbitre. Cet arbitre ne pourra être le bâtonnier.
- Le contrat de collaboration libérale peut contenir une clause compromissoire et désigner comme arbitre le bâtonnier.
- Le bâtonnier peut autoriser un avocat honoraire à consulter et à rédiger des actes.
- Le bâtonnier peut autoriser le cumul de plus d'un contrat de collaboration libérale après avoir recueilli toutes garanties sur les conditions d'exercice, d'indépendance et de confidentialité.
- En cas de conflit entre des avocats de barreaux différents, si les bâtonniers respectifs ne peuvent se mettre d'accord sur un avis, ils désignent un troisième bâtonnier pour former un collège.

3° Fonctions de gestion de l'Ordre

301. – Le bâtonnier représentant le Conseil de l'Ordre et exécutant ses décisions assure la gestion quotidienne du barreau. Il engage et dirige le personnel salarié, exécute le budget, organise et surveille les services offerts aux avocats et au public ; il a dû mettre sur pied une permanence pour l'assistance aux gardes à vue. Cette fonction d'administration, dans les moyens et grands barreaux, est devenue importante, car l'Ordre prend les allures d'une entreprise.

Le bâtonnier procède aux commissions d'office (L. art. 9 et D. art. 159). Il désigne le suppléant d'un avocat empêché et met fin à la suppléance (D. art. 171 et 172). Il a également compétence pour nommer un administrateur provisoire (D. art. 171).

Il participe à la désignation des membres du jury de l'examen d'entrée au CRFP, comme de celui du CAPA et des certificats de spécialisation (D. art. 53 et 69).

D. – Les anciens bâtonniers

302. – Les anciens bâtonniers conservent quelques prérogatives qui rappellent celles qui appartenaient autrefois au doyen de l'Ordre (V. *supra*, n° 287). C'est l'hommage à l'expérience qu'ils ont acquise et à la sagesse qui a dû s'ensuivre.

Un usage constant veut qu'ils conservent leur vie durant le titre de bâtonnier, même dans l'honorariat.

Ils sont rééligibles indéfiniment au Conseil de l'Ordre et non pas seulement une fois comme les autres membres de ce conseil (D. art. 5).

Naguère dans certains barreaux, l'usage voulait que tous les anciens bâtonniers soient réélus systématiquement au Conseil de l'Ordre. Dans les petits barreaux, le risque était grand que le conseil soit composé uniquement d'anciens bâtonniers, et que la porte en soit ainsi fermée aux jeunes avocats. Cet usage a disparu, mais rares sont les conseils de l'Ordre qui ne comptent pas en leur sein un ou plusieurs anciens bâtonniers, ce qui est facilité par la possibilité qu'ils ont de se faire réélire sans limitation. Dans la plupart des barreaux, l'usage s'est institué d'élire au Conseil de l'Ordre le bâtonnier sortant, ce qui assure une continuité dans les fonctions dévolues à l'Ordre.

Lorsque le bâtonnier en exercice est mis en cause disciplinairement, c'est un ancien bâtonnier membre du Conseil de l'Ordre, qui remplit les fonctions appartenant au bâtonnier dans l'initiative des poursuites.

Dans les mêmes barreaux de plus de 500 membres disposant du droit de vote où le Conseil de l'Ordre peut rendre des décisions en formation restreinte (V. *supra*, n° 262), un ancien bâtonnier peut présider cette formation.

Chapitre 3

LE CONSEIL NATIONAL DES BARREAUX

303. – Les avocats sont traditionnellement organisés en barreaux dont le ressort coïncide généralement avec celui du tribunal de grande instance, anciennement tribunal civil d'arrondissement, juridiction de droit commun. Chaque barreau a la personnalité morale, donc l'autonomie. Les conseils juridiques avaient été dotés en 1978 d'une organisation pyramidale, un peu à l'imitation de celle des officiers ministériels, comprenant des commissions régionales et une commission nationale. Le débat sur la loi du 31 décembre 1990 ne pouvait que confronter ces deux types d'organisation de la nouvelle profession et faire apparaître au grand jour une question qui cheminait depuis longtemps de façon souterraine, celle d'une représentation nationale.

304. – De nombreux motifs militent en faveur d'une telle représentation. Le cadre du barreau est devenu étroit pour une activité qui rayonne sur la France, la Communauté européenne et déborde sur le monde ; cette tendance à l'universalité s'accommode mal de règlements divers dont l'autorité s'arrête aux limites d'un arrondissement : comment un avocat peut-il emporter dans ses pérégrinations autant de déontologies que de barreaux visités ? Les bureaux secondaires, les sociétés inter-barreaux étendent leurs mailles sur tout le territoire national. Comment un pays aussi centralisé que la France peut-il supporter un tel émiettement ? Et puis l'union fait la force, comme chacun sait. On se fait mieux entendre quand on est nombreux. Les avocats l'avaient compris spontanément alors que leurs organisations syndicales ont été voulues nationales. Les barreaux eux-mêmes se sont groupés dans une Conférence des bâtonniers. Certes le Barreau de Paris n'y a pas adhéré, mais il fait à lui seul le poids.

À cette question il paraissait évident à certains, et notamment aux conseils juridiques, de répondre par l'institution d'un Ordre national. La profession nouvelle n'aurait fait que rejoindre en cela d'autres professions libérales organisées, notaires, médecins, experts-comptables et, avec une nuance, huissiers de justice. Elle aurait ainsi rejoint la plupart des pays de la Communauté européenne.

305. – Mais les « anciens avocats » étaient jaloux de l'indépendance de leurs Ordres locaux et farouchement opposés, dans leur majorité, à l'institution d'un Ordre national. Cette résistance prenait certes racine dans le subconscient de la tradition, mais elle pouvait se prévaloir de motifs rationnels et actuels. Les fonctions dévolues à l'Ordre s'accommodent mieux d'une autorité de proximité que d'une autorité lointaine. Il en est ainsi des rapports avec les magistrats de la circonscription, de l'autorisation d'accéder à la profession, de l'administration des maniements de fonds, du contrôle des comptabilités, des commissions d'office, etc. Il est vrai que l'Ordre de Paris, par le nombre de ses membres, dépare quelque peu la démonstration, car il peut préfigurer l'image d'un Ordre national. Mais il reste le point de ralliement qu'est le Palais de justice, avec sa bibliothèque, son restaurant, ses services, la salle des pas perdus. Même s'il est hypertrophié il conserve un rôle de carrefour. Quelle image serait la sienne sans son bâtonnier et son Conseil de l'Ordre ?

306. – Le législateur a trouvé un compromis : il a laissé subsister les Ordres par barreaux, avec l'organisation que nous avons décrite, mais il leur a superposé un organe central institutionnel dit Conseil national des barreaux (CNB) – le titre lui-même est tout un programme. Cet organe a été conçu comme devant représenter la profession dans sa diversité – ce qui pose d'ailleurs le difficile problème de sa composition – et particulièrement auprès des pouvoirs publics. Il a été également voulu comme un instrument fédérateur en matière de formation et d'unification des règlements intérieurs. Le Sénat, lors de la discussion de la loi, y avait ajouté des conseils régionaux par cour d'appel, ce qui a été rejeté par l'Assemblée nationale ; ce degré intermédiaire aurait été inutile.

A. – La composition du Conseil national des barreaux

307. – La composition et le mode d'élection des membres du CNB, tels que prévus dans la loi du 31 décembre 1990 et le décret du 27 novembre 1991, avaient fait l'objet de nombreuses et constantes critiques, provenant essentiellement du barreau de Paris qui s'estimait sous-représenté, non sans voir dans le CNB un concurrent dans le leadership de la profession. Une réforme a été réalisée par une loi n° 95-1349 du 30 décembre 1995 et un décret n° 96-210 du 19 mars 1996.

La loi ajoute un article 21-2 à la loi du 31 décembre 1990 et abroge une partie de l'article 21-1 passée dans le décret. Le nouveau décret réécrit les articles 19 à 38 du décret du 27 novembre 1991.

Le nombre des membres du CNB a été porté de soixante à quatre-vingts (D. art. 19) et leur mode d'élection a été profondément remanié.

Le CNB est aux termes de la loi un établissement d'utilité publique doté de la personnalité morale (L. art. 21-1).

Les fonctions de ses membres sont gratuites et ne peuvent donner lieu qu'à remboursement des frais de voyage et de séjour. Le président et les membres du bureau et les présidents des commissions permanentes peuvent recevoir pour frais de représentation une indemnité dont le montant est fixé par l'assemblée (D., art. 35 modifié par D. 15 mai 2007).

Le CNB pour une meilleure organisation de son travail nomme en son sein des commissions pour traiter tel ou tel problème particulier.

308. – Le conseil est dirigé et administré par un bureau composé de neuf personnes à savoir : un président, deux vice-présidents, un secrétaire, un trésorier et quatre membres. Ce bureau est élu au sein du conseil au scrutin uninominal majoritaire à deux tours, pour trois ans, renouvelables une fois. Toutefois, le mandat du président est limité à une année, renouvelable deux fois, ce qui lui permet de rester en fonction trois années consécutives comme les autres membres du bureau (D. art. 34).

Si un membre du bureau vient à cesser ses fonctions avant l'expiration de la durée normale de son mandat, il est pourvu à son remplacement dans le délai de trois mois. En ce cas les fonctions du nouveau membre expirent à l'époque où auraient cessé celles du membre qu'il a remplacé (D. art. 34).

L'élection des membres du bureau peut être contestée par toute personne appartenant au CNB et par le procureur général devant la Cour d'appel de Paris. Les modalités du recours sont les mêmes que pour l'élection des membres du CNB (D. art. 33. – V. *infra*, n°s 319 à 324).

B. – Fonctions du Conseil national des barreaux

309. – La loi a donné au CNB pour mission de :
– représenter la profession auprès des pouvoirs publics ;
– unifier les règles et usages de la profession ;
– unifier les programmes de formation, coordonner les actions de formation des centres, déterminer les conditions d'obtention des mentions de spécialisation et répartir le financement de la formation professionnelle ;
– arrêter la liste des avocats communautaires et non communautaires autorisés à passer l'examen de contrôle des connaissances leur permettant de s'inscrire à un barreau français.

Nous allons reprendre ces diverses fonctions.

1° Représentation auprès des pouvoirs publics

310. – C'est le premier motif de la création d'un organe national. Il était difficile, sinon impossible, aux pouvoirs publics, c'est-à-dire aux ministres et aux commissions parlementaires, de consulter les Ordres sur les projets législatifs et réglementaires. Il n'y avait pas de représentant incontesté de la profession. Le Barreau de Paris a des points de vue nécessairement spécifiques, la Conférence des bâtonniers de province n'est qu'une association de droit privé, les différentes organisations syndicales donnent des avis orientés. Ces pouvoirs publics ont trouvé un interlocuteur, et on peut espérer qu'à travers lui la profession pourra faire entendre sa voix, dans l'unité, au cours des grands débats d'idées, selon l'expression des politiques. Mais la représentativité du CNB est encore discutée (V. *infra*, n° 325).

Des rapports privilégiés sont noués évidemment avec la Chancellerie, mais aussi avec le ministère des Finances qui détient les dotations financières, notamment pour la formation et l'aide juridictionnelle.

L'action du CNB s'est déjà montrée efficace dans le secteur strictement professionnel ; moins dans les débats d'ordre général auxquels il a participé : réforme en va-et-vient de la procédure pénale, du Conseil supérieur de la magistrature où n'a pénétré aucun avocat ès qualité, ce qui est paradoxal.

2° Unification des règlements intérieurs

311. – Il y a en France 181 barreaux et donc 181 règlements intérieurs. Cette diversité ne s'accorde guère à l'époque de l'avocat migrant. Elle constitue une exception française parmi les autres pays de la Communauté européenne dans lesquels l'Ordre – ou ce qui en tient lieu – est national. Pareille situation appelait une correction. La loi du 31 décembre 1990, ajoutant un article 21-1 à la loi du 31 décembre 1971, « avait chargé le Conseil national des barreaux de représenter la profession d'avocat auprès des pouvoirs publics et de veiller à l'harmonisation des règles et usages de la profession » (al. 1er).

Ce texte est malheureusement quelque peu ambigu, si on le rapprochait des alinéas suivants. Le 2e alinéa par exemple dispose que « le CNB est chargé d'harmoniser les programmes de formation... » et non de veiller à l'harmonisation des programmes de formation. Le terme « veiller », intercalé pour l'harmonisation des règles et usages de la profession, paraissait atténuer le pouvoir du CNB par rapport à celui qu'il a pour la formation.

Enfin harmonisation ne signifie pas uniformisation. Harmoniser, c'est rendre compatibles entre elles des différences et non les ramener à l'unité. Les premiers commentateurs du texte ont été d'avis que le CNB n'avait pas reçu le pouvoir d'imposer aux barreaux sa rédaction unifiée des règlements intérieurs (Bénabent, *Premières vues sur la nouvelle profession d'avocat* : *JCP* G 1991, I, 9499, n° 91. – Hamelin et Damien, *Règles de la profession d'avocat*, Dalloz, 9e éd., p. 222). D'autant que les avocats sont assez jaloux de l'autonomie de leurs Ordres locaux, et que le législateur de 1990 a pris soin de ménager cette tradition en prenant la précaution d'éviter tout ce qui pourrait laisser penser à un Ordre national.

312. – Le CNB, après la réforme de son élection, et dans son deuxième mandat, l'a entendu autrement. Une commission d'harmonisation a été créée en son sein, chargée de préparer un règlement harmonisé. Dix-huit articles ont été en définitive retenus, considérés comme touchant aux points les plus importants. Un dix-neuvième autre introduit dans le règlement français le Code de déontologie des barreaux européens. Les textes ainsi élaborés ont été définitivement approuvés par une assemblée générale tenue les 26 et 27 mars 1999. Ils ont été présentés comme une « décision à caractère normatif », et transmis à tous les bâtonniers afin que leur Conseil de l'Ordre les insère dans le règlement intérieur et supprime toutes dispositions contraires pouvant y figurer, et ce avant le 1er octobre 1999. Il s'agissait en définitive d'un règlement imposé, plus unifié qu'harmonisé. La plupart des Ordres ont intégré dans leur règlement intérieur le règlement harmonisé du CNB, mais tous ne se sont pas inclinés de bonne grâce. Certains ont supprimé des dispositions du règlement (V. CA Dijon, 6 juin 2000 : *JCP* G 2000, II, 10364, note R. Martin), d'autres l'ont sans ambages rejeté, notamment l'Ordre de Tours. À partir de là, un double contentieux s'est établi qui aboutit à une situation quasi ubuesque.

D'une part d'importantes sociétés d'avocats ont contesté devant les cours d'appel la légalité de certaines dispositions du règlement intégré en ce qui concerne l'article 16 de ce règlement sur les réseaux. Une dizaine de décisions ont été rendues qui ne sont pas toutes concordantes (pour un panorama, V. R. Martin, *La querelle de l'article 16 du règlement intérieur harmonisé, Aperçu rapide* : *JCP* G 2001, n° 20). Les cours d'appel étaient incontestablement compétentes pour connaître de ce contentieux alors qu'il s'agit de contester la légalité de la décision d'un Conseil de l'Ordre.

D'autre part l'Ordre de Tours a contesté directement le pouvoir normatif du CNB tant devant la Cour de cassation que devant le Conseil d'État. La Cour de cassation a confirmé ce pouvoir (Cass. 1re civ., 13 mars 2001 : *JCP* G 2001, II, 10538, note R. Martin ; *Gaz. Pal.* 22 mai 2001, p. 16, note A. Damien ; *Bull. civ.* I, n° 69). Mais le Conseil d'État a renvoyé la cause devant le tribunal des conflits et ce dernier a décidé que la juridiction administrative était compétente pour en connaître (TC, 18 juin 2001, n° 3250 : *JCP* G 2001, II, 10586, note R. Martin) puis par un arrêt du 27 juillet 2001 (*JCP* G 2001, II,

10596, note R. Martin) il a décidé que le CNB ne détenait pas de pouvoir normatif en la matière et que son règlement intérieur harmonisé ne pouvait être qu'une recommandation adressée aux Ordres. La Cour de cassation s'est alignée sur le Conseil d'État (Cass. 1re civ., 21 janv. 2003 : *Bull civ.* I, n° 16). L'imbroglio ainsi créé ne pouvait être dénoué que par une intervention du législateur.

313. – La loi du 11 février 2004 donne au CNB un pouvoir normatif dans les termes suivants : « Dans le respect des dispositions réglementaires en vigueur, le CNB unifie, par voie de dispositions générales, les règles et usages de la profession » (art. 25 de la loi modifiant l'article 21-1 de la loi du 31 décembre 1971). Le pouvoir normatif du CNB est ainsi légalement affirmé, coupant court aux querelles jurisprudentielles. Il lui appartient de remettre l'ouvrage sur le métier en passant de l'harmonisation à l'unification.

Mais le législateur a précisé que le CNB procède par voie de « dispositions générales ». Quelle signification donner à cette expression ? Signifie-t-elle simplement que ces dispositions s'appliquent à tous les Ordres d'une façon générale, ou bien suggère-t-elle leur nature ? Selon la seconde branche de l'alternative, le CNB devrait se limiter à des directives, sans entrer dans le détail d'application, celui-ci étant réservé aux Ordres.

Il est par ailleurs naturel que le pouvoir normatif du CNB s'exerce dans le respect des règlements, ce qu'impose la hiérarchie des normes. Mais le gouvernement, en clair la Chancellerie, peut en étendant le champ règlementaire réduire celui du pouvoir normatif du CNB.

Rien n'est dit sur la juridiction compétente pour contrôler la légalité des règles édictées par le CNB, Cour d'appel de Paris ou Conseil d'État. À suivre le Tribunal des conflits, il semblerait que ce soit le Conseil d'État. Ainsi l'avocat rentrerait dans le rang des autres Ordres professionnels, en contradiction avec la tradition séculaire qui veut que la profession reste dans le giron du judiciaire. Ce serait une régression importante.

Le caractère réglementaire et autonome du RIN est confirmé par le décret du 15 juillet 2007 qui prescrit que les décisions normatives adoptées par l'assemblée générale seront publiées au *Journal officiel*. Ainsi le dernier état du RIN a été publié au *JO* du 11 août 2007.

Nous avons ainsi une nouvelle hiérarchie des normes : la loi, le décret, le RIN, et les règlements intérieurs des barreaux. Cette profusion des sources ne va pas sans des chevauchements qui ne simplifient pas la tâche de l'exégète et de l'usager.

314. – La loi du 11 février 2004 a donné au CNB un pouvoir normatif pour unifier les règles de la profession. Il en a fait usage immédiatement pour diffuser aux Ordres un RIU en leur enjoignant de l'intégrer à leur règlement intérieur. Selon nous, c'était une erreur en rabaissant ce RIU au rang du règlement intérieur de l'Ordre, ce qui l'introduisait dans la compétence de la cour d'appel. Ainsi était crée une situation incohérente où les compétences du Conseil d'État et des cours d'appel se superposaient. (R. Martin, *Le règlement intérieur unifié est arrivé* : *JCP* G 2004, act. n° 275 ; *Heurs et malheurs du RIU* : JCP 2005, act. p. 1727, n° 501). La légalité de l'article 16 de ce règlement sur les réseaux fut contesté devant le Conseil d'État – dont la compétence ne fut pas mise en doute – et il fut annulé (CE, 17 nov. 2004 : *JCP* G 2004, II, 10888, conl. Y Agula). À peine le pouvoir normatif avait été consacré par la loi et avait été mis en œuvre que le président du CNB appelait de ses vœux un Code de déontologie par décret en Conseil d'État. (R. Martin : *JCP* G 2004, act. n° 306). La Chancellerie l'entendit et c'est ainsi qu'est né le décret du 12 juillet 2005 présenté comme « relatif aux règles déontologiques de la profession d'avocat ». Le titre de Code de déontologie avait été abandonné pour calmer certaines émotions (sur ce décret, R. Martin : *JCP* G 2005, act. p. 1729, n° 502). Les dispositions de ce décret recouvrent significativement celles du RIU. Le CNB a dû élaborer un nouveau règlement dit national (RIN). Celui-ci est directement applicable sans passer par son intégration dans le règlement intérieur de l'Ordre.

3° Formation

315. – La formation des futurs avocats a échappé aux Ordres proprement dits pour passer à des centres de formation professionnelle ayant une certaine autonomie. La loi a donné mission au CNB de coiffer l'action de ces centres afin d'éviter une trop grande disparité dans les programmes des études et le niveau des examens. Pour remplir cette mission, il existe au sein du CNB une commission qui est composée de six avocats choisis par le conseil parmi ses membres, et au surplus de deux magistrats désignés par le garde des Sceaux et deux membres de l'enseignement supérieur désignés également par le garde des Sceaux sur proposition du ministre chargé des Universités. Cette commission a en outre la faculté de s'adjoindre, avec voix consultative, des personnalités qualifiées en matière de formation (D. art. 39).

Cette commission a fait un travail important pour l'harmonisation des programmes et des méthodes de formation dans les CRFP ; elle a jeté les bases d'une formation continue ; elle participe à l'élaboration des arrêtés ministériels fixant le programme et les modalités de l'examen d'entrée aux CRFP et du CAPA, ainsi que de l'examen du contrôle des connaissances des avocats étrangers ; elle a contribué à dresser la liste des spécialités et des conditions d'obtention de ces spécialités qui ont été consacrées par les arrêtés du 8 juin 1993 et 8 décembre 1993.

Les propositions élaborées par la commission sont approuvées par l'assemblée du CNB où siègent alors les magistrats et enseignants, pour être ensuite transmises à la Chancellerie.

La loi du 11 février 2004 n'a rien changé au rôle du CNB en cette matière, sauf qu'il n'aura plus à s'occuper du stage (V. art. 21.1, L. 31 déc. 1971, repris art. 25, L. 11 févr. 2004) si ce n'est que les modalités de cette formation ont changé (V. Accès à la profession, *infra*, chapitre 4).

316. – Par ailleurs le CNB établit la liste des personnes susceptibles de bénéficier de la Directive CE, n° 89-48, du 21 décembre 1988 sur l'équivalence des diplômes et celle des candidats admis à subir les épreuves de l'examen de contrôle des connaissances prévu aux derniers alinéas des articles 99 et 100 du décret, concernant les avocats étrangers, communautaires ou non (V. *infra*, n°s 348 et 350). Il décide des matières sur lesquelles les candidats doivent être interrogés compte tenu de leur formation initiale. C'est un examen sur mesure qui est découpé pour chaque candidat, après étude de son dossier. Cette mission a été remplie jusqu'à maintenant sans incident sérieux.

Un recours est ouvert contre les décisions du conseil devant la Cour d'appel de Paris.

C. – Financement du Conseil national des barreaux

317. – Le CNB établit son budget de fonctionnement. Ses ressources proviennent notamment (*sic* selon le décret) d'une cotisation annuelle à la charge des avocats inscrits au tableau. Le CNB fixe chaque année le montant de la cotisation et les modalités de paiement (D. art. 37).

En ce qui concerne le financement de la formation, l'État s'était engagé à contribuer pour moitié à son coût, l'autre moitié restant à la charge de la profession. Le principe de cette participation a été rappelé à l'article 13 de la loi du 31 décembre 1971 modifiée. Mais le montant de cette participation ne suit pas les besoins, et son importance relative ne cesse de s'amoindrir ; elle ne représente qu'autour d'un cinquième du budget des centres de formation. La profession a pu faire face un temps à ce désengagement grâce aux ressources dégagées par les CARPA, alimentées par les taux d'intérêt élevés des fonds en dépôt. Mais les taux ont baissé et il a fallu faire appel à des cotisations supplémentaires prélevées sur les avocats.

318. – Aux termes de l'article 40 du décret, le CNB « perçoit et répartit entre les centres régionaux de formation professionnelle d'avocats la participation de l'État au financement de la formation professionnelle (...) Il répartit également la cotisation des avocats affectée à cette formation ». Il ne peut répartir que ce qu'il a perçu, ce qui implique qu'il doit fixer et percevoir ces cotisations avant de les répartir. La pratique s'est établie autrement. Le CNB s'en est déchargé sur les centres de formation, si bien que chacun des centres fixe et appelle les cotisations, suivant ses besoins, par le biais des barreaux. Un barreau s'est refusé à entrer dans le jeu et le centre l'a assigné devant un tribunal de grande instance pour le faire condamner à payer sa contribution. Ce tribunal est entré en condamnation (TGI Bourges, 26 mars 1998 : *JCP* G 1998, II, 10119, note crit. R. Martin). Son jugement a été confirmé par la Cour d'appel de Bourges (3 mars 1999 in.). Mais l'arrêt a été cassé sans renvoi (Cass. 1re civ., 19 juin 2001 : *Bull. civ.* I, n° 177). Ce faisant, la Cour de cassation rétablit la légalité et dit qu'un CRFPA ne peut imposer à un Ordre de son ressort le paiement des cotisations.

D. – Élection des membres du Conseil national des barreaux

319. – Le mode d'élection des membres du CNB a été complètement revu par le décret du 19 mars 1996.

Comme précédemment il existe deux collèges d'électeurs, le collège ordinal et le collège général. Mais l'élection se déroule au suffrage direct et non plus à deux degrés, et surtout dans le cadre de deux circonscriptions, l'une correspondant au barreau de Paris, l'autre dite (improprement) nationale qui recouvre toute la province. La répartition des sièges entre ces deux circonscriptions est faite proportionnellement aux nombres d'avocats inscrits dans chacune d'elles. Si l'on se réfère au vocabulaire de l'article 15 de la loi du 30 décembre 1971, il faut entendre par avocats inscrits, les avocats figurant au tableau, ce qui exclut les honoraires. En effet, l'article 15 distingue deux catégories d'avocats appartenant à l'Ordre : ceux qui sont « inscrits au tableau du barreau », et les honoraires. Il faut aujourd'hui y ajouter les avocats communautaires exerçant sous leur titre d'origine.

320. – En ce qui concerne le collège ordinal, sont électeurs, dans l'une et l'autre des circonscriptions, les bâtonniers et les membres des conseils des Ordres exerçant la profession, ainsi que les présidents et membres des anciennes commissions nationales et régionales des conseils juridiques exerçant actuellement la profession d'avocat.

321. – Le scrutin est uninominal majoritaire à un tour. Le vote a lieu au scrutin secret. Dans la circonscription de Paris, chaque électeur dispose d'une voix. Dans la circonscription nationale, les électeurs disposent d'un vote plural déterminé de la façon suivante : dans chaque barreau, le nombre de voix dont dispose chaque électeur appartenant au barreau est égal au quotient du nombre d'avocats disposant du droit de vote au 1er janvier (y compris donc les honoraires) par le nombre d'électeurs ordinaux. Le poids de chaque Ordre est ainsi respecté dans sa représentation.

322. – En ce qui concerne le collège général sont électeurs les avocats disposant du droit de vote selon l'article 15 de la loi du 30 décembre 1971, à savoir les avocats inscrits au tableau et les avocats honoraires. Chaque électeur dispose d'une voix. Le vote par procuration est autorisé, mais le mandataire ne peut recevoir qu'un seul mandat.

Sont éligibles les avocats inscrits au tableau, ce qui, selon la terminologie de l'article 15 de la loi exclut et les honoraires.

Nul ne peut être candidat sur plus d'une liste ou dans deux collèges.

323. – Le mode de scrutin est un scrutin de liste proportionnel avec attribution du reste à la plus forte moyenne. Chaque liste doit comporter un nombre de candidats correspondant au nombre de sièges à pourvoir. Le vote a lieu au scrutin secret, sans panachage ou vote préférentiel. Pour le détail des opérations d'attribution des sièges dans ce cadre de la proportionnelle, il y a lieu de se reporter à l'article 29-II du décret qui se suffit à lui-même.

324. – Les opérations de vote se déroulent dans les deux collèges le même jour au niveau des barreaux. Le bâtonnier y est chargé de l'organisation des opérations électorales et du dépouillement des voix (il n'y a plus de commission). Le recensement général des votes est effectué par le bureau du CNB sortant.

Le contentieux de l'élection est attribué à la Cour d'appel de Paris. Le délai de recours est de huit jours à partir de la proclamation des résultats pour les avocats et de quinze jours pour le procureur général. Le recours est formé et instruit comme celui concernant les élections au Conseil de l'Ordre ou du bâtonnier (V. *supra*, n° 264).

325. – Le mode d'élection des membres du CNB a été modifié en 1996 pour permettre une représentation plus équilibrée entre syndicats et Ordres, en revalorisant la représentation du barreau de Paris. Le nouveau régime ne donne pas satisfaction à tous. Certains critiquent l'influence encore trop importante des syndicats par rapport aux instances ordinales. Il est vrai que le conseil étant le représentant des barreaux et non des avocats, ce sont les Ordres qui devraient y avoir une représentation dominante. À moins qu'on n'ait en vue un effacement progressif des Ordres locaux.

Chapitre 4

ACCÈS À LA PROFESSION ET SA SORTIE

326. – La profession d'avocat est une profession réglementée et pour y accéder, il est nécessaire de remplir certaines conditions. Celles-ci sont énumérées à l'article 11 de la loi du 31 décembre 1971, tel que réécrit par la loi du 31 décembre 1990 : nationalité, moralité, compétence attestée principalement par des diplômes. C'est le Conseil de l'Ordre qui contrôle que toutes les conditions sont réunies au moment de la demande d'inscription au tableau.

L'avocat, auxiliaire de justice (L. art. 1er), n'est pas un officier ministériel, comme l'avoué, l'huissier de justice ou le notaire qui doivent acheter le droit d'être présentés à la nomination du garde des Sceaux. Il n'est donc pas nécessaire de détenir un solide capital – ou de s'endetter lourdement – pour accéder à la profession. Il n'existe pas de *numerus clausus*, comme pour les médecins ; encore que l'examen d'entrée au Centre régional de formation professionnelle ait tendance à prendre, au moins dans certains ressorts, l'allure d'un concours. Il est bien révolu le temps où il suffisait d'une licence en droit et d'un serment pour revêtir la robe.

Nous allons passer en revue ces trois conditions ainsi énoncées, ou plutôt ces trois catégories de conditions, en observant d'entrée que celle tenant à la compétence comporte un régime ordinaire et d'assez nombreuses exceptions.

A. – Nationalité

327. – Si l'avocat est auxiliaire de justice, et la justice un service public de l'État, on pourrait s'attendre à ce que cette profession soit réservée aux personnes de nationalité française. Il en fut longtemps ainsi, alors même que la qualité d'auxiliaire de justice ne figurait pas dans la loi. Mais le vent de l'Europe est passé par là, et maintenant celui du monde. La nationalité française n'est plus une condition de l'inscription à un barreau français. On peut même dire, sans trop exagérer, que le Barreau français est ouvert à tous, sauf exception et sous certaines conditions. Le principe est renversé.

328. – La Communauté européenne a créé une citoyenneté nouvelle qui se superpose à celle des nations qui y participent. Les ressortissants de ces nations ne sont plus entre eux des étrangers. Ils jouissent d'un régime spécial de liberté de services et d'établissement à l'intérieur de la Communauté, que nous avons déjà décrit (n°s 94 et s.). Ceux qu'on peut désigner maintenant comme étrangers sont les personnes n'ayant pas la nationalité française et qui ne sont pas ressortissants d'un État membre de la Communauté européenne (ou de l'Espace économique européen et de la Confédération helvétique). Pour eux, deux cas peuvent se présenter : ou bien il existe entre leur pays et la France un traité de réciprocité, ou bien il n'en existe pas.

329. – *Des conventions bilatérales de réciprocité* ont été passées entre la France et ses anciennes colonies (ou protectorats) lors de leur émancipation. Ces conventions permettent aux ressortissants français de s'établir comme avocats dans ces pays et aux ressortissants de ces pays de s'établir en France. De telles conventions ont été conclues avec les États suivants :

Vietnam, 16 septembre 1954 ; Maroc, 20 mai 1965 ; Cameroun, protocole du 13 novembre 1960 et convention du 21 février 1974 ; Algérie, protocole judiciaire du 28 août 1962 rattaché aux accords dits d'Évian ; Togo, 17 juin 1964 ; Sénégal, 11 août 1960 ; Congo-Brazzaville, 15 août 1960 ; République centrafricaine, 13 août 1960 ; Gabon, 17 août 1960 ; Mali, 22 juin 1960.

L'application de ces conventions ne va pas sans générer un contentieux assez abondant, car l'histoire a décalé les faits par rapport à la lettre. C'est notamment le cas du Vietnam (Cass. 1re civ., 23 mars 1994 : *JCP* G 1994, IV, n° 1369) et surtout de l'Algérie. À cet égard le CNB est entré en conflit avec la Cour d'appel de Paris et la Cour de cassation (Cass. 1re civ., 16 févr. 1994, pourvoi n° 92-397/B et même jour, pourvoi n° 92-10.398/B. – *Adde* CA Paris, 26 oct. 1994, aff. *Guerroumi*). En ce qui concerne le Maroc, on peut consulter : CA Paris, 29 juin 1994, aff. *Zitouni*.

Les réfugiés et apatrides, reconnus comme tels par l'Office français de protection des réfugiés et apatrides, peuvent s'inscrire à un barreau français s'ils remplissent les autres conditions (L. art. 11, 1°).

330. – Les ressortissants des États qui n'ont pas contracté avec la France jouissent d'une réciprocité de fait. L'étranger non communautaire peut devenir avocat d'un barreau français, si son pays d'origine accorde le même droit aux Français.

Par pays, il faut entendre soit un État, soit « une unité territoriale », c'est-à-dire une structure publique jouissant d'une autonomie législative, notamment au sein d'une fédération ; ce peut être un État des États-Unis d'Amérique, une province du Canada.

La difficulté réside dans l'établissement de la réciprocité de fait. C'est le CNB qui contrôle l'existence de cette réciprocité, condition préalable lorsqu'il autorise le candidat à subir les épreuves de l'examen du contrôle des connaissances (L. art. 21-1, al. 3 et D. art. 39). Un recours est ouvert devant la Cour d'appel de Paris contre la décision du CNB (à titre d'exemples citons une décision du CNB qui n'admet pas la réciprocité avec le Québec, un arrêt de la cour de Paris qui ne l'admet pas pour l'ex-Zaïre, 29 juin 1994, aff. *Maleka*, et un autre qui l'admet pour le Brésil, 28 septembre 1994, aff. *Belengués*). Un arrêt du 16 janvier 2007 ne l'admet pas pour le Burkina Fasso (*Bull. civ.* I, n° 16).

La reconnaissance de la réciprocité a beaucoup été simplifiée par les accords du GATS qui ont débouché sur l'OMC. Celui qui est devenu avocat dans un pays ayant signé les accords du GATS peut se prévaloir de la réciprocité. Ce candidat aura simplement à viser les accords du GATS dans sa requête et le CNB à vérifier seulement si l'État dont le candidat est un national a bien signé les accords. (Sur les détails des problèmes soulevés par l'article 100 du décret du 27 novembre 1991 d'application de l'article 11 de la loi du 31 décembre 1971, on peut consulter : S. Guinchard, *Comment devenir avocat ?* Montchrestien 2002, 4e éd., p. 91 s.).

331. – Aux termes de l'article 11, dernier alinéa de la loi du 31 décembre 1971, « l'avocat ressortissant d'un État ou d'une unité territoriale n'appartenant pas aux Communautés européennes ou à l'Espace économique européen, s'il n'est pas titulaire d'un certificat d'aptitude à la profession d'avocat, doit subir pour pouvoir s'inscrire à un barreau français, les épreuves d'un examen de contrôle des connaissances en droit français (...) ». Cet examen est analogue à celui qui est imposé aux ressortissants de la Communauté européenne.

Un examen analogue peut être exigé par certaines conventions de réciprocité.

B. – Moralité

332. – Nous avons affirmé, à plusieurs reprises, que l'appartenance à la profession d'avocat impliquait l'acceptation et le respect d'une certaine éthique plus exigeante que celle du commun, ce qui lui donnait une allure aristocratique. Ces qualités morales sont contrôlées, lors de l'entrée dans la profession, par le Conseil de l'Ordre qui peut refuser l'inscription au barreau de celui qui ne les possède pas. Ce contrôle se traduit surtout négativement par des exclusions entraînées par certaines condamnations prévues explicitement par la loi ; mais la pratique va au-delà de ces prescriptions légales particulières en se fondant sur une règle générale d'honorabilité.

Cette exigence de moralité, qui conditionne l'entrée dans la profession, se poursuit pendant tout le cours de son exercice et elle se traduit par une action disciplinaire (V. *infra*, troisième partie, nos 510 et s.). Elle survit même à la retraite pour l'avocat admis à l'honorariat.

Cette règle générale de moralité peut être le mieux exprimée par l'article 17 de la loi, qui décrit les diverses attributions dévolues au Conseil de l'Ordre, en son 3° que voici : le Conseil de l'Ordre a pour mission « de maintenir les principes de probité, de désintéressement, de modération et de confraternité sur lesquels repose la profession et d'exercer la surveillance que l'honneur et l'intérêt de ses membres rendent nécessaires ». Il faut en retenir que les avocats doivent se conduire en hommes d'honneur, mot qui rassemble toutes les autres qualités qui leurs sont demandées. Tel est le sens du serment qu'ils prêtent lors de leur entrée dans la profession (V. R. Martin, *La délicatesse de l'honneur* : *Gaz. Pal.*, 1er août 2000, p. 2).

333. – Les exclusions sont décrites à l'article 11, 4° et 5° de la loi de 1971 (elles se retrouvaient pour l'inscription par le procureur de la République sur la liste des conseils juridiques à l'article 54, 3° de la même loi avant sa modification par la loi de 1990). Elles résultent de certaines condamnations pénales et disciplinaires et des déchéances tenant à la faillite personnelle.

La personne qui demande son inscription sur la liste du stage ou directement au tableau doit justifier qu'elle n'a pas été l'auteur de faits ayant donné lieu à une condamnation pénale pour agissements contraires à l'honneur, à la probité et aux bonnes mœurs (L. art. 11, 4°). Aux termes de ce texte, le refus d'inscription doit être fondé sur une double condition : qu'il y ait eu condamnation pénale et que cette condamnation ait sanctionné des faits contraires à l'honneur, à la probité ou aux bonnes mœurs. Une condamnation pénale à elle seule n'interdit pas l'accès au barreau quel que soit le délit qu'elle ait sanctionné. Il faut que les faits constitutifs de l'infraction soient contraires à l'honneur, à la probité et aux bonnes mœurs. Le Conseil de l'Ordre et après lui la cour d'appel sont par suite amenés à superposer à la qualification du délit opérée par le juge pénal, une qualification supplémentaire qui est exprimée en termes très extensifs (Cass. 1re civ., 21 mars 2006 : *JCP* G 2006, I, 188, n° 164, obs. R. Martin)..

Le postulant au barreau doit de même justifier n'avoir pas été l'auteur de faits de même nature ayant donné lieu à une sanction disciplinaire ou administrative de destitution, révocation, retrait d'agrément et d'autorisation (L. art. 11, 5°).

Pour ne citer que deux exemples récents, le Conseil de l'Ordre peut refuser l'inscription au barreau d'un ancien fonctionnaire des finances révoqué pour avoir contrevenu à l'obligation de réserve (CA Nîmes, 15 déc. 1992, *Tong Viet*). Le fonctionnaire en question avait publié sous un pseudonyme un pamphlet contre les méthodes de contrôle de l'administration fiscale, dont les médias s'étaient emparés.

De même, peut être refusée l'inscription d'un magistrat honoraire (*sic*) sanctionné naguère en tant que magistrat pour violation du secret de l'instruction (Douai, 28 avr. 1988 : *Gaz. Pal.* 1988, 2, p. 493), ou encore d'un ancien notaire ayant fait l'objet de poursuites disciplinaires (Cass. 1re civ., 10 juil. 2001 : *JCP* G 2001, I, 136 n° 6, obs. R. Martin).

334. – La faillite personnelle ou les autres sanctions prononcées en application du titre VI de la loi n° 85-98 du 25 janvier 1985, relative au redressement et à la liquidation judiciaires, ou encore les sanctions résultant de la loi antérieure, n° 67-563 du 13 juillet 1967, interdisent à celui qui les a subies de devenir avocat.

La loi du 25 janvier 1985 prévoit des possibilités de réhabilitation :

– le jugement de clôture pour extinction du passif relève le chef d'entreprise ou les dirigeants sociaux de toutes les déchéances et interdictions (art. 195, al. 3) ;

– l'intéressé peut dans tous les cas, demander au tribunal de le relever en tout ou partie des déchéances et interdictions (art. 195, al. 4).

Antérieurement à la loi du 25 janvier 1985, la Cour d'appel d'Aix-en-Provence avait jugé que le failli réhabilité ne tombait plus sous le coup de l'interdiction de l'article 11 de la loi du 31 décembre 1971 (*D.* 1975, 690, note F. Derrida. – *Contra* pour une réhabilitation, Cass. 1re civ., 24 janv. 1995 : *JCP* G 1995, n° 9, act.). La loi du 26 juillet 2005 a maintenu la faillite personnelle (C. com., art. L. 653-3).

335. – Au-delà des exclusions expressément édictées par l'article 11 précité, la jurisprudence applique la règle générale d'honneur que nous évoquions (V. *supra*, n° 332) en refusant l'inscription à l'Ordre pour des faits n'ayant pas été sanctionnés pénalement ou disciplinairement.

Le principe en a été admis sans ambiguïté dans un arrêt de la Première chambre civile de la Cour de cassation du 15 octobre 1975 (*Bull. civ.* I, n° 273 ; *Gaz. Pal.* 1976, 1, p. 66, note A. Damien) dans les termes suivants :

« Si l'article 11 de la loi du 31 décembre 1971 énumère les conditions à défaut desquelles nul ne peut accéder à la profession d'avocat, il ne s'ensuit pas nécessairement que tout candidat qui satisfait à ces conditions doive être admis au barreau.

« C'est dès lors à bon droit qu'une cour d'appel admet que l'article 17-3° de la loi précitée, d'une portée générale, qui donne au Conseil de l'Ordre la mission de maintenir les principes de probité et de désintéressement sur lesquels repose la profession d'avocat, lui reconnaît par là même le pouvoir de refuser l'inscription d'un postulant ayant contrevenu à ces principes ».

C'est ainsi que la Cour d'appel de Montpellier a décidé que les conditions relatives à la moralité, la probité et l'honorabilité ne sont pas remplies si le postulant a été frappé d'interdiction d'émettre des chèques (31 mars 1992 : *Juris-Data* n° 044375).

Ou encore s'agissant de l'indépendance qui est une autre vertu cardinale de l'avocat, la Cour de Toulouse a estimé que n'y satisfaisait pas un fonctionnaire des impôts en retraite anticipée ayant exercé très récemment d'importantes fonctions administratives dans la circonscription (7 juin 1993 : *Juris-Data* n° 048684). Mais cette décision a été cassée (Cass. 1re civ., 14 nov. 1995 : *JCP* G 1996, IV, 10 ; *Juris-Data* n° 002969). La Cour de cassation a estimé que, ce faisant, la cour d'appel avait créé une incompatibilité non prévue par la loi.

Des défauts de caractère comme l'impulsivité, l'exaltation ne peuvent suffire à interdire l'accès à la profession (Cass. civ., 20 juin 1972 : *D.* 1973, 231. – Pour une réponse insolente à un bâtonnier, Cass. 1re civ., 7 juill. 1987 : *JCP* G 1987, IV, p. 320). Si l'avocat ainsi affligé par la nature passe aux actes au cours de sa carrière, il pourra faire l'objet d'une sanction disciplinaire.

C'est en vertu du même principe que des faits ayant donné lieu à une condamnation pénale postérieurement effacés par l'amnistie peuvent être retenus pour motiver un refus d'inscription (CA Rouen, 7 juill. 1993 : *Gaz. Pal.* 1993, 2, p. 418, note A. Damien). Il s'agissait de faux en écriture de commerce, l'intéressé ayant établi des factures fictives au nom de son employeur. Une autorisation d'inscription peut même être retirée, si dans un tel cas, les faits amnistiés avaient été cachés par le postulant (Cass. 1re civ., 22 mars 1983 : *JCP* G 1983, IV, p. 179 ; *D.* 1985, inf. rap. p. 107 ; *Gaz. Pal.* 1984, 1, p. 175, note Y. Avril. – Dans le même sens, Cass. 1re civ., 15 mai 1984 : *JCP* G 1984, IV, p. 274. – Sur les effets de l'amnistie, V. *infra*, n° 540).

C. – Compétences et diplômes

336. – Il existe une voie ordinaire pour accéder à la profession d'avocat qu'on pourrait désigner comme la voie universitaire française, et des voies extraordinaires qui tiennent à des activités professionnelles antérieurement exercées par le postulant.

1° La voie d'accès ordinaire au barreau

337. – C'est la voie suivie par l'étudiant en droit d'une université française, lequel n'est pas nécessairement de nationalité française (V. *supra*, n° 327 et s.). Celui-ci doit justifier de certains diplômes, être admis à suivre une formation dans un centre de formation professionnelle et obtenir le Certificat d'aptitude à la profession d'avocat, avant de prêter serment et d'être inscrit au barreau.

Nous n'entrerons pas dans le détail du cursus de cette voie d'accès. Elle n'intéresse pas à proprement parler les règles d'exercice de la profession qui commence avec la prestation de serment, mais la façon pour l'étudiant d'y prétendre. Nous n'en décrirons que les traits généraux (on peut consulter, S. Guinchard, *Comment devenir avocat ? Les examens d'accès à la profession*, Montchrestien, 5e éd. 2006. – J.C. et S. Woog, *Devenir avocat*, 2007, Litec. – B. Marguet, *N'ayez pas peur des avocats*, *Les Annonces de la Seine*, 9 mai 2005, notamment sur la genèse de la réforme).

a) La formation dans un centre régional de formation professionnelle (CRFP)

338. – La loi du 11 février 2004 a modifié profondément la formation des élèves avocats en supprimant le stage qui suivait l'obtention du certificat d'aptitude à la profession d'avocat (CAPA) et en portant à dix huit mois, au lieu d'une année, la formation au sein du CRFP. Cette réforme vient de loin, d'un rapport de la commission de la formation approuvé par l'assemblée générale du CNB le 15 novembre 1995. Elle a été provoquée surtout par la difficulté de trouver des maîtres de stage en nombre suffisant. Dorénavant, le cursus des études comprend : la maîtrise en droit, un examen d'admission au CRPF et sa préparation dans un Institut d'tudes judiciaires (IEJ) de l'Université, une formation de dix huit mois au CRPF sanctionné par le CAPA. Le titulaire du CAPA peut demander immédiatement son inscription au tableau d'un barreau.

339. – L'entrée dans un CRFP est soumise à un examen. Il ne s'agit pas d'un concours, mais l'examen est assez difficile pour provoquer une sélection sérieuse. Pour s'y présenter, il faut avoir obtenu la maîtrise en droit ou un diplôme équivalent. Les équivalences étaient énumérées dans un arrêté ministériel du 26 décembre 1991 qui avait été critiqué pour son laxisme (S. Guichard, préc., n° 337, § 17). Cet arrêté a été abrogé et remplacé par un arrêté du 7 août 1995 (*JO* août 1995) puis par un arrêté du 25 novembre 1998 (*JO* 9 déc. 1998 ; *JCP* G 1998, III, 20191). Nous renvoyons au texte de cet arrêté plus restrictif que les précédents. Le recours contre la contestation de l'équivalence par l'Université est porté devant la cour d'appel.

L'examen d'entrée est organisé par l'Université. La préparation se fait dans un IEJ. Les docteurs en droit sont dispensés de l'examen, mais ils doivent suivre l'enseignement de dis huit mois au CRFP (avant la loi du 11 février 2004, ils pouvaient présenter directement le CAPA). Les conditions de cet examen figuraient dans un arrêté du 27 janvier 1998 (*JO* 31 janv. 1998, reproduit in S. Guichard, préc.). Cet arrêté a été remplacé par un arrêté du 17 décembre 2003, qui tient compte des critiques qu'on lui avait adressées. Celui-ci est entré en application le 1er septembre 2005, c'est-à-dire pour la session de 2005 (pour une analyse très complète de cet arrêté, on se reportera à J.-C et S. Woog, préc.).

340. – La formation au sein du CRFP est assurée par le Barreau en collaboration avec l'Université. Elle est à la fois théorique et pratique. Elle couvre le juridique comme le judiciaire. Elle comporte des stages, qu'on appelait antérieurement pré-stages pour les distinguer du stage après CAPA aujourd'hui supprimé. Ces stages sont accomplis auprès de professionnels, de juridictions et d'organismes divers. L'élève-avocat est astreint au cours de ces stages à une obligation de secret, proche du secret professionnel. Il prête ce qu'on nomme un « petit serment » en ces termes : « Je jure de conserver le secret de tous les faits et actes dont j'aurais eu connaissance au cours de mes stages ».

341. – Le siège et le ressort de chacun des CRFP sont arrêtés par le ministre de la justice sur proposition du CNB. Le CRFP est rattaché à une université. Le ministre peut procéder à des regroupements des centres existants sur proposition du CNB, après consultation des centres concernés. Le regroupement est alors imposé (il était avant la loi du 11 février 2004 seulement volontaire). L'existence de sections locales est conservée sur décision du centre régional dans les villes dotées d'une université. En fait, les centres ont été excentrés.

342. – L'organisation des CRFP des élèves-avocats et le contenu de la formation sont minutieusement décrits dans le décret n° 2004-1386 du

21 décembre 2004. Nous y renvoyons ainsi qu'à « l'aperçu rapide » que nous en avons donné au *JCP* G 2005, act. n° 42. Nous ne pouvons ici entrer dans le détail.

b) L'inscription au tableau

343. – Le détenteur du CAPA peut demander immédiatement son inscription au tableau d'un barreau. Il n'est pas obligé de s'inscrire à un barreau dépendant du ressort du CRFP dont il est issu ; il peut postuler à n'importe quel barreau – d'où la tentation du candidat à choisir un CRFP dont l'examen d'entrée est réputé moins difficile. La sélection ayant été faite lors de l'examen d'entrée au CRFP, l'échec au CAPA est rare.

En ce qui concerne les conditions de l'inscription au tableau, il convient de transposer les règles qui étaient en vigueur pour l'inscription sur la liste du stage :

– l'autorisation d'inscription est prononcée par le Conseil de l'Ordre dans les deux mois de la réception de la demande. C'est à cette phase que le Conseil de l'Ordre vérifie si le demandeur remplit toutes les conditions requises, tenant à la compétence attestée par l'obtention du CAPA, à la nationalité et à la moralité. Un refus d'inscription ne peut être prononcé sans que l'intéressé ait été entendu ou appelé, en respectant un délai de huit jours (D. art. 73) ;

– la décision emportant autorisation ou refus d'inscription doit être notifiée par lettre recommandée avec avis de réception dans les quinze jours de sa date à l'intéressé et au procureur général qui peuvent la déférer à la cour d'appel dans les formes de l'article 16 du décret. Le défaut de notification d'une décision dans le mois qui suit l'expiration du délai de deux mois imparti au Conseil de l'Ordre pour statuer vaut rejet implicite de l'inscription et l'intéressé peut porter sa réclamation devant la cour d'appel dans le délai d'un mois suivant cette décision implicite. Le postulant qui défère à la cour d'appel une décision de rejet, soit explicite soit implicite, doit en aviser sans délai le procureur général et le bâtonnier, par lettre recommandée avec avis de réception (D. art. 74). Si la cour d'appel annule la décision de rejet, elle ne peut prononcer elle-même l'admission, mais doit renvoyer le postulant devant le Conseil de l'Ordre. Celui-ci peut réitérer son refus pour d'autres motifs (CA Limoges, 18 févr. 1993 : *Juris-Data* n° 041059).

c) La prestation du serment

344. – Quand l'autorisation d'inscription a été délivrée par le Conseil de l'Ordre, le postulant, avant son inscription effective, doit prêter serment. Il le fait devant la cour d'appel dans les termes suivants : « Je jure, comme avocat, d'exercer mes fonctions avec dignité, conscience, indépendance, probité et humanité ». Cette formule ramassée, reprend les vertus essentielles qui devront être pratiquées par l'avocat durant toute sa carrière.

Cette prestation de serment est traditionnelle dans l'Ordre. Elle fut d'abord de coloration religieuse, l'avocat étant à l'origine un clerc. Napoléon lui donna une allure nettement politique : l'avocat jurait obéissance aux constitutions de l'Empire et fidélité à l'Empereur, et en outre de ne rien dire ou publier de contraire aux lois, aux règlements, aux bonnes mœurs, à la sûreté de l'État et à la paix publique et de ne jamais s'écarter du respect dû aux tribunaux et aux autorités publiques, de ne jamais conseiller et défendre une cause qu'il ne trouverait pas juste en son âme et conscience. L'engagement de fidélité au chef de l'État fut supprimé, mais les autres engagements furent conservés jusqu'en 1982. Dans le décret du 9 juin 1972 (art. 23) la formule du serment contenait encore « le respect des tribunaux, des autorités publiques... et la promesse de ne rien dire ni publier qui soit contraire aux lois, aux règlements, aux bonnes mœurs, à la sûreté de l'État et à la paix publique ». C'était contraire à l'indépendance et au devoir de défense, quelle que soit la turpitude ou la révolte de celui qui est poursuivi. On peut s'étonner qu'il ait fallu plus d'un siècle de démocratie pour supprimer des engagements, pris sous serment, contraires à l'État de droit. Cela démontre que les droits de la défense ne sont pas naturellement perçus par le souverain.

Le postulant ayant reçu du Conseil de l'Ordre l'autorisation d'être inscrit et ayant prêté serment devient avocat. Il est inscrit à la date de l'admission.

Il faut noter qu'un nombre important d'avocats exerçant à l'heure présente n'ont jamais prêté serment. Ce sont les anciens conseils juridiques qui ont été intégrés dans la nouvelle profession sans avoir à prêter serment. Si le serment a un sens, cette dispense est choquante. En dispenser toute une catégorie d'avocats, c'est laisser penser que le serment n'est qu'un rite sans conséquence.

345. – Les avocats inscrits à un barreau étranger peuvent effectuer un stage d'une durée d'une année, renouvelable deux fois, auprès d'un avocat inscrit au tableau. Ces stagiaires conservent leur qualité d'avocat étranger. Ils ne font pas partie du barreau et ne votent pas. Ils restent sous l'autorité disciplinaire de leur barreau.

Sans être inscrits sur une liste du stage, ils participent à l'activité de l'avocat maître du stage, mais ne peuvent se substituer à lui dans aucun acte de sa fonction, de la même manière que l'élève du CRFP en cours de pré-stage participe à l'activité de ce dernier. L'exercice d'autres activités professionnelles entraîne le retrait d'agrément.

Le maître de stage informe le bâtonnier de l'accueil du stagiaire et de la période prévue pour l'accomplissement du stage au moins un mois avant le début de celui-ci. Le bâtonnier saisit le Conseil de l'Ordre qui, dans ce délai, accorde ou refuse son agrément. La décision du Conseil de l'Ordre est susceptible d'un recours devant la cour d'appel dans le délai d'un mois (D. art. 84).

2° Les voies extraordinaires d'accès au barreau

346. – Certaines personnes peuvent accéder au barreau sans suivre le cursus de type universitaire à usage français que nous venons d'évoquer. Il s'agit de professionnels ayant exercé une autre profession juridique réglementée en France, ou d'étrangers, notamment des ressortissants de la Communauté européenne ou de l'Espace économique européen, présentant des garanties de compétence acquises dans leur pays d'origine.

Ces personnes doivent présenter une demande d'inscription au tableau au Conseil de l'Ordre du barreau choisi et ce Conseil de l'Ordre décide de leur inscription suivant la procédure décrite, *supra*, n° 343. La décision refusant l'inscription peut être déférée à la cour d'appel selon les formes prévues à l'article 16 du décret. L'arrêt de la cour d'appel peut être frappé de pourvoi. Il est évident que ces inscriptions par des voies extraordinaires donnent lieu à plus de contentieux que celles qui passent par la voie ordinaire, laquelle est toute tracée et balisée.

Celui qui a obtenu l'autorisation de s'inscrire doit prêter serment avant d'être accepté dans l'Ordre.

Nous examinerons successivement le cas de professionnels ayant exercé en France, celui des ressortissants de la Communauté européenne ou de l'Espace économique européen et celui des autres étrangers.

a) Professionnels ayant exercé en France

347. – Peuvent être inscrits directement au tableau, sans passer par la formation au CRFP, sans CAPA et sans suivre de stage, les professionnels suivants :

– les membres et anciens membres du Conseil d'État et les magistrats ou anciens magistrats des cours d'appel administratives et des tribunaux administratifs ;

– les magistrats ou anciens magistrats de la Cour des comptes, des chambres régionales des comptes et des chambres territoriales des comptes de la Polynésie française et de la Nouvelle-Calédonie ;

– les magistrats et anciens magistrats de l'ordre judiciaire ;

– les professeurs d'université chargés d'un enseignement juridique ; le professeur associé n'y est pas assimilé : Cass. 1re civ., 15 déc. 1999 : *Bull. civ.* I, n° 348 ; *JCP* G 2000, I, 231, n° 4 ;

– les avocats au Conseil d'État et à la Cour de cassation ;

– les avoués près les cours d'appel (D. art. 97).

L'article 98 du décret du 31 décembre 1971 dispense certains professionnels de la formation théorique et du CAPA, mais exige une certaine durée de leur pratique professionnelle. Il s'agit des professionnels suivants :

– les notaires, huissiers de justice, administrateurs judiciaires et mandataires judiciaires à la liquidation des entreprises, les anciens syndics et administrateurs judiciaires, les conseils en propriété industrielle et les anciens conseils en brevets d'invention ayant exercé leurs fonctions pendant cinq ans au moins ; les anciens notaires peuvent s'en prévaloir (Cass. 1re civ., 10 juillet 2001, arrêt n° 1640) ;

– les maîtres de conférence, les maîtres assistants et les chargés de cours, s'ils sont titulaires du diplôme de docteur en droit, en sciences économiques ou en gestion, justifiant de cinq années d'enseignement juridique en cette qualité dans une UER ;

– les juristes d'entreprise justifiant de huit ans au moins de pratique professionnelle au sein du service juridique d'une ou plusieurs entreprises. La Cour de cassation s'est montrée assez stricte pour l'application de cette exemption. Elle exige que l'activité juridique au sein de l'entreprise ait été exclusive (Cass. 1re civ., 14 nov. 1995, 2 arrêts : *Bull. civ.* I, nos 409 et 410 ; *D.* 1995, inf. rap. p. 263) et qu'elle se soit exercée au sein d'un service spécialisé de l'entreprise, ce qui suppose une grande entreprise (Cass. 1re civ., 28 nov. 1995 : *Bull. civ.* I, n° 432). Certains Ordres avaient exigé que le juriste d'entreprise soit en activité au sein de l'entreprise au moment où il présente sa demande d'inscription au barreau, au motif que le texte ne prévoit pas pour lui que les anciens juristes d'entreprise puissent être admis contrairement à ce qu'il en est pour les anciens fonctionnaires. Cette exégèse quelque peu subtile a été condamnée par la Cour de cassation (Cass. 1re civ., 15 déc. 1998 : *Bull. civ.* I, n° 4 ; *JCP* G 1999, I, 126, n° 4. – 29 juin 1999 : *JCP* G 1999, I, 173, n° 7. – Cass. 1re civ., 6 juin 2001 : *JCP* G 2002, 1, 136, n° 4, obs. R. Martin). Toutefois, l'activité au sein du contentieux de l'URSSAF a été admise, bien que celle-ci ne concerne que le droit de la Sécurité sociale (Cass. 1re civ., 13 mars 1996 : *Bull. civ.* I, n° 131). Par contre, la Cour de cassation (Cass. 1re civ., 30 mars 1994 : *Bull. civ.* I, n° 121) a refusé d'assimiler au juriste d'entreprise le fonctionnaire affecté au service juridique d'une collectivité locale. De même un employé d'un cabinet d'expertise comptable ne peut se prévaloir de l'exercice du droit au sein de ce cabinet (Cass. 1re civ., 4 mai 1999 : *JCP* G 1999, I, 173, n° 9), ainsi qu'un employé d'une étude de mandataire de justice (CA Paris 27 févr. 2002 :

Gaz. Pal. 24-25 mai 2002, somm. jurispr p. 22). Il n'est pas exigé que la maîtrise en droit ou un diplôme équivalent ait été obtenu antérieurement à l'activité (Cass. 1re civ., 14 mars 2000 : *Bull. civ.* I, n° 90) ;

– les clercs d'avocat n'étaient pas considérés comme juristes d'entreprise (CA Bordeaux, 16 janv. 1996 : *Gaz. Pal.* 4 juill. 1996, p. 21 note A. Damien. – CA Amiens, 19 juin 2000 : *JCP* G 2001, I, 1284, n° 1 obs. R. Martin. – Cass. 1re civ., 21 nov. 2000 : *JCP* G 2000, I, 948, n° 3, obs. R. Martin. – *Adde* Rép. min. : *JO* Sénat, 5 avr. 1984). Mais la Cour d'appel de Reims a décidé en sens contraire (11 sept. 2001 : *Gaz. Pal.* 17 oct. 2001, p. 5, note A. Damien). Celle-ci opère une distinction subtile entre l'exercice du droit pour les clients et celui qui a trait à l'organisation et à la gestion du cabinet. C'est instituer une sorte de « voie longue » d'accès au barreau qui, à notre sens, ne pourrait résulter que d'un décret ;

– les fonctionnaires ou anciens fonctionnaires de catégorie A, ou les personnes assimilées, ayant exercé en cette qualité des activités juridiques pendant huit ans au moins, dans une organisation ou un service public ou une organisation internationale. L'article 9-1 de l'ordonnance du 22 décembre 1958 sur le statut de la magistrature interdit à l'ancien magistrat d'exercer la profession d'avocat dans le ressort d'une juridiction où il a exercé ses fonctions depuis moins de cinq ans ;

– les juristes attachés pendant huit ans au moins à l'activité juridique d'une organisation syndicale (D. art. 98). La jurisprudence de la Cour de cassation a été d'abord accueillante pour cette catégorie, en n'exigeant pas que l'activité ait été exclusive (Cass. 1re civ., 21 mars 1995 : *Bull. civ.* I, n° 135. – 30 mai 1995 : *Juris-Data* n° 001480). Mais elle paraît durcir sa position dans un arrêt du 30 janvier 1996 (*Bull. civ.* I, n° 48) où elle exige *expressis verbis* l'exclusivité et refuse l'inscription à un juriste qui avait une activité principale parallèlement à ses activités syndicales (confirmé par Cass. 1re civ., 29 juin 1999 : *Bull. civ.* I, n° 218 ; *JCP* G 2000, I, 231, n° 2). La Cour d'appel de Paris a exclu du bénéfice de l'article 98 un secrétaire de comité d'entreprise et un assistant parlementaire d'un sénateur (2 arrêts, 27 mars 2002 : *Gaz. Pal.* 24/25 mai 2002) ainsi qu'un employé de la section départementale du MEDEF (Cass. 1re civ., 18 janv. 2005 : *Bull. civ.* I, n° 26) ;

– les clercs d'avocats n'étaient pas considérés comme juristes d'entreprise. Un décret du 4 novembre 2005 les a compris expressément dans la liste en ces termes : « les juristes salariés d'un avocat, d'une association ou d'une société d'avocats, d'un office d'avoué ou d'un avocat au Conseil d'État et à la Cour de cassation, justifiant huit ans au moins de pratique professionnelle ». Mais ils doivent avoir acquis la maîtrise en droit ou son équivalent avant les huit ans de pratique. Un recours contre cette dernière disposition a été rejeté par le Conseil d'État (CE, 25 juill. 2007, req. n° 2887). Sur l'exigence que l'avocat ait été salarié, V. CA Paris, 26 avr. 2007 : *Gaz. Pal.* 20 oct. 2007, p. 13, obs. O. Lambling, infirmant une décision du Conseil de l'Ordre qui avait admis le candidat à l'inscription au tableau)

– les personnes agréées par le président du Tribunal supérieur d'appel de la collectivité départementale de Mayotte, justifiant de huit ans au moins de pratique professionnelle.

b) Ressortissants de la Communauté européenne (D. art. 99)

348. – L'article 99 du décret du 27 novembre 1991 modifié, issu de la Directive européenne du 21 décembre 1988 sur l'équivalence des diplômes délivrés par les États membres de la Communauté européenne, permet à des juristes et à des avocats de la Communauté, de l'Espace économique européen, et de la Confédération suisse (art. 99-1 créé par le décret du 14 octobre 2004) de demander leur inscription à un barreau français sans passer par un Centre de formation professionnelle et sans avoir obtenu le CAPA. Les conditions pour y parvenir sont particulièrement complexes, énoncées dans un article touffu, dont nous ne pouvons donner que les grandes lignes. (Pour un exposé détaillé, v. S. Guinchard, *Comment devenir avocat*, Montchrestien, 5e éd. n° 61-1.) L'accès au barreau passe, sauf exception, par un examen d'aptitude qu'on désigne habituellement comme étant celui de l'article 99 pour le distinguer de l'examen prévu à l'article 100 (V. *infra*).

Deux catégories d'intéressés peuvent prétendre à subir cet examen d'aptitude :

1° Les titulaires d'un diplôme permettant l'exercice de la profession d'avocat dans un pays de la Communauté européenne ou assimilé. Il s'agit de l'équivalence avec le diplôme français de la maîtrise en droit. Ce diplôme doit sanctionner un cycle d'études postsecondaire d'une durée minimale de trois ans. Cette ouverture s'adresse à des intéressés qui ne sont pas encore avocats mais qui remplissent les conditions de compétence pour le devenir en leur pays d'origine.

2° Les avocats qui ont exercé dans leur pays d'origine pendant au moins deux ans au cours des dix dernières années.

Ces personnes peuvent être autorisées à présenter l'examen d'aptitude préalablement à leur inscription à un barreau. Sont toutefois exemptés de cet examen si les connaissances qu'ils ont acquises au cours de leur exercice professionnel sont telles qu'elles rendent cet examen inutile. Il en va ainsi par exemple des avocats belges et luxembourgeois dont la formation juridique est très proche de la formation française.

Les candidats doivent évidemment maîtriser la langue française pour subir l'examen et exercer ensuite comme inscrit à un barreau français.

349. – L'examen est passé devant le jury du CAPA ou un jury *ad hoc* correspondant à celui du CAPA. Les centres d'examen sont Paris et Versailles. C'est le CNB qui est compétent pour autoriser le requérant à se présenter à l'examen au vu du dossier qui lui est remis. Cette décision motivée peut être déférée, en cas de refus, à la Cour d'appel de Paris. La décision du CNB doit intervenir dans les quatre mois. Le programme de l'examen est dressé par le CNB au vu des connaissances déjà acquises par le postulant. C'est un programme à la carte qui est proposé.

On ne peut se présenter plus de trois fois à l'examen en cas d'échec (pour un exposé complet de la procédure de l'examen, on peut consulter S. Guinchard préc. n° 64). Un arrêté du 10 avril 2007, modifiant l'arrêté du 7 janvier 1993, fixe le programme et les modalités de l'examen d'aptitude prévus à l'article 99.

c) Ressortissants étrangers hors Communauté européenne (D. art. 100)

350. – Aux termes de l'article 11, dernier alinéa, de la loi « l'avocat ressortissant d'un État ou d'une unité territoriale n'appartenant pas aux Communautés européennes, s'il n'est pas titulaire d'un certificat d'aptitude à la profession d'avocat, doit subir pour pouvoir s'inscrire à un barreau français, les épreuves d'un examen de contrôle des connaissances en droit français… ». C'est le CNB qui en décide selon une procédure prévue à l'article 100 du décret. Une condition préalable pour pouvoir bénéficier de l'article 100 est l'existence d'une réciprocité entre la France et le pays d'origine. Nous avons déjà traité de cette réciprocité sous le n° 330 auquel nous renvoyons.

La procédure suivie pour l'examen de l'article 100 est calquée sur celle de l'article 99. Le jury est celui du CAPA. Le programme et les modalités de cet examen sont fixés par l'arrêté susvisé du 10 avril 2007, modifiant celui du 7 janvier 1993.

D. – Le tableau

351. – Les avocats sont inscrits à un tableau. Nous avons vu les formes de la première inscription à la suite de l'obtention du CAPA ; elles sont transposables à une inscription ultérieure : changement de barreau, accès parallèle. La liste du stage a été supprimée à la suite de la disparition du stage. Une nouvelle liste apparaît qui est celle des avocats communautaires exerçant sous leur titre d'origine. Les avocats honoraires figurent sur une liste spéciale.

Le tableau comprend tous les avocats inscrits au barreau. Il est dressé par le Conseil de l'Ordre et publié au moins une fois par an, le 1er janvier de chaque année, et déposé au greffe de la cour d'appel et du tribunal de grande instance. Le tableau comporte des indications complémentaires tenant au mode d'exercice et à la spécialisation.

Nous allons exposer d'abord la composition du tableau et ensuite l'éventualité d'une omission du tableau.

1° Composition du tableau

352. – Le tableau est divisé en deux sections : celle des personnes physiques et celle des personnes morales.

Dans la première figurent tous les avocats en exercice quel que soit leur mode d'exercice : individuel, association, société, collaboration libérale ou salariée. Tous ces avocats ont le droit de vote aux assemblées, à l'exclusion des personnes morales. Ont également le droit de vote les honoraires. Les assemblées sont donc composées uniquement de personnes physiques, selon le mode une personne, une voix.

Les avocats personnes physiques figurent au tableau par rang d'ancienneté fixé à la date de leur prestation de serment. Chaque avocat est identifié par ses nom, prénom, adresse professionnelle, numéro de téléphone, de fax et mail. Ces indications sont suivies de la date d'inscription, éventuellement de l'appartenance à une société, de la mention d'une spécialisation et de l'existence d'un bureau secondaire ouvert dans le ressort du barreau (sur l'indication de la qualité de salarié, V. *supra*, n° 237).

La section des personnes morales comprend les SCP, les SEL, et les SPFPL (ou sociétés holding de SEL) qui ont leur siège dans la circonscription. Les sociétés en participation qui n'ont pas la personnalité morale ne sont pas inscrites, non plus que les Groupements d'intérêt économique qui ne sont que des structures de moyens. Pourtant certains barreaux, dont celui de Paris, inscrivent les SCP de moyens. Les avocats personnes physiques membres des sociétés inscrites sont indiqués dans cette rubrique. Ceux-ci figurent donc dans les deux rubriques. Le rang d'inscription des sociétés est déterminé par la date de leur constitution. Celle-ci doit se situer au jour où elles acquièrent la personnalité morale, c'est-à-dire au jour de leur inscription sur le registre du commerce et des sociétés.

Le rang d'ancienneté des avocats personnes physiques confère la possibilité d'être administrateur de société commerciale et des privilèges honorifiques lorsqu'on atteint le sommet de la liste pour devenir le doyen de l'Ordre. L'ancienneté manifeste également aux yeux du public l'acquisition de l'expérience. Le rang d'ancienneté des personnes morales ne produit aucun effet de droit. Les indications portées au tableau peuvent être contestées devant la cour d'appel par tout avocat intéressé (Cass. 1re civ., 14 oct. 1980 : *Bull. civ.* I, n° 252 ; *Gaz. Pal.* 1981, 1, p. 128, note A.D. ; *JCP* G 1981, IV, 2).

Des mesures spéciales avaient été prises lors de la fusion des avocats, des avoués d'instance et des agréés. Ceux-ci avaient été inscrits au tableau à la date de leur prestation de serment comme avoué ou comme agréé. Il en a été de même pour les conseils juridiques. Ils sont inscrits à la date de leur inscription sur la liste dressée par le procureur de la République, et pour ceux qui ont exercé antérieurement à 1972, à la date où ils ont commencé en fait à exercer.

Les avocats honoraires figurent sur une liste spéciale.

2° Omission du tableau

353. – L'omission du tableau obéit aux mêmes règles.

Il convient de distinguer l'omission, qui est une mesure administrative, de la radiation mesure disciplinaire. L'avocat, nous le rappelons, n'est pas un titre, mais une profession qui doit être effectivement exercée. En cas d'interruption de cet exercice, pour une raison quelconque, l'avocat ne doit plus figurer au tableau, serait-ce provisoirement. Ceci ne vaut pas à l'évidence pour les avocats honoraires.

Selon l'article 104 du décret, « doit être omis du tableau l'avocat qui se trouve dans un des cas d'exclusion ou d'incompatibilité prévus par la loi ». Il convient en conséquence de répertorier ces cas d'exclusion ou d'incompatibilité.

C'est le cas lorsque l'avocat, soit par l'effet de la maladie ou d'infirmités graves et permanentes, soit par l'acceptation d'activités étrangères au barreau est empêché d'exercer réellement sa profession ; lorsque l'avocat, sans motifs valables, n'acquitte pas dans les délais prescrits sa contribution aux charges de l'Ordre ou sa cotisation à la CNBF ou au CNB ; lorsque l'avocat, sans motifs légitimes, n'exerce pas en fait sa profession.

354. – L'omission du tableau est prononcée par le Conseil de l'Ordre, soit d'office, soit à la demande du procureur général, soit à la demande de l'intéressé. Elle ne peut l'être sans que l'intéressé ait été entendu ou appelé. Elle peut faire l'objet d'une publicité. À Paris, le secrétariat de l'Ordre tient à jour une liste des avocats omis du tableau.

L'avocat qui a été omis peut être réinscrit si les circonstances qui avaient motivé son omission ont disparu. La réinscription est prononcée par le Conseil de l'Ordre. Avant d'accueillir la demande de réinscription, le Conseil de l'Ordre vérifie si l'intéressé remplit les conditions requises pour figurer au tableau (D. art. 107). Cela paraît impliquer que la réinscription opère une novation et l'avocat reprend rang au jour de sa réinscription et non au jour de sa première inscription. Le règlement de Paris admet que le Conseil de l'Ordre puisse faire rétroagir la réinscription.

Les décisions en matière d'omission ou de réinscription sont prises dans les mêmes formes et donnent lieu aux mêmes recours que les décisions d'inscription.

E. – La formation continue

355. – Le décret du 27 novembre 1991 ne contenait que le seul article 85 sur la « formation permanente » des avocats inscrits au tableau. Ses dispositions étaient de caractère général et peu contraignantes. La formation permanente est devenue formation continue dans le décret du 21 décembre 2004 et elle est déclarée **obligatoire** pour tous les avocats inscrits au tableau quelle que soit la durée de leur exercice professionnel. Le nouvel article 85 du décret du 27 novembre 1991 entre davantage dans les détails et un nouvel article 85-1 a été ajouté.

La durée de cette formation continue est de vingt heures réparties sur une année ou de quarante heures sur deux années. Elle peut être effectuée de la façon suivante : participation à des actions de formation *(sic)* dispensée par le CRFP, par des établissements universitaires ou par des avocats, participation à des colloques ou des conférences , enseignement soit à l'université soit au CRFP, publication de travaux. L'avocat doit déclarer chaque année, avant le 31 janvier, auprès de son Conseil de l'Ordre, les conditions dans lesquelles il a satisfait à son obligation au cours de l'année précédente. Des justificatifs sont joints à cette déclaration. Aucune sanction n'est prévue par le décret, mais il nous semble que le récalcitrant d'habitude doit pouvoir faire l'objet d'une sanction disciplinaire.

Ce dispositif nous apparaît assez irréaliste. Un avocat chevronné, parfois spécialiste, acceptera de mauvaise grâce ce retour à l'école obligatoire. La formation continue constitue une affaire personnelle qui devrait être laissée à l'initiative et la volonté de chacun pour maintenir sa compétence. Elle est en quelque sorte obligatoire par elle-même pour l'exercice de la profession. Peut-être s'agit-il d'une façade à l'usage de l'extérieur.

Deux régimes particuliers sont prévus : l'un pour les avocats pendant les deux premières années de leur exercice professionnel, une sorte de diminutif de l'ancien stage. Ils devront consacrer dix heures à la déontologie. L'autre pour les avocats spécialistes qui devront consacrer un quart du temps de leur formation continue à leur spécialité, après cinq ans de l'exercice de leur spécialité.

Le décret renvoie prudemment au CNB la mise en œuvre de cette formation continue. Le CNB a pris une décision à caractère normatif (n° 2005-001) portant délibération sur les modalités d'application de la formation continue, modifiée par une décision n° 2005-2. Ces décisions fort détaillées n'occupent pas moins de dix pages. Déjà se dessine une utilisation quasi-commerciale de certaines modalités de la formation.

F. – Sortie de la profession et honorariat

356. – Nous excluons le cas où la sortie de la profession provient de la mesure disciplinaire de radiation. Il sera traité *infra*, troisième partie, chapitre 8.

La sortie normale de la profession résulte de la démission de l'avocat qui intervient le plus souvent quand celui-ci prend sa retraite à l'âge de 60 ans pour une retraite pleine. Mais ce n'est nullement pour lui une obligation de se retirer à cet âge ; cette profession peut être exercée à vie, et l'on a connu d'illustres avocats plaidant au-delà de 80 ans.

La démission est adressée au Conseil de l'Ordre qui n'a pas de raison de la refuser. Elle s'accompagne normalement d'une demande d'honorariat, et si cet honorariat est accordé l'avocat retraité va continuer d'appartenir à l'Ordre ; il demeurera avocat honoraire avec les devoirs et prérogatives que nous allons décrire. La personne physique avocat sera ainsi assurée de mourir en avocat, à moins que par impossible l'honorariat lui ait été retiré auparavant par mesure disciplinaire.

1° Conditions d'acquisition de l'honorariat

357. – C'est le Conseil de l'Ordre qui confère le titre d'avocat honoraire à celui qui a donné sa démission. Il faut, pour le mériter, avoir exercé pendant vingt ans au moins sans avoir failli à l'honneur du barreau. Il peut être refusé à un avocat qui a subi pendant sa carrière une ou des peines disciplinaires graves. La décision refusant l'honorariat peut être déférée à la cour d'appel selon les modalités ordinaires de l'article 16 du décret.

Certaines mesures ont été prévues à la suite de l'intégration dans la profession d'abord des avoués et agréés en 1972, ensuite des conseils juridiques en 1992. Ceux-ci lors de leur sortie de la profession d'avocat peuvent ajouter à la durée d'exercice de cette profession, celle de leur ancienne profession (L. art. 1er, dernier al.). Le Conseil de l'Ordre doit pouvoir refuser le titre d'avocat honoraire à ceux qui, au cours de l'exercice de leur ancienne profession, ont été frappés d'une ou de peines disciplinaires de nature à entacher leur honneur, tel que celui-ci est conçu pour l'avocat (V. *supra*, n° 332). Le conseil procède alors à un examen rétrospectif de leur carrière avec une certaine rétroactivité, puisque celle-ci est jugée à l'aune des règles de la profession d'avocat. Ceci ne doit pas tirer en pratique à conséquences choquantes, dans la mesure où les professions intégrées étaient des professions réglementées soumises à une éthique comparable à celle de l'avocat (à travers le titre de conseil juridique la loi du 31 décembre 1971 avait en réalité réglementé cette profession. L'inscription sur la liste, décidée par le procureur de la République, s'accompagnait parallèlement d'un pouvoir disciplinaire exercé par celui-ci).

2° Régime de l'honorariat

358. – L'honorariat est avant tout un titre honorifique puisque l'avocat honoraire n'exerce plus la profession. Toutefois, ce titre lui confère certaines prérogatives et l'oblige à une certaine discipline.

L'avocat honoraire continue d'appartenir à l'Ordre qui lui a conféré cette qualité. Il continue de figurer sur une liste annexe du tableau et il a droit de vote dans les assemblées générales pour l'élection du bâtonnier, des membres du Conseil de l'Ordre et des membres du CNB dans le collège général. Il n'est par contre pas éligible à toutes ces charges. S'il fait partie de l'Ordre, il ne fait plus partie du barreau qui ne regroupe que les avocats en exercice (V. R. Martin, *Ordre et Barreau* : *Gaz. Pal.*, 11-13 août 2002). Il peut prendre part en robe aux cérémonies et aux réunions de l'Ordre. Il a accès à la bibliothèque. En ce qui concerne les activités qu'il peut poursuivre et qui se rattachent, de près ou de loin, à sa qualité d'avocat, le décret du 27 novembre renvoyait au règlement intérieur du barreau.

Le règlement du barreau de Paris dans sa rédaction de 1996 contenait à cet égard les dispositions suivantes :

> « L'avocat honoraire peut recevoir délégation du bâtonnier et, après autorisation du bâtonnier, peut accepter une mission confiée par justice (arbitrage ou expertise), un mandat d'administrateur ou de membre du conseil de surveillance ou un emploi rémunéré. Il peut être autorisé à exercer, à titre occasionnel, une activité de consultant notamment en exécution d'une convention de présentation de clientèle pour une durée qui ne saurait excéder six mois dans cette hypothèse.

« Il peut être également appelé à participer à une commission administrative ou à un jury de concours ou d'examen » (art. 16-1-2).

Cette rédaction était plus restrictive que celle antérieure à 1994 qui était la suivante : « L'avocat honoraire peut, après autorisation du bâtonnier, accepter une mission d'arbitre, un mandat d'administrateur ou de membre du conseil de surveillance, un emploi rémunéré *ainsi que des activités de consultant* ».

Le RIU contenait les dispositions suivantes :

« L'avocat honoraire peut être investi par le bâtonnier ou le Conseil de l'Ordre de toute mission utile à l'administration de l'Ordre, à l'intérêt de ses membres ou à l'intérêt général de la profession.

« L'avocat honoraire peut exercer toute activité qui ne porte pas atteinte aux principes essentiels, et il peut notamment :

– accepter une mission de justice, d'arbitrage, d'expertise ou de médiation ;

– participer à une commission administrative ou à un jury de concours ou d'examen pour des tiers non inscrits au tableau des avocats.

« Toutefois, la consultation ou la rédaction d'actes est subordonnée à une autorisation du bâtonnier ».

Le décret du 12 juillet 2005 sur la déontologie contient un article 21 qui est le suivant :

« L'avocat honoraire demeure soumis aux obligations résultant du serment d'avocat.

« Il ne peut exercer aucun acte de la profession hormis la consultation et la rédaction d'actes sur autorisation du bâtonnier.

« L'avocat honoraire peut accepter une mission de justice, d'arbitrage, d'expertise ou de médiation. Il peut également participer à une commission administrative ou à un jury d'examen ou de concours ».

Si l'autorisation de consulter se comprend de la part d'un homme d'expérience, celle de rédaction d'actes, activité qui peut être banale, s'explique moins. Une seconde carrière pourrait ainsi être ouverte qui concurrencerait les confrères en exercice lesquels sont soumis à d'autres charges. Il semble que l'autorisation du bâtonnier peut être générale et non ponctuelle. Pour notre part, nous sommes d'avis que la consultation ne devrait n'être autorisée que si la demande émane d'un avocat en exercice, afin d'éviter une concurrence déséquilibrée. Le règlement intérieur du barreau pourrait poser une telle restriction.

359. – L'avocat honoraire continue d'être un avocat et comme tel il doit respecter, dans les activités qui lui restent et dans sa vie privée, les principes d'honorabilité et de dignité qui s'imposent à tout avocat ; nous avons parlé d'une règle générale d'honneur. S'il y manque, il peut être frappé de sanctions disciplinaires par le Conseil de l'Ordre. Cette sanction peut être un blâme et le retrait de l'honorariat. On conçoit mal une suspension temporaire de l'honorariat, encore que celle-ci ne soit pas complètement inimaginable. La décision du Conseil de l'Ordre doit être instruite au contradictoire et elle est susceptible d'un recours devant la cour d'appel, comme toute sanction disciplinaire.

Troisième partie

OBLIGATIONS ET PRÉROGATIVES DE L'AVOCAT

Chapitre 1

PROTECTION DU TITRE, COSTUME, DOMICILE, DEVOIRS MORAUX ET DE COURTOISIE

A. – Titre

360. – Ainsi que nous l'avons rappelé dans l'introduction, avant 1920 le titre d'avocat pouvait être porté par des personnes qui n'exerçaient pas la profession. Depuis lors, exercice de la profession et titre coïncident, et l'usurpation du titre est sanctionnée pénalement depuis 1927.

Ne peut s'intituler avocat que celui qui est inscrit au tableau, et l'indication du barreau d'appartenance doit l'accompagner. L'avocat honoraire peut faire usage de son titre. L'avocat étranger qui exerce en France doit indiquer à quel barreau étranger il appartient.

Ce titre est protégé. Aux termes de l'article 74 de la loi, « quiconque fait usage, sans remplir les conditions exigées pour le porter, d'un titre tendant à créer dans l'esprit du public, une confusion avec le titre et la profession réglementés par la présente loi sera puni des peines prévues à l'article 433-17, premier alinéa du Code pénal » (un an d'emprisonnement et 15 000 € d'amende selon le nouveau Code pénal).

Le même article 74 susvisé punit des mêmes peines « celui qui aura fait usage du titre de conseil juridique ou d'un titre équivalent pouvant prêter à confusion ». Le titre de « conseil juridique » est dorénavant proscrit, ainsi que tout titre équivalent. C'est une protection indirecte du titre d'avocat et un reflet du quasi-monopole accordé à cette profession dans le domaine du droit.

En ce qui concerne les titres équivalents à celui de conseil juridique, on peut se rapporter à la jurisprudence qui s'était établie au sujet de la protection ancienne du titre de conseil juridique sous l'empire de la loi n° 71-1130 du 31 décembre 1971.

A été jugé comme étant de nature à créer une confusion l'usage des titres et dénominations suivants :

– service juridique (T. com. Guéret, 30 mai 1974 : *Gaz. Pal.* 1974, 2, p. 786) ;

– défenseur près les tribunaux de commerce, conseils, défenses, consultations, contentieux général, procédure (Cass. crim., 15 juin 1977 : *JCP* CI 1977, I, 6260) ;

– cabinet d'études juridiques, arbitrage, assistance et consultations juridiques, défense et recours, enquêtes, formalités de recouvrement des créances, sinistre, rédaction d'actes sous seing privé (Cass. crim., 25 juill. 1983 : *Gaz. Pal.* 1984, 1, somm. p. 81) ;

– social conseil assistance (Cass. crim., 13 nov. 1984 : *Gaz. Pal.* 1985, somm. p. 168) ;

– contentieux (Paris, 6 nov. 1979 : *Gaz. Pal.* 1980, 1, p. 193) ;

– contentieux Métropole (Douai, 11 mars 1977 : *Gaz. Pal.* 1978, 2, p. 594).

Selon une circulaire ministérielle du 16 octobre 1972, on peut y ajouter les titres suivants : jurisconsulte, juriste, défenseur, conseil de société, expert fiscal, conseil social, sans que l'énumération soit limitative.

361. – Le titre d'avocat au barreau peut être suivi de la mention des titres universitaires, des distinctions professionnelles (bâtonnier, membre du Conseil de l'Ordre, du CNB ou ancien), de la profession juridique réglementée antérieurement exercée (ancien conseil juridique, avoué ou agréé), d'un titre dont le port est réglementé à l'étranger et permet l'exercice en France des fonctions d'avocat (Rechtsanwalt, solicitor, avvocato, etc.), la mention d'une ou plusieurs spécialités.

Mais il ne peut être accompagné de mentions de fantaisie comme avocat-conseil (Cass. crim., 11 mai 1971 : *D.* 1971, p. 428) ou avocat international (T. corr. Seine, 8 mai 1950 : *D.* 1950, p. 375). Il a été jugé qu'un ancien conseil juridique ne peut s'intituler avocat-conseil juridique, mais qu'il peut seulement faire suivre sa qualité nouvelle d'avocat de la mention « ancien conseil juridique » (CA Nîmes, 11 mai 1993, aff. *Vangelisti c/ Conseil de l'Ordre du barreau de Nîmes.* – CA Douai, 15 mars 1993 : *Gaz. Pal.* 1993, 1, somm. p. 168). L'indication d'une spécialité peut être annoncée par le mot « conseil en... ». Les SEL d'avocats peuvent adopter une dénomination de fantaisie mais encore convient-il que cette dénomination ne porte pas atteinte à la dignité de la profession (V. *supra*, n° 180).

Le titre d'avocat à la Cour n'est plus à l'heure actuelle qu'un titre de courtoisie, sans fondement légal ou réglementaire. Il serait de bonne logique d'abandonner cette appellation au nom de l'égalité de tous les avocats. L'avocat à la Cour de P... est tout simplement avocat au barreau de P...

L'Ordre délivre à l'avocat une carte d'identité professionnelle qui lui permet de justifier de sa qualité, notamment pour pénétrer dans les établissements pénitentiaires. Il existe maintenant une carte d'identité européenne, qui atteste de la qualité d'avocat à l'intérieur de la Communauté européenne.

362. – Le titre « d'avocat honoraire » est réservé aux avocats ayant cessé leur activité et ayant été admis à l'honorariat par le Conseil de l'Ordre. L'avocat honoraire continue d'appartenir à l'Ordre et il reste soumis à sa discipline, mais il ne fait plus partie du barreau (V. *supra*, n° 358 et s.).

363. – La coutume veut que l'avocat soit appelé « maître ». Il s'agit d'un usage remontant à l'Ancien Régime où l'avocat était « maître ès arts ». Il pourrait maintenant se justifier par le fait que l'avocat est « maître en droit » pour le moins. Mais alors pourquoi ne pas décliner le titre de docteur lorsque l'avocat le possède ? Ce n'est pas l'usage en France, sauf pour les docteurs en médecine (?), alors que cet usage existe en Allemagne et dans les pays d'Europe centrale pour tous les docteurs. Il faut constater que dans le public le titre de maître est bien galvaudé. Toutefois, dans la rédaction des jugements, seuls les avocats y auraient droit.

B. – Port du costume

364. – Aux termes de l'article 3, dernier alinéa, de la loi, « les avocats revêtent, dans l'exercice de leurs fonctions judiciaires, le costume de leur profession », autrement dit la robe. L'avocat doit revêtir la robe dans l'enceinte du Palais de justice pour y exercer ses fonctions.

L'origine de la robe est cléricale, parce que les avocats furent d'abord des clercs. Elle évolua au cours des siècles et s'enrichit de l'épitoge et de la toque. Le port de cette dernière est tombé en désuétude.

La robe est un élément de l'apparat dont s'entoure la justice pour en imposer au public. Elle est devenue surtout une marque de reconnaissance des gens du Palais : juges, greffiers, avoués, huissiers de justice et avocats. L'avocat, vêtu de sa robe, a le droit de pénétrer dans toutes les salles d'audiences publiques et de s'y asseoir au banc de la défense. Les présidents admettent généralement que les avocats extérieurs à l'affaire puissent demeurer dans la salle en cas de huis clos, mais cet usage est parfois transgressé. Cela peut se justifier lorsqu'un trop grand nombre d'avocats risquerait de créer un trouble dans le déroulement de l'audience, surtout en matière pénale. Mais comment les avocats, et notamment les débutants, feraient-ils connaissance avec les affaires méritant le huis clos, s'ils ne pouvaient assister à l'audience, jusqu'à ce qu'ils y participent.

En dehors du Palais de justice, la robe n'est portée que dans les manifestations auxquelles les avocats participent à titre officiel ou traditionnel, notamment aux obsèques d'un des leurs.

Lorsque l'avocat se présente pour une affaire personnelle devant une juridiction civile, ou lorsqu'il est traduit devant une juridiction pénale, il ne peut comparaître en robe. Il ne remplit pas alors ses fonctions de défenseur d'autrui. Par contre l'avocat comparaissant devant le Conseil de l'Ordre ou devant la cour d'appel siégeant disciplinairement doit se présenter en robe, attribut de sa profession dont l'exercice a motivé les poursuites (Cass. 1re civ., 1er juill. 1958 : *D.* 1958, p. 528, note Crémieu).

L'avocat honoraire conserve le droit au port de la robe dans les manifestations de l'Ordre auxquelles il est convié ou pour les assemblées générales électives auxquelles il peut prendre part.

365. – Ces prérogatives du port du titre et de la robe donnaient lieu autrefois à des querelles, pas seulement protocolaires, entre les professions judiciaires. Celles-ci se sont bien atténuées, d'une part, du fait de la concentration des professions, d'autre part, du fait que les marques extérieures des classes se sont peut-être quelque peu dévaluées.

C. – Domicile et bureaux secondaires

366. – Il fut un temps où l'avocat exerçait son art dans l'appartement où il habitait. Il devait réserver à son activité professionnelle un bureau de réception et une salle d'attente dont le salon pouvait faire usage. Le Conseil de l'Ordre s'en assurait. L'avocat moderne exerce souvent en groupe, ce qui lui impose de disposer de locaux suffisants. Même l'individualiste se fait assister d'un collaborateur qui doit disposer d'une pièce, aurait-elle la taille d'un placard. Les règlements intérieurs, suivant en cela les dispositions de l'article 165 du décret, se contentent d'imposer à l'avocat d'avoir son domicile professionnel dans le ressort du tribunal de grande instance.

Nous rappelons toutefois qu'il lui est maintenant permis de se déplacer pour l'exercice de sa profession (L. art. 3 *bis*), c'est-à-dire consulter hors de son cabinet, sans mettre en péril la dignité de la profession.

367. – Mais l'avocat, le plus souvent une société d'avocats, peut établir un ou plusieurs bureaux secondaires, soit dans le ressort de son tribunal de grande instance, soit dans un autre ressort (L. art. 8-1). Toutefois le bureau secondaire, dans le second cas, ne saurait être tenu par un avocat salarié. Celui-ci ne peut avoir de clientèle personnelle (L. art. 7), il agit toujours au nom de son employeur. Il ne peut donc postuler pour la société qui l'emploie, alors même qu'il est inscrit au barreau du bureau secondaire (Cass. 1re civ., 21 mars 1995, 2e arrêt : *JCP* 1995, II, 22434, note R. Martin. – Cass. 3e civ., 7 nov. 2001 : *Bull. civ.* III, n° 120 ; *JCP* G 2002, 1, 136, n° 15 obs. R. Martin). La formule de la société inter-barreaux est alors meilleure pour tisser un réseau de cabinets ; c'est celle qu'utilisent les sociétés d'avocats à audience nationale. La société est inscrite au barreau où elle n'a pas son siège, mais une « succursale », et elle peut postuler par un avocat inscrit au barreau. Celui-ci peut être un avocat salarié et pas nécessairement associé (V. *supra,* Cass. 1re civ., 21 mars 1995).

Lorsque le bureau secondaire est fixé dans le ressort du barreau, il suffit d'en déclarer l'ouverture au Conseil de l'Ordre. Lorsque le bureau secondaire est situé dans le ressort d'un autre barreau, une autorisation doit être demandée au Conseil de l'Ordre du barreau dans lequel est envisagée l'ouverture du bureau. Le Conseil de l'Ordre doit statuer dans les trois mois de la réception de la demande. À défaut de réponse, l'autorisation est réputée accordée.

La décision autorisant l'ouverture est portée à la connaissance du bâtonnier de l'Ordre auquel appartient l'avocat ; celui-ci en informe le procureur général. Il en est de même de la décision qui retirerait l'autorisation. En cas d'autorisation implicite, c'est l'avocat qui doit en informer le bâtonnier, lequel en avertit le procureur général et le bâtonnier du lieu d'ouverture du bureau. L'avocat doit aussi informer le procureur général de la cour d'appel dans le ressort de laquelle est ouvert le bureau secondaire, quand celui-ci est situé hors du ressort de la cour d'appel du cabinet principal (D. art. 167 et 168).

En ce qui concerne la procédure à suivre pour la demande d'autorisation, il est renvoyé aux articles 102 et 103 du décret, lesquels concernent l'inscription au tableau (V. *supra*, nos 343 et s.). Un recours peut être formé devant la cour d'appel contre la décision du Conseil de l'Ordre dans les mêmes conditions, par l'avocat demandeur et le procureur général du barreau d'accueil.

L'avocat autorisé peut faire mention de son bureau secondaire sur son papier à lettres et autres documents professionnels. Mention du bureau est portée sur le tableau à la suite du nom de l'avocat. Celui-ci demeure soumis, pour son activité au sein du bureau secondaire, à la discipline du barreau où il est inscrit et les litiges relatifs aux honoraires demeurent de la compétence du bâtonnier de ce barreau.

368. – L'autorisation ne peut être refusée que pour des motifs tirés des conditions d'exercice de la profession dans le bureau secondaire, autrement dit un refus ne peut être fondé que sur les modalités selon lesquelles l'avocat exercera sa profession dans le bureau secondaire. Le Conseil de l'Ordre du barreau d'accueil n'est pas juge de l'opportunité de l'ouverture du bureau non plus que de considérations défavorables tenant à la personne du demandeur (L. art. 8 *bis*). Le refus d'ouverture d'un bureau secondaire ne peut se fonder sur une appréciation de la rentabilité du bureau (Cass. 1re civ., 16 mai 1995 :

Bull. civ. I, n° 210). Mais l'ouverture peut être refusée en raison d'actes de publicité interdite dont le requérant s'est rendu coupable antérieurement à sa demande (Poitiers, 29 janv. 1994 : *Juris-Data* n° 053315). Il a été jugé qu'un avocat pouvait installer un bureau secondaire dans les locaux du cabinet d'un expert-comptable (Cass. 1re civ., 27 févr. 1996 : *Juris-Data* n° 000686). Ce peut être le début d'une collaboration entre expert-comptable et avocat.

La jurisprudence a appliqué strictement cette disposition. Il a été jugé que le Conseil de l'Ordre ne peut justifier un refus sur l'inobservation par le postulant de ses devoirs professionnels dans son barreau d'origine, lequel a seul compétence pour en connaître (Cass. 1re civ., 3 févr. 1993 : *D.* 1994, somm. comm. p. 137). La même solution a été adoptée pour un avocat qui avait ouvert le bureau sans autorisation préalable et qui désirait régulariser la situation. La Cour de cassation a estimé que cet acte d'indiscipline ne pouvait justifier le refus (Cass. 1re civ., 1er déc. 1993 : *JCP* G 1994, IV, n° 334).

L'avocat doit exercer réellement son activité dans le bureau secondaire ; il ne saurait s'agir d'une simple boîte aux lettres ou d'une élection de domicile chez un autre professionnel. S'il n'en est pas ainsi, l'autorisation peut être retirée. Il y a parallélisme entre les motifs de refus de l'autorisation et le retrait de l'autorisation accordée. La décision de retrait peut être déférée à la cour d'appel.

L'avocat est ainsi soumis à une double autorité, celle de son barreau pour son activité professionnelle et celle du barreau d'accueil pour les modalités d'exercice dans le bureau secondaire. Cette dualité ne va pas sans inconvénients pour la délimitation des frontières. Dans le cas d'une société interbarreaux, la succursale n'est pas soumise au même règlement intérieur et à la même discipline que le cabinet principal.

369. – L'avocat autorisé à ouvrir un bureau secondaire dans un autre barreau que le sien se voit demander une cotisation par le Barreau d'accueil. Si c'est une société d'avocats qui ouvre le bureau, il est dû autant de cotisations qu'il y a d'avocats de la société exerçant la profession dans le bureau secondaire.

Le barreau d'accueil peut être tenté d'exiger une cotisation d'un montant élevé pour défendre son territoire contre l'invasion d'avocats extérieurs, particulièrement dans les barreaux de province à l'égard des sociétés importantes ayant leur siège à Paris. La cour d'appel est compétente pour annuler une décision abusive à cet égard (Poitiers, 14 juin 1990 : *Gaz. Pal.* 1991, 1, p. 173. – Amiens, 14 mai 1990 : *Gaz. Pal.* 1991, 1, p. 75. – Aix, 19 juin 1991 : *Gaz. Pal.* 1991, 1, p. 204. – Cass. soc., 16 mars 1994, n° 91-20.698 : *FNUJA Infos*, 7 août 1994).

La fixation de la cotisation due par le bureau secondaire au barreau d'accueil donne lieu à un contentieux fourni, ce qui dénote un malaise. Rien n'indique dans le décret du 27 novembre 1991 les modalités de la fixation du montant de la cotisation. La Cour de cassation a posé le principe de l'égalité des avocats du bureau secondaire et ceux du barreau d'accueil (en dernier lieu : Cass. 1re civ., 9 mai 2001 : *JCP* G 2001, IV, 2178 ; *Juris-Data* n° 009361). Mais ce principe ne permet pas de résoudre les contestations de détail (V. CA Lyon, 13 nov. 2000 : *Gaz. Pal.* 7 mars 2001 ; et sur l'ensemble de la question : R. Martin, *JCP* G 2001, I, 348, n° 8).

Le Conseil de l'Ordre d'accueil du bureau secondaire est compétent pour imposer au cabinet secondaire le montant minimal de l'assurance obligatoire, et non le Conseil de l'Ordre du cabinet principal (Cass. 1re civ., 23 févr. 1999 : *Bull. civ.* I, n° 63. – 4 mai 1999, pourvoi n° W 96-15215, inédit).

Le fait pour un avocat ayant ouvert un bureau secondaire dans le ressort d'un autre barreau, de ne pas payer la cotisation au barreau d'accueil ne justifie pas l'interdiction d'exercer dans ce bureau prononcée par le Conseil de l'Ordre du barreau d'accueil (Cass. 1re civ., 23 mars 2004, n° 02-13823 : *Juris-Data* n° 2004-022958 ; *Bull. civ.* I, n° 93 ; *JCP* G 2004, IV, 2037).

370. – L'avocat d'un barreau français peut ouvrir un cabinet secondaire à l'étranger, notamment dans la Communauté européenne, à condition de remplir les conditions imposées par l'organisation professionnelle locale. Mais il doit, selon les règlements intérieurs, obtenir au préalable l'autorisation du bâtonnier du barreau où il est inscrit, et son activité à l'étranger reste sous la surveillance de ce bâtonnier. Sa responsabilité professionnelle pour cette activité doit être obligatoirement assurée.

371. – La possibilité donnée aux sociétés d'avocats, notamment les SELAFA, d'ouvrir des succursales en nombre théoriquement illimité quelle que soit leur localisation favorise une concentration de la profession qui peut susciter des inquiétudes. On risque de voir apparaître plusieurs catégories de cabinets comme dans le monde des entreprises, les multinationaux, les nationaux, les moyens et petits, et les artisanaux. Les instruments structurels sont offerts : SEL, SCP, salariat. L'unité de la profession sera mise à mal et son profil brouillé. Est-ce le prix qu'on doit payer à la concurrence, cet éclatement de l'image ancestrale de l'avocat ? L'inquiétude s'est fait jour lors de la discussion de la loi de 1990, même venant du représentant du gouvernement, mais on est passé outre. Le courant de l'histoire a été le plus fort.

372. – Il convient de ne pas confondre le cabinet secondaire avec la société (ou l'association) inter-barreaux, même si les situations de fait se ressemblent.

Aux termes de l'article 8, alinéa 1er, de la loi, une société peut être constituée entre avocats appartenant à des barreaux différents. Ces avocats associés peuvent être des personnes physiques, des groupements, des sociétés ou associations, tels qu'énoncés à l'article 7 (V. également, D. 20 juill. 1992, art. 2, sur les SCP).

La société (ou l'association) peut postuler auprès de chacun des tribunaux où est établi un de ses associés, par l'intermédiaire de cet associé (art. 8, al. 2). La succursale dirigée par un associé peut employer des avocats salariés eux-mêmes inscrits au barreau de cette succursale, mais cette succursale doit comprendre au moins un associé et pas seulement

D. – Devoirs moraux et de courtoisie

373. – L'avocat à son entrée dans la profession prête un serment à connotation nettement morale : « Je jure, comme avocat, d'exercer mes fonctions avec dignité, conscience, indépendance, probité et humanité » (L. art. 3).

D'autre part, l'article 17, 3°, donne au Conseil de l'Ordre la mission de « maintenir les principes de probité, de désintéressement, de modération et de confraternité sur lesquels repose la profession et d'exercer la surveillance que l'honneur et l'intérêt de ses membres rendent nécessaires ».

Le règlement harmonisé du CNB commençait par l'énoncé de « principes essentiels » qui ajoutent à ceux de la loi : dignité, conscience, indépendance, probité, humanité, honneur, loyauté, délicatesse, modération, courtoisie, désintéressement, confraternité, dévouement, diligence, prudence et tact. La méconnaissance d'un seul de ces principes constitue, à elle seule, une faute déontologique. Ces principes sont repris dans le décret du 12 juillet 2005 et dans le RIN.

C'est dire que l'appartenance à un Ordre d'avocats impose une éthique exigeante. Elle est rendue nécessaire par le fait que l'avocat est un « auxiliaire de justice » (L. art. 3, al. 1er), il participe à l'œuvre de justice et au corps de justice. Il se doit de maintenir « l'honneur » de cette institution, à l'égal du magistrat. Et cette éthique ne se limite pas au cercle de l'exercice de la profession, elle s'étend à toute la vie de l'avocat. Celui-ci ne cesse pas d'être avocat dans sa vie privée ; il s'agit d'un état en sus d'une profession, souvenir de l'état de clerc dont il est issu. De même que des conditions de moralité sont exigées à l'entrée, celles-ci doivent se maintenir pendant le temps d'exercice de la profession, et même au-delà pendant l'honorariat. Ces obligations peuvent (et doivent) être sanctionnées disciplinairement. Le barreau fait lui-même la police de ses membres sous le contrôle de la cour d'appel. Le respect de cette éthique est indispensable pour maintenir la marque aristocratique qu'a toujours eue l'avocat et qui impose un certain respect au public. C'est pourquoi « le rôle de l'avocat ne s'arrête pas à son activité judiciaire ou à sa fonction de conseil. Il représente, aux yeux du public, une autorité » (Woog, p. 103).

374. – Une des vertus cardinales exigées de l'avocat est la courtoisie. Nous dépassons ici le cadre strict de la morale pour pénétrer dans la bienséance qui est une vertu de cour (sans jeu de mots).

Cette courtoisie s'exerce d'abord à l'intérieur des relations des gens de justice, elle est teintée d'un certain protocole. Lorsque l'avocat plaide devant une juridiction extérieure au ressort de son barreau, il doit se présenter au président, au magistrat du Ministère public tenant l'audience, au bâtonnier et au confrère plaidant pour la partie adverse. C'est un usage de courtoisie constante que le décret du 27 novembre 1991 avait cru devoir rappeler, peut-être parce qu'il est parfois oublié (D. art. 158). Cet article a été abrogé par le décret du 12 juillet 2005 qui ne l'a pas repris. Il a été repris dans le RIN (art. 1 *bis*). C'est aussi un signe de reconnaissance quand il s'agit d'un avocat appartenant à la Communauté européenne. Avec les mœurs de plus en plus ambulatoires des avocats, il n'est pas toujours facile de trouver le bâtonnier, et l'on peut se contenter de laisser sa carte. Plus l'avocat a de notoriété, plus il doit respecter ce protocole.

L'injonction faite aux parties par l'article 24 du Nouveau Code de procédure civile « de garder en tout le respect dû à la justice » vaut *a fortiori* pour les défenseurs des parties, qui jouissent certes de la liberté de parole à la barre, mais doivent observer une attitude de réserve et de prudence à l'égard de leur confrère adverse et de déférence à l'égard du juge. Le respect de l'adversaire s'étend à la partie elle-même, comme il en est dans le sport. L'avocat doit se garder de l'outrance et des attaques contre la personne dans ses paroles et dans ses écrits ; en cas d'écarts de langage, le juge peut en ordonner la suppression et les déclarer calomnieux (V. *infra*, manquements à l'audience, nos 531 et s.) comme il peut ordonner la suppression d'écrits (NCPC, art. 24, al. 2). Il y a lieu de faire sien l'adage de Talleyrand suivant lequel tout ce qui est exagéré est vain.

La courtoisie doit s'étendre au client qui ne doit pas être traité avec morgue et condescendance, car il vient chercher le plus souvent auprès de l'avocat non seulement une assistance juridique mais aussi un secours humain ; le client a besoin d'être rassuré à quelque degré qu'il soit de l'échelle sociale, car le procès est une épreuve presque autant que la maladie.

On a pu écrire que « la courtoisie est en matière judiciaire l'écorce protectrice du fond » (Woog, p. 1009), et allant au-delà le même auteur évoque l'amour que l'avocat peut porter à son client en ces termes : « Être avocat, c'est avant tout se consacrer à autrui et l'aimer, pour le défendre, pour le conseiller, pour dédramatiser la situation » (p. 6).

Chapitre 2

RÉMUNÉRATION DE L'AVOCAT

A. – Évolution des textes

375. – Le mode de rémunération de l'avocat est fixé à l'article 10 de la loi du 31 décembre 1971. Ce texte a connu quelques avatars qu'il convient de rappeler pour la bonne compréhension de ce qui va suivre.

Dans sa version de 1971, il était le suivant :

« La tarification de la postulation et des actes de procédure demeure régie par les dispositions sur la procédure civile. Les honoraires de consultation et de plaidoirie sont fixés d'accord entre l'avocat et son client.

« Toutefois est interdite la fixation à l'avance d'honoraires en fonction du résultat à intervenir. Toute convention contraire est réputée non écrite ».

Par la loi du 31 décembre 1990, le premier alinéa est devenu :

« La tarification de la postulation et des actes de procédure est régie par les dispositions de procédure civile. Les honoraires de consultation, d'assistance, de conseil, de rédaction d'actes juridiques sous seing privé et de plaidoirie sont fixés en accord avec le client ».

Le second alinéa est alors demeuré inchangé. Il n'y avait pas de différence notable entre les deux versions successives du premier alinéa ; la dernière en date étant seulement un peu plus complète pour tenir compte de l'extension du champ habituel d'intervention du nouvel avocat, après fusion avec le conseil juridique. La convention sur l'honoraire de résultat demeurait totalement interdite par le second alinéa.

Mais la loi n° 91-647 du 10 juillet 1991 sur l'aide légale est venue apporter par son article 72 une modification profonde à ce texte. Celui-ci a été remplacé par deux nouveaux alinéas (2e et 3e de l'article) d'une inspiration toute différente :

« À défaut de convention entre l'avocat et son client, l'honoraire est fixé selon les usages, en fonction de la situation de fortune du client, de la difficulté de l'affaire, des frais exposés par l'avocat, de sa notoriété et des diligences de celui-ci.

« Toute fixation d'honoraires, qui ne le serait qu'en fonction du résultat judiciaire, est interdite. Est licite la convention qui, outre la rémunération des prestations effectuées, prévoit la fixation d'un honoraire complémentaire en fonction du résultat obtenu ou du service rendu ».

Il faut donc distinguer dans la rémunération de l'avocat d'une part, celle de la postulation qui fait l'objet d'une tarification et qui est comprise dans les dépens, d'autre part, celle de la consultation, de la plaidoirie, de la rédaction d'actes qui est fixée librement par accord entre avocat et client. Devient licite une convention d'honoraires qui fait une part au résultat obtenu ou au service rendu.

B. – Émoluments de postulation

376. – Les avocats ont hérité, pour rémunérer la postulation, du tarif des avoués de première instance qui date du décret n° 60-323 du 2 avril 1960, majoré de 20 % par un décret n° 75-785 du 21 août 1975. Cette rémunération est devenue quasiment ridicule dans son montant, mais les avocats ne s'en soucient pas tellement (en tout cas moins que les anciens avoués d'instance) alors que les honoraires sont libres.

Il ne peut être question dans le cadre du présent ouvrage de commenter les dispositions du « tarif des avoués » devenu celui des avocats postulants. Nous nous bornerons à indiquer comment il est vérifié (on disait autrefois taxé) et recouvré.

377. – Les frais et émoluments de postulation figurent dans la liste des dépens énumérés à l'article 695 du Nouveau Code de procédure civile, c'est-à-dire qu'ils peuvent être récupérés contre la partie condamnée aux dépens (en général celle qui a perdu le procès). Tout ce qui concerne les frais et dépens est aujourd'hui réglementé par le Nouveau Code de procédure civile, aux articles 695 à 721. Ils peuvent être liquidés dans le jugement qui les adjuge, mais c'est rare. Lorsque leur montant ne figure pas sur l'expédition du jugement, le secrétaire de la juridiction (le greffier) délivre un titre exécutoire. C'est ce qu'on appelle la vérification des dépens qui est opérée par le secrétaire-greffier et non par un juge. Leur montant est alors mentionné sur la minute du jugement par l'un des juges de la juridiction. Cette liquidation peut être contestée selon la procédure prévue aux articles 708 à 718 du Nouveau Code de procédure civile.

Pour obtenir la liquidation des dépens, l'avocat doit présenter au secrétaire de la juridiction concernée un compte détaillé. Le secrétaire vérifie la conformité de ce compte au tarif, opère éventuellement les redressements nécessaires et remet ensuite à l'avocat un certificat de vérification. Si l'avocat accepte le compte tel qu'il a été vérifié, il le notifie à l'avocat adverse qui peut, dans le délai d'un mois, le contester devant le président de la juridiction ou son délégué. La notification doit mentionner la possibilité de contestation et le délai, et préciser qu'à défaut de contestation dans le délai indiqué, le certificat pourra être rendu exécutoire (toutes choses que doit savoir l'avocat adverse !). S'il n'y a pas eu de contestation, le poursuivant peut demander au secrétaire vérificateur de le mentionner sur le certificat de vérification, ce qui vaut titre exécutoire.

La contestation, qu'elle soit le fait du poursuivant ou du débiteur des dépens, est portée devant le président de la juridiction ou son délégataire, par une requête motivée. Cette requête doit être notifiée à la partie adverse. Le président entend les parties ; à cet effet elles sont convoquées par le secrétaire-greffier en respectant un délai de quinze jours.

Le président (ou son délégataire) statue sur l'ensemble des demandes qui lui sont présentées, afférentes à la fixation du montant des dépens. Il peut effectuer, même d'office, tous les redressements nécessaires. Il mentionne, s'il y a lieu, les sommes reçues à titre de provision (ceci en vue éventuellement du recouvrement par l'avocat contre son propre client). Sa décision porte le nom « d'ordonnance de taxe ». Le président peut renvoyer la contestation à une audience du tribunal siégeant collégialement dont il fixe la date. L'ordonnance est revêtue sur minute de la formule exécutoire par le secrétaire-greffier. Elle est notifiée à l'adversaire. La notification doit comporter, à peine de nullité, la mention que cette ordonnance deviendra exécutoire si elle n'est pas frappée de recours dans les délais et formes prévus aux articles 714 et 715 du Nouveau Code de procédure civile et la reproduction de ces articles. Le délai de recours est d'un mois.

L'ordonnance de taxe peut en effet être frappée de recours par tout intéressé devant le premier président de la cour d'appel dans le délai d'un mois de sa notification. Le délai ainsi qu'éventuellement le recours sont suspensifs d'exécution.

Ce recours est formé par remise ou envoi au greffe de la cour d'appel, d'une note exposant ses motifs et ses fins ; copie de cette note est simultanément adressée à la partie adverse et à toutes les parties au litige principal, habituellement représentées par leurs avocats postulants. Les parties sont convoquées, quinze jours au moins à l'avance, par le secrétaire-greffier de la cour d'appel. Le premier président, ou son délégataire, les entend contradictoirement. Le ministère d'un avoué près la cour d'appel n'est pas obligatoire. Il fait procéder, s'il y a lieu, à toutes les investigations utiles. Il a la possibilité de renvoyer la demande à une audience de la Cour dont il fixe la date.

Les notifications ou convocations sont faites par lettre recommandée avec avis de réception. Lorsqu'elles sont faites par le secrétaire de la juridiction, elles peuvent l'être par simple bulletin si elles sont adressées aux avocats ou aux avoués (le bulletin est mis dans la case du Palais, ce qui n'en garantit pas sa date).

378. – L'article 63 du décret du 2 avril 1960 prévoyait que les avoués d'instance représentant les parties civiles devant la juridiction pénale recevaient des émoluments si le tribunal avait constaté leur présence utile aux débats. Un arrêt de l'Assemblée plénière de la Cour de cassation (20 févr. 1976 : *Bull. civ. ass. plén.*, n° 4 ; *D.* 1976, p. 577, note Brunois ; *Gaz. Pal.* 1976, 1, p. 307) avait décidé que les avocats ne pouvaient bénéficier de cette disposition. Cet article a été abrogé par un décret du 20 juillet 1980.

379. – Une règle traditionnelle prohibe la dichotomie, ou partage des honoraires et émoluments, entre avocats ainsi qu'entre avocats et autres auxiliaires de justice (Lemaire, p. 408, n° 471 ; Payen, p. 427, n° 453 ; Cresson, p. 149 et 153 ; Crémieu, p. 241, n° 252 ; Hamelin et Damien, 9ᵉ éd., n° 304). Cette proposition générale doit être nuancée. D'ailleurs le Code de déontologie des avocats européens est plus précis quand il dispose « qu'il est interdit à l'avocat de partager ses honoraires avec une personne qui n'est pas avocat, si ce n'est les ayants droit d'un avocat ».

L'interdiction ne peut s'appliquer entre avocats défendant les mêmes intérêts lorsqu'il y a « rétrocession d'honoraires ». C'est la façon normale pour un « patron » de rémunérer son collaborateur (D. art. 129). Plusieurs avocats, collaborant à la même cause, peuvent convenir de la répartition d'un honoraire global. La seule question qui peut se poser est celle d'un avocat *dominus litis* qui exigerait d'un avocat postulant qu'il lui rétrocède une partie de ses émoluments de postulation ; question purement théorique, en l'état présent, compte tenu de la modicité des émoluments de postulation. Au contraire l'avocat postulant peut demander en sus de ses émoluments des « honoraires spéciaux » (c'était déjà le cas de l'avoué d'instance). Ce n'est qu'en cas de vente à la barre du tribunal que les émoluments sont assez importants pour supporter éventuellement un partage. Un avocat peu rompu à la pratique des voies d'exécution (il existe maintenant une spécialité de cette matière) charge un confrère spécialisé de poursuivre la procédure en lui demandant de lui « ristourner » une part des émoluments. L'interdiction traditionnelle reprend ici son empire (Cass. 1re civ., 19 avr. 1988 : *Bull. civ.* I, n° 102 ; *JCP* G 1988, IV, p. 217). Mais la procédure peut être menée conjointement par plusieurs avocats. La solution peut être généralisée à l'appel fait par un avocat généraliste à un spécialiste.

Un avocat ne peut partager les émoluments de l'huissier de justice sur les actes qu'il lui procure, non plus que les émoluments de l'avoué d'appel qu'il désigne.

Lorsqu'un avocat confie un dossier à un confrère ou lui demande une consultation, il est personnellement débiteur des honoraires dus à ce confrère (RIN, art. 11-5). Nous pensons que cette règle doive être étendue à l'avocat extérieur au barreau qui charge un confrère de la postulation, sauf accord particulier dont le client doit être averti.

C. – Honoraires

1° Fixation du montant des honoraires

380. – L'article 17 de la loi du 31 décembre 1971, sous le 3°, donne mission au Conseil de l'Ordre de maintenir certains principes parmi lesquels le désintéressement. Cette recommandation fait assez démodée. Elle est une survivance du temps où l'honoraire passait pour le signe de la reconnaissance du client qui l'offrait et où le praticien disposait par ailleurs de solides rentes sur l'État. Cette époque est révolue. L'avocat est devenu, dans notre société moderne, un prestataire de services qui attend de son art qu'il le fasse vivre, après avoir payé des salaires et fait face à toutes les charges financières qui lui incombent (la tendance est à la majoration constante de ces charges). La loi du 31 décembre 1990 a pris en compte cette évolution et les contraintes nées de la concurrence avec les cabinets européens et américains. Elle encourage la formation de grandes unités structurées et gérées comme des entreprises commerciales. La société d'exercice libéral cache mal la société de capitaux et la fin naturelle d'une telle société est de dégager des profits qui seront distribués aux associés, y compris ceux qui sont passifs. Dans cette perspective, l'honoraire doit être calculé et traité comme un prix devant assurer la rentabilité du cabinet. Il ne peut être fixé arbitrairement, suivant l'inspiration du moment et le degré de sympathie qu'on éprouve pour le client (V. B. Boccara, *L'honoraire de l'avocat*, Litec, 1981).

Le revers de la médaille est que le client est devenu plus exigeant sur la justification du montant de l'honoraire. Il entend que la prestation soit payée à son juste prix et il a tendance à sous-évaluer ce prix. Pourquoi le contentieux de la fixation des honoraires est devenu abondant. Il suffit pour s'en convaincre de consulter le *Bulletin civil* (ch. 1 et 2) de la Cour de cassation et les chroniques des commentateurs. Toutefois, si le client a payé des provisions sans protester, cela ne l'empêche pas de demander ensuite la fixation judiciaire des honoraires suivant le 2e alinéa de l'article 10 ; et si le juge fixe ces honoraires à une somme moindre que le total des provisions reçues, il ordonne la restitution du trop-perçu.

La notion de désintéressement ne peut subsister que comme une limite à l'esprit de lucre. La profession d'avocat n'est pas de celles où l'on peut s'enrichir très vite (et se ruiner aussi rapidement). Elle ne doit pas être choisie par le jeune homme qui ambitionne avant tout de figurer au magazine « Fortune » dans le palmarès des milliardaires en dollars.

Un certain mépris de l'argent reste encore enseigné aux élèves des centres de formation. Nous en voulons pour preuve ce qu'écrit – après l'avoir dit – notre confrère J.-Cl. Woog : « Peut-être le désintéressement a-t-il été, comme beaucoup de valeurs, institutionnalisé ou socialisé. Dans cette redistribution des sentiments humains, l'avocat s'efforce de maintenir une certaine tradition » (p. 202). Et encore cet aveu qui paraîtra peut-être démodé à certains, mais que nous partageons : « L'avocat est si passionné par l'intérêt de son client et par la conduite du dossier qu'il en oublierait parfois, plus ou moins consciemment, la pesanteur économique de son cabinet ».

381. – La loi de 1971 pose en principe que l'honoraire est fixé librement par accord entre l'avocat et le client (L. art. 10). Cela se situe dans la ligne de l'économie de marché et correspond à la liberté des prix proclamée à l'article 1er de l'ordonnance du 1er décembre 1986. L'avocat fournit une prestation de services, et de ce point de vue le cabinet fonctionne comme une entreprise : les recettes (les honoraires perçus) doivent couvrir les frais de fonctionnement, les charges diverses, les salaires et rétrocessions, et la rémunération de l'« avocat-patron », voire pour les SEL un profit pour les associés non actifs. C'est une nouvelle donne de la profession que celle-ci a du mal à intégrer, sans parler des tiers, dont les juges amenés à évaluer les honoraires. Il est courant, au Palais, d'entendre parler, par les avocats eux-mêmes, de taxation des honoraires et de juge taxateur, alors qu'il n'existe pas de tarif ni de taxe contrairement à ce qu'il en est des émoluments de postulation.

382. – Toute entente corporatiste contraire à cette liberté est contraire à cet ordre public économique. Notamment la publication par les Ordres de barèmes d'honoraires est proscrite comme une entrave à la libre concurrence. C'est elle qui doit réaliser le juste équilibre.

Déjà antérieurement au texte de base de 1986, la Commission de la concurrence avait condamné des « recommandations » publiées par le Barreau de Paris en 1977 et 1979 (DE n° 92-72 : *BOCC* 5 avr. 1982). Le Conseil de la concurrence, qui a succédé à la Commission avec des pouvoirs accrus, a sanctionné postérieurement plusieurs barreaux pour avoir publié des barèmes indicatifs d'honoraires. Deux affaires sont remontées jusqu'à la Cour d'appel de Paris, sur recours des barreaux, celui de Tarascon sur Rhône et celui de Quimper. La Cour a confirmé la sentence du Conseil de la concurrence (CA Paris, ch. écon. fin., 9 déc. 1997 : *JCP* G 1998, II, 10078, note R. Martin pour Tarascon, l'arrêt concernant le Barreau de Quimper étant homologue). Et la Cour de cassation a rejeté le pourvoi (Cass. 1re civ., 21 mars 2000, arrêt n° 854. – Cass. 1re civ., 13 févr. 2001 : *Juris-Data* n° 008415).

La cour d'appel voit dans la diffusion par l'Ordre d'un barème indicatif une action concertée ayant pour objet et effet de fausser le jeu de la concurrence et comme tel tombant sous le coup de l'ordonnance du 1er décembre 1986 (sur le contexte économique de cette jurisprudence, V. R. Martin, *Un exemple de résistance au marché* : *RID éco.* 1998, p. 91). La Cour laisse toutefois entendre que l'Ordre pourrait fournir à ses membres des données objectives pour le calcul des honoraires, par exemple un calcul du coût horaire de la prestation (pour un mode de calcul de l'honoraire, on peut consulter : Woog préc. au n° 337 et F. Aubert, *Réflexion d'un avocat de base sur l'honoraire* : *Gaz. Pal.* 17 oct. 2001, doctr. p. 15).

383. – Les avocats sont encore mal préparés à fixer le montant de leurs honoraires selon une méthode rationnelle. Il leur manque le savoir et aussi le goût de la gestion. Ils ont du mal à se défaire d'une attitude pragmatique, pour ne pas dire grossièrement empirique, qui consiste à demander une première provision au début de l'affaire, pas trop élevée pour ne pas décourager le client, puis d'autres provisions en cours de procès suivant les développements pris par la procédure, et un solde après que le jugement ait été rendu. C'est à l'occasion du solde sollicité que peut naître le conflit avec le client. Si ce conflit n'est pas réglé à l'amiable, il est d'abord soumis au bâtonnier, puis sur recours de l'une ou l'autre des parties au premier président de la cour d'appel (V. *infra*, n°s 407 et s.). C'est à ce niveau qu'intervient une fixation judiciaire du montant des honoraires (et non une taxation, V. *supra*, n° 381). Le montant des honoraires peut alors être fixé à une somme inférieure aux provisions reçues. Dans ce cas le juge ordonne le remboursement du trop-perçu (Cass. 1re civ., 19 juin 2001 : *Bull. civ.* I, n° 178).

La jurisprudence antérieure à la loi du 10 juillet 1991, réécrivant l'article 10 de la loi du 31 décembre 1971, avait dégagé un certain nombre de critères pour guider la fixation de l'honoraire : ces critères ont été repris à l'alinéa 2 du nouvel article 10. Ils sont les suivants : la situation de fortune du client, la difficulté de l'affaire, les frais exposés par l'avocat, sa notoriété, ses diligences, tout cela coiffé par les « usages » de la profession. Nous allons les reprendre.

384. – Il est assez surprenant que les honoraires puissent varier selon la situation de fortune du client. Que dirait-on d'un commerçant qui majorerait ou adoucirait sa facture en demandant au client de produire sa feuille de paie ou son avertissement d'impôt sur le revenu, voire sa déclaration à l'ISF ? Il faut y voir une survivance du temps où la profession libérale, en l'absence d'une aide sociale organisée, venait spontanément en aide aux défavorisés en faisant payer les riches pour les pauvres. C'était une sorte de service social qu'elle rendait ainsi. Dans la médecine, la Sécurité sociale généralisée a fait disparaître cette pratique. Il risque bien d'en être de même chez les gens de justice, encore que l'aide légale n'ait pas atteint, et de loin, le degré d'uniformisation de la sécurité médicale (ce qui est probablement la cause de son déficit chronique). Il reste encore pour un temps place à une péréquation pragmatique, à la pratique d'une solidarité approximative. Car il est bien difficile de juger de la situation de fortune des gens ; les signes extérieurs peuvent être trompeurs – certains nantis apparaissent tout à coup riches surtout de dettes – à moins de pratiquer une inquisition insupportable.

385. – Par difficulté de l'affaire, il faut entendre surtout les problèmes juridiques qu'elle a pu poser. Le contentieux de masse ne demande ni recherche ni imagination. Il met en œuvre la routine de la technique, le schéma juridique en étant tout donné. Par contre, certaines affaires exigent des recherches de jurisprudence et de doctrine, un effort d'analyse et le talent de l'invention juridique qui n'est pas également partagé. La complexité de la qualification va souvent de pair avec la complexité des faits et la difficulté des preuves. Cette part de science et d'habileté doit être payée.

386. – Les frais exposés par l'avocat ne désignent pas les débours qui sont compris dans les dépens, mais les frais généraux. Ceux-ci tiennent à la structure du cabinet. Les gros cabinets ont un ratio de frais par dossier plus élevé que les cabinets artisanaux (Woog, p. 190). L'effet de masse ne joue pas en l'espèce et n'améliore pas la productivité, au contraire. Cette remarque est encourageante pour la persistance de ceux qui préfèrent exercer individuellement ou presque. Ils ne seront pas fatalement écrasés par les « grandes surfaces ». Il existe dans le contentieux un large domaine qui leur est réservé, parce que sur le plan du prix de la prestation, ils seront plus compétitifs.

387. – La notoriété est difficile à évaluer. Elle est parfois autoproclamée sans qu'elle soit attachée à un talent supérieur. Il faut en ce domaine s'en tenir aux apparences. L'avocat dont parlent les médias, dont on connaît le nom, qui s'occupe d'affaires à grand retentissement, qui dispose de relations influentes, jouit d'une notoriété qui se paie. Il y a heureusement la notoriété du cercle des initiés, dont les juges, qui tient à la science et à l'habilité de tel praticien.

Si le client s'est adressé à tel avocat en renom et que celui-ci a confié l'accomplissement de sa mission pour une grande part à des collaborateurs, une réduction des honoraires doit être opérée (CA Paris, Ord. 19 janv. 1993 : *Juris-Data* n° 020296. – 7 déc. 1992 : *Juris-Data* n° 023945).

Mais le développement des cabinets collectifs modifie les données du problème de la notoriété. De la star, celle-ci passe à la structure. Certes la capacité des avocats œuvrant à l'intérieur d'une société fait la renommée de cette société, mais l'appréciation individuelle se résout en une image de marque, laquelle peut survivre à la dégradation du service. Encore que telle personnalité puisse servir de vitrine au groupe.

388. – Les diligences accomplies par l'avocat mesurent le volume de la procédure. Il y a des procédures linéaires qui ne demandent que peu d'actes et peu de prestations, d'autres enchevêtrées qui exigent du temps pour leur exécution et de la présence. Nous pensons par exemple à ces affaires de construction aux multiples parties, qui donnent lieu à des expertises aux nombreux accedits. Ici l'honoraire pourra être apprécié au temps passé. C'est ce que le 3e alinéa de l'article 10 résume sous la dénomination de « prestations effectuées ». En quelque sorte le travail accompli qui pourra l'être par quelque avocat associé, collaborateur ou salarié interchangeable.

389. – L'énumération de l'alinéa 2 de l'article 10 ne comprend pas le « résultat obtenu » que nous retrouvons à l'alinéa 3 à l'occasion de la convention d'honoraires. Serait-ce à dire qu'il ne devrait pas être pris en compte pour la fixation judiciaire de l'honoraire à défaut de convention ? La jurisprudence antérieure à 1991 y faisait généralement référence et le premier président de la Cour d'appel de Paris (ou son délégataire) a persisté en ce sens après 1991 (Ord. 12 juin 1992 : *Juris-Data* n° 021811. – 16 juin 1992 : *Juris-Data* n° 031810. – 20 oct. 1992 : *Juris-Data* n° 022921. – et *a contrario* pour un *résultat non exceptionnel* : 16 oct. 1992 : *Juris-Data* n° 022912). La Cour de cassation, dans un premier temps, a admis qu'un *résultat exceptionnel* pouvait être pris en considération dans l'appréciation du montant de l'honoraire (Cass. 1re civ., 9 mai 1996 : *Gaz. Pal.* 21-23 oct. 1996, pan. jurispr. p. 277, obs. A. Damien. – 8 oct. 1996 : *JCP* G 1996, IV, 2293 : *Juris-Data* n° 003673). Mais voici que par deux arrêts du 3 mars 1998, la Cour de cassation a dit que l'énumération du 2e alinéa de l'article 10 de la loi du 31 décembre 1971 était limitative et que par suite le juge ne pouvait prendre en compte le résultat obtenu (Cass. 1re civ., 3 mars 1998, *Synthelabo* c/ *Gantelme* : *Bull. civ.* I, n° 86 ; *JCP* G 1998, II, 10115, note J. Sainte-Rose ; *Juris Conseils de France* c /*Legrand* : *Bull. civ.* I, n° 87. – *Adde* R. Martin : *JCP* G 1998, act. n° 15). Voici le chapeau de l'arrêt *Synthelabo* dans le *Bulletin* :

> « Il résulte de l'article 10, alinéas 2 et 3, de la loi du 31 décembre 1971, modifiée par celle du 10 juillet 1991, qu'aucun honoraire de résultat n'est dû s'il n'a été expressément stipulé dans une convention préalablement conclue entre l'avocat et son client ».

La note précitée de l'avocat général Sainte-Rose sous cette décision en éclaire les motifs. En voici l'essentiel :

Il résulte de l'alinéa 3 de l'article 10 que « l'honoraire de résultat ne peut faire l'objet d'un accord séparé et doit être intégré à une convention générale d'honoraires – ce qu'impliquent les mots " outre rémunération des prestations effectives " – cette convention devant être préalable et expresse puisqu'elle prévoit la fixation d'un honoraire supplémentaire » (ou plutôt complémentaire pour s'en tenir au terme de la loi).

Nous laissons pour l'instant de côté le caractère exprès et préalable de la convention que nous retrouverons *infra,* n° 398, et nous nous en tenons à l'exégèse des alinéas 2 et 3 de l'article 10 par renvois réciproques pour affirmer que l'honoraire de résultat ne peut intervenir qu'en cas de convention. Cette exégèse ne nous convainc pas (V. R. Martin, *Droit de la profession d'avocat* : *JCP* G 1998, I, 1159, n° 25). On comprend difficilement que ce qui serait permis aux parties de convenir soit interdit au juge lorsqu'il n'y a pas eu de convention. Il est tellement naturel que l'honoraire soit affecté par le résultat obtenu, surtout si ce résultat est exceptionnel. D'ailleurs l'annotateur admet qu'il suffit au juge du fond de prendre en compte le résultat, sans le dire, pour échapper à la censure de la Cour de cassation ! Il ne reste plus aux avocats que de s'en remettre sur ce point à la « prudence » des premiers présidents ou de leurs délégataires.

En outre la liste des critères à retenir est précédée, à l'article 10, alinéa 2, du chapeau « selon les usages ». Cette liste ne serait donc qu'un rappel des usages, et comme telle ne saurait être qu'énonciative. Les usages ne peuvent être fixés *ne varietur* par le texte légal ; ils sont divers et évoluent. C'est ce que constate le RIN en son article 11-2 : « La détermination de la rémunération de l'avocat en fonction *notamment* de chacun des éléments suivants, conformément aux usages ». Suit une liste indicative de ces éléments plus étendue que celle de la loi et qui comprend le résultat obtenu. En cet état la Cour de cassation devrait modifier sa jurisprudence. Mais la banalisation de la convention d'honoraires réduit l'intérêt pratique de cette jurisprudence (V. E. Camous, *Le régime juridique de l'honoraire de résultat dans les relations entre les avocats et leurs clients : Gaz. Pal.* 9 sept. 2001, p. 3).

2° La convention d'honoraires et honoraires de résultat

390. – Nous venons de passer en revue les directives données par le législateur pour fixer un honoraire, après coup, quand il n'y a pas eu de convention préalable entre l'avocat et le client et qu'un différend a surgi entre eux. Mais pour la première fois, le 3e alinéa de l'article 10 fait allusion à une convention d'honoraires. La convention peut intervenir à la fin de la mission et elle fait alors la loi des parties. Cette hypothèse est celle de l'accord *a posteriori* et elle ne nous retiendra pas (Cass. 1re civ., 22 nov. 1994 : *Bull. civ.* I, n° 336). Elle peut inclure un honoraire de résultat. L'intéressant est que la convention puisse être conclue avant que le procès ne soit engagé. Une telle pratique doit amener un changement radical des usages dans les rapports avocat-client. Comme on l'a écrit : « l'éthique de l'honoraire, c'est sa prévision plus que son montant » (B. Boccara, *L'honoraire de l'avocat ; la légalisation du pacte de succès* : *Gaz. Pal.* 1991, 2, doctr. p. 639). Le client veut maintenant savoir combien lui coûtera le procès, comme il veut savoir combien lui coûtera la maison qu'il fait construire. Il désire un « devis ». Il ne supporte plus la succession imprévisible des provisions et la surprise du solde final.

Il ne faut pas toutefois se cacher que la prévision est difficile en ce domaine, car l'imprévision est inhérente au procès. Quand on s'y engage, on ne sait pas combien il durera et les péripéties qu'il engendrera, donc le temps et les peines qu'il coûtera à l'avocat. Il est vrai qu'on ne peut s'accommoder que d'approximations, comme le mécanicien penché sur un moteur récalcitrant. On peut toutefois cerner cette approximation.

391. – L'alinéa 3 de l'article 10 distingue deux grandes masses dans la fixation contractuelle de l'honoraire : la rémunération des prestations effectuées et éventuellement un complément en fonction du résultat obtenu ou du service rendu. Nous allons les explorer successivement.

Nous avons déjà examiné la notion des prestations (V. *supra*, n° 388). Nous avons dit que le moyen le plus adéquat d'en évaluer le coût était de mesurer le temps passé (nombre d'heures) et d'affecter un prix à l'heure. On ne peut prévoir à l'avance combien d'heures dévorera le procès, mais on peut fixer le coût de l'heure et ensuite compter les heures au cours du déroulement de la procédure. C'est une mesure objective.

Pourtant le nombre d'heures facturées peut prêter à contestation. On le voit bien pour la fixation des honoraires de l'expert judiciaire calculés selon ce système, laquelle donne lieu à un contentieux assez abondant. Le travail de l'avocat ne peut se mesurer comme celui du menuisier qui a passé tant d'heures devant son établi. Avant d'écrire ou de dicter des conclusions, il faut y avoir pensé et cette conception se fait souvent hors des heures de cabinet ; l'illumination peut surgir au petit matin après une nuit de sommeil angoissé. Faut-il prendre ou non en compte ce travail souterrain ? Ou plus prosaïquement le temps passé à attendre son tour avant d'aborder la barre et qui peut être occupé diversement ; certains, qui savent s'abstraire, lisent ; d'autres préparent un dossier ; il y en a qui écoutent le confrère dont il y a toujours quelque chose à apprendre ; la plupart bavardent dans la salle des pas perdus. Faut-il prendre en considération la plus ou moins grande vivacité d'esprit des individus ? L'unité utilisée est étalonnée, l'heure, mais le nombre d'unités est sujet à caution, si bien que ce mode de calcul n'est pas une panacée (Voir sur ce point : Cass. civ., 13 juill. 2005 : *JCP* G 2005, 1, 188, obs. R. Martin).

Le prix de l'heure pourra inclure la difficulté de l'affaire, la structure du cabinet, la notoriété et pourquoi pas les facultés contributives du client, notamment la possibilité qu'il a ou non de récupérer la TVA ou de faire passer les honoraires en frais généraux. Il a été jugé que le tarif horaire affiché dans la salle d'attente est opposable au client (Ord. Paris, 8 févr. 1993 : *Juris-Data* n° 021164).

À la fin du procès, il conviendra de faire le décompte des heures et de le multiplier par le prix convenu de l'heure. Le cadre au moins sera tracé.

392. – Nous en venons à l'honoraire de résultat, autrement dit un succédané du pacte de *quota litis*.

Ce pacte consiste pour le client à abandonner une quote-part (un pourcentage) de ce qu'il obtiendra par le procès, à l'avocat. Si le procès est perdu l'avocat ne sera pas payé ; il en prend le risque.

Dans notre tradition française, ce pacte a mauvaise réputation ; il sent le soufre – alors qu'il est courant aux États-Unis d'Amérique. Et jusque dans la loi du 31 décembre 1990, il demeurait complètement prohibé. « Le pacte de *quota litis* a toujours été déclaré nul par une jurisprudence et une doctrine unanimes, comme contraire à un principe essentiel de la morale des barreaux » pouvait-on écrire à la fin des années 80 (Mlle Y. Lobin, *in J.-Cl. Procédure civile*, V° Avocat). On pensait unanimement qu'il était immoral que l'avocat identifie son intérêt avec celui de son client, car il y aliénait son indépendance.

Et pourtant il ne paraît pas *a priori* déraisonnable de proportionner la rémunération de l'avocat à l'avantage qu'il a obtenu pour son client, et celui-ci l'admet bien volontiers, il le propose souvent. Le droit proportionnel du postulant est calculé sur l'intérêt du litige, et plus particulièrement sur le montant des dommages-intérêts obtenus, sans que personne n'y voit malice. Les émoluments du notaire sont proportionnels au prix convenu entre les parties. En quoi l'avocat peut-il aliéner son indépendance en s'efforçant d'obtenir le plus qu'il est possible pour son client, lorsque ce plus lui revient en partie ? On a l'impression que la condamnation du pacte était la répétition pieuse d'un tabou suranné, un article de foi diabolisant ce qui se pratiquait sous le manteau.

Il convient de souligner que la réprobation du pacte de *quota litis* n'a jamais été, même en France, universelle. Une juridiction française avait reconnu que ce pacte n'était pas contraire à l'ordre public international et qu'il devait être exécuté en France à l'occasion de l'intervention d'un avocat français devant un tribunal arbitral international (TGI Paris, 16 sept. 1991 : *Gaz. Pal.* 1992, 1, p. 252, obs. A.D., confirmé par CA Paris, 1re ch. B., 10 juill. 1992 : *Juris-Data* n° 004352).

393. – La loi du 10 juillet 1991 admet le pacte de *quota litis* en déclarant licite la convention sur un honoraire en fonction du résultat obtenu ou du service rendu, mais elle le fait partiellement en imposant que cet honoraire soit complémentaire à la rémunération des prestations effectuées. En cela elle ne rompt pas complètement avec la tradition ancienne. Toute fixation d'honoraires qui ne le serait qu'en fonction du résultat judiciaire est interdite. Le pacte de *quota litis* pur demeure donc prohibé ; il ne peut intervenir que comme complément.

Il reste exclu que l'avocat prenne les risques du procès, c'est-à-dire en avance les frais à fonds perdus, en contrepartie d'une forte rémunération en cas de succès, pouvant aller jusqu'au tiers des sommes obtenues selon la pratique américaine. Et pourtant on peut trouver à cette pratique des avantages pour l'accès à la justice. Il en est notamment ainsi dans les procès en responsabilité et dans la défense des consommateurs. La *class action* américaine par exemple n'est rendue possible que par le pacte qui permet à l'avocat de financer le procès. On peut critiquer cette pratique qui tend à augmenter le nombre des procès et à faire de la justice une exploitation quasi commerciale, mais on peut aussi y voir un progrès du droit (sur l'évolution des idées à ce sujet, cf. B. Boccara, *La légalisation de l'honoraire de résultat* : *Gaz. Pal.* 1992, 2, doctr. p. 520 et *Gaz. Pal.* 6/7 août 1997, p. 6).

Cela nous amène à nous demander si l'interdiction partielle qui subsiste du pacte de *quota litis* n'est pas une ultime action de retardement, héritage du passé que nous venons d'évoquer et qui disparaîtra un jour plus ou moins prochain. Elle peut d'ailleurs être aisément contournée en stipulant un taux minoré de rémunération des prestations effectuées et en forçant la quote-part de résultat. Le premier président de la Cour d'appel de Lyon avait condamné une telle pratique en donnant à l'expression « honoraire complémentaire » un sens strict (ord., 2 nov. 1993, inédit). Cette décision a été cassée (Cass. 1re civ., 10 juill. 1995 : *Bull. civ.* I, n° 311 ; *JCP* G 1995, II, 2257, note R. Martin) au motif que le juge du fond avait ajouté à la loi une condition qu'elle ne comporte pas (dans le même sens, 3 oct. 1995 : *Juris-Data* n° 003171 cassant Grenoble, 10 avr. 1991 : *Gaz. Pal.* 1992, 1, somm. p. 122).

394. – L'honoraire complémentaire est facile à établir quand la demande consiste au paiement d'une somme d'argent, dommages-intérêts, créance à recouvrer. Le moyen le plus simple est de convenir d'un pourcentage de cette somme (on peut imaginer un tarif dégressif comme pour le droit proportionnel).

Mais il peut également s'appliquer à la revendication d'une chose ou à l'exécution d'une obligation de faire ou de ne pas faire (nous pensons au droit de la concurrence). Cette éventualité est permise par l'expression « service rendu » qui figure dans la loi. Cela pourrait aller jusqu'à l'établissement désiré d'un lien de filiation ou au contraire de la disparition du lien apparent indésiré. Il suffit de convenir à l'avance d'un tarif du résultat recherché (ici encore le droit progressif de postulation peut servir de modèle).

La mise en œuvre de la convention d'honoraires de résultat ne présente pas de difficultés techniques sérieuses. On peut toutefois souhaiter que les barreaux élaborent des formules, et pourquoi pas le CNB un modèle national. Le barreau de Paris s'est engagé prudemment dans cette voie en publiant à l'annexe VIII de son règlement des recommandations qui peuvent servir de guide dans la rédaction de la convention.

395. – L'article 1134 du Code civil paraît assurer que l'honoraire convenu sera l'honoraire payé et qu'en cas de refus d'exécution du client, il y sera condamné sans contestation possible. Telle n'est pas cependant l'opinion de la Cour de cassation. Celle-ci s'arroge le pouvoir de « modérer » l'honoraire convenu et particulièrement l'honoraire de résultat. L'explication de cette jurisprudence demande un retour en arrière. Voici bientôt deux siècles que le juge s'est résolu à réduire le salaire (*sic*) de l'agent d'affaire lorsqu'il lui paraît exagéré par rapport au service rendu (Req., 11 mars 1824 : *Rép. D.* 1910, V° Agent d'affaire, n° 50, jurisprudence constante depuis lors). Il est vrai que certains agents d'affaires abusaient manifestement de l'inexpérience ou de la détresse de ceux qui avaient recours à eux. Cette jurisprudence a été étendue à tous les « mandataires » y compris les professions libérales (Le Tourneau, Encyclopédie Dalloz civile, V° Mandat, n° 302). L'avocat nouveau allait-il y échapper ?

Dans un premier temps après la modification apportée par la loi du 10 juillet 1991 à l'article 10 de la loi du 31 décembre 1971, la réponse a paru positive. Dans un arrêt du 22 novembre 1994 (*Bull. civ.* I, n° 336), la Cour de cassation s'exprimait ainsi qu'il suit : « Sauf si elle est affectée d'une cause de nullité dont il appartient à celui qui l'invoque de rapporter la preuve, la convention d'honoraires soumise par l'avocat à son client et acceptée par celui-ci fait la loi des parties... dès lors que les clauses de la convention ne présentent aucune ambiguïté quant à l'intention des parties et à la clarté de leurs engagements réciproques ».

Une tentative de contournement de la loi par le premier président de Lyon était par ailleurs déjouée par la Cour de cassation. Celui-ci avait réduit un honoraire de résultat dont le montant dépassait largement l'honoraire de diligences, au motif qu'il n'était pas « complémentaire », selon les termes de la loi. Son ordonnance a été cassée (Cass. 1re civ., 10 juill. 1995 : *Bull. civ.* I, n° 311 ; *JCP* G 1995, II, 2257, note R. Martin. – Dans le même sens, 3 oct. 1995 : *Juris-Data* n° 003171 cassant Grenoble, 10 avr. 1991 : *Gaz. Pal.* 1992, 1, somm. p. 122).

Une ordonnance du premier président de Dijon du 15 février 1996 (*Gaz. Pal.* 6/8 oct. 1996, p. 41, note crit. J.-P. Coulaud), qui à notre connaissance n'a pas été frappée de pourvoi, doit être signalée pour son particularisme : elle institue une distinction entre l'avocat qui exécute ou non un mandat. S'il exécute un mandat la rémunération convenue peut être réduite (on reconnaît la jurisprudence séculaire du mandataire salarié). Il y a mandat dans la représentation en justice. Mais il n'y a pas mandat dans la consultation et la rédaction d'actes et dans ce cas la rémunération convenue est intangible. Le résultat est plutôt paradoxal : la rémunération convenue de l'avocat du judiciaire peut être réduite par le juge, alors que celle de l'avocat du juridique ne le peut pas. Le point intéressant de cette décision est que l'avocat n'est pas forcément le mandataire du client.

396. – Mais voici qu'avec un arrêt de cassation du 3 mars 1998, l'avocat a été rattrapé par la jurisprudence séculaire (Cass. 1re civ., 3 mars 1998 : *Bull. civ.* I, n° 85 : *JCP* G 1998, II, 10116, note J. Sainte-Rose.– *Adde* R. Martin : *JCP* G 1998, act. n° 15. – B. Boccara, *Du pouvoir judiciaire de réduction de l'honoraire de l'avocat* : *Gaz. Pal.* 16/17 sept. 1998. – Cet arrêt a été confirmé par un arrêt de rejet contre une ordonnance du premier président de Caen du 28 novembre 1995 rendue par la 1re chambre le 7 juillet 1998 : *JCP* G 1998, IV, n° 3008 ; *Juris-Data* n° 003149. – *Adde,* Cass. 1re civ., 3 juill. 2001 : *JCP* G 2002, 1, 136, obs. R. Martin). La Cour de cassation affirme, d'une manière générale, que l'article 10 de la loi du 31 décembre 1971 « ne saurait faire obstacle au pouvoir des tribunaux de réduire les honoraires convenus initialement entre l'avocat et son client lorsque ceux-ci paraissent exagérés au regard du service rendu ». Mais lorsque le montant des honoraires a été convenu après service rendu, le juge ne peut le modifier (Cass. 1re civ., 18 oct. 2000 : *Juris-Data* n° 006385. L'honoraire, 600 000 F, avait été accepté par le client alors *in bonis* et avait été ensuite contesté par le liquidateur judiciaire). Cette jurisprudence est constante.

397. – D'où vient ce pouvoir que s'autorisent ainsi les juges ? Certainement pas de la loi ; il est même ouvertement contraire à l'article 1134 du Code civil. On a avancé l'équité (Planiol et Ripert, t. II par R. Savatier) ; c'est une forme d'aveu. D'autres, l'absence de cause lorsque la prestation n'est pas proportionnelle au prix convenu (Capitant, *La cause dans les obligations civiles*, n° 98). Mais ce qui ne vaut pas pour l'entrepreneur de maçonnerie vaudrait-il pour l'avocat ? M. J. Sainte-Rose (note préc.) se réfère de préférence à une opinion du doyen Cornu qui invoque « le pouvoir de surveillance que les juges exercent à l'égard de professions faisant naître un risque d'abus d'influence ». Ce n'est pas très amène pour la profession d'avocat. On pourrait penser dans la foulée à la protection du « consommateur » de droit ; toutefois ceux qui ont été jusqu'alors « mis sous influence » étaient des sociétés commerciales averties. Et puis la Cour de cassation ne fait pas de distinction.

Nous pensons pour notre part que le juge obéit en cela à un réflexe qui vient du fond des âges : le mandat est réputé par nature gratuit ; l'article 1986 du Code civil, maintenu dans sa rédaction de 1804, nous le rappelle : « Le mandat est gratuit, s'il n'y a convention contraire ». Lorsque ce service d'ami est par exception salarié, il peut paraître normal que le juge, par exception, en contrôle le prix. La motivation remonte inconsciemment à l'archéologie de l'institution, en omettant que l'histoire a accompli depuis lors beaucoup de chemin. Ce qu'on appelait mandat salarié est devenu une prestation de services de type économique qui a un prix. D'ailleurs la qualification de mandat est abusive : l'avocat n'est pas le mandataire de son client, même si l'on parle de mandat *ad litem*, car il a l'initiative des actes de procédure qu'il accomplit au nom de son client. Sinon on tombe dans la logique qui exclut du pouvoir prétorien le salaire du juridique. La qualification de mandataire qui a été prêtée à l'avocat (et à d'autres professions libérales aussi abusivement) couvre la volonté (ou pourrait parler psychanalytiquement de pulsion) des juges de « modérer » la rémunération convenue du mandataire, s'ils l'estiment exagérée. Tout autant qu'ils puissent se faire une idée objective de l'exagération qui nécessiterait un calcul économique (cf. la critique de B. Boccara, préc.). Sur ce point également on devine une régression canonique et moyenâgeuse vers le « juste prix » substitué au prix du marché (Sur l'ensemble de la question : R. Martin, *La réduction des honoraires de l'avocat par le pouvoir judiciaire – recherche archéologique : JCP* G 1999, I, 110).

Il reste pour les cas extrêmes que la convention peut être annulée pour vice du consentement du client : ce peut être le dol si l'avocat a abusé de son « influence », ce peut être l'erreur si le client s'est mépris sur la substance du service attendu. Un premier président a pu neutraliser une convention, visiblement léonine, en faisant référence au 3e alinéa de l'article 1184 du Code civil, selon lequel « les conventions doivent être exécutées de bonne foi » (Ord. Rouen, 15 sept. 1992 : *JCP* G 1993, II, 21981, note R. Martin). On demeure ainsi dans les limites de la loi qu'on peut interpréter largement. Au surplus l'avocat qui manque à ses devoirs de désintéressement et de délicatesse dans la négociation de ses honoraires peut faire l'objet de poursuites disciplinaires. Un arrêt de la Cour de cassation nous apporte l'exemple de l'annulation d'une convention d'honoraires pour vice du consentement, en l'espèce la violence. Il s'agit bien entendu d'une pression morale exercée par l'avocat sur sa cliente à la veille de l'audience dans un procès en divorce pour faute (Cass. 1re civ., 15 juill. 1999, arrêt n° 1978 : *JCP* G 1999, II, 10187, note R. Martin. – Florence Ladouce, Convention d'honoraire de résultat conclue après service rendue : *Gaz. Pal.* 19/20 mars 2004, p. 2).

398. – La jurisprudence de la Cour de cassation aurait pu rendre mort-née la convention d'honoraires. Heureusement deux arrêts postérieurs sont venus lui rendre quelque couleur.

Un arrêt du 6 juin 2000 (*Bull. civ.* I, n° 177 ; *JCP* G 2000, II, 10146, note R. Martin, repris par un arrêt 1re civ., 27 janv. 2001 : *Juris-Data* n° 008455) reconnaît la validité d'une convention qui ne prévoit que le principe d'un honoraire de résultat sans en fixer les modalités, celles-ci étant renvoyées à un accord ultérieur, après service rendu. En cas de désaccord des parties à ce moment là, il appartient au juge de l'honoraire d'en apprécier le montant. Ainsi est autorisé un contrat-cadre, qui peut devenir de style, entre avocat et client.

Un autre arrêt du 18 juillet 2000 (*JCP* G 2000, II, 10417, note R. Martin) a accentué indirectement l'incitation à la convention d'honoraires en faisant obligation à l'avocat d'informer son client, dès le début de leurs relations, du mode de calcul de ses honoraires. La preuve que l'information a été donnée pèse sur l'avocat. Elle peut être rapportée par tous moyens, mais quelle meilleure preuve qu'une convention d'honoraires, qui peut être une convention-cadre comme dit *supra* ? Celle-ci n'est soumise à aucun formalisme ; elle peut résulter d'une correspondance (Cass. 1re civ., 9 mai 1999 : *JCP* G 1999, IV, 2263 ; *Juris-Data* n° 001938 ; *D.* 1999, inf. rap. p. 167), alors même que cette correspondance n'émanerait pas directement du client mais de son notaire (Cass. 1re civ., 28 févr. 2000 : *JCP* 2000, I, 231, n° 20). Il suffit d'un commencement de preuve par écrit qui peut être complété par des présomptions. La pratique généralisée de la convention initiale d'honoraires devrait assainir les rapports pécuniaires entre avocat et client et réduire le contentieux y afférent (1).

(1) L'honoraire de résultat n'est dû que lorsqu'il a été mis fin à l'instance par une décision irrévocable (Cass. 2e civ., 10 mars 2004 : *JCP* G 2004, II, 10114, note R. Martin) ce qui peut conduire à un conflit en cas de changement d'avocat (Cass. 2e civ., 10 nov. 2005 : *JCP* 2006, I, 105).

399. – Les 2e et 3e alinéas de l'article 10 de la loi du 31 décembre 1971 modifiée ont été écrits visiblement pour la fixation des honoraires du judiciaire. Le 3e alinéa commence par cette phrase : « Toute fixation d'honoraires qui ne le serait qu'en fonction du *résultat judiciaire*, est interdite », et les paramètres du 2e alinéa correspondent à l'évidence à l'affaire judiciaire. Les honoraires de consultation et de rédaction d'actes ne posent pas les mêmes problèmes.

Le prix de la consultation *stricto sensu* dépendra avant tout de la notoriété de celui qui la donne. Un avocat, par ailleurs agrégé des facultés de droit, sera plus cher qu'un avocat généraliste. Dans notoriété il y a autorité. Le temps passé, à ce niveau, mesure de façon quasiment exacte la difficulté de la recherche. Il est difficile de le prévoir à l'avance dans une convention. Il peut donc être facturée à l'heure, le prix de l'heure dépendant de la notoriété. Le conseil ordinaire peut être annoncé par un tarif interne au cabinet. Les anciens conseils juridiques pratiquaient l'abonnement forfaitaire. Cette pratique a été acceptée par le premier président d'Aix-en-Provence (Ord. 3 avr. 1996, *Sté France Tax Gree Shopping* c/ *Bouguerra*). Elle figure dans le RIN à l'article 11-2-1. Mais si le contrat est rompu en cours d'exécution et que toutes les prestations n'ont pas été exécutées, les honoraires ne sont dus que pour le temps où la convention a été exécutée (Ord. Lyon, 11 oct. 1995 : *Juris-Data* n° 050346 ; dans le même sens : Cass. 1re civ., 19 mai 1999 : *JCP* G 1999, I, 173, n°30). Il paraît difficile que le juge puisse réviser le forfait convenu, mais sait-on jamais...

La rédaction d'actes est une activité généralement répétitive qui peut s'accommoder d'un tarif intérieur au cabinet à l'imitation de celui des notaires. Cette rémunération peut être intégralement proportionnelle aux intérêts en jeu, car il ne s'agit pas d'un « résultat judiciaire ». L'acte peut être l'aboutissement de négociations et il constitue alors le résultat même de la négociation. Les honoraires peuvent être fixés *a posteriori* ou convenus *a priori* en considération de ce résultat, qui n'est pas un résultat judiciaire. Cette jurisprudence est reprise à l'article 10 du décret du 12 juillet 2005.

On constate que le prix de l'activité juridique de l'avocat est moins encadré que celui de l'activité judiciaire. Mais il n'est pas à l'abri d'une réduction par l'autorité du juge selon la jurisprudence du 3 mars 1998.

3° Facturation et paiement des honoraires

a) Facturation

400. – Avant tout règlement définitif, l'avocat remet à son client un compte détaillé, qui doit faire ressortir distinctement les frais et débours, les émoluments tarifés de postulation et les honoraires. Il porte mention des sommes précédemment reçues à titre de provision. Si l'avocat y manque, il peut en être requis par son client, le bâtonnier, le président du tribunal de grande instance et le premier président de la cour d'appel.

Depuis toujours il a été d'usage que l'avocat demande une ou des provisions sur honoraires. C'est le meilleur moyen d'en assurer le paiement. Le décret du 12 juillet 2005 en son article 11 valide cette pratique, en précisant toutefois que la provision ne peut aller au-delà d'une estimation raisonnable des honoraires et des débours probables entraînés par le dossier. C'est une application du principe de modération qui peut rester un « vœu pieux ». À défaut de paiement de la provision demandée, l'avocat peut renoncer à s'occuper de l'affaire ou s'en retirer. Il fournit à cet égard toute information nécessaire à son client. Ce texte n'est que la consécration d'usages anciens.

Par ailleurs l'avocat doit informer son client, dès sa saisine, puis de manière régulière, des modalités de détermination des honoraires et de l'évolution prévisible de leur montant. Cette obligation de renseignement se heurte aux aléas inhérents au procès. Elle ne peut valoir que pour une procédure simple et répétitive. La prévision du montant des honoraires peut être indiquée dans une convention préalable.

Jusqu'à ce que la TVA passe par là, qui a transformé la « note d'honoraires » ou « tout document en tenant lieu » en une « facture ». Ce changement de vocabulaire n'est pas innocent, comme nous allons le voir, car il exprime une mutation profonde de l'activité libérale.

À la suite du décret n° 92-1244 du 27 novembre 1992 (devenu l'article 242 *nonies* de l'annexe II du Code général des impôts) pris par application de l'article 30 de la loi n° 92-677 du 17 juillet 1992 et de la loi n° 92-1442 du 31 décembre 1992, la profession d'avocat a été soumise à la TVA ce qui s'accompagne d'un nouveau formalisme de la facturation des honoraires aux clients.

Ces textes de droit interne transposent une directive CE n° 91/680 du 16 décembre 1991, qui vise « les activités des producteurs, des commerçants ou des prestataires de services, y compris les activités extractives agricoles et celles des *professions libérales et assimilées* ». Toutes ces activités sont cataloguées comme économiques. La prestation fournie par l'avocat est donc une prestation économique et le GATT n'a rien inventé.

401. – Nous allons d'abord indiquer les mentions qui doivent figurer sur la facture, sans les commenter ; le commentaire viendra ensuite :

– identification de l'avocat. Elle peut être pré-imprimée et comporte, nom, prénom, barreau, adresse, téléphone, fax ;

– numéro d'identification intracommunautaire à la TVA qui est communiqué par l'Administration. L'application à l'avocat n'en est pas certaine ;

– identification du client, même si ce client n'est pas lui-même assujetti à la TVA ;

– date de la facture ;

– numéro de la facture, car les factures doivent être chronologiquement numérotées ;

– date de la prestation. La prestation peut s'étendre sur un certain laps de temps et il convient alors d'indiquer la période couverte ;

– quantité et dénomination précise des services rendus (*sic*) ;

– prix unitaire hors taxes de chaque prestation. Ce qui renvoie nécessairement à un tarif horaire et/ou un barème du prestataire ;

– montant global hors taxes et TVA correspondante ;

– éventuellement rabais, remise ou ristourne ;

– date à laquelle le règlement doit intervenir, ce qui peut être satisfait par la mention « à réception de la facture » ;

– mention d'adhérent à une association agréée s'il y a lieu (cf. J.-Cl. Woog, p. 199. – Ph. Lafarge, *De la facturation* : *Gaz. Pal.* 1993, doctr. p. 1239).

402. – Voici ce qu'il est advenu de la lettre pleine de « délicatesse » par laquelle l'avocat proposait à son client un chiffre d'honoraires.

À ne s'en tenir qu'aux apparences, il est évident que l'avocat est ravalé au rang de n'importe quel prestataire de services (les cartomanciennes sont logées à la même enseigne).

Mais ce qui est plus grave, c'est que le rapprochement des renseignements figurant sur la facture permet de percer le secret professionnel. Cette facture nous révèle en effet que telle personne (physique ou morale) a eu recours à tel avocat, à telle date ou à telle époque, pour une prestation de telle nature : procès, consultation, rédaction d'acte. Jusqu'où doit aller la précision de la nature de la prestation ? Cette appréciation repose entre les mains des agents du fisc et de la concurrence. Car ce luxe de détails n'est pas seulement destiné à assurer la sincérité fiscale, mais sert aussi à détecter les atteintes à la concurrence entre prestataires de services, ici entre avocats seulement ou presque, puisque cette profession agit à l'intérieur d'un quasi-monopole.

Ces factures sont archivées par ordre chronologique chez l'avocat et elles se retrouvent chez le client qui doit en justifier. En ces deux lieux, elles sont à la disposition des inspecteurs du fisc et de la concurrence, lors des contrôles qu'ils opèrent. Certes, ces derniers sont soumis au secret professionnel, mais quelle est la valeur d'un secret ainsi dispersé aux quatre vents ?

La facturation doit se référer à un tarif horaire ou/et un barème des prix du prestataire. Comment concilier l'exigence du barème avec les règles de fixation des honoraires que nous avons exposées ? Dans le barème, un divorce vaut n'importe quel autre divorce, un procès en responsabilité n'importe quel autre procès en responsabilité, etc. alors que l'honoraire doit être proportionné à la complexité de l'affaire et à la fortune du client ! Le barème ne fait pas dans la nuance.

Il est vrai que des rabais et remises peuvent être consentis. On serait tenté de sourire, dans un premier mouvement, tellement cette perspective est incongrue ; mais le second mouvement est d'effroi devant cette assimilation technocratique d'une assistance personnalisée, libérale et indépendante à une prestation économique indifférenciée conçue de façon strictement objective. L'avocat ramené au rang du pressing, du motel et du fast-food (nous employons sciemment ces expressions anglo-saxonnes, car c'est bien vers la civilisation américaine que nous conduit le mouvement). Quant aux ristournes, elles sont proscrites par la déontologie de la profession.

Les règlements intérieurs sont étrangement absents sur cette question de la facturation : sans doute le signe d'un embarras (on peut consulter à ce sujet M. A. Viala, *La mort programmée et consommée de l'exercice libéral de la profession d'avocat* : *Gaz. Pal.* 1994, doctr. p. 1, 619).

403. – Depuis le 1er avril 1991, toutes les activités de l'avocat sont soumises à la TVA laquelle doit figurer sur la facture. Toutefois, si le chiffre d'affaires du cabinet n'atteint pas 37 350 € par an, l'avocat est exonéré.

Les débours *stricto sensu* sont exclus du calcul de la TVA : frais de procédure, droit de plaidoirie, publicités légales, frais de greffe, honoraires d'expert, émoluments d'huissiers de justice. Il y a donc lieu de distinguer sur la facture honoraires (ou provisions sur honoraires) et débours, et tenir de ces derniers une comptabilité séparée (CGI, art. 267-2).

Le taux est le taux ordinaire, sauf pour les prestations fournies dans le cadre de l'aide légale ou d'une commission d'office qui sont taxées à un taux réduit de 5,5 %. Les avocats revendiquent d'une façon persistante que le taux de la TVA soit ramené pour toutes leurs prestations à 5,5 %, au moins pour les particuliers qui ne peuvent récupérer cette taxe. Mais la décision dépend d'un accord européen qui est loin d'être acquis.

Le collaborateur est imposable sur le montant des honoraires rétrocédés par son « patron ». Il doit remettre à ce dernier une facture détaillant le hors taxes, le montant de la TVA appliquée ou portant la mention d'exonération. L'inconvénient en cas d'exonération est que le « patron » paie la TVA sur les honoraires qu'il reçoit et qu'il rétrocède ensuite sans compensation. Le remède consiste dans le paiement direct des honoraires par le client au collaborateur, mais cela n'est pas toujours facile en pratique.

Le bon revers de la TVA consiste en ce qu'elle peut être récupérée sur les achats et investissements.

b) Paiement des honoraires

404. – Le règlement intérieur harmonisé du CNB édictait que l'avocat ne peut recevoir d'honoraires que de son client ou d'un mandataire de celui-ci (art. 11-3, al. 5). Elle ne figure plus dans le RIN. Pourquoi cette interdiction de recevoir les honoraires d'un tiers ? Elle a été reprise du règlement intérieur de l'Ordre de Paris. Elle ne se retrouvait pas dans la plupart des règlements de province. Son sens et sa portée sont éclairés par une addition que le nouveau règlement de Paris a apporté au règlement harmonisé, en l'intégrant : « L'avocat doit refuser le règlement de ses honoraires par un tiers s'il sait que ce tiers n'est pas éclairé sur les circonstances du règlement ou si à l'occasion de ce règlement, ce tiers se plaçait en contravention avec la loi, les règlements ou le cas échéant ses statuts » (art. 11-7 du règlement de Paris)(2). L'interdiction vient au secours de la morale et de la légalité. Le paiement des honoraires ne doit pas être extorqué à la bonne foi du tiers, par exemple d'un proche du client. Il ne doit pas constituer une infraction : complicité de proxénétisme quand l'avocat accepte de la prostituée des honoraires pour la défense de son protecteur, abus de biens sociaux quand la société paie les honoraires de l'avocat d'un de ses dirigeants ou de ses préposés, alors même que la faute se rattache à la fonction. Le juge de l'honoraire n'a pas compétence pour désigner le débiteur de cet honoraire (Cass. 1re civ., 6 juin 2001 : arrêt n° 1003 F-D ; Cass. 2e civ., 30 mai 2007, arrêt no 856 FS-D). L'avocat doit éviter de recevoir une rémunération d'un agent d'affaires qui peut être convenu avec le client d'un pacte *de quota litis*. Cette interdiction doit être placée sous le signe de la prudence.

4° Recouvrement des honoraires

405. – Pendant des siècles, les avocats ont assigné en justice, selon la procédure ordinaire, leurs clients ingrats pour le recouvrement forcé de leurs honoraires. Au XVIIIe siècle, l'usage s'instaura au barreau du Parlement de Paris de prohiber ce recouvrement forcé des honoraires (Hamelin et Damien, n° 301). Cet usage se généralisa au XIXe siècle. Doit-on y voir un souci d'élégance, l'affirmation du caractère non marchand de la profession, la revendication de son indépendance ; car soumettre au juge le montant de sa rémunération revient à lui faire acte d'allégeance. C'est aussi s'exposer à ce qu'il contrôle le montant des honoraires réclamés. L'inconvénient de ce désintéressement ostentatoire était atténué par la pratique des provisions. Aujourd'hui celles-ci sont devenues des acomptes alimentant la trésorerie du cabinet.

Cet état de chose se perpétua jusqu'à la loi du 31 décembre 1957 qui institua une procédure spéciale pour le recouvrement des honoraires. La matière est actuellement régie par l'article 10 de la loi du 31 décembre 1971 et les articles 174 à 179 du décret du 27 novembre 1991. Cette voie procédurale, dont la spécificité a été conservée, est exclusive de toute autre.

406. – Le contentieux de l'honoraire est introduit de deux façons : soit le client conteste le montant des honoraires qui lui sont réclamés par son avocat,

(2) Elle a été reprise dans le nouveau règlement dit « Code de déontologie » 2007, p. 88, P.11.6.0.1.

soit l'avocat, devant un refus de payer, prend l'initiative de la procédure de recouvrement. Dans les deux cas, l'instance suit des formes identiques et aboutit à une fixation judiciaire du montant des honoraires, sous réserve de l'existence d'une convention d'honoraires.

La contestation est portée d'abord devant le bâtonnier. Celui-ci n'intervient pas seulement comme un conciliateur, mais comme un arbitre qui rend une décision, laquelle pourra être revêtue de la formule exécutoire par le président du tribunal de grande instance. Cette décision est susceptible d'un recours devant le premier président de la cour d'appel.

407. – Le bâtonnier est saisi soit par lettre recommandée avec avis de réception soit par remise contre récépissé (D. art. 76, mod. par D. 17 oct. 1995). Cela vaut pour l'avocat comme pour le client. Si le bâtonnier n'a pas statué dans un délai de quatre mois qui peut être prolongé pour autant de mois (D. 15 mai 2007), il se trouve dessaisi et ne peut plus statuer (Cass. 1re civ., 17 juill. 1996, pourvoi n° 94-18528 : *Juris-Data* n° 03239). L'une ou l'autre des parties peut alors saisir directement le premier président. Quand il reçoit une réclamation du client, le bâtonnier l'informe des modalités de la procédure de contestation. Le bâtonnier, ou le rapporteur qu'il désigne, recueille préalablement les observations de l'avocat et de son client. Le débat doit être contradictoire (Ord. Belfort, 17 sept. 1992 : *Juris-Data* n° 047534). Le bâtonnier rend ensuite une décision dans le délai prescrit. Celle-ci doit être motivée à peine de nullité (Douai, ord. 1er prés., 14 mars 1995 : *Juris-Data* n° 043836). Ce délai peut être prorogé de quatre mois par décision motivée. La décision de prorogation n'est pas susceptible de recours (Paris, 1er prés., 6 févr. 1996 : *Juris-Data* n° 020250).

La décision du bâtonnier est notifiée, dans les quinze jours de sa date, à l'avocat et à la partie par le secrétaire de l'Ordre sous forme de lettre recommandée avec avis de réception. Les lettres de notification mentionnent, à peine de nullité, le délai et les modalités de recours. Si la notification ne peut être remise au destinataire, il convient, en application de l'article 670-1 du Nouveau Code de procédure civile, de procéder par acte d'huissier de justice (Cass. civ., 25 avr. 1989 : *JCP* G 1989, IV, 237 ; *D.* 1989, inf. rap. p. 147).

Lorsque la décision du bâtonnier ne fait pas l'objet d'un recours, elle peut être rendue exécutoire par une ordonnance du président du tribunal de grande instance, à la demande soit de l'avocat soit de la partie. Le plus souvent c'est l'avocat qui requiert l'exécutoire afin de pouvoir exercer les voies d'exécution.

408. – La décision rendue par le bâtonnier est susceptible de recours, dans le délai d'un mois, devant le premier président de la cour d'appel, lequel est saisi par lettre recommandée avec avis de réception adressée au greffe. Il a été jugé que la remise d'une lettre au greffe de la cour d'appel n'est pas équivalente à l'envoi de la lettre recommandée avec avis de réception prévue par le décret, ce qui rend le recours irrecevable (Cass. 1re civ., 4 nov. 1992 : *JCP* G 1993, II, 2266, note R. Martin).

Si le bâtonnier n'a pas pris sa décision dans les quatre mois qui lui sont impartis, le premier président peut être saisi dans le mois qui suit l'expiration de ce délai de quatre mois.

L'avocat et la partie sont convoqués au moins huit jours à l'avance, par le greffier en chef, et par lettre recommandée avec avis de réception. Le premier président les entend contradictoirement. Il peut renvoyer l'affaire devant la Cour. L'ordonnance ou l'arrêt est notifié par le greffier en chef par lettre recommandée avec avis de réception. Si la lettre recommandée ne parvient pas à son destinataire, il y a lieu de procéder par acte d'huissier de justice. Le premier président peut accorder des délais pour le paiement des honoraires en vertu de l'article 1244-1 du Code civil (Cass. 1re civ., 13 févr. 1996 : *Bull. civ.* I, n° 77). La procédure devant le premier président est orale. (Cass. 1re civ. 25 janv. 2002 : *JCP* G 2002, IV, 1315 ; *Juris-Data* n° 012514. – 12 mars 2002, arrêt n° 506 FD). Des conclusions peuvent être prises à l'audience, sauf à ce que le contradictoire soit respecté.

Un arrêt de la 1re chambre civile de la Cour de cassation avait appliqué la péremption d'instance par deux ans devant le premier président (Cass. 1re civ, 10 févr. 2004 : *Bull. civ.* I, n° 43 ; *JCP* G 2004, II, 10059, note crit. R. Martin). Cette décision était critiquable alors que la procédure n'est pas en cette matière conduite par les parties mais par le greffier sous le contrôle du juge. Cette décision de la 1re chambre est exactement contraire à une décision de la 2e chambre (celle de la procédure) du 16 octobre 2003 (Cass. 2e civ., 16 oct. 2003, n° 00-19.339 : *Juris-Data* n° 2003-6020551 ; *Bull. civ.* II, n° 310). Il faut espérer que l'arrêt de la 1re chambre ne soit qu'un accident de parcours.

409. – Lorsque la contestation est relative aux honoraires du bâtonnier, celle-ci est portée devant le président du tribunal de grande instance, qui statue dans les mêmes conditions que le ferait le bâtonnier.

410. – L'avocat qui demande une consultation à un confrère est redevable personnellement des honoraires dus à ce confrère (CA Paris, 1re ch. B, 25 mars 1994 : *Juris-Data* n° 021237). De même l'avocat qui s'est substitué à un confrère est tenu de lui payer des honoraires (Douai, ord. 1er prés., 8 nov. 1994 : *Juris-Data* n° 052145). Mais l'avocat plaidant, *dominus litis*, n'est pas tenu de payer les émoluments et éventuellement les honoraires du postulant (Paris, ord. 1er prés., 25 janv. 1995, inédit).

5° Prescription de l'action en recouvrement d'honoraires

411. – Aux termes de l'article 2273 du Code civil, « l'action des avoués pour le paiement de leurs frais et salaires se prescrit par deux ans, à compter du jugement des procès ou de la conciliation des parties, ou depuis la révocation desdits avoués. À l'égard des affaires non terminées, ils ne peuvent former de demandes pour leurs frais et salaires qui remonteraient à plus de cinq ans ». Nul doute que ce texte, qui avait été écrit pour les avoués d'instance et qui continue à s'appliquer aux avoués d'appel, s'applique aux avocats depuis la disparition des avoués d'instance. Mais il ne saurait concerner que les frais exposés et les émoluments de postulation, à l'exclusion des honoraires de plaidoirie, de consultation et de rédaction d'actes (Cass. 1re civ., 2 févr. 1994 : *Juris-Data* n° 000233 ; *JCP* G 1994, IV, n° 885. – Cass. 2e civ., 27 mars 2003 : *JCP* G 2003, IV, n° 1928). D'ailleurs il avait été antérieurement jugé que la prescription de l'article 2273 ne s'appliquait pas aux débours et honoraires dus à un avoué ayant agi comme mandataire ou négociateur en dehors de son monopole (Cass. civ., 30 oct. 1945 : *D.* 1946, p. 36). C'est donc la prescription de droit commun qui éteint le recouvrement des honoraires, soit trente ans (elle a peu d'occasions d'être invoquée !). Le délai de prescription pourrait être ramené à cinq ans qui est la durée pendant laquelle l'avocat doit conserver les pièces. Si le client est commerçant la prescription est de dix ans (Cass. 2e civ., 4 janv. 2006 : *Bull. civ.* II, n° 6 ; *JCP* G 2006, IV, 1178).

6° Récupération des honoraires sur l'adversaire

412. – D'une façon traditionnelle, les honoraires de l'avocat ne sont pas compris dans les dépens récupérables contre la partie condamnée à les payer. C'est encore là une conséquence attardée de l'antique conception de l'honoraire comme don spontané du client. Cette exclusion apparaît de plus en plus paradoxale, alors que les émoluments de postulation sont réduits à la portion congrue et que le service de l'avocat est considéré comme une prestation semblable à toute autre.

L'inclusion de l'honoraire dans les dépens se heurte toutefois à l'obstacle que ces honoraires ne sont pas tarifés, mais sont le résultat d'une libre négociation entre l'avocat et son client, à laquelle la partie adverse est étrangère.

Un décret n° 76-714 du 29 juillet 1976, article 5 (devenu l'article 700 du Nouveau Code de procédure civile) a tenté de sortir de ce dilemme par une sorte de forfait, en ces termes : « Lorsqu'il paraît inéquitable de laisser à la charge d'une partie les sommes exposées par elle et non comprises dans les dépens, le juge peut condamner l'autre partie à lui payer le montant qu'il détermine ». Tout le monde a compris que les sommes exposées non comprises dans les dépens consistaient principalement en honoraires d'avocat.

Le système a été étendu en 1981 aux frais exposés par la partie civile dans les instances pénales, et en 1988 aux juridictions administratives.

La loi n° 91-647 du 10 juillet 1991 a unifié ces dispositions diverses. L'article 75-I de cette loi dispose :

> « Dans toutes les instances, le juge condamne la partie tenue aux dépens ou, à défaut, la partie perdante à payer à l'autre partie la somme qu'il détermine, au titre des frais exposés et non compris dans les dépens. Le juge tient compte de l'équité ou de la situation économique de la partie condamnée. Il peut, même d'office, pour des raisons tirées des mêmes considérations, dire qu'il n'y a pas lieu à cette condamnation ».

L'article 700 du Nouveau Code de procédure civile a été mis en harmonie avec cette loi par le décret n° 91-1266 du 19 décembre 1991, relatif à l'aide juridictionnelle, en son article 163.

Un texte parallèle (art. 75-II) introduit la même disposition devant les tribunaux administratifs et les cours administratives d'appel, en ajoutant un article L. 8-1 au Code des tribunaux administratifs (devenu CJA, art. L. 761-1).

Il en est de même pour la partie civile devant les juridictions pénales. L'article 75-III modifie l'article 375 du Code de procédure pénale et l'article 75-IV introduit un article 475-1 dans le même code.

413. – Parmi les frais exposés non compris dans les dépens figurent principalement les honoraires d'avocat. Pourtant les sommes habituellement allouées par les juridictions sont le plus souvent inférieures aux honoraires réellement perçus. La faute en incombe en partie aux avocats qui jouent rarement le jeu de la transparence, en annonçant le montant de leurs honoraires, si bien que les magistrats s'en tiennent à des « tarifs » forfaitaires.

Il faut noter que si le juge peut d'office dire qu'il n'y a pas lieu à une condamnation, il ne peut accorder d'office l'indemnité ; celle-ci doit être demandée dans les conclusions.

Ce système, quoique imparfait, constitue un progrès notable sur l'état de chose antérieur. Il appartient aux avocats et aux magistrats de faire en sorte que l'indemnité allouée s'approche du coût réel des honoraires.

7° Aide juridique

414. – Il ne saurait être question, dans le cadre du présent ouvrage, de rendre compte de l'ensemble de la question concernant l'aide juridique, mais seulement d'en signaler les traits principaux en rapport avec la rémunération de l'avocat.

Depuis toujours, il était de l'honneur des avocats de plaider gratuitement pour les indigents. La loi du 20 janvier 1851 était venue consacrer, sous le nom d'assistance judiciaire, ce devoir de charité.

Mais la charité du XIXe siècle ne pouvait faire face aux besoins de la seconde moitié du XXe siècle. Les professions judiciaires ne pouvaient plus supporter pareille charge. L'assistance judiciaire fit place à l'aide judiciaire par une loi du 3 janvier 1972. Celle-ci attribuait aux avocats une indemnité forfaitaire, versée par l'État, dont le montant ne permettait pas de la qualifier d'honoraires. Cette indemnité était fixée conformément à un barème établi par décret. Le bénéficiaire disposait du libre choix de l'avocat, sous réserve de l'accord de l'avocat choisi, et la commission d'office n'intervenait que s'il n'avait pas exercé ce choix. Il convient ici de rappeler l'article 36 de la loi du 10 juillet 1991 relative à l'aide juridique qui dispose : « Lorsque la décision passée en force de chose jugée rendue au profit du bénéficiaire de l'aide juridictionnelle a procuré à celui-ci des ressources telles que, si elles avaient existé au jour de la demande d'aide juridictionnelle, celle-ci n'aurait pas été accordée, l'avocat désigné peut demander des honoraires à son client après que le bureau d'aide juridictionnelle a prononcé le retrait de l'aide juridictionnelle ».

L'aide judiciaire est devenue l'aide juridique avec la loi du 10 juillet 1991 qui est entrée en application le 1er janvier 1992. Elle comprend l'aide juridictionnelle qui concerne la défense devant les tribunaux et, ce qui est une nouveauté, l'aide à l'accès au droit, à savoir la consultation et l'assistance dans les procédures non juridictionnelles, principalement administratives. L'aide juridictionnelle a été étendue à toutes les juridictions, pénales et administratives. Elle a l'ambition de réaliser le droit d'accès à la justice pour tous.

415. – L'aide juridictionnelle peut être totale ou partielle, suivant les ressources du demandeur. L'aide totale dispense son bénéficiaire de l'avance de tous les frais du procès, et notamment de verser à son avocat des provisions sur honoraires. L'aide partielle lui laisse la charge d'un honoraire fixé par convention avec l'avocat. Cette convention est étroitement réglementée à l'article 35 de la loi – de nature à décourager les prétendants.

L'avocat reçoit, en fin de procès, une « rétribution » pour son intervention. L'innovation consiste en ce que cette indemnité est fixée dans son montant et versée par le Barreau (ou la Caisse des règlements pécuniaires du barreau) qui reçoit de l'État une dotation globale. Le montant de cette dotation résulte, d'une part, du nombre de missions d'aide juridictionnelle accomplies par les avocats du barreau, d'autre part, du produit d'un coefficient par type de procédure et d'une unité de valeur de référence (L. art. 27). Les coefficients sont fixés par un décret du 19 décembre 1991 (art. 90 à 118) et l'unité de valeur de référence est déterminée pour chaque année par la loi des finances (3).

---

(3) À la suite de protestations, allant jusqu'à la grève, un protocole d'accord a été signé le 18 décembre 2000 entre le ministre de la Justice et les représentants des avocats (*JCP* 2000, n° 1, act.). Certaines indemnités sont majorées en dernier lieu par un décret du décret 2007-1151 du 30 juillet 2007.

Ainsi l'État s'est déchargé sur les barreaux de la gestion de l'aide juridictionnelle et de l'établissement final de la rétribution versée à l'avocat pour chaque type d'affaire. Le montant de cette rétribution va dépendre en définitive de l'unité de valeur figurant au budget de l'année. Les prestations fournies avant que le client ait obtenu l'aide juridictionnelle doivent être honorées par le client (Cass. 1re civ., 27 mars 2003 : *JCP* G 2003, II, 10.188, note Ch. Lièvremont).

Lorsque le bénéficiaire de l'aide juridictionnelle gagne son procès et que la condamnation de son adversaire lui apporte des ressources telles que, si elles avaient existé au jour de la demande, l'aide n'aurait pas été accordée, même partiellement, l'avocat peut demander des honoraires. Il doit en référer au bâtonnier.

Cette situation laisse subsister la question irritante de la charge que constitue pour la profession d'avocat l'aide juridictionnelle, comme un impôt déguisé, imprécis et mal réparti qui rompt l'égalité des citoyens devant les charges publiques, principe général de notre assise sociale, consacré par le Conseil d'État. Signalons le décret n° 2004-1406 du 23 décembre 2004 qui modifie le décret n° 91-166 du 19 décembre 1991 (*JO* 28 déc. 2004) relatif aux barèmes des indemnités.

416. – En ce qui concerne l'aide à l'accès au droit, son organisation est renvoyée par la loi du 10 juillet 1991, à des conseils départementaux de l'aide juridique (V. la composition du conseil à l'article 55 de la loi). Il semble que la mise en place de ces conseils s'accomplisse avec une certaine lenteur. Et pourtant leur intervention devrait mettre un peu d'ordre dans les initiatives diverses et pas toujours désintéressées, pour fournir au public des consultations juridiques gratuites (cf. A.-M. Frison-Roche, *Principes et intendance dans l'accès au droit et l'accès à la justice* : *JCP* G 1997, I, 4051. – *Adde* B. Tricot, *Conseil national de l'aide juridique ; proposition du Conseil national de l'aide juridique aux pouvoirs publics* : *Gaz. Pal.* 24/25 sept. 1997, p. 2).

Une loi n° 98-1163 du 18 décembre 1998 a pour ambition de relancer l'aide à l'accès au droit. Elle étend par ailleurs l'aide juridique à la transaction civile et à la médiation pénale (V. R. Martin, *Aperçu rapide* : *JCP* 1999, act. n° 3).

L'article 65 de la loi n° 2002-1138 du 9 septembre 2002 a introduit dans la loi du 10 juillet 1991 un article 9-1 selon lequel la condition de ressources pour l'attribution de l'aide juridictionnelle n'est pas exigée des victimes et de leurs ayants droit de certains crimes pour se constituer partie civile. Il s'agit des crimes d'atteintes volontaires à la vie ou à l'intégrité de la personne prévus et réprimés aux articles 221-1 à 221-5, 222-1 à 222-6, 222-8, 222-10, 222-14 (1° et 2°), 222-23 à 222-26, 421-1, 1° et 421-3 du Code pénal.

Suivant la loi du 19 février 2007 sur la protection juridique, l'aide juridictionnelle n'est pas accordée lorsque les frais sont pris en charge par l'assureur de protection juridique (*supra* n° 56).

Chapitre 3

MANIEMENTS DE FONDS, COMPTABILITÉ ET ASSURANCES

A. – Le droit de manier les fonds des clients

417. – Le droit pour les avocats de manier les fonds de leurs clients n'a pas été toujours et partout reconnu et réglementé. La plupart des règlements intérieurs, voici trente ans et plus, l'interdisaient, et ceux qui ne l'interdisaient pas expressément ne le réglementaient pas. Les avocats recevaient et transmettaient les fonds comme ils l'entendaient en utilisant leur compte personnel et sans autre trace que la correspondance figurant à leur dossier. Ou encore, ils passaient par l'intermédiaire des avoués ou des huissiers de justice. La pratique professionnelle de l'époque n'a pas eu à souffrir de cette absence de réglementation. Les détournements de fonds commis par des avocats sont toujours restés exceptionnels.

C'est le décret du 10 avril 1954 (art. 48) qui, pour la première fois, autorisa expressément les avocats à manier les fonds de leurs clients et rendit par suite sans effet les règlements intérieurs qui l'interdisaient. La loi du 31 décembre 1971, en son article 27 (modifié par la loi du 25 juillet 1985) confirme cette autorisation en l'assortissant d'une obligation d'assurance, reprise à l'article 119 du décret. L'organisation de la garantie financière figure aux articles 207 à 228 du décret.

B. – Définition des maniements de fonds

418. – Toutes les sommes qu'un avocat peut recevoir de ou pour son client ne constituent pas des « maniements de fonds » au sens de l'article 53-9° de la loi de 1971 qui vise « les fonds, effets ou valeurs que les avocats reçoivent pour le compte de leurs clients ». Il s'agit des fonds, effets ou valeurs qui sont détenus temporairement par un avocat en vue de les transmettre à son client ou à son adversaire, en exécution d'une décision de justice, d'une transaction ou d'une autre convention. Il s'y ajoute les fonds, effets ou valeurs que l'avocat détient à titre de séquestre ou de dépositaire dans l'attente d'une décision de justice ou de l'accomplissement de formalités, par exemple en matière de vente judiciaire.

Ne doivent pas être incluses dans cette catégorie les sommes reçues par l'avocat pour faire face aux débours de procédure. Ces sommes ne peuvent figurer au compte CARPA, contrairement à ce que pratiquent certains. Celui qui désire, pour plus de clarté, les séparer des provisions sur honoraires, peut ouvrir un compte séparé dans l'établissement de son choix. Mais ceci n'est pas une obligation. Les provisions sur débours peuvent figurer au même compte que les provisions sur honoraires.

419. – La profession pour son image de marque et pour la sécurité de ses clients a été amenée à offrir des garanties de la représentation des fonds ; elle a été relayée en cela par les pouvoirs publics. Ces garanties consistent en des mesures de nature à prévenir des détournements d'une part, et à les réparer s'ils se sont produits malgré les précautions prises d'autre part.

Le chapitre III du décret du 27 novembre 1991 (art. 229 à 245) a été substantiellement modifié par un décret n° 96-610 du 15 juillet 1996, complété par un arrêté ministériel du même jour. Ce dernier décret, faisant suite à la survenance de quelques sinistres, a durci, avec l'accord de la profession, les règles encadrant les maniements de fonds. Il entérine d'ailleurs pour une bonne part des pratiques antérieures initiées par d'assez nombreuses CARPA.

C. – Mesures de prévention pour la représentation des fonds

1° Comptabilité

420. – La première mesure de prévention consiste à faire apparaître les fonds détenus dans une comptabilité et à assurer un contrôle de cette comptabilité.

À divers titres, l'avocat a l'obligation de tenir des comptes. D'abord une comptabilité générale de son cabinet à usage fiscal et comme instrument de gestion (la nature de cette comptabilité diffère selon le mode d'exercice, les SEL étant astreintes à une comptabilité de type commercial alors qu'elle est facultative pour les SCP). Ensuite un compte détaillé, affaire par affaire, qu'il doit remettre au client (D. art. 145) et, en cas de contestation au bâtonnier, au président du tribunal de grande instance pour les débours et émoluments de postulation et au premier président de la cour d'appel pour les honoraires (V. troisième partie, chapitre 2).

En ce qui concerne les fonds qu'il est appelé à manier, l'avocat doit en tenir une comptabilité séparée.

421. – Les règles qui commandent la tenue de cette compatibilité sont inscrites aux articles 231 et suivants du décret du 27 novembre 1991 modifié.

La comptabilité doit constater les versements de fonds, les remises d'effets ou de valeurs que reçoit l'avocat au titre de ses activités professionnelles, ainsi que les opérations portant sur ces versements et remises et par conséquent le sort réservé aux fonds déposés. Elle doit être tenue selon les directives établies par le Conseil de l'Ordre.

Cette comptabilité est vérifiée par le Conseil de l'Ordre dans les conditions fixées par le règlement intérieur (L. art. 17-9° et D. art. 235). À cette vérification systématique et régulière s'ajoute la possibilité pour le bâtonnier de demander à tout moment communication de cette comptabilité (sur une sanction disciplinaire pour refus de communiquer la comptabilité, CA Paris, 27 avr. 1994 : *Gaz. Pal.* 1994, 1, p. 309). Le président du tribunal de grande instance ou le premier président de la cour d'appel, saisi en matière de taxe des frais ou de contestation d'honoraires, peut demander des extraits de cette comptabilité (D. art. 232).

Les versements de fonds, remises d'effets ou valeurs à un avocat donnent lieu à la délivrance ou à l'envoi d'un accusé de réception s'il n'a pas été donné quittance (D. art. 283).

Ces règles ne dérogent pas à celles qui sont applicables aux règlements pécuniaires et à la comptabilité directement liés à l'exercice des fonctions accessoires d'administrateur judiciaire permises à l'avocat (L. n° 85-99, 25 janv. 1985, art. 11, remplacé par L. n° 90-1259, 31 déc. 1990, art. 50).

2° Caisses de règlements pécuniaires (CARPA)

422. – Afin de permettre au bâtonnier d'exercer plus facilement un contrôle des maniements de fonds, les barreaux ont créé des caisses de règlements pécuniaires (CARPA) où sont centralisés les dépôts et les opérations. Une loi du 25 juillet 1985, article 124, ayant modifié l'article 53-9° de la loi de 1971, a rendu obligatoire le dépôt des fonds à cette caisse. Les intérêts produits par les fonds ainsi déposés procurent aux Ordres des ressources appréciables qui les aident à faire face aux frais de formation, d'aide juridictionnelle et autres services d'intérêt général, en complétant les contributions toujours modérées de l'État. Un effet secondaire favorable s'est ainsi ajouté à la finalité principale. La baisse des taux d'intérêt est venue réduire les ressources, entraînant pour les barreaux des difficultés financières.

423. – La CARPA est créée par une délibération du Conseil de l'Ordre. Elle peut être commune à plusieurs barreaux, auquel cas il faut une délibération conjointe des conseils de l'Ordre des barreaux intéressés. Quelle que soit la forme juridique de la caisse (dans la plupart des cas une association loi de 1901), celle-ci fonctionne sous la responsabilité du ou des barreaux qui l'ont instituée.

Les règles de fonctionnement de la caisse sont arrêtées par le Conseil de l'Ordre ; elles fixent notamment les droits et obligations des avocats adhérents. Les délibérations du conseil sont notifiées au procureur général qui peut déférer le règlement à la cour d'appel ainsi qu'à la commission nouvellement mise en place (V. *infra*, n° 424. – D. art. 239).

La caisse dépose les fonds sur un compte ouvert à son nom dans une banque ou à la Caisse des dépôts et consignations. Ce compte est divisé en sous-comptes individuels, un par avocat, association ou société d'avocats. Chaque sous-compte est subdivisé affaire par affaire. Ceci permet, tant à l'avocat qu'au bâtonnier, d'avoir à tout moment une vue claire de la situation pécuniaire.

Les maniements de fonds afférents à un ou plusieurs cabinets secondaires sont centralisés à la CARPA du cabinet principal (D. art. 242 nouveau).

Tout retrait de fonds par l'avocat ne peut intervenir sans un contrôle préalable de la caisse (D. art. 241 nouveau et arrêté art. 8). Pour la réalisation de ce contrôle, le chèque n'est pas établi par l'avocat mais par la caisse sur sa demande à laquelle il joint les renseignements qui sont prévus à l'article 8 de l'arrêté.

Aucun prélèvement d'honoraires ne peut intervenir sans que l'avocat présente une autorisation écrite du client.

Des vérifications des comptes tenus par affaire permettent de détecter l'existence de soldes créditeurs persistants et de demander des explications sur cette persistance. En effet, hors des sommes séquestrées, les fonds détenus par les avocats ne sont pas destinés à rester longtemps entre leurs mains.

Une saisie attribution sur des fonds détenus par l'avocat doit être signifiée à la CARPA et non à l'avocat. (Cass. 2e civ. 5 janv. 2003 : *Bull.* II, n° 4 ; *JCP* G. 2003, IV, 1350. La nécessité pour la CARPA d'interroger l'avocat intéressé afin de répondre à l'huissier de justice significateur peut constituer un motif légitime au sens de l'article 60 du décret du 31 juillet 1992.

424. – L'innovation principale introduite par le décret du 5 juillet 1996 est l'institution d'un contrôle des caisses elles-mêmes par un commissaire aux comptes et une commission nationale de contrôle.

Le commissaire aux comptes a pour fonction de « contrôler le respect par la caisse de l'ensemble des règles et obligations fixées par le décret et par l'arrêté » (D. art. 241-2). Ce contrôle conçu en termes très larges risque d'entrer en conflit avec le contrôle exercé par le Conseil de l'Ordre sur la caisse et sur les avocats du barreau (cf. P. Michaud, *De l'indépendance à l'interdépendance* : *Gaz. Pal.* 6-8 oct. 1996, p. 2). Le commissaire aux comptes dresse chaque année un rapport sur les opérations de la caisse. Celui-ci est transmis au(x) bâtonnier(s) et au procureur général ainsi qu'à la commission nationale. Cette commission est chargée de « veiller au respect par les CARPA de l'ensemble des règles et obligations prévues parle décret et l'arrêté » (D. art. 241-3). Sa fonction est donc parallèle à celle du commissaire aux comptes à un niveau supérieur. Elle est composée du président du CNB, du bâtonnier de Paris, du président de la Conférence des bâtonniers, du président de l'Union nationale des caisses d'avocats. Elle dispose d'un pouvoir d'injonction à l'égard des caisses ; elle peut suspendre le fonctionnement d'une caisse et désigner un administrateur provisoire. Ses décisions sont susceptibles d'un recours devant la Cour d'appel de Paris. On peut penser que la principale source d'information de la commission provient des rapports des commissaires aux comptes. Par ailleurs chaque caisse doit justifier auprès de la commission de moyens en matériel (informatique) et en personnel nécessaires à son bon fonctionnement (D. art. 237-1). À défaut, la caisse doit, après délibération des conseils des Ordres concernés, se regrouper avec plusieurs autres caisses en une caisse commune satisfaisant à cette obligation (D. *ibid.*).

On s'aperçoit, ce qui était prévisible, que le prix à payer de la sécurité va vers une réglementation de plus en plus pesante et sophistiquée des caisses de règlements et un dessaisissement des Ordres.

D. – Les garanties pécuniaires

425. – La loi et le décret ont mis en place un réseau de garanties des clients et des tiers, sous forme d'assurances obligatoires, contre les fautes et défaillances de l'avocat. Ils n'ont fait d'ailleurs que prolonger et officialiser les mesures initiées en ce sens par la profession. Les dommages subis peuvent provenir de deux sources : d'une faute professionnelle dont l'avocat est civilement responsable (V. troisième partie, chapitre 4) ou encore d'une impossibilité pour lui de représenter des fonds qu'il détenait. En ce que concerne cette seconde hypothèse, les précautions prises préventivement et que nous venons de décrire doivent la rendre improbable, si les CARPA et les bâtonniers sont normalement vigilants ; mais l'erreur est humaine et l'on est bien obligé de prévoir le sinistre, serait-il rare.

1° Assurance de responsabilité

426. – Aux termes de l'article 27, alinéa 1er, de la loi du 31 décembre 1971 « il doit être justifié, soit par le Barreau, soit collectivement ou personnellement par les avocats, d'une assurance garantissant la responsabilité civile professionnelle de chaque avocat membre du barreau, en raison des négligences et fautes commises dans l'exercice de leurs fonctions ». Ce texte institue une assurance obligatoire. Elle doit être contractée « auprès d'une entreprise d'assurance régie par le Code des assurances » (D. art. 205). Les contrats ne doivent pas comporter une limite de garanties inférieure à 305 000 € par année pour un même assuré et ne doivent pas prévoir de franchise à la charge de l'assuré supérieure à 10 % des indemnités dues avec un maximum de 3 050 €.

La responsabilité professionnelle de l'avocat, membre d'une société d'avocats, est garantie par l'assurance de la société, alors que c'est la société, personne morale, qui exerce la profession. Pour les sociétés inter-barreaux, l'assurance doit être souscrite par le Barreau auquel est inscrit l'avocat (D. art. 228, nouveau). Celle de l'avocat collaborateur libéral ou salarié est garantie par l'assurance de celui qui l'emploie, alors que l'avocat est civilement responsable des actes professionnels accomplis pour son compte par son (ou ses) collaborateur(s) (D. art. 131) ou encore par son (ou ses) salarié(s) (D. art. 138). Toutefois, lorsque l'avocat collaborateur libéral traite des affaires pour son propre compte, il doit justifier pour lui-même d'une assurance couvrant sa responsabilité professionnelle.

427. – Cette assurance obligatoire de base est en général souscrite collectivement par le Barreau et la prime en est incluse dans les cotisations ordinales.

Mais certains cabinets sont amenés à traiter des affaires dont l'importance dépasse la couverture souscrite par le Barreau. Dans ce cas, ils doivent contracter auprès d'une compagnie de leur choix une assurance complémentaire pour couvrir le surplus de risque. Nous rappelons à ce sujet que les membres d'une association ou les associés d'une société, serait-ce une SEL, répondent personnellement sur l'ensemble de leur patrimoine des actes professionnels qu'ils accomplissent (V. *supra*, n°s 157 et 201). Ils ont donc le plus grand intérêt à ce que la société soit convenablement assurée.

Les avocats membres d'un conseil d'administration ou d'un conseil de surveillance, ou encore exerçant les fonctions d'administrateur judiciaire doivent contracter une assurance spéciale pour ces activités accessoires.

2° Assurance de représentation des fonds

428. – Aux termes de l'alinéa 2 de l'article 27 susvisé de la loi du 31 décembre 1971, « il doit être justifié (par l'avocat) d'une assurance au profit de qui il appartiendra, contractée par le Barreau ou d'une garantie affectée au remboursement des fonds, effets ou valeurs reçus ». C'est-à-dire que, soit le Barreau peut contracter une assurance collective, soit chaque avocat peut être cautionné par un établissement financier habilité.

En règle générale chaque barreau souscrit une assurance collective de base auprès d'une compagnie d'assurances ; les cabinets qui manient des fonds très importants se font en outre cautionner par un établissement financier habilité (banque, établissement de crédit, compagnie d'assurances, société de caution mutuelle). C'est que l'avocat ne peut recevoir des fonds, effets ou valeurs pour un montant excédant celui de la garantie accordée par l'assureur ou la caution. Ne sont pas pris en compte dans le calcul de ce plafond les titres nominatifs ainsi que les chèques et les effets payables à l'ordre d'une autre personne que l'avocat ou de la caisse des règlements pécuniaires du barreau. Il s'agit en effet de titres ou valeurs dont l'avocat ne peut disposer. On s'en rapporte au maximum des fonds détenus dans l'année précédente.

En ce qui concerne les assurances non obligatoires, le Conseil de l'Ordre ne peut imposer à ses membres une assurance collective, et ce, au nom de la libre concurrence. (Cons. conc., n° 03-D-03, 16 janv. 2003 : *JCP* G 2003, II, 10051, note R. Martin).

429. – L'état de l'avocat qui ne peut représenter les fonds est appelé défaillance. Cette *défaillance* est réalisée un mois après la sommation de représenter restée sans suite. L'avocat défaillant doit en avertir le bâtonnier. L'assureur ou la caution doit payer dans les trois mois de la demande qui lui en est adressée et sur justification de la défaillance. Le bâtonnier doit apporter au garanti tous renseignements utiles pour faire valoir ses droits et même son aide dans ses démarches. Il y va de la bonne renommée de la profession.

Les articles 222 à 225 du décret traitent de la cessation de la caution. L'établissement qui cautionne doit avertir le bâtonnier ainsi que la CARPA de la cessation de sa garantie. Le bâtonnier avise sans délai les déposants. La garantie continue de produire effet à l'égard des tiers jusqu'à l'expiration d'un délai de trois jours suivant l'avis de cessation de garantie donné par le garant au bâtonnier.

Les créances qui ont pour origine un versement ou une remise faits antérieurement à la date de cessation de la garantie restent couvertes par le garant si elles sont produites dans le délai de trois mois à compter de la date de réception de l'avis donné au bâtonnier.

Les avocats communautaires exerçant sous leur titre d'origine sont soumis aux mêmes obligations.

E. – Suppléance et administration provisoire

1° Suppléance

430. – Lorsqu'un avocat est temporairement empêché, par cas de force majeure, d'exercer ses fonctions, il est provisoirement remplacé par un ou plusieurs suppléants qu'il choisit parmi les avocats inscrits au même barreau. Il en avise aussitôt le bâtonnier (D. art. 170).

La force majeure peut être la maladie, mais aussi l'exercice momentané de fonctions publiques ou d'une charge d'enseignement.

Lorsque l'avocat empêché se trouve dans l'impossibilité d'exercer le choix de son suppléant, ou lorsqu'il ne l'exerce pas, c'est le bâtonnier qui désigne le (ou les) suppléant(s).

La suppléance ne peut excéder une année ; elle peut être renouvelée une fois par le bâtonnier pour une année. Si l'indisponibilité demeure après deux ans, on passe à l'administration provisoire.

Le bâtonnier porte à la connaissance du procureur général le nom du (ou des) suppléant(s).

Il est mis fin à la suppléance par le bâtonnier à la requête du suppléé, du suppléant ou du procureur général, ou même d'office, par exemple quand la durée maximum de la suppléance a été dépassée (D. art. 171 et 172).

2° Administration provisoire

431. – En cas de décès, ou lorsqu'un avocat fait l'objet d'une décision exécutoire de suspension provisoire, d'interdiction temporaire ou de radiation, le bâtonnier désigne un ou plusieurs administrateurs qui le remplacent dans ses fonctions.

Il en avise le procureur général.

L'administrateur perçoit à son profit les rémunérations relatives aux actes qu'il accomplit ; il paie sur ces rémunérations les charges afférentes au fonctionnement du cabinet. Si les charges dépassent les rémunérations encaissées, elles doivent être supportées par l'administré (ou sa succession).

L'administration prend fin de plein droit dès que la suspension provisoire ou l'interdiction temporaire est levée. Dans les autres cas, il y est mis fin par décision du bâtonnier.

Chapitre 4

LA RESPONSABILITÉ CIVILE PROFESSIONNELLE

432. – Curieusement la responsabilité civile de l'avocat dans l'exercice de sa profession n'est évoquée dans la loi qu'à travers l'obligation d'assurance, et ce à l'article 27, alinéa 1er :

« Il doit être justifié, soit par le Barreau, soit collectivement ou personnellement par les avocats, soit à la fois par le Barreau et par les avocats, d'une assurance garantissant la responsabilité civile professionnelle de chaque avocat membre du barreau, en raison des négligences et fautes commises dans l'exercice de leurs fonctions ».

De ce texte on peut déduire que l'avocat est responsable des conséquences dommageables causées par ses fautes et même simplement ses négligences (*levissima culpa*) commises dans l'exercice de ses fonctions et qu'il doit être assuré pour ce risque.

Selon une bonne méthode, nous devrions poser d'abord la question de la nature de cette responsabilité, contractuelle ou délictuelle. Nous la laisserons pour l'instant de côté dans la mesure où y répondre n'est pas nécessaire pour en établir les effets. Nous ne la retrouverons qu'à l'occasion du délai de prescription de l'action dans le cas de la rédaction d'actes où ce délai dépendra de la nature accordée à la responsabilité (V. *infra*, nos 442 et 443).

Par contre, l'étendue de cette responsabilité varie suivant la fonction exercée par l'avocat et nous découperons donc notre propos par fonctions : assistance en justice, représentation en justice, consultation, rédaction d'actes (sur la responsabilité, V. Y. Avril, *La responsabilité de l'avocat*, Dalloz, 1981. – G. Flécheux et F. Fabiani, *La responsabilité civile de l'avocat* : *JCP* G 1974, I, 2673).

A. – Catégories de responsabilité

1° Assistance en justice

433. – Lorsque l'avocat assiste en justice (sur l'assistance, V. *supra*, nos 39 et s.), il n'a pas à l'évidence la charge d'une obligation de résultat ; il ne s'engage pas à gagner le procès, mais à mettre à la disposition du client sa science du droit et son art de la dialectique et de la rhétorique. Pour que sa responsabilité soit engagée, il faut qu'il commette une faute dans l'accomplissement de sa mission et que cette faute entraîne un préjudice ; c'est le schéma classique de la responsabilité pour faute, qu'elle soit délictuelle ou contractuelle.

Pour dégager les contours de cette faute, il importe de cerner quelle est la mission impartie. Elle consiste à proposer au juge une qualification juridique du cas qui aboutit à un résultat favorable au client et à persuader le juge que sa proposition est meilleure que celle de l'adversaire. L'erreur coupable peut se glisser dans la qualification et non dans la rhétorique adjacente qui est toujours subjective (subjective pour celui qui la reçoit et aussi pour celui qui la projette, puisqu'il imagine en lui ce que l'autre doit le mieux recevoir). Mais la qualification est une opération qui, pour être rationnelle, n'est pas une technique exacte, elle est de type dialectique. L'interprétation de la règle de droit laisse une marge d'incertitude, et surtout l'adéquation du fait à la règle. Il faut donc, pour que la responsabilité soit engagée, une erreur grossière par ignorance, ou mauvaise application, de la loi et de la jurisprudence (sur l'opération de qualification, V. R. Martin, *Le phénomène juridique*, Éditions Juridiques et techniques).

Quant à l'allégation des faits, au civil l'avocat est tributaire de son client qui les lui apporte et il n'a pas à rechercher les preuves, au pénal il dépend étroitement du parquet et de la police ou du juge d'instruction.

434. – Il est rare que la responsabilité de l'avocat soit retenue dans sa fonction de défense telle qu'elle vient d'être précisée. La fonction est trop aléatoire. Il y faut une faute lourde. Mais sa responsabilité a été étendue au devoir de conseil après que le jugement ait été rendu, notamment dans l'indication et l'opportunité d'un appel d'une décision de première instance défavorable.

Un avocat a été condamné pour n'avoir pas renseigné son client sur la nécessité d'assigner à bref délai le vendeur d'une marchandise affectée d'un vice caché (Paris, 29 sept. 1981 : *Gaz. Pal.* 1982, 1, p. 124, note Y. Avril. – TGI Paris, 1er juin 1983 : *D.* 1985, inf. rap. p. 111, obs. A. Brunois).

Commet une faute génératrice de responsabilité un avocat qui conclut, dans une assignation en divorce, à la confirmation des mesures provisoires prescrites dans l'ordonnance de non-conciliation, alors que le jugement de divorce à intervenir mettra fin à l'obligation de secours entre époux et que la pension alimentaire ne pourra être maintenue. Il fait perdre ainsi à sa cliente une chance d'obtenir une prestation compensatoire (TGI Laon, 26 mai 1987 : *Gaz. Pal.* 1987, 2, somm. p. 378. – Dijon, 27 janv. 1987 : *D.* 1988, somm. comm. p. 238. obs. A. Brunois. – Paris, 24 janv. 1987 : *D.* 1988. somm. comm. p. 238, obs. A. Brunois, ces avocats n'avaient pas assimilé la réforme du divorce par suite d'un défaut de la formation continue).

La Cour de cassation (Cass. 1re civ., 15 mai 2007, *Juris-Data* n° 2007-038866 ; *JCP* G 2007, I, 174, n° 15, obs. R. Martin) a jugé que l'avocat « commet une faute, préjudiciable envers son client, lorsque dans une procédure de résolution de vente il omet de conclure sur la restitution chiffrée consécutive ». Le fait de ne pas produire une pièce décisive pour la défense constitue la perte d'une chance qui doit être réparée (Cass. 1re civ., 19 sept. 2007, arrêt n° 546 T-S P+B).

L'avocat est tenu d'une obligation de conseil en ce qui concerne l'opportunité de relever appel d'un jugement et l'intervention nécessaire d'un avoué ne le dispense pas de cette obligation (Cass. 1re civ., 29 avr. 1997 : *Bull. civ.* I, n° 132). Il est également tenu d'informer son client sur la forme selon laquelle l'appel doit être interjeté (Cass. 1re civ., 2 févr. 1994 : *JCP* G 1994, IV, n° 886). Toutefois l'avocat et l'avoué ne sont pas tenus à conseiller à leur cliente un recours dilatoire, un pourvoi en cassation, pour maintenir le paiement d'une pension alimentaire. La Cour d'appel de Paris avait admis le contraire. Sa décision a été cassée (Cass. 1re civ., 23 nov. 2004, n° 03615.090 : *JCP* G 2005, I, 112, obs. R. Martin).

La Cour de cassation a tendance à durcir sa jurisprudence sur l'obligation d'information et de conseil des professionnels libéraux (pour les médecins : Cass. 1re civ., 25 févr. 1997 : *Bull. civ.* I, n° 75 ; chron. G. Viney, *Responsabilité civile* : *JCP* G 1997, I, 4025 ; *Rev. huissiers* 1997, p. 1055, note Y. Dagorne-Labbé. – TGI Paris, 5 mai et 20 oct. 1997 : *D.* 1998, 558, note L. Boy. – Cass. 1re civ., 7 oct. 1998, 2 arrêts : *JCP* G 1998, II, 10179, concl. J. Sainte-Rose, note P. Dargos. – Pour les avoués : Cass. 1re civ., 29 avr. 1997 : *JCP* G 1997, II, 22970, note E. du Rusquec. – Pour les avocats : Cass. 1re civ., 29 avr. 1997 : *JCP* G 1997, II, 22948, note R. Martin. – Cass 1re civ., 23 nov. 2000 : *JCP* G 2001, I, 348, n° 25, obs. R. Martin). La Cour d'appel de Paris (1re ch. A, 20 janv. 1998 : *Gaz. Pal.* 20/21 mars 1998, p. 10) a retenu la responsabilité d'un avocat qui aurait dû, selon elle, dissuader ses clients de céder leur entreprise à des cessionnaires, dès lors qu'ils n'avaient recueilli aucun document ni renseignement sur la solvabilité de ces derniers qui alléguaient un patrimoine de 12 millions de francs, mais n'avaient encore donné aucun signe objectif de l'opulence annoncée. On remarque que le défaut de conseil ne se situe pas sur le strict terrain juridique, mais déborde sur celui de la gestion. Telle est la rançon de l'intrusion de l'avocat dans le monde des affaires. Mais ceux qui ne prennent pas ces risques paient toutefois les primes pour ceux qui les prennent, dans l'assurance de groupe.

Il est curieux que les modifications répétées des lois sur les loyers de locaux d'habitation entre 1982 et 1989 n'aient pas donné lieu à des actions en responsabilité publiées, du moins à notre connaissance.

L'avocat est maître de son argumentation, mais encore doit-il en informer son client et recueillir son accord. Notre confrère Woog lui donne un excellent conseil : « Il sera prudent de solliciter l'approbation du client chaque fois que l'on se trouvera conduit à modifier la direction initialement choisie, qu'il s'agisse de celle d'une procédure, d'une négociation ou de la rédaction d'un acte juridique » (p. 163). L'avocat n'agit pas pour son compte, il doit s'en souvenir quelle que soit sa bonne volonté (pour une obligation de prudence : Cass. 1re civ., 27 févr. 2001 : *JCP* G 2001, I, 348, n° 26, obs. R. Martin).

2° Représentation en justice

435. – Quand il représente, l'avocat doit accomplir tous les actes de procédure utiles à la conduite du procès. S'il y manque sa responsabilité est engagée. Nous sommes ici plus près d'une obligation de résultat que d'une obligation de moyens. La conduite d'une procédure exige l'observation de délais et la formalisation d'une série d'actes déterminés. Les occasions de faute, par abstention, par négligence, par ignorance sont plus nombreuses et plus faciles à établir. Le contentieux de la responsabilité est par suite plus abondant. L'avocat a ici hérité de la responsabilité de l'avoué.

436. – L'avocat est responsable de la tardiveté d'un appel (Cass. 1re civ., 11 mai 1964 : *JCP* G 1964, II, 13708 : *D.* 1964, 517). Il ne peut signifier le jugement et faire ainsi courir le délai d'appel à l'égard de son client qu'après avoir reçu des instructions de sa part indiquant que celui-ci accepte le jugement (Poitiers, 12 nov. 1969 : *Gaz. Pal.* 1970, 1, p. 8). Il doit renouveler en temps utile une hypothèque conservatoire, ou encore le privilège du vendeur (Cass. 1re civ., 13 juill. 1982 : *Bull. civ.* I, n° 261). Lorsqu'il porte des enchères à la barre, il doit s'assurer de la solvabilité de l'enchérisseur. Mais ne commet pas une faute, l'avocat ayant reçu mandat de ses clients d'enchérir pour leur compte et qui n'a pas suivi le dossier après l'adjudication, notamment pour procurer aux adjudicataires un prêt bancaire, alors que la preuve d'une extension du mandat n'était pas rapportée (Paris, 1re ch. A, 8 oct. 1990 : *D.* 1990, inf. rap. p. 247). L'avocat ne peut dépasser son mandat en transigeant sans l'accord du client, même si la transaction apparaît raisonnable (Dinan, 15 juin 1982 : *Gaz. Pal.* 1982, 1, p. 289, note Y. Avril. – Bordeaux, 11 mars 1983 : *Gaz. Pal.* 1983, 2, p. 384).

Les manquements que nous venons de rapporter sont étroitement procéduraux. D'autres peuvent tenir davantage au droit substantiel.

437. – Commet une faute et doit réparation l'avocat qui, chargé de défendre les intérêts du bénéficiaire d'un bail commercial auquel le propriétaire avait donné congé, n'engage pas dans le délai de la prescription biennale l'action en paiement de l'indemnité d'éviction, ce qui avait alors pour conséquence de mettre fin au bail, en privant ainsi le locataire de cette indemnité, puis ensuite en méconnaissance d'une nouvelle jurisprudence de la Cour de cassation reconnaît à tort de façon expresse que le congé était tenu pour valable par le locataire et qu'il avait mis fin au bail dès sa réception, ce qui avait eu pour conséquence de priver ledit locataire de son droit à renouvellement du bail (pourvoi c/ Montpellier, 1re ch., 12 janv. 1984. – Cass. 1re civ., 15 oct. 1985 : *Bull. civ.* I, n° 257 ; *JCP* G 1986, IV, 1. – Rappr. Cass. 1re civ., 18 nov. 1985 : *Gaz. Pal.* 1985, somm. p. 3 et Paris, 1re ch. A, 2 juill. 1990 : *Juris-Data* n° 022598).

L'avocat est responsable pour n'avoir pas assigné dans le délai de la garantie décennale de l'article 1792 du Code civil alors que le client l'avait chargé de l'affaire en temps utile (Cass. 1re civ., 28 janv. 1992 : *JCP* G 1992, IV, 909 ; *Bull. civ.* I, n° 29).

L'avocat postulant est tenu pour responsable de la caducité de l'assignation devant le tribunal de grande instance pour ne l'avoir pas mis au rôle dans les quatre mois et son action en garantie contre l'avocat plaidant doit être rejetée (*Gaz. Pal.* 1993, 1, pan. jurispr. p. 130). Manquement au devoir de conseil pour ne pas avoir informé le client des moyens qui lui auraient permis de s'opposer à la demande adverse (Cass. 1re civ., 9 mai 1996 : *Bull. civ.* I, n° 191).

Le mandat donné pour faire opposition au prix de vente d'un fonds de commerce s'étend à l'opposition au prix de cession du droit au bail (TGI Paris, 18 mai 1992 : *Gaz. Pal.* 1992, 2, somm. p. 139).

Un avocat avait été chargé d'engager des pourparlers en vue d'une transaction en prenant au préalable des mesures conservatoires, ce qu'il a négligé de faire. Le débiteur ayant été mis en redressement judiciaire postérieurement, l'avocat est tenu pour responsable du préjudice subi par le créancier (CA Versailles, 24 févr. 1994 : *Gaz. Pal.* 14-15 sept. 1994, p. 12).

Les obligations de l'avocat qui porte des enchères dans une vente publique d'immeuble devant le juge de l'exécution ont été précisées par le décret n° 2006-936 du 27 juillet 2006 applicable à partir du 1er janvier 2007. L'avocat ne peut être porteur que d'un seul mandat d'enchérir (art. 74). Il doit s'assurer de la solvabilité du mandant par la remise d'une somme égale à 10 % de la mise à prix. Si l'adjudicataire ne paie pas le prix, il y a réitération des enchères (anciennement folle enchère) et pour le cas où la nouvelle enchère serait inférieure, il est tenu de la différence. Il avait été jugé que l'avocat était alors responsable de la différence (Cass. 1re civ., 4 avr. 2001 : *Juris-Data* n° 2001-009170). Mais nous pensons que cette jurisprudence doit être modifiée par l'obligation légale qu'a l'avocat de se faire remettre 10 % de la mise à prix avant toute enchère. Il n'est alors comptable que de cette remise, et sa responsabilité doit être limitée à son montant.

L'avocat est tenu de déclarer à la procédure collective la créance de son client qu'il a fait établir par jugement. En cas d'abstention, il est responsable des conséquences dommageables de sa négligence (Cass. com., 4 janv. 2005, arrêt n° 205-940 : *Annonces de la Seine*, 10 janv. 2005, p. 11).

438. – Toutefois, la responsabilité de l'avocat exécutant peut être relayée par celle de l'avocat *dominus litis* (Rennes, 16 févr. 1982 : *Gaz. Pal.* 1982, 1, p. 167). Ou encore la responsabilité de l'avocat disparaît s'il a chargé un autre auxiliaire de justice d'accomplir un acte de procédure de sa compétence : un avoué à la cour pour déclarer un appel (Agen, 2 juill. 1980 : *Gaz. Pal.* 1980, 2, somm. p. 596), un huissier de justice pour délivrer un acte de son ministère. Encore que la responsabilité de celui qui donne les instructions peut ne pas disparaître complètement s'il a péché par négligence ou défaut d'information ou n'a pas rappelé dans les délais à son correspondant l'obligation qui était la sienne (Cass. 1re civ., 3 avr. 1973 : *Gaz. Pal.* 1973, 2, p. 559. – 9 déc. 1974 : *D.* 175, somm. p. 4. – Nîmes, 15 oct. 1956 : *D.* 1957, 301. – TGI Toulon, 20 nov. 1957 : *D.* 1958, somm. p. 44). Si la faute est commune, les deux intervenants peuvent être condamnés *in solidum* à l'égard du client lésé.

Pour un exemple de responsabilité *in solidum* de l'avocat et de l'huissier de justice alors que ce dernier avait procédé à une saisie-attribution à l'encontre d'une société qui n'était pas le vrai débiteur (sur les instructions de l'avocat : Cass. 1re civ., 20 juin 2000, arrêt n° 1176. – Cass. 2e civ., 21 janv. 2002 : *Bull. civ.* II, n° 269 ; *JCP* G 2002, IV, 1066. – Pour une responsabilité conjointe avec un avoué : CA Paris, 21 oct. 2002 : *JCP* G 2003, I, 140, n° 13, obs. R. Martin).

3° Consultation

439. – La consultation consiste à projeter dans l'avenir une solution juridique soit pour éviter un procès, soit pour le préparer. Le mode de raisonnement suivi pour la consultation est le même que celui de l'assistance en justice, et la faute génératrice éventuelle de responsabilité est donc homologue à celle que nous avons analysée sous le A. Elle devra consister en une erreur de droit grossière.

Par exemple un avocat qui, en l'absence de toute jurisprudence certaine au moment de sa consultation, a interprété une loi nouvelle différemment de la jurisprudence à venir n'a pas failli à son obligation de conseil (T. civ. Strasbourg, 9 juill. 1958 : *Gaz. Pal.* 1958, 2, p. 365. – Aix-en-Provence, 6 févr. 1984 : *Gaz. Pal.* 1986, 1, p. 4. note J.-J. Alexandre).

4° Rédaction d'actes

440. – Avec l'inclusion des conseils juridiques qui entraîne l'entrée en force dans l'exercice de la profession, de la rédaction d'actes, les cas de responsabilité de l'avocat à cet égard ne peuvent que croître en nombre. Encore que la meilleure formation par rapport à ce qu'elle était pour les anciens conseils juridiques doive permettre d'éviter des bévues grossières dont la jurisprudence formée à l'égard des conseils juridiques nous donne des exemples.

Le rédacteur d'un acte a une obligation de conseil à l'égard des parties à l'acte, assez semblable à celle qui pèse sur les notaires. Il doit assurer la validité formelle de l'acte et informer les intéressés sur les conséquences juridiques, y compris les conséquences fiscales, de cet acte. Il doit également exécuter les formalités subséquentes à l'acte.

Nous allons exposer quelques cas où la responsabilité du rédacteur de l'acte, qui était à l'époque le plus souvent un conseil juridique, a été retenue.

441. – Acte de vente de fonds de commerce ne comportant pas les mentions exigées par la loi du 29 juin 1935, notamment celles concernant le chiffre d'affaires et les bénéfices ou comportant des mentions inexactes que le rédacteur de l'acte savait inexactes ou dont il aurait pu connaître l'inexactitude en procédant à des vérifications que lui imposait une diligence normale (Cass. com., 22 juill. 1958 : *Bull. civ.* III, n° 319. – Paris, 28 oct. 1966 : *D.* 1967, 331. – Lyon, 10 oct. 1968 : *Gaz. Pal.* 1969, 1, somm. p. 16. – Paris, 1968 : *D.* 1968, somm. p. 26).

Le rédacteur de l'acte de vente de fonds de commerce est responsable de ne pas avoir vérifié si le bail du local où le fonds est exploité avait été renouvelé et si les conditions de renouvellement étaient acquises (CA Paris, 1re ch. B., 4 juin 1993 : *Gaz. Pal.* 1993, 2, somm. p. 315).

– Acte de cession de droit au bail sans faire intervenir le bailleur, alors qu'un agrément de la cession par ce bailleur était requis (Cass. com., 4 juill. 1960 : *D.* 1960, 615. – 2 mai 1967 : *Bull. civ.* III, n° 175. – Cass. 1re civ., 5 janv. 1968 : *JCP* G 1968, II, 15404. – Cass. 3e civ., 28 févr. 1973 : *Gaz. Pal.* 1973, 1, somm. p. 64 ; *Bull. civ.* III, n° 159). Le rédacteur doit surveiller les publications d'annonces légales (TGI Paris, 1re ch., 18 mai 1992 : *Gaz. Pal.* 1992, 2, somm. p. 317).

– Cession de fonds de commerce inefficace, alors que s'imposait la cession de parts sociales d'une SARL propriétaire du fonds (Paris 1re ch. B., 14 juin 1996 : *Gaz. Pal.* 1996, 2, p. 539).

– Acte de location-gérance de fonds de commerce dont le propriétaire n'était pas commerçant depuis plus de sept ans, ainsi que l'exige l'article 4 de la loi du 20 mars 1956 (Rennes, 27 oct. 1961 : *Gaz. Pal.* 1961, 2, Tables. *V° Agents d'affaires*, n° 7).

– Acte nul comme ayant une cause illicite (Cass. 1re civ., 29 juin 1959 : *Bull. civ.* I, n° 130).

– Acte nul en raison de l'incapacité de l'une des parties, si cette incapacité pouvait être constatée à la suite de diligences normales (Cass. com., 12 nov. 1969 : *Bull. civ.* IV, n° 328. – Orléans, 9 juin 1964 : *Gaz. Pal.* 1964, 2, p. 319. – 12 mars 1970 : *Gaz. Pal.* 1970, 2, p. 38).

– Acte sous seing privé qui n'aurait pu être efficace que sous forme authentique (Paris, 12 janv. 1966 : *Gaz. Pal.* 1966, 1, Tables, *V° Agents d'affaires*, n° 7).

– Défaut de vérification de l'existence d'un nantissement (Cass. 1re civ., 11 avr. 1967 : *Bull. civ.* I, n° 124. – 5 févr. 1991 : *JCP* G 1991, IV, 124) ; sûreté grevant l'appartement attribué à l'acquéreur des parts d'une SCI (Lyon, 31 janv. 1967 : *Gaz. Pal.* 1967, 1, p. 218).

– Défaut d'enregistrement d'une promesse unilatérale de vente dans le délai de dix jours (pourvoi c/ Paris, 2e ch. A, 17 avr. 1984. – Cass. 1re civ., 1er oct. 1986 : *Bull. civ.* I, n° 229 ; *JCP* G 1987, II, 20825, note A. Viandier. – Aix-en-Provence. 1re ch., 6 févr. 1984 : *Gaz. Pal.* 1986, 1, p. 4, note J-J. Alexandre).

Le conseil fiscal à qui s'en remet un client inexpérimenté contracte à son égard une « obligation de vigilance ». L'artisan taxé d'office pour défaut de déclaration dans le délai imparti peut rechercher la responsabilité de son conseil, à la charge duquel peut être mise une partie de la taxation (Cass. 1re civ., 28 juin 1983 : *Bull. civ.* I, n° 188).

Il peut y avoir partage de responsabilité entre le conseil et le client. À l'occasion de la constitution d'une société reprenant les activités d'une entreprise, le budget prévisionnel avait été établi sur des bases trop anciennes. La Cour retient une « imprudence » du client atténuant la responsabilité du conseil (Cass. 1re civ., 28 févr. 1989 : *Bull. civ.* I, n° 188).

Au-delà de la rédaction d'un acte, l'avocat peut être chargé d'un « montage juridique » qui combine plusieurs actes pour parvenir au résultat désiré, activité qu'on nomme « ingénierie juridique ». Nous nous rapprochons ici de la consultation suivie d'exécution. Le risque d'une erreur d'appréciation dans la prévision est plus important que pour la simple rédaction d'un acte courant. L'évolution future de la législation et de la jurisprudence, notamment en matière fiscale, peut démentir l'attente. La faute éventuelle de l'avocat doit être alors appréciée moins strictement. Sa responsabilité ne peut être engagée qu'en cas de faute grossière.

L'avocat, rédacteur d'un acte de cession de parts sociales, doit avertir le cédant sur le défaut de garantie d'un paiement à terme du prix de cession (CA Paris, 12e ch. B, 19 janv. 2001, *RATP* c/ *Rose Meffis*). Mais s'il a pris toutes garanties possibles, il n'est pas responsable du défaut de paiement ultérieur (Cass. 1re civ., 4 déc. 2001, arrêt n° 1917 F.D.). De même, il doit avertir le client sur les conséquences fiscales d'un acte (Cass. 1re civ., 18 déc. 2001 : *Bull.* I, n° 321 ; *JCP* G. 2002, IV, 1203, *Juris-Data* n° 012273).

B. – Prescription de l'action

442. – La loi n° 89-906 du 19 décembre 1989 est venue ajouter au Code civil un article 2277-1 dont les termes sont les suivants :

« L'action dirigée contre les personnes légalement habilitées à représenter ou assister les parties en justice à raison de la responsabilité qu'elles encourent de ce fait se prescrit par dix ans à compter de la fin de leur mission ».

Le délai de prescription dans les cas d'assistance et de représentation en justice est ainsi aligné sur celui de la responsabilité délictuelle et quasi délictuelle, tel qu'il a été fixé par la loi n° 85-6777 du 5 juillet 1985 ayant ajouté un article 2270-1 au Code civil, au lieu du délai de droit commun de trente ans. Pour les délais en cours au moment de la promulgation de la loi, le délai de dix ans court à partir de cette promulgation, à moins que le délai de trente ans n'expire avant ces dix années (L. susvisée, art. 7).

La fixation de la date d'achèvement de la mission risque de faire difficulté. Nous pensons qu'il convient de la situer au jour de l'expiration du mandat *ad litem* telle que déterminée à l'article 420 du Nouveau Code de procédure civile. Nous rappelons que ce mandat couvre le procès y compris postérieurement au jugement, l'exécution de celui-ci, à la condition toutefois que cette exécution soit entreprise dans l'année qui suit le jour du jugement passé en force de chose jugée. En ce qui concerne le point de départ du délai de prescription, on peut voir : Cass. 1re civ., 30 janv. 2007 : *Bull. civ.* I, no 43 ; *JCP* G 2007, I, 174, no 13, obs. R. Martin.

443. – Mais l'article 2277-1 n'est applicable qu'à l'assistance et à la représentation en justice et non à la rédaction d'actes et à la consultation. Le délai de prescription en ces deux dernières matières ne fait l'objet d'aucune disposition particulière et la question de sa durée renvoie aux règles générales. Or, il se trouve que pour le présent la durée du délai de prescription n'est pas identique lorsqu'il s'agit de la responsabilité contractuelle (trente ans selon l'article 2262 du Code civil) ou de la responsabilité délictuelle et quasi délictuelle (dix ans conformément à l'article 2270-1 du Code civil issu d'une loi du 5 juillet 1985). Pour décider de la durée de la prescription applicable, il faut répondre à la question de la nature de la responsabilité.

Nous penchons pour donner à cette responsabilité une nature délictuelle et quasi délictuelle pour les raisons suivantes : le contrat qui lie l'avocat à son client est fortement marqué d'ordre public. Le contenu des obligations nées de ce contrat pour l'avocat ne résulte pas d'un accord des volontés, mais de lois et règlements. D'ailleurs ce contrat n'est jamais écrit (si l'on excepte la convention d'honoraires), il se forme le plus souvent par la remise des pièces du dossier à l'avocat ou par une simple lettre missive. De ce fait, la faute de l'avocat consiste en un manquement à des obligations professionnelles qui découlent non de clauses conventionnelles mais d'un devoir de source légale et réglementaire.

Nous avons remarqué que la responsabilité de l'avocat rédacteur d'actes est très proche de celle du notaire. Or, il est admis que la responsabilité du notaire n'est pas contractuelle mais délictuelle ou quasi délictuelle.

Enfin sur le plan pratique, il paraît souhaitable d'aligner la durée de la prescription de l'action à dix ans, quelle que soit la mission qui lui est donnée. On ne s'expliquerait pas qu'il puisse être ici responsable pendant trente ans et là pendant dix ans.

Toutefois à l'occasion de la rédaction d'une promesse de vente, la Cour de cassation vise l'article 1147 du Code civil ayant trait à la responsabilité contractuelle pour fonder la responsabilité de l'avocat (Cass. 1re civ., 7 juill. 1998, arrêt n° 1266, pourvoi n° G 96-14192 : *Bull. civ.* I, n° 238). Cette application de la responsabilité contractuelle s'expliquerait par le fait que l'avocat n'est pas un officier public, comme l'est le notaire.

C. – Réparation du dommage

444. – Pour qu'il y ait responsabilité, il faut que la faute ait causé un dommage, lequel doit être réparé (Paris, 19 oct. 1995 et 17 nov. 1995 : *Gaz. Pal.* 4 juill. 1996). Cette réparation ne peut intervenir en cette matière que par équivalence. Elle est assez facile à apprécier quand un acte a été inefficace par la faute de son rédacteur. Elle l'est beaucoup moins quand il s'agit d'une faute d'assistance ou de représentation en justice. En effet, dans ce cas le préjudice se traduit par la perte d'un procès que le client aurait pu gagner, mais dont il n'est pas certain qu'il l'ait gagné. Il consiste en la perte d'une chance, et le juge de l'action en responsabilité est donc amené à apprécier la chance que la victime avait à gagner le procès (Cass. 1re civ., 16 mars 1965 : *Bull. civ.* I, n° 194 ; *D.* 1965, 425, note Crémieu ; *Gaz. Pal.* 1965, 1, p. 136. – Cass. 1re civ., 16 juill. 1998 : *JCP* G 1998, II, 10143, note R. Martin, pour un avoué, transposable à l'avocat. – Cass. 1re civ., 21 févr. 2006 : *JCP* G 2006, I, 188, nº 20, obs. R. Martin).

Par suite le juge saisi de l'action en responsabilité doit rechercher quelle était la valeur des moyens que le lésé aurait pu soutenir dans le procès et qui ne l'ont pas été par la faute de l'avocat. La jurisprudence admet que cette recherche ne porte pas atteinte à l'autorité de la chose jugée, puisque les moyens éventuels qui sont examinés n'ont pas été pris en compte dans la décision rendue. Le montant de la réparation dépend du pourcentage de la chance que le procès avait d'être gagné si la défense avait été correcte (Bourges, 17 mars 1984 : *Gaz. Pal.* 1984, 1, p. 376, note A. D. ; *D.* 1985, inf. rap. p. 112. – Paris, 5 mars 1985 : *D.* 1987, inf. rap. p. 104, obs. A. Brunois. – Dijon, 27 janv. 1987 : *Gaz. Pal.* 1988, 1, somm. p. 14). Si la chance était inexistante, il n'y a pas de préjudice et le demandeur doit être débouté (Paris. 1re ch. A, 3 avr. 1990 : *Juris-Data* n° 022403). Il faut admettre que cette gymnastique intellectuelle se meut dans un monde fictif à travers des contradictions. Elle revient à faire comme si le jugement réellement rendu n'existait pas et à rétablir ce qui aurait pu être en l'absence de la faute de l'avocat, pour aboutir à un chiffre de dommages-intérêts (pour une application de la perte d'une chance en vue de l'évaluation du préjudice : Cass. 1re civ., 4 avr. 2001 : *JCP* G 2001, I, 348, n° 27, obs. R. Martin ; *Bull. civ.* I, n° 101).

D. – Responsabilité à l'égard de la partie adverse et des tiers

445. – Dans le combat qu'il soutient contre l'adversaire, l'avocat est tenu, en sus du respect des règles de procédure, à un devoir général de prudence. Outre qu'il doit adopter une certaine modération de ton dans l'exposé de ses moyens et de son argumentation devant les tribunaux (V. *supra*, n°s 373 et s.), il est tenu, dans l'exécution, après la victoire, de respecter une certaine proportionnalité des mesures qu'il va initier, avec le résultat à poursuivre.

Il commet par exemple une faute en poursuivant une saisie immobilière pour une créance minime (Cass. civ., 3 nov. 1931 : *Gaz. Pal.* 1932, 2, p. 852. – Pau, 11 juin 1981 : *Gaz. Pal.* 1981, 2, p. 641).

Cette responsabilité peut s'étendre à des tiers, quand une confusion sur le bien saisi vient causer un dommage à un tiers (Cass. 1re civ., 29 juin 1982 : *D.* 1982, inf. rap. p. 455. – TGI Pontoise, 8 janv. 1975, cité par Y. Avril, *La responsabilité de l'avocat*, n° 31, note 36).

446. – La loi n° 91-650 du 9 juillet 1991 sur la réforme des procédures civiles d'exécution est venue renouveler les données du problème. Cette loi pose, pour la première fois, une règle générale de proportionnalité des poursuites et elle donne expressément à l'huissier de justice le rôle directeur dans l'exécution. Il est dit que celui-ci doit refuser son ministère si « le montant des frais paraît manifestement susceptible de dépasser le montant de la créance réclamée, à l'exception des condamnations symboliques », sauf à en référer au juge de l'exécution (L. art. 18). Et selon l'article 22, « l'exécution de ces mesures ne peut excéder ce qui se révèle nécessaire pour obtenir le paiement de l'obligation ».

Ce pouvoir de direction donné à l'huissier de justice par la loi et la responsabilité particulière qui en découle pour lui doivent affecter sensiblement les rapports entre l'avocat et l'huissier pendant l'exécution. Ce dernier paraît recevoir une fonction de contrôle sur les mesures d'exécution qui lui sont demandées, même si cette demande provient d'un avocat ; il peut (doit) refuser certaines instructions. Sa responsabilité accrue peut effacer celle de l'avocat, mais pas complètement, alors qu'une spécialisation de l'avocat dans les voies d'exécution a été reconnue. S'il y a une faute commune de l'avocat et de l'huissier de justice, la responsabilité solidaire des deux peut être retenue.

Cette affirmation d'une responsabilité des auxiliaires de justice, huissiers de justice et avocats, dans le choix des mesures d'exécution contre le débiteur, prend place dans une tendance générale à une modération des droits subjectifs.

E. – Procédure de l'action en responsabilité

447. – L'action en responsabilité contre un avocat obéit aux règles de compétence et de procédure de droit commun. Il faut rappeler qu'aux termes de l'article 47 du Nouveau Code de procédure civile, l'avocat peut décliner la compétence du tribunal situé dans le ressort où il exerce et demander que l'affaire soit renvoyée devant une juridiction située devant un tribunal limitrophe.

L'avocat qui fait l'objet d'une action judiciaire en responsabilité en raison de son activité professionnelle doit en informer sans délai le bâtonnier (D. art. 163).

Le règlement intérieur prévoit en général au surplus que l'avocat, chargé d'assigner en responsabilité un de ses confrères, doit prendre la précaution d'en avertir préalablement le bâtonnier du défendeur et le cas échéant son propre bâtonnier.

F. – Assurance de responsabilité

448. – L'avocat doit justifier être couvert par une assurance de responsabilité professionnelle (L. art. 27, al. 1er, *supra*, n° 432). Le plus souvent le Barreau souscrit une assurance collective qui couvre les avocats inscrits. Les primes sont perçues avec les cotisations ordinales et de cette façon le bâtonnier contrôle que l'obligation d'assurance est bien respectée. Le Conseil de l'Ordre peut décider que cette assurance collective soit obligatoire (Cass. 1re civ., 5 oct. 1999 : *Bull. civ.* I, n° 255 ; *JCP* G 1999, II, 10197 concl. J. Sainte-Rose). En outre il peut fixer le montant de la garantie à un taux supérieur au minimum imposé par le décret.

Les contrats d'assurance ne doivent pas comporter une limite de garantie inférieure à 305 000 € par année et pour un même assuré. Ils ne doivent pas prévoir de franchise à la charge de l'assuré supérieure à 10 % des indemnités dues, dans la limite de 3 050 €. La franchise n'est pas opposable à la victime (D. art. 205).

La responsabilité civile professionnelle de l'avocat membre d'une société d'avocats, collaborateur ou salarié d'un autre avocat, est garantie par l'assurance de la société dont il fait partie ou de l'avocat dont il est le collaborateur ou le salarié. Toutefois, le collaborateur libéral qui a une clientèle personnelle doit justifier d'une assurance couvrant sa responsabilité à l'égard de cette clientèle.

L'avocat qui est administrateur de société, qui reçoit une mission de justice ou exerce accessoirement la fonction d'administrateur judiciaire doit contracter une assurance spéciale.

Les avocats communautaires exerçant sous leur titre d'origine sont soumis aux mêmes obligations d'assurance.

G. – Responsabilité de l'Ordre et du bâtonnier.

449. – Notre époque est caractérisée par la recherche d'un responsable lorsqu'un dommage s'est produit. Parallèlement à la responsabilité personnelle de l'avocat, est apparue la question d'une responsabilité de l'Ordre et de son bâtonnier dans l'exercice de leurs diverses missions. La Conférence des bâtonniers s'en est préoccupée et a confié au bâtonnier Delsol de Nice, le soin d'établir un rapport qui a été présenté en septembre 2001. Ce rapport est disponible sur le site internet de la Conférence. Il contient un inventaire des cas où la responsabilité de l'ordre peut être recherchée, et les précautions à prendre pour les éviter.

Les premiers « sinistres » se sont produits à l'occasion du maniement des fonds par les avocats dont l'Ordre doit assurer le contrôle. L'organisation des CARPA, le renforcement de leurs contrôles internes ont diminué les risques sur ce point. La responsabilité du bâtonnier lui-même peut être engagée, lorsqu'il a été chargé d'un séquestre contractuel ou judiciaire, lors de la remise des fonds.

La jurisprudence nous offre en la matière un arrêt de la cour d'appel de Toulouse (*Gaz. Pal.* 2002, 27-29 oct. 2002, p. 35 obs. J.G. M. et note Delsol). Il s'agissait de la transmission des dossiers par un avocat récusé à son confrère nouvellement choisi. Le tribunal de grande instance de Montauban avait retenu une faute du Conseil de l'Ordre dans les diligences faites auprès de l'avocat qui retenait les dossiers. Son jugement a été réformé par la cour d'appel plus indulgente pour les obligations pesant à cet effet sur le Conseil de l'Ordre et son bâtonnier. Elle a notamment estimé que le Conseil de l'Ordre n'a pas à servir d'intermédiaire entre les deux avocats dans la remise matérielle des dossiers.

Chapitre 5

SECRET PROFESSIONNEL

450. – L'article 378 de l'ancien Code pénal, sanctionnant le secret professionnel, ne visait pas explicitement l'avocat. Nous en rappelons les termes :

« Les médecins, chirurgiens et autres officiers de santé, ainsi que les pharmaciens, les sages-femmes et toutes autres personnes dépositaires par état ou profession ou par fonctions temporaires ou permanentes des secrets qu'on leur confie qui, hors des cas où la loi les oblige ou les autorise à se porter dénonciateur, auront révélé ces secrets, seront punis... »

Ce texte se préoccupait en premier lieu du secret médical, en des mots ayant vieilli, et généralisait l'interdiction par une incidente, « à toutes autres personnes dépositaires par état ou profession ou par fonctions temporaires ou permanentes des secrets qu'on leur confie ». Le secret du corps, de sa naissance, de sa maladie et de sa mort figurait comme le parangon du genre. Toutefois, on a toujours admis que l'avocat entrait dans la catégorie des personnes soumises au secret et qu'il aurait mérité de figurer explicitement dans le texte pénal, car les confidences du sentiment et des affaires valent bien celles du corps. Le respect de la vie privée est devenu un droit subjectif (loi du 17 juillet 1970 rédigeant le nouvel article 9 du Code civil). Le secret de la confession, qu'on rapproche souvent du secret de l'avocat, est d'une autre nature ; le caractère de sacrement de la confession doit le distinguer des obligations civiles. Dieu étant l'absolu parfait dont le prêtre est le serviteur. Le prêtre n'est pas maître de son secret, alors que l'avocat est maître du sien.

Le nouveau Code pénal ne conserve du secret professionnel qu'une définition générale, sans privilégier tel ou tel : « La révélation d'une information à caractère secret par une personne qui en est dépositaire soit par état soit par profession, soit en raison d'une fonction ou d'une mission temporaire est puni (...) » (art. 226-13). Mais la force du secret n'est pas la même suivant les professions ; le secret de l'avocat est plus hermétique que celui du banquier, du moins en France. Il importe par suite de déterminer, dans le cas qui nous occupe, la nature et l'étendue de l'interdiction de révéler les confidences reçues.

451. – L'article 10 du décret du 12 juillet 2005 rappelle que l'avocat ne commet en toute matière aucune divulgation contrevenant au secret professionnel. Il prévoit toutefois une exception lorsque l'avocat assure sa propre défense, par exemple sur une plainte ou une recherche de responsabilité du client ou une action disciplinaire. Il ajoute les cas où la loi l'y autorise. Précaution à notre avis inutile. Il s'agit de la reproduction de l'article 225-14 du Code pénal.

452. – Il importe de mettre, d'entrée de jeu, en exergue, la double nature du secret professionnel. D'une part, il constitue une sauvegarde d'intérêts privés sous forme du respect de la confidence ; d'autre part, il est un principe d'ordre public indispensable au soutien d'une société libérale. Selon sa première nature, il fait peser sur l'avocat une obligation de se taire pénalement sanctionnée ; selon sa seconde nature, il accorde à l'avocat un privilège du silence à l'égard des autorités publiques, judiciaires ou administratives.

Nous allons examiner le secret professionnel de l'avocat selon ces deux faces : droit au secret du client à l'égard de son avocat, d'une part, droit au secret de l'avocat à l'égard des autorités, d'autre part.

Nous pouvons *in limine* observer que le second volet du diptyque génère plus de conflits et de contentieux que le premier, ce qui laisse penser que l'avocat respecte d'une façon générale spontanément le secret auquel il est tenu, alors que les autorités s'efforcent, pour des motifs d'efficacité, de forcer ce secret qui les entrave.

A. – Droit au secret du client à l'égard de son avocat

453. – La conception de la défense, de la négociation, de l'élaboration du contrat, de la consultation, bref de toutes les missions dévolues à l'avocat, exige que le client se confie complètement à son conseil, afin que celui-ci détienne toutes les données du problème. La confidence doit englober, et la révélation des faits et les mobiles du sujet (sentiments, ressentiments, espérances, calculs, buts, etc.). C'est une confession, non pas à l'usage du pardon que délivre le prêtre, mais à l'usage d'un succès bien temporel. Il importe que cet étalage du dit et du non-dit ne se retourne pas contre celui qui s'y est adonné. La confession doit remplir son objet pragmatique et ne pas risquer de nuire.

Parmi ce donné, l'avocat va trier ce qu'il est utile de révéler et il taira le reste. C'est pour lui une démarche d'abord instrumentale ; distinguer le fait pertinent pour la qualification juridique efficace et le retenir, tandis que le fait non pertinent est écarté ; dévoiler dans la subjectivité ce qui peut servir à la rhétorique. À cette technique, se superpose pour lui une obligation morale et légale « d'oublier » tout ce qu'il a négligé ; il le restitue en quelque sorte au client, en s'interdisant de le livrer à quiconque (1).

Dans cette seule perspective le client pourrait délier l'avocat du secret, s'il estimait après coup que des faits occultés soient révélés (2). Ce serait consacrer un effet relatif de l'obligation au secret. Mais alors intervient l'autre face du secret qui regarde l'ordre public et le rend absolu. On ne peut séparer les deux natures du secret.

454. – Le secret ne couvre que les confidences faites à l'avocat dans l'exercice de ses fonctions et non celles qu'il aurait pu recevoir sous le sceau de

---

(1) On peut consulter sur cette maïeutique qu'exerce l'avocat sur son client un très beau passage de QUINTILLIEN, *De Institutionae oratoria*, 12-8, rapporté par B. GAGNE, *Le secret professionnel de l'avocat*, mémoire DEA Nice, 1995, p. 26.

(2) La doctrine du XIXe siècle a même fondé l'obligation au secret sur un contrat de dépôt, l'avocat était dépositaire du secret appartenant au client qui pouvait le reprendre. Cf. C. MERGER, *Le secret professionnel*, thèse de la faculté de droit de Paris, Chaumont, 1895. Cette « explication » est un sommet du formalisme.

l'amitié ou encore lors de simples propos de table – encore que sur le plan de la bienséance, la règle de délicatesse pourrait être transposée en règle de mœurs.

Il a été jugé par exemple que les propos tenus à un avocat, amie du ménage, par une femme en instance de divorce, ne l'ayant pas été dans le cadre de la profession de cette dernière, n'étaient pas couverts par le secret professionnel (Cass. 2e civ., 21 juin 1973 : *D.* 1974, 16, la Cour de cassation a laissé au juge du fond, sur ce point, un pouvoir souverain d'appréciation).

455. – La jurisprudence pénale a admis que le secret de celui qui le détient pouvait céder devant la nécessité de se défendre contre une accusation de celui qui le lui a confié. Le droit à la défense prévaut ici sur le droit au secret et l'héroïsme n'est pas exigé du professionnel (Cass. crim., 20 déc. 1967 : *D.* 1969, 309, note E. Lepointe, pour un médecin. – 29 mai 1989 : *Bull. crim.* n° 218 ; *Gaz. Pal.* 1989, 2, p. 884, note A. D. : *Rev. sc. crim.* 1990, p. 76, obs. Levasseur, pour un avocat). Selon cette dernière décision, « l'obligation au secret professionnel d'un avocat ne saurait lui interdire, pour se justifier de l'accusation dont il est l'objet et qui résulte d'une correspondance échangée entre eux, de produire d'autres pièces de cette même correspondance utiles à ses intérêts ».

Encore faut-il que l'exception faite au secret n'outrepasse pas les besoins de la défense. La révélation de faits normalement couverts par le secret doit être cantonnée à ce qui est strictement nécessaire à la défense du professionnel mis en cause (V. pour des médecins, Cass. crim., 18 juill. 1984 : *D.* 1985, inf. rap. p. 404, note Penneau ; *RD sanit. soc.* 1985, p. 299, obs. Dubouis. – Cass. crim., 20 déc. 1967 : *Bull. crim.* n° 338 ; *D.* 1969, p. 309, note Lepointe). Cette jurisprudence est confirmée par l'article 42 du décret du 12 juillet 2005 qui fait la réserve de la propre défense de l'avocat devant toute juridiction, mais l'assortit de la restriction de la « stricte exigence ».

456. – L'avocat ne peut utiliser dans une affaire ce qu'il a connu à l'occasion d'une autre affaire. Nous rejoignons en cela la prohibition de défendre des intérêts opposés. Les dossiers des clients ne peuvent communiquer (Cass. crim., 28 septembre 2004, *JCP* 2005, II, 10054, note R. Martin.)

Dans une négociation, l'avocat ne doit pas laisser échapper des renseignements qui peuvent desservir son client, par exemple dans une conversation avec un confrère ou tout autre intervenant.

Ou encore quand l'avocat est chargé de rédiger un acte par toutes les parties, il doit faire très attention à ne pas livrer à l'une d'elles les informations confidentielles qu'il a reçues d'une autre (Cass. crim., 3 mars 1938 : *DH* 1938, p. 341, pour un notaire dont le cas est exactement transposable).

457. – Lorsque la communication secrète a utilisé un support matériel – lettre, téléphone, fax, télématique – elle peut être interceptée par un tiers qui la révélera et se rendra ainsi coupable de la violation du secret. L'avocat lui-même est alors victime de l'atteinte au secret dont il est le gardien. On parle traditionnellement du secret de la correspondance, mais sa protection doit s'étendre à tous les modes de communication possibles apparus avec le progrès de la technologie. Dans le cas de la correspondance entre l'avocat et son client, la protection de son secret n'est que l'application particulière renforcée d'un principe général figurant à l'article 226-15 du nouveau Code pénal et à l'article 8 de la Convention européenne de sauvegarde des droits de l'homme. L'article 66-5 de la loi du 31 décembre 1971, modifiée par celle du 31 décembre 1990, confirme que « les consultations adressées par un avocat à son client et les correspondances échangées entre le client et son avocat sont couvertes par le secret professionnel ».

Les atteintes au secret de la correspondance se manifestent le plus souvent en matière criminelle, ce qui ne veut pas dire qu'elles ne concernent pas la matière civile. Les enquêteurs sont tentés d'accéder à la correspondance, ou même à la consultation, pour établir le délit ou l'infraction économique. Le secret renvoie alors aux droits de la défense. Le défenseur doit pouvoir communiquer avec l'accusé sans craindre des fuites. Ce principe élémentaire a été consacré depuis longtemps par la jurisprudence (Cass. crim., 12 mars 1886 : *S.* 1887, 1, p. 89 ; *DP* 1886, p. 345. – Versailles, 18 avr. 1982 : *Gaz. Pal.* 1982, 1, p. 310, note A. D.-Bourges. – 19 janv. 1984 : *Gaz. Pal.* 1984, 1, p. 344 ; *D.* 1985, inf. rap. p. 109). Il vaut aussi bien pour les communications de l'avocat au client, contenant des conseils et indications sur le système de défense, que du client à l'avocat, rapportant des faits ; et à tout moment de l'acheminement de la communication, avant qu'elle ne soit émise, en cours de transmission, après sa réception au cabinet de l'avocat ou entre les mains du client. Il est maintenant consacré par l'article 66-5 de la loi du 31 décembre 1971 modifiée par la loi du 7 avril 1997.

Le secret de la correspondance échangée entre un détenu et son avocat est assuré par les articles D. 69 et D. 413 du Code de procédure pénale. Les lettres échappent au contrôle pénitentiaire par l'apposition sur l'enveloppe de la mention du défenseur et de son adresse professionnelle.

458. – Le téléphone, le télex ou le fax et maintenant Internet offrent des possibilités techniques de violation du secret par le détournement des signaux électriques qui transportent la parole ou l'écrit (3). L'écoute téléphonique, soit par des personnes privées, soit par la police, a été souvent dénoncée comme une atteinte, non seulement au secret professionnel quand elle concerne l'avocat, mais encore à la vie privée et à la liberté individuelle quand elle concerne des personnes quelconques. Mais alors que la sauvegarde du secret des lettres missives est absolue et qu'elle est bien assurée, la loi paradoxalement autorise, dans certains cas, l'interception, l'enregistrement et la transcription des correspondances émises par la voie des télécommunications, ce qui englobe le téléphone par fil ou ondes hertziennes, le télex, le fax et Internet. Cette interception peut être ordonnée par le juge d'instruction en matière criminelle et en matière correctionnelle, lorsque les nécessités de l'information l'exigent. La décision ainsi prise par le juge d'instruction n'a pas un caractère juridictionnel et elle n'est pas susceptible de recours (CPP, art. 100 et s., issus L. n° 91-646, 10 juill. 1991). Toutefois, elle ne doit pas comporter la mise en œuvre d'un stratagème ou d'un artifice (Cass. crim., 9 oct. 1980 : *Bull. crim.* n° 662).

L'article 100-7 du Code de procédure pénale indique qu'aucune interception ne peut avoir lieu sur une ligne dépendant du cabinet d'un avocat ou de son domicile, sans que le bâtonnier en soit informé par le juge d'instruction, ce qui signifie *a contrario* que le juge d'instruction peut ordonner de mettre sur écoute un avocat, en autorisant ainsi une atteinte grave aux droits de la défense. On pourrait accepter une telle mesure lorsque l'avocat s'est rendu lui-même coupable ou s'est rendu complice d'un crime ou d'un délit (cf. Aix-en-Provence, 16 juin 1982 : *Gaz. Pal.* 1982, 2, p. 645, note A. D. – 2 févr. 1983 :

(3) On peut consulter : Ch. Cohen, *Chronique de déontologie n° 16* sur le site internet du barreau d'Aix-en-Provence. Il propose une transcription des écoutes sur procés-verbal. – Sur le développement des écoutes, V. un panorama de la presse : Revue de presse par J.-J. Nimon, *Tribune Côte d'Azur*, 21 avr. 2004.

Gaz. Pal. 1983, 1, p. 313, note A. Damien. – Paris, 27 juin 1984 : *Gaz. Pal.* 1984, 2, p. 514 ; *D.* 1985, p. 93, note, J. Pradel). Mais à la phase de l'instruction, il n'est pas possible de prévoir avec certitude si l'avocat a franchi les limites de la défense et du conseil. Si l'écoute est ensuite annulée, le mal sera fait.

Le bâtonnier ainsi averti se trouve confronté à un grave dilemme : doit-il avertir ou non le confrère mis sur écoute ? Nous penchons pour l'affirmative, sinon la démarche du juge d'instruction n'aurait pas grand sens (4). Elle pourrait tout au plus amener le bâtonnier à présenter des observations au juge. Mais comment le ferait-il avec quelque pertinence alors qu'il n'a pas connaissance du dossier ? Et quelle serait la portée de telles observations ?

La mise sur écoutes d'un cabinet collectif aboutit à écouter des avocats qui ne sont pas concernés.

La chambre criminelle de la Cour de cassation (30 sept. 1998 : *JCP* G 1999, I, 126, n° 11) a couvert l'interception de communications téléphoniques entre l'avocat d'un mineur, accusé de meurtre, et une amie de la mère de l'accusé. La mère ne parlant pas le français, l'amie servait d'interprète auprès du juge d'instruction lui-même. Les droits de la défense étaient en ce cas directement en jeu.

Un arrêt de la chambre criminelle de la Cour de cassation du 18 janvier 2006 marque une limite à la portée de l'écoute téléphonique. Même si elle est surprise à l'occasion d'une mesure d'instruction régulière, la conversation entre un avocat et l'un de ses clients ne peut être transcrite et versée au dossier que s'il apparaît que son contenu est de nature à faire présumer la participation de cet avocat à une infraction. La violation de ce principe doit être relevé, même d'office, par la chambre de l'instruction chargée d'examiner, en application de l'article 206 du Code de procédure pénale, la régularité de la procédure qui lui est soumise.

B. – Le droit au secret de l'avocat à l'égard des autorités

1° Fondement d'ordre public du secret

459. – Nous avons dit (V. *supra*, n° 452) que le secret professionnel incombant à l'avocat n'avait pas pour seule fin la protection des intérêts privés du client, mais qu'il avait aussi un fondement d'ordre public et qu'il donnait à l'avocat certaines prérogatives à l'égard des autorités publiques, judiciaires, policières et administratives. Il importe, avant d'en énoncer les effets, d'expliciter ce fondement.

Il a été exprimé d'une façon quasi définitive par M. Garçon dans une note sous l'article 378 de l'ancien Code pénal. Nous nous devons d'en reproduire le propos :

> « Le secret professionnel a uniquement pour base un intérêt social. Sans doute sa violation peut causer un préjudice au particulier, mais cette raison ne suffirait pas à en justifier l'incrimination. La loi la punit parce que l'intérêt général l'exige. Le bon fonctionnement de la société veut que le malade trouve un médecin, le plaideur un défenseur, le catholique un confesseur, mais ni le médecin, ni l'avocat, ni le prêtre ne pourraient accomplir leur mission, si les confidences qui leur sont faites n'étaient assurées d'un secret inviolable. Il importe donc à l'ordre social que ces confidents nécessaires soient astreints à la discrétion, et que le silence leur soit imposé, sans condition ni réserve, car personne n'oserait plus s'adresser à eux si on pouvait craindre la divulgation d'un secret confié. Ainsi l'article 378 a pour but, moins de protéger la confidence d'un particulier que de garantir un devoir professionnel indispensable à tous ».

(4) Cette affirmation est généralement contestée.

La jurisprudence est conforme à l'analyse faite par M. Garçon (Cass. crim., 8 mars 1947 : *D.* 1948, p. 109. – 22 déc. 1966 : *D.* 1967, p. 122 : *JCP* G 1967, II, 15126. – 19 nov. 1985 : *Bull. crim.* n° 364) et celle-ci peut être considérée comme l'expression de l'opinion commune (A. Damien, *Le secret nécessaire*, Desclée de Brouwer, 1989. – R. Floriot et R. Combaldieu, *Le secret professionnel*, Flammarion 1973. – P. Lambert, *Le secret professionnel*, Nemesis 1985. – J.-Cl. Woog, *Pratique professionnelle de l'avocat*, Litec 1993 et la chronique de Mme Delmas-Marty, *À propos du secret professionnel* : *D.* 1982, p. 136. – P. Decheix, *Un droit de l'homme mis à mal : le secret professionnel* : *D.* 1983, p. 136).

On peut énoncer, en une phrase, que le secret professionnel de l'avocat est un des fondements d'une société libérale et d'un État de droit.

460. – La conséquence première en est que le dépositaire de la confidence ne peut être délié du secret par celui-là même qui lui a fait la confidence. Seul le détenteur du secret a le pouvoir de décider ce qui peut être révélé et ce qui doit demeurer caché (V. *supra*, n° 453) ; c'est un pouvoir en quelque sorte discrétionnaire.

Une deuxième conséquence est que la poursuite pénale en violation du secret peut être déclenchée par le procureur de la République sans être subordonnée à une plainte de la victime. S'il y a eu plainte, puis retrait de plainte, ce retrait n'interrompt pas les poursuites.

Et surtout l'avocat va pouvoir opposer un droit personnel au secret aux entreprises de la justice – et de la police judiciaire – pour obtenir son témoignage ou effectuer une saisie de documents, et à celles de certaines administrations inquisitoires comme le fisc et la direction de la Concurrence.

2° Refus de témoigner

461. – L'avocat interrogé comme témoin dans une instruction criminelle – ou cité comme témoin dans un procès civil, ce qui est plus théorique que pratique – sur des faits dont il a eu connaissance dans l'exercice de ses fonctions, peut refuser de témoigner. Ou encore, acceptant de témoigner, il peut ne révéler que les faits favorables à son client, ce qui enlève à son témoignage à l'égard de l'accusation beaucoup de son efficacité.

Ce point de vue a été consacré par un arrêt de la chambre criminelle de la Cour de cassation du 24 mai 1862 en ces termes : « Attendu que l'avocat a toujours été tenu de garder un secret inviolable sur tout ce qu'il apprend à ce titre ; que cette obligation absolue est d'ordre public ; que l'avocat appelé en témoignage n'a donc, dans sa déposition, d'autre règle que sa conscience et qu'il doit s'abstenir des réponses qu'elle lui interdit » (*D.* 1862, 545, rapporté in A. Damien, *La profession d'avocat, ouvrage collectif sous la direction*, p. 57, Litec 1991).

3° Perquisition chez l'avocat

462. – Il ne serait pas déraisonnable de considérer le cabinet de l'avocat où sont conservés les documents, quel que soit leur support, relatant la vie privée des clients et les éléments de leur défense, comme un lieu inviolable et sacré. Permettre à l'autorité publique, et particulièrement à l'autorité judiciaire, sous les espèces d'un juge d'instruction, d'y pénétrer et de fouiller les dossiers, c'est détruire la sécurité de la défense et du conseil, et rendre impossible la mission sociale de l'avocat, telle qu'elle vient d'être rappelée. Celui-ci devrait-il coder ses archives pour les protéger de l'espionnage ?

Mais à cette logique de sécurité de l'homme comme individu s'oppose une autre logique sécuritaire de la société. La recherche du crime contre la liberté de la personne. Entre ces deux finalités antagonistes, la pratique chemine selon une dialectique incertaine, dont la perquisition chez l'avocat est un lieu privilégié – à l'égal de l'interception des télécommunications.

463. – La Cour européenne de Strasbourg a considéré que le cabinet de l'avocat jouit de la protection posée à l'article 8 de la Convention européenne de sauvegarde des droits de l'homme. Nous rappelons les termes de ce texte :

> « Toute personne a droit au respect de sa vie privée et familiale, de son domicile, de sa correspondance. Il ne peut y avoir ingérence d'une autorité publique dans l'exercice de ce droit que pour autant que cette ingérence est prévue par la loi, et qu'elle constitue une mesure qui, dans une société démocratique, est nécessaire à la sécurité nationale, à la sûreté publique, au bien-être économique du pays, à la défense de l'ordre et la prévention des infractions pénales, à la protection de la santé ou de la morale ou à la protection des droits et des libertés d'autrui ».

Le principe est posé, mais autorisation est donnée au législateur national d'y apporter des exceptions dans de nombreux états de nécessité, en restant dans le cadre d'une société démocratique. Le principe de proportionnalité doit fixer la limite de ces dérogations. Le texte, dans sa rédaction même, est caractéristique du compromis difficile entre deux finalités opposées.

La Cour européenne se montre heureusement ferme dans l'interprétation du principe. L'affaire *Niemietz* (CEDH, 16 déc. 1992 : *RTDH* 1993, 467) nous en fournit un exemple typique : il s'agissait d'une perquisition au cabinet d'un avocat allemand. La Cour assimile d'abord le cabinet au « domicile » comme écrit à l'article 8 sus-rapporté. Le cabinet est en effet le prolongement du domicile de chacun des clients, en ce que ceux-ci y déposent les secrets de leur vie personnelle. Ensuite, et bien que le droit de perquisition soit prévu dans la loi allemande, elle le circonscrit dans les termes suivants :

> « Bien que prévue par la loi et poursuivant des buts légitimes, une perquisition au cabinet d'un avocat dans le cadre de poursuites pénales contre un tiers, constitue une ingérence qui n'est pas pour autant nécessaire dans une société démocratique, dès lors que la fouille empiète sur le secret professionnel à un degré disproportionné ».

464. – C'est dans cette perspective de la jurisprudence européenne sur les libertés que doit être située la législation française permettant, sous certaines conditions et selon certaines formes, la perquisition de justice dans le cabinet de l'avocat. Cette législation se trouve aux articles 56 et 56-1, alinéa 1er du Code de procédure pénale (l'article 56-1 a été introduit dans le code par une loi n° 85-1407 du 30 décembre 1985).

Cet article a une histoire provoquée par la réticence à la mise en œuvre des garanties qu'il contient de la part des juges d'instruction, couverts par la chambre criminelle de la Cour de cassation. Son texte initial était le suivant : « Les perquisitions dans le cabinet d'un avocat ou à son domicile ne peuvent être effectuées que par un magistrat en présence du bâtonnier ou de son délégué ». L'intervention d'un magistrat plutôt que d'un officier de police judiciaire constitue une première garantie, la présence du bâtonnier en est une autre. Mais le rôle du bâtonnier ne dépassait guère en pratique celui de témoin privilégié de la régularité formelle de la procédure. La loi n° 2000-516 du 15 juin 2000 sur la présomption d'innocence et la protection des victimes est venue préciser la procédure afin que soit mieux respecté le secret professionnel. Le 1er alinéa de l'article 56-1 a été remplacé par six nouveaux alinéas dont voici la substance : la fouille est opérée par le juge d'instruction sous le regard du bâtonnier, lesquels ont seuls le droit de prendre connaissance des documents découverts, préalablement à leur éventuelle saisie. Le bâtonnier peut s'opposer à la saisie d'un document à laquelle le magistrat instructeur a l'intention de procéder, s'il estime que cette saisie porterait atteinte au secret professionnel. Le document contesté est alors placé sous scellé fermé. Un procès-verbal est dressé mentionnant les objections du bâtonnier. Ce procès-verbal est distinct de celui de la perquisition et n'est pas versé à la procédure. Il est transmis, ainsi que le scellé, au juge des libertés et de la détention, avec l'original ou la copie du dossier de procédure. Ce juge des libertés est une création de la loi du 15 juin 2000 (art. 48 à 56). Il statue notamment sur la détention provisoire. Il est entré en fonction au 1er janvier 2001. Jusque là, et en ce qui concerne la perquisition, dont le texte est entré immédiatement en application, il était remplacé par le président du tribunal de grande instance (art. 140, al. 2 de la loi). Dans les cinq jours de la réception des pièces, le juge des libertés statue sur la contestation par ordonnance motivée non susceptible de recours. Le débat est contradictoire entre le juge d'instruction, le procureur de la République, l'avocat intéressé et le bâtonnier. Le juge des libertés peut ordonner la restitution immédiate du document. Dans ce cas le procès-verbal de mise sous scellé est détruit. Cette procédure s'applique à la saisie d'un disque dur d'ordinateur (Cass. crim., 8 août 2007, nº 07-84.252).

Le président du tribunal de grande instance de Paris a fait une première application de ce texte par une ordonnance du 7 juillet 2000 (*Gaz. Pal.*, 29 août 2000, p. 18, note A. Damien). Elle a été reprise dans une autre ordonnance du 2 octobre 2000 (*Gaz. Pal.*, 14 oct. 2000, p. 7). On peut s'attendre qu'à la suite de ce texte les juges d'instruction réviseront leur méthode de perquisition et que la chambre criminelle de la Cour de cassation modifiera sa jurisprudence. Il est à remarquer que dans ses ordonnances précitées, le président du tribunal de grande instance de Paris n'a pas invoqué les droits de la défense comme le faisait la Cour de cassation, ce qui excluait l'activité juridique de l'avocat, mais le secret professionnel, ce qui englobe toutes les activités.

Un usage, qui n'est confirmé par aucun texte, veut que le suspect ne soit pas arrêté dans le cabinet de l'avocat. Mais la police peut toujours l'attendre à la sortie.

465. – La prérogative de l'avocat à conserver le secret de ses clients cède lorsqu'il la détourne de sa finalité pour soustraire aux investigations de la justice des éléments de preuve, et en général pour protéger la personne poursuivie. À plus forte raison lorsqu'il se fait complice du délit ou du crime (CA Paris, 9 mars 1974 : *Gaz. Pal.* 1974, 1, p. 376. – CA Colmar, 23 oct. 1984 : *Gaz. Pal.* 1985, 2, p. 429, note A. Damien) ou encore organise de faux témoignages ou alibis (Cass. crim., 25 janv. 1984 : *Bull. crim.* n° 33 ; *Gaz. Pal.* 1984, 2, p. 493). La chambre criminelle a rappelé en termes excellents cette limite dans un arrêt du 12 mars 1992 (*D.* 1993, somm. p. 207 : *JCP* G 1992, IV, 2331) : « La saisie des correspondances échangées entre un avocat et son client ne peut à titre exceptionnel être ordonnée ou maintenue qu'à la condition que les documents saisis soient de nature à établir la preuve de la participation de l'avocat à l'infraction ».

Il appartient à l'avocat de se montrer très prudent : il doit refuser de détenir des documents que son client désirerait dissimuler, de cacher le corps du délit ou les moyens du délit. Une autodiscipline du défenseur doit rendre exceptionnelle la perquisition dans son cabinet, toujours dommageable pour la profession tout entière, car elle constitue pour elle le signe d'une suspicion.

Il appartient aussi au juge d'instruction de se pénétrer du respect du secret professionnel de l'avocat dans sa recherche des charges. La « prudence » (au sens latin) s'impose aux uns et aux autres pour maintenir en de justes proportions la dialectique entre sécurité de la personne et sûreté publique.

466. – Le secret de l'avocat est aussi battu en brèche par les administrations fiscales et douanières et plus récemment par celles de la concurrence. Le droit de perquisition a été étendu en matière fiscale et douanière notamment par l'article 94 de la loi de finances du 30 décembre 1984 (avec le contrôle des changes, les douanes ont connu une époque de grande activité dans la chasse aux capitaux émigrés). La perquisition est menée par des agents du fisc ou de la douane et non par un magistrat. Elle doit seulement être autorisée par une ordonnance du président du tribunal de grande instance qui doit vérifier si les conditions sont réunies pour recourir à cette mesure extrême d'inquisition. Cette ordonnance est motivée et elle peut être frappée de pourvoi en cassation non suspensif d'exécution. Il convient que le président veille au principe de proportionnalité : l'Administration doit justifier de présomptions graves de fraude (5).

La visite et la saisie des documents s'effectuent sous le contrôle du juge qui les a autorisées. Il peut assister aux opérations et éventuellement décider de les suspendre ou les arrêter. Toutefois, le plus souvent il s'agit d'un contrôle à distance, car il délègue sa mission à un officier de police judiciaire qui le tient informé du déroulement de la perquisition (V. Cass. com., 7 mars 1995 : *JCP* 1995, II, 22536, note R. Martin. – 5 mai 1998 : *JCP* G 1998, II, 10126, note R. Martin). Lorsque celle-ci est achevée, le juge peut prononcer, sur requête de l'assujetti, son annulation s'il s'avère qu'elle a été menée de façon irrégulière.

Il peut être procédé à la perquisition en tous lieux : locaux commerciaux ou professionnels, locaux d'habitation, chez des tiers, comptable ou avocat de l'assujetti, banque où le redevable loue un coffre. On doit admettre que le courrier du conseil ou une consultation qu'il a donnée ne peuvent être saisis. Puisqu'il s'agit d'une mesure autorisée par un magistrat, donc de caractère juridictionnel, l'avocat doit pouvoir assister son client lors de la visite domiciliaire pour vérifier que celle-ci est opérée dans les formes et que la curiosité des enquêteurs ne déborde pas sur les documents couverts par le secret professionnel, encore que ce droit soit contesté par l'Administration.

À propos de la protection du dossier transporté lors du passage de la frontière contre la fouille des agents des douanes, on peut consulter l'arrêt de la cour de Colmar du 23 octobre 1984 (préc., *Gaz. Pal.* 1985, 2, p. 249, note A. Damien).

Cette possibilité de perquisition a été étendue aux agents de la direction de la Concurrence pour la répression des atteintes à la concurrence (Ord. 1er déc. 1986, art. 19). La procédure est homologue à celle que nous venons d'évoquer (V. à ce sujet, CA Versailles, 28 avr. 1982 : *Gaz. Pal.* 1982, 1, p. 310, note A. Damien, la Cour fait référence au « principe général » du droit de la défense. – *Adde* B. Gagne, préc., p. 224, note 1).

467. – En ce domaine, la Cour de justice des Communautés européennes a marqué les limites du droit de perquisition notamment en considération

(5) On doit mettre au compte des débordements judiciaires certaines autorisations données par les présidents des tribunaux de grande instance à l'administration fiscale ou à celle de la concurrence agissant sur une dénonciation anonyme (V. un arrêt, CA Paris, 5 nov. 1997 : *Gaz. Pal.* 27 nov. 1997 ; *D.* 1997, inf. rap. p. 253. – *Adde* : chronique de l'avocat : *JCP* G 1998, I, 1159, n° 17).

du secret professionnel de l'avocat (*CJCE*, 18 mai 1982, aff. n° 155-79, *AMCS Europe* : *Rec. CJCE*, p. 1575, note Gavalda et Parléani ; *D.* 1983, inf. rap. p. 386, obs. Cartou ; *Gaz. Pal.* 1982, 1, p. 328, note M. Véron). Le commissaire de la concurrence de la Commission de Bruxelles avait prétendu utiliser comme preuve de pratiques anticoncurrentielles une consultation donnée à la société AMCS par un avocat. La Cour de justice fut saisie de la validité de cette production. Elle affirma à cette occasion que le secret professionnel de l'avocat constituait une norme communautaire et qu'en conséquence les communications écrites échangées entre l'avocat et son client, y compris les consultations données hors de tout litige, ne pouvaient être produites devant la Commission. La Cour a considéré que cette confidentialité répondait à « l'exigence dont l'importance est reconnue par l'ensemble des États membres, selon laquelle tout justiciable doit avoir la possibilité de s'adresser en toute liberté à son avocat dont la profession même comporte la tâche de donner de façon indépendante des avis juridiques à tous ceux qui en ont besoin ».

Voici une affirmation sans ambages de la règle d'indépendance et du secret professionnel de l'avocat au niveau de l'ordre public européen qui s'impose alors même qu'il n'y a pas litige né. Nous allons constater que cette prise de conscience européenne n'a pas pénétré jusqu'à la chambre criminelle de la Cour de cassation de France.

468. – Les activités financières illicites, notamment celles se rattachant au trafic des drogues et au financement des actions terroristes, ont amené les autorités européennes à instituer un contrôle des mouvements de fonds suspects qui met en cause les intermédiaires et conseils dont l'avocat. Une directive du 10 juin 1991 a restreint à cet égard le secret bancaire. Celle-ci a été aggravée par une directive n° 2001/97 du 4 décembre 2001 qui étend la déclaration de soupçon aux avocats et aux notaires. Il y a là un phénomène qui tend à faire prévaloir la sécurité sur la liberté, et on n'a pas hésité à cet égard à parler de « peur sur la ville » (A. Viala, *Droit de la déontologie de l'avocat*, dir. B. Beigner et a., n° 178). La profession d'avocat a dénoncé une atteinte au secret professionnel, socle de la confiance entre avocat et client. Elle considère que le contrôle des CARPA sur les fonds déposés entre les mains des avocats est de nature à répondre au besoin de sécurité. La déclaration de soupçon est perçue comme une délation (V. sur la directive : Y. Repiquet, *Les avocats français et la directive européenne relative à la prévention de l'utilisation du système financier aux fins de blanchiment des capitaux* : *Gaz. Pal.* 6/8 juill. 2003, p. 11).

La directive de 1997 a été transposée par la loi du 11 février 2004 (art. 70) qui a ajouté à l'article L. 562-1 du Code monétaire et financier des paragraphes 11 à 13. Le 12 intéresse les avocats. Il leur étend l'obligation de déclaration de soupçon. Toutefois le législateur français, sensible aux protestations unanimes de la profession, a limité le champ de cette obligation dans un article L. 562-2-1 nouveau. Il l'exclut de « l'activité judiciaire » et de la « consultation juridique », sauf évidemment si celle-ci est donnée en vue du blanchiment ; elle ne concerne donc que la rédaction d'actes (V. également D. n° 2015-736, 26 juin 2006).

La déclaration n'est pas adressée directement à la TRACFIN (Traitement de renseignement et action contre les courants financiers clandestin) mais au bâtonnier. Celui-ci a un pouvoir de contrôle : s'il considère qu'il n'existe pas de soupçon de blanchiment de capitaux, il ne transmet pas la déclaration et informe l'avocat des raisons pour lesquelles il a estimé ne pas devoir transmettre les informations que celui-ci lui a communiquées. Mais le bâtonnier transmet l'information au président du CNB sans donner de noms. Et le président du CNB fait rapport au ministre de la justice selon une périodicité qui sera fixée par décret. Le ministre transmet à son tour le rapport à la TRACFIN.

Une nouvelle directive du 26 octobre 2005 renforce les obligations de la directive du 4 décembre 2001 en unifiant les textes. Le CNB a pris une décision normative le 12 juillet 2007 (*JO*, 9 août 2007, p. 13331) sur l'application de la déclaration de soupçon par l'avocat (Notons que cette déclaration ne s'applique pas aux opérations de moins de 150 000 euros). Cette décision impose aux cabinets d'avocats l'organisation d'un contrôle interne.

Il convient de noter, à ce sujet, un arrêt du Tribunal Suprême de la Principauté de Monaco du 6 mars 2002 qui a annulé une ordonnance souveraine n° 14-4666 du 22 avril 2000 mettant à la charge des avocats certaines obligations de déclaration de soupçon. Elle l'a fait sur le fondement du principe constitutionnel de la légalité des délits et des peines, considérant que la définition de l'infraction n'était pas assez clairement précisée (*JCP* G 2002, I, 136, n° 19 obs. R. Martin).

C. – Le secret en matière juridique

469. – La chambre criminelle de la Cour de cassation a introduit dans la notion de secret professionnel de l'avocat une scission qui aboutissait à créer deux catégories de secrets, l'un pour le judiciaire, l'autre pour le juridique ; le secret professionnel ne s'appliquerait à plein qu'au judiciaire parce que son fondement réside dans les droits de la défense, alors que l'avocat, hors de sa mission de défense devant les tribunaux, plus précisément dans son activité de consultation, négociation, rédaction d'actes, ne pourrait opposer aux autorités qu'un secret relatif.

470. – Cette démarche de la chambre criminelle fut affirmée dans deux arrêts qui ne peuvent laisser aucun doute sur leur caractère de principe (30 sept. 1991 : *JCP* 1992, II, 21858, note R. Martin ; *D.* 1992, 323, note Gavalda. – J. Couturon, *Le secret professionnel ne trouve-t-il à s'exercer qu'en matière de procédure judiciaire ?* : *Gaz. Pal.* 1992, 1, doctr. p. 295. – J. de La Servette, *Feu le secret professionnel* : *Gaz. Pal.* 11 avr. 1992, p. 21. – J.-Cl. Woog et J.-D. de La Batie, *Le secret professionnel des avocats* : *Dr. et patrimoine,* 1993, 8e cahier, p. 68. – 7 mars 1994 : *JCP* 1994, II, 22251, note R. Martin ; *D.* 1994, inf. rap. p. 83).

Dans la première espèce les faits étaient les suivants : un avocat avait participé à la négociation de reprise en location-gérance de deux sociétés commerciales, reprise accompagnée d'une lettre d'intention de caution d'une banque, et avait rédigé les conventions afférentes. Cette opération provoqua des poursuites pour escroquerie et abus de biens sociaux contre les dirigeants de la société. Au cours de l'instruction l'avocat fut entendu comme témoin et il ne formula aucune réserve sur la régularité de son audition tenant au secret professionnel, non plus que les inculpés. Puis il fut lui-même inculpé de complicité des délits reprochés à ses clients. Le magistrat instructeur s'inquiéta alors *proprio motu* de cette particularité et saisit la chambre d'accusation par requête, en application de l'article 171 du Code de procédure pénale, « afin qu'elle apprécie si l'audition de l'avocat avait été faite ou non en méconnaissance du secret professionnel et si le procès-verbal qui la relatait était entaché de nullité ».

La chambre d'accusation dit n'y avoir lieu à annulation du procès-verbal, en relevant qu'aucune des parties ne s'était prévalue d'une violation du secret professionnel de la part de l'avocat et en constatant qu'aucune atteinte n'avait été portée à leurs intérêts, en se référant à l'article 802 du Code de procédure pénale qui pose la règle « pas de nullité sans grief ».

L'avocat se pourvoit alors en cassation contre l'arrêt de la chambre d'accusation. Il articule essentiellement le moyen suivant lequel « l'obligation au secret professionnel qui s'impose aux avocats est générale et absolue, et a été édictée non seulement dans l'intérêt des parties concernées, mais dans un intérêt général et d'ordre public », et qu'en conséquence la règle de l'article 802 doit être écartée.

La chambre criminelle de la Cour de cassation rejette le pourvoi avec le motif suivant : « Dès lors que l'audition en cause concernait une activité de rédacteur d'actes ou de négociateur, et non l'exercice des droits de la défense, la chambre d'accusation a justifié sa décision sans encourir les griefs allégués ».

Selon cet arrêt le secret professionnel de l'avocat n'est pas absolu et ne touche pas à l'ordre public mais aux seuls intérêts privés des parties, lorsque l'avocat n'exerce pas les droits de la défense en justice, mais une activité de rédacteur d'actes ou de négociateur.

471. – Postérieurement au prononcé de cet arrêt a été mise en application, le 1er janvier 1992, la loi du 31 décembre 1990 ajoutant un article 66-5 à celle du 31 décembre 1971 que voici : « Les consultations adressées par un avocat à son client et les correspondances échangées entre le client et ses avocats sont couvertes par le secret professionnel ».

Ce texte ne faisait aucune distinction suivant qu'il s'agissait de judiciaire ou de juridique ; il n'invoquait pas comme *ratio legis* les droits de la défense. Les choses étaient déjà claires. Et pourtant pour les rendre encore plus claires une loi du 4 janvier 1993, en son article 4, a ajouté au début de l'article « en toute matière ». Cette addition doit être considérée comme interprétative et donc entrée en vigueur dès le 1er janvier 1992. Or, la Cour de cassation, dans un arrêt du 7 mars 1994, maintient la position antérieurement affirmée dans les termes suivants :

> « Si selon les principes rappelés par l'article 66-5 de la loi du 31 décembre 1971, les correspondances échangées entre le client et son avocat sont, en toute matière (*sic*), couvertes par le secret professionnel, il demeure que le juge d'instruction tient de l'article 97 du Code de procédure pénale le pouvoir de les saisir dès lors qu'elles ne concernent pas l'exercice des droits de la défense ».

Il s'agissait de lettres saisies dans le cabinet d'un conseil juridique, échangées entre celui-ci et un avocat chargé des intérêts d'un client commun dans des instances civiles étroitement connexes avec l'instruction pénale dirigée contre le conseil juridique et mise en mouvement par une plainte avec constitution de parties civiles des protagonistes des actions civiles. Les circonstances de fait étaient particulièrement favorables à un retournement de la Cour de cassation, ce qui ne donne que plus de signification à sa position de principe.

472. – C'est en cet état que le législateur revenait à la charge pour contrer cette jurisprudence, il faut le dire, malgré la résistance du gouvernement lors du débat parlementaire. Une loi du 7 avril 1997 a réécrit l'article 66-5 de la loi du 31 décembre 1971 en ces termes :

« Sont couvertes par le secret professionnel, en toutes matières, que ce soit dans le domaine du conseil ou dans celui de la défense, les consultations adressées par un avocat à son client ou destinées à celui-ci, les correspondances échangées entre le client et son avocat, entre l'avocat et ses confrères, les notes d'entretien et plus généralement toutes les pièces du dossier ». Le singulier précédent « en toute matière » qui était générique est remplacé plus clairement par un pluriel, et il est précisé « tant dans le domaine du conseil que dans celui de la défense ». Ensuite le champ d'application du secret est défini en détail, ces spécifications ayant été inspirées par la pratique de certains juges d'instruction se croyant autorisés par la jurisprudence de la Cour de cassation. Le secret de l'avocat a donc prévalu devant le Parlement sur une certaine conception de l'efficacité policière. Devant un texte aussi péremptoire, la Cour de cassation ne peut que s'incliner et modifier sa jurisprudence, sans échappatoire possible (6).

On comprend la préoccupation de la haute juridiction et du garde des Sceaux qui était de faciliter les investigations du juge d'instruction pour la répression des délits et des crimes. Mais ils avaient poussé trop loin le déséquilibre entre la sécurité et le secret de la défense au détriment de ce dernier.

Il nous apparaît que suffit à préserver l'ordre public la limite admise par tous dans les relations avocat-client, à savoir que l'avocat ne peut, sous couvert du secret, favoriser la commission du délit (V. *supra*, n° 465). Et il appartient aux avocats, anciens et nouveaux, de se conduire de telle sorte qu'ils soient au-dessus de tout soupçon de la part des juges, et les Ordres doivent y veiller. Cette autodiscipline est d'autant plus nécessaire que l'avocat est maintenant directement exposé aux tentations qui rôdent dans le monde des affaires.

Malgré la nouvelle rédaction de l'article 66-5, la chambre criminelle continue de faire prévaloir d'une manière quasi absolue la « recherche de la vérité » par le juge d'instruction, autrement dit l'accusation, sur le secret de l'avocat et persiste *contra legem* à quasiment exclure le secret du juridique (Cass. crim., 30 juin 1999 : *JCP* G 1999, II, 10177, note crit. R. Martin ; *D.* 1999, p. 460, note J. Pradel).

Cette différence faite entre l'activité judiciaire et l'activité juridique rejoint le régime de la déclaration de soupçon. Il y aurait deux métiers dans la profession d'avocat, peut-être deux professions, soumises à des régimes différents. Le judiciaire serait couvert par les « droits de la défense » et non le juridique. Cela doit nous amener à réfléchir sur la fusion de 1990. Faut-il rechercher l'effet de masse en groupant dans le même corps tous les praticiens du droit ou conserver la spécificité de la défense en justice, y compris dans l'arbitrage ? La question se pose à nouveau pour l'intégration des juristes d'entreprises – et pourquoi pas des notaires ?

D. – Le secret de l'instruction

473. – Le secret de l'instruction, édicté à l'article 11 du Code de procédure pénale, met en conflit deux principes fondamentaux de notre État de droit, d'une part, la liberté de l'homme (articles 1er et 2 de la Déclaration des droits de 1789) avec ce qui en découle : respect de la vie privée (C. civ., art. 9), présomption d'innocence (article 9 de la Déclaration des droits. Loi du 15 juin 2000), d'autre part, la liberté d'expression (article 11 de la Déclaration des droits). L'avocat participe à l'instruction comme défenseur de l'accusé – nous

(6) On remarque que le texte nouveau couvre du secret la correspondance échangée entre avocats (V. chapitre suivant).

emploierons ce mot dans un sens qui n'est pas exactement juridique – et il est donc partie à ce secret conflictuel. Pour lui, celui-ci se rattache à son obligation plus générale au secret professionnel.

Le secret de l'instruction est devenu une question brûlante avec les débordements médiatiques qui projettent sous le feu des projecteurs, tout individu qui se trouve mis en examen, lorsque la notoriété de l'intéressé ou la singularité du cas promettent un « audimat » maximum. Le changement de vocabulaire qui a fait substituer la mise en examen à l'inculpation n'a eu aucun effet sur la chose. Le secret est actuellement copieusement violé, si bien que certains proposent comme remède au mal tout simplement de nier le mal. De même façon, il suffirait de légaliser la corruption pour la supprimer.

Nous n'entrerons pas dans la discussion ; ce n'est pas le lieu. Nous nous proposons de tracer ce qui appartient à l'avocat par rapport aux autres acteurs de l'instruction (cf. J. Lassaussois, *Les deux secrets de l'instruction* : *Gaz. Pal.* 1994, 2, doctr. p. 1188).

474. – Revenons aux sources, à savoir d'abord, l'article 11 du Code de procédure pénale :

« Sauf dans les cas où la loi en dispose autrement et sans préjudice des droits de la défense, la procédure au cours de l'enquête et de l'instruction est secrète.

« Toute personne qui concourt à cette procédure est tenue au secret professionnel dans les conditions et sous les peines de l'article 378 du Code pénal » (aujourd'hui art. 226-13).

On doit en comprendre que toute personne qui **concourt à l'enquête ou à l'instruction** est tenue au secret comme secret professionnel. Ce secret est institué dans l'intérêt de la personne suspectée ; il contribue à réaliser la présomption d'innocence. Et le texte précise qu'il ne peut préjudicier aux droits de la défense. Il est clair que sa finalité est d'empêcher que se crée dans l'opinion une présomption de culpabilité.

Par ailleurs l'article 5 du décret du 12 juillet 2005, reprenant en cela la teneur de l'article 160 du décret du 27 novembre 1991 dispose :

« L'avocat respecte le secret de l'enquête et de l'instruction en matière pénale, en s'abstenant de communiquer, sauf à son client pour les besoins de la défense, des renseignements extraits du dossier ou de publier des documents, pièces ou lettres intéressant une enquête ou une information en cours ». La disposition est reprise dans le RIN.

En bref, d'après le décret, l'avocat est soumis au secret de l'instruction. Ce règlement nous paraît à l'évidence illégal comme contraire à l'article 11 susvisé. En effet l'avocat ne concourt pas à l'enquête ou à l'instruction. Ceux qui y concourent sont, au premier rang le juge d'instruction, son greffier, ainsi que la police judiciaire. Le procureur de la République est autorisé de publier de brefs communiqués sur l'état de l'instruction. Bien loin de concourir à la poursuite, l'avocat a pour mission d'en défendre son client. Il figure un contre-pouvoir à celui que détiennent les personnes poursuivant le délit ou le crime. Ces derniers servent l'ordre public, l'avocat défend l'individu.

Au surplus, enfermer l'avocat dans le secret, c'est l'empêcher d'avoir recours à l'opinion publique afin de redresser les rumeurs défavorables à son client qui courent justement à la suite de violation du secret par ceux qui y sont tenus. Porte-parole de son client, il peut crier son innocence puisqu'il est présumé innocent. La publicité donnée à la défense est un moyen de défense.

Quant à la partie civile et son avocat, il a été jugé, antérieurement aux règlements susvisés, qu'il n'est pas tenu au secret de l'instruction. (Cass. crim.,

9 oct. 1978 : *D.* 1979, p. 185 ; note P. Chambon ; *Rev. sc. crim.* 1979 ; p. 560, obs. Levasseur et p. 821, obs. Larguier). L'avocat est celui du particulier, du justiciable et non celui de la puissance publique.

Il est regrettable que le RIN de la profession ait repris la disposition de ce texte réglementaire contraire à la loi et que le CNB, ayant participé à l'élaboration du décret ne semble pas avoir fait d'observation à ce sujet (V. Cass. crim., 20 sept. 2004 : *JCP* G 2005, II, 10054 et notre note). Pour une application contestable : Cass. crim., 20 juin 2006 : *Gaz. Pal.* 24 févr. 2007, p. 6.

Toutefois l'avocat, dans ses actions de défense au moment de l'instruction ne doit pas se départir d'un certain devoir de réserve et de modération. Il doit se garder de toute recherche du vedettariat ou de la diffusion d'une idéologie. Le droit à la défense ne doit pas servir de prétexte à autre chose.

La situation a été aggravée par l'application à l'avocat d'un article 434-7-2 du Code pénal issu de la loi du 9 mars 2004 (dite Perben II). Ce texte interdit « à toute personne qui, du fait de ses fonctions, a connaissance en application des dispositions du Code de procédure pénale, d'informations issues d'une enquête ou d'une instruction en cours de révéler, directement ou indirectement, ces informations à des personnes susceptibles d'être impliquées (...) dans la commission de ces infractions, lorsque cette révélation est de nature à entraver le déroulement des investigations ou la manifestation de la vérité (...) ». En vertu de ce texte un avocat a subi la garde à vue puis a été placé en détention provisoire. Devant une protestation unanime des avocats, le ministre a promis d'amender cet article. Mais celui-ci débute déjà par « sans préjudice des droits de la défense ». Cela nous apparaît suffisant pour permettre aux juges d'instruction d'en faire une application respectueuse des droits de la défense et de ne pas s'en servir comme une arme de guerre contre les avocats chargés de la défense.

Le texte, selon la promesse faite, a été adouci par une loi n° 2006-1543 du 12 décembre 2005, article 36. Il inclut l'intention d'entraver le déroulement des investigations du juge et de la police et la manifestation de la vérité. Cette intention doit être établie. Si elle l'est, cela rend l'avocat complice de l'infraction.

475. – L'avocat a obtenu, à la fin du XIXe siècle, le droit de prendre connaissance du dossier d'instruction. Il a maintenant un accès quasi permanent à ce dossier depuis les lois des 4 janvier et 24 août 1993. Au surplus, en vertu de l'article 114 du Code de procédure pénale, tel que modifié par les lois susvisées, il pouvait « se faire délivrer, à ses frais, copies de tout ou partie des pièces et actes du dossier pour son usage exclusif et sans pouvoir en établir de reproduction ». La question s'est alors posée de savoir si cela l'autorisait à remettre à son client les copies ainsi obtenues.

La cour d'appel de Limoges avait répondu par la négative et infligé un blâme à l'avocat qui se l'était permis ; elle fut approuvée par la Cour de cassation (Cass. 1re civ., 2 févr. 1994 : *Bull. civ.* I, n° 45). Selon cette dernière « si l'avocat peut se faire délivrer des copies des pièces du dossier d'instruction et en communiquer les termes à son client, il ne peut, en revanche, lui remettre ces copies qui ne lui sont délivrées que pour son usage exclusif ». Cette position a été confirmée par deux arrêts du 30 juin 1995 (*D.* 1995, somm. comm. p. 140, obs. J. Pradel). La cour d'appel d'Aix avait lourdement sanctionné un avocat qui avait transmis des copies à son client détenu, ce qui provoqua une vive émotion dans la profession.

À la vérité, on s'expliquait mal que l'avocat puisse communiquer oralement à son client la teneur du dossier sans pouvoir lui remettre les documents dont il détenait la copie, afin que celui-ci puisse en prendre connaissance directement et tranquillement. Le législateur a remédié à cette anomalie par la loi n° 96-1235 du 30 décembre 1996, article 2 (*JCP* G 1997, III, 68280 ; Le Gunehec, *JCP* 1997, act. n° 4).

Le dernier alinéa de l'article 114 du Code de procédure pénale a été remplacé par huit nouveaux alinéas dont voici la teneur :

« Après la première comparution ou la première audition, les avocats des parties (mises en examen, parties civiles) peuvent se faire délivrer, à leurs frais, copie de tout ou partie des pièces et actes du dossier... »

« Les avocats des parties peuvent transmettre à ces dernières une reproduction des copies ainsi obtenues. Le juge d'instruction a toutefois la possibilité de l'interdire au regard de risques de pression sur les victimes, les personnes poursuivies, leurs avocats, les témoins, les enquêteurs ou toute autre personne concourant à la procédure. À cet effet, l'avocat doit faire connaître préalablement au juge par déclaration au greffe ou lettre recommandée, la liste des pièces qu'il entend transmettre, et le magistrat dispose de cinq jours ouvrables pour s'y opposer. Le défaut de réponse vaut acceptation. En cas de refus, la décision du juge pourra être déférée au président de la chambre d'accusation, qui devra également statuer, par décision écrite et motivée non susceptible de recours, dans les cinq jours ouvrables. Toutefois, en ce qui concerne les parties civiles dont la recevabilité fait l'objet d'une contestation, la transmission des pièces par l'avocat ne peut intervenir qu'avec l'autorisation expresse et préalable du juge. Son silence, dans ce cas, vaut refus implicite ».

Un régime spécial est prévu pour les détenus. Le législateur a renvoyé à un décret en Conseil d'État la fixation des modalités selon lesquelles ces détenus pourront obtenir les documents. Ce décret est intervenu le 28 février 1997, n° 97-180 (*JCP* G 1997, III, 68355). Nous y renvoyons.

Les documents remis aux avocats ne peuvent être communiqués à des tiers, sauf les rapports d'expertise et à la condition que cette communication soit justifiée par les besoins de la défense.

Il convient de se rappeler que le mis en examen n'est pas tenu par le secret de l'instruction ni par quelque secret professionnel. Il pourrait donc divulguer par les médias tous les procès-verbaux de l'instruction, ce qui supprimerait en fait le secret de cette instruction. On mesure par là l'ambivalence de ce secret, ce qui explique qu'il soit si peu respecté. Il faut compter sur le devoir de réserve de l'avocat dans ses déclarations publiques en cours d'instruction et sur sa prudence dans le développement de la défense.

E. – La dénonciation du crime

476. – Une abondante littérature s'était développée sur l'obligation faite à quiconque par le Code pénal ancien (art. 62), ayant connaissance d'un crime déjà tenté ou consommé, de le dénoncer, ou encore d'empêcher soit un crime, soit un délit contre l'intégrité corporelle ou celle de porter secours à une personne en péril (art. 63). On voit le dilemme qui était posé à l'avocat : soit trahir le secret de celui qui est venu se confier à lui, soit s'exposer à commettre un délit. Le nouveau Code pénal est venu heureusement mettre un terme à ce dramatique conflit en exceptant de la dénonciation « les personnes astreintes au secret dans les conditions prévues à l'article 226-13 » (art. 434-1).

Mais cette dépénalisation ne fait pas disparaître le cas de conscience qui peut se poser à l'avocat de dénoncer son client, en des circonstances heureusement exceptionnelles. Il sera seul alors pour le résoudre selon la dominante de ses valeurs personnelles. Pour notre part nous privilégions le respect de la confidence ; toutefois, la gravité extrême des conséquences du silence peut permettre à l'avocat de livrer à la police les indications nécessaires à leur prévention, sans aller autant que faire se peut jusqu'à la dénonciation, par exemple dans la perspective d'un attentat terroriste, d'un meurtre décidé. Le blanchiment de « l'argent sale » risque de poser à l'avocat un problème de conscience aigu.

Chapitre 6

LA CONFIDENTIALITÉ DE LA CORRESPONDANCE ÉCHANGÉE ENTRE AVOCATS

477. – La confidentialité des échanges entre avocats était jusqu'à la loi n° 97-308 du 7 avril 1997, modifiant celle du 31 décembre 1971, une règle de nature coutumière, inscrite dans la plupart des règlements intérieurs des Ordres, selon des formulations diverses. Son fondement était donc purement corporatif. Elle a changé radicalement de nature par la loi susvisée qui l'a fait passer dans le champ du secret professionnel à l'occasion d'une incidente de l'article 66-5 nouveau de la loi de 1971 (V. le texte de cet article *supra*, n° 472). Aux termes de ce texte sont couvertes dorénavant par le secret professionnel : « les correspondances échangées entre l'avocat et ses confrères ». La confidentialité, de règle corporative est devenue règle légale d'ordre public, sanctionnée au surplus pénalement. Ce texte est d'application immédiate ; il concerne des correspondances antérieures à la promulgation de la loi de 1997 (Cass. 1re civ., 14 mars 2000 : *Bull. civ.* I, n° 91 ; *JCP* G 2000, I, 231, n° 15. – 29 mai 2001 : *JCP* G 2002, I, 136, n° 18, obs. R. Martin).

Le saut est énorme, car en tant que règle corporative elle était ignorée des tribunaux recevant en preuve des correspondances réputées confidentielles par le règlement intérieur, alors que dorénavant les juges devront les rejeter des débats. La confidentialité ne se justifiait que par des motifs pragmatiques, alors qu'elle a été maintenant hissée au rang de principe d'ordre public. Ce qui n'empêche que demeure sa grande utilité pratique (V. J.-M. Varaut et L. Ruet, *Secret professionnel et confidentialité dans les professions juridiques et judiciaires* : *Gaz. Pal.* 10/12 août 1997, p. 2).

478. – Les correspondances entre avocats sont désormais couvertes par le secret professionnel ; elles sont entrées dans le cercle de ce secret tellement exigeant. Sur le fondement et la portée du secret, nous renvoyons à nos développements antérieurs. La confidentialité étant désormais légalement posée, toute discussion sur sa nature ne peut être que dépassée et il convient seulement d'adapter le principe nouveau à la pratique. Cette adaptation doit être commandée par la finalité (ou les finalités) de la règle, ce qui nous amènera à une typologie de ses applications.

Toutefois ce caractère absolu de la confidentialité présentait des inconvénients pratiques et le règlement harmonisé du CNB y avait apporté des exceptions, dont la légalité était douteuse et qui ont été déclarées illégales par la Cour de cassation (V. *supra* n° 483). La loi du 11 février 2004 a tranché le problème en permettant à l'avocat de lever la confidentialité par l'indication « officielle » portée sur sa correspondance. Nous allons suivre l'histoire mouvementée de cet usage de la confidentialité devenu une règle.

Malheureusement si au plan national la situation est claire et certaine, il n'en est pas de même dans les relations transnationales, que ce soit dans le cadre de la Communauté européenne, ou au-delà de cette Communauté.

A. – Pratique de la confidentialité

479. – Quand on parle de « correspondances », il faut entendre le mot au sens large de communications, quel qu'en soit le support. Certes la lettre, qu'elle soit glissée dans la case du Palais ou adressée par voie postale, demeure le moyen dominant. Mais il faut y inclure les échanges oraux, qu'ils soient directs dans la salle des pas perdus ou par téléphone, et de plus en plus les supports modernes de la communication : télécopie, courrier numérique.

480. – Pour serrer la réalité de plus près, il est bon d'ajouter que ces communications posent problème surtout lorsqu'elles sont échangées entre avocats chargés d'intérêts opposés. Les communications entre avocats collaborant à la même défense restent, on peut dire naturellement, confidentielles. La tentation de la fuite naît de celle de tirer parti d'une proposition, d'un renseignement, d'une ouverture faits sous la foi du Palais, cette fuite pouvant d'ailleurs provenir de l'avocat méconnaissant sciemment son devoir ou de la partie ou même d'un tiers ayant recueilli une confidence. Le problème de la confidentialité se pose à l'intérieur du litige, dans les rapports entre avocats adverses.

481. – La confidentialité des échanges constitue l'instrument indispensable de la négociation. On sait que l'époque penche vers la recherche de solutions alternatives au procès pour la raison prosaïque de soulager un appareil judiciaire surchargé. Ces modes alternatifs sont la conciliation et la médiation qui doivent aboutir à une transaction au lieu du jugement. La voie qui y conduit est la négociation. Or, si au cours de la négociation, la proposition d'une concession engage sans retour et sans contrepartie celui qui la fait, il s'en abstiendra afin de conserver toutes ses prétentions si la négociation échoue. Pour être efficace, une négociation doit être secrète. Elle ne viendra au jour que si elle réussit. Cette vérité vaut pour toute négociation, qu'elle soit entre États, groupements ou personnes privées. Telle est l'évidence qui explique l'échec persistant de la conciliation par le juge, avec cette circonstance aggravante que le conciliateur d'un moment deviendra le décideur, et l'interdiction qui a été faite à l'expert judiciaire de concilier les parties. Le législateur (L. 8 févr. 1995) et le pouvoir réglementaire (D. 22 juill. 1996) en ont tenu compte en couvrant la médiation du secret. La négociation publique traduit un rapport de forces alors que le dialogue secret peut favoriser l'apaisement. Les acteurs idéaux d'une telle négociation sont les avocats tenus par le secret professionnel.

En sus du secret indispensable, la présence de l'avocat, soumis à une déontologie stricte, immunise la négociation de menaces du genre : « je m'abstiendrai de relever appel si (...) », « je déposerai une plainte au pénal si (...) », à la limite du chantage : « j'alerterai le fisc (...) ». L'avocat récepteur de pressions éventuelles de ce type est le mieux à même de ne pas s'en laisser intimider.

482. – Lorsque la négociation aboutit à un accord, il est indispensable de fixer par l'écrit les termes de cet accord. Cette transcription peut prendre la forme d'un échange de lettres qui sont alors annoncées comme « officielles ». Mais mieux vaut réaliser l'accord sous la forme du contrat que le Code civil nomme transaction. La rédaction en sera l'œuvre commune des avocats, ce qui doit lui assurer une unité de contenu, une cohérence, une qualité de style que la confrontation de lettres unilatérales ne pourrait que difficilement égaler. Au surplus, le contrat reçoit alors le renfort de la responsabilité conjointe des avocats rédacteurs. Il va de soi pour nous qu'au cas où un litige surviendrait à propos de l'exécution ou pis de l'interprétation du contrat, aucun des avocats rédacteurs ne saurait y défendre le client qu'il a assisté, car le risque serait grand que le défenseur ne devienne témoin. À cet effet, et dans un souci de clarté, il serait opportun que les noms et qualités des rédacteurs figurent sur l'acte.

483. – Les habitudes antérieures et la commodité de la pratique avaient amené le CNB, dans le règlement harmonisé, à ménager des exceptions à la confidentialité qui venait d'être assimilée par la loi au secret professionnel. Elles étaient les suivantes :
– une correspondance ayant pour unique objet de se substituer à un acte de procédure (lettre de procédure) ;
– une correspondance portant la mention « officielle » ;
– une convention entre avocats portant la mention « officielle ».

Nous avons toujours pensé que cet aménagement de la confidentialité était contraire à la loi telle qu'elle était écrite avant sa modification par la loi du 11 février 2004 (art. 66-5 de la loi du 31 déc. 1971). Effectivement il a été déclaré illégal par la Cour de cassation (Cass 1re civ., 4 févr. 2003 : *Bull. civ.* I, n° 34 ; *JCP* G 2003, II, 10035, concl. J. Sainte-Rose). La loi du 4 février 2004 est venue trancher le dilemme : elle modifie l'article 66-5 en disposant que n'est pas confidentielle la correspondance portant la mention « officielle ». Nous pensons que cette mention doit figurer en caractères apparents pour maintenir la loyauté des échanges. La règle est désormais claire : le principe demeure la confidentialité assimilée au secret professionnel, l'exception est introduite par l'apposition de la mention « officielle » sur le document.

484. – Le RIH avait apporté à la loi des exceptions qui étaient à l'évidence illégales, comme y ajoutant (V. 8e éd., n° 485). Le RIU contient une nouvelle rédaction tout aussi inacceptable :

> « Peuvent (?) porter la mention officielle et ne sont pas couvertes par le secret professionnel, au sens de l'article 66-5 de la loi du 31 décembre 1971 :
> « une correspondance équivalente à un acte de procédure ;
> « une correspondance ne faisant référence à aucun écrit, propos ou éléments antérieurs confidentiels »

Malheureusement ce texte a été reproduit tel quel dans le RIN.

Ce texte, pour le moins ambigu par le verbe « peuvent », peut être lu comme réservant la non-confidentialité aux correspondances équivalentes à un acte de procédure (reprise du RIH) et à celles qui ne font référence à aucune communication antérieure confidentielle. Il doit être considéré comme contraire aux dispositions parfaitement claires de l'article 66-5 de la loi du 31 décembre 1971 : le principe est que toutes communications sont confidentielles, sauf celles qui portent la mention officielle et aucune restriction n'est apportée à l'utilisation de cette mention officielle.

Pourquoi d'ailleurs utiliser une lettre à la place d'un acte de procédure à forme simplifiée prévue au Nouveau Code de procédure civile ? L'acte du palais au coût modeste et surtout la notification directe prévue à l'article 673 du Nouveau Code de procédure civile (disposition qui paraît négligée par la pratique sauf pour la communication des pièces). Cette notification directe s'opère par la remise de l'acte en double exemplaire à l'avocat destinataire, lequel restitue aussitôt à son confrère l'un des exemplaires après l'avoir daté et signé. L'échange peut se faire selon les usages par la voie des cases du Palais. Le formalisme est simplifié à l'extrême et l'acte est gratuit.

B. – Les tribunaux et la confidentialité des correspondances

485. – Avant la loi du 7 avril 1997, et comme nous l'avons dit, la confidentialité ne figurait dans aucun texte légal ou réglementaire ; elle était une règle purement corporative résultant des règlements intérieurs. Et encore certains de ces règlements (par exemple Amiens et Angers adoptaient la règle contraire) tandis que la formulation différait d'un barreau à l'autre. En conséquence les tribunaux ignoraient légitimement cette règle et recevaient en preuve des documents qualifiés par ailleurs de confidentiels. Il existait ainsi un hiatus entre la déontologie et la jurisprudence des tribunaux (cf. sur l'état antérieur et ses graves inconvénients : R. Martin, *La confidentialité des correspondances entre avocats adverses : JCP* G 1994, I, 3787).

486. – Pour illustrer ce hiatus nous évoquons deux situations qui pouvaient se présenter :

– une partie (son avocat) produit une offre non acceptée pour asseoir le minimum de ce que le tribunal peut lui accorder, en vertu du principe qu'il ne faut pas être plus royaliste que le roi ;

– elle fait état d'un accord intervenu et renié ou d'un accord aux termes ambigus résultant d'un échange de correspondances.

Dans le premier cas, le juge ne pouvait consacrer l'offre non acceptée, mais la connaissance qu'il en prenait risquait fort d'influencer sa décision sans qu'il le dise.

Dans le second cas il ne pouvait que consacrer l'accord ou encore qualifier et interpréter ce qui était présenté comme un prétendu accord. Dans les deux cas, l'avocat tricheur était gagnant, sauf à payer son succès d'une sanction disciplinaire (Caen, 1re ch., 9 janv. 1995 : *Juris-Data* n° 040685).

La légitimité de cette démarche du juge du fond avait été validée par la Cour de cassation. C'est en vain que la partie flouée avait tenté d'opposer à la production le secret professionnel (Cass. 1re civ., 22 mars 1988 : *Bull. civ.* I, n° 90 ; *JCP* G 1988, IV, p. 202. – Cass. soc., 24 avr. 1985 : *Bull. civ.* V, n° 253 ; *JCP* G 1985, IV, p. 238).

Pareille situation était choquante, où ce qui était interdit d'un côté était autorisé de l'autre. Le CNB s'en était inquiété qui, dans un rapport, avait préconisé une modification de la loi. Il proposait d'ajouter après l'article 66-5 de la loi du 31 décembre 1971 un article 66-6 ainsi conçu : « Les correspondances entre avocats sont par nature confidentielles. Elles ne peuvent en aucun cas être saisies ou produites en justice, ni faire l'objet d'une levée de confidentialité ». Le législateur est allé plus loin, avec une économie de moyens remarquable, en faisant entrer les correspondances entre avocats dans le champ du secret professionnel, puis il a été amené à faire machine arrière par la loi du 11 février 2004.

487. – Il en résulte que toute production devant un tribunal civil, pénal ou administratif d'une communication entre avocats doit être rejetée en tant que moyen de preuve et ce au besoin d'office par le juge ; et l'avocat qui a transgressé la règle peut être poursuivi et condamné devant le tribunal correctionnel, sans préjudice d'une sanction disciplinaire. De cette façon, dans les rapports entre avocats des barreaux français, la question est entendue et les règlements intérieurs ne peuvent plus que rappeler la règle légale (V. ci-dessus la critique du règlement type élaboré par le CNB).

C. – Les rapports de l'avocat d'un barreau français avec les avocats de la Communauté européenne et des autres pays étrangers

488. – Si la question se trouve ainsi réglée sur le plan franco-français, il n'en est pas de même sur celui des rapports transnationaux, car la règle de confidentialité n'est pas partout imposée, il s'en faut, ce qui suscite un conflit de normes. Nous envisagerons d'abord le cas des rapports intracommunautaires, ensuite celui des rapports hors Communauté européenne.

489. – Dans le cadre de la Communauté européenne, il n'existe aucun règlement, aucune directive, aucune convention étatique à ce sujet. Il faut se reporter à la règle du barreau de l'avocat correspondant. Si cette règle est contraire, le conflit est insoluble : on ne peut cumuler l'application de deux règles exactement contraires et il n'y a aucune raison de faire prévaloir l'une plutôt que l'autre.

Il existe un Code de déontologie des barreaux européens, mais ses dispositions n'ont qu'une valeur d'un code de bonne conduite, elles ne sont pas en soi exécutoires. Toutefois si la règle du code est reçue par le règlement intérieur d'un barreau français, alors elle devient obligatoire pour les membres de ce barreau. C'est le cas pour le RIN ; il contient la clause suivante :

> « Dans ses relations avec les avocats des États membres de l'Union européenne, l'avocat est tenu au respect des dispositions de l'article 5-3 du Code de déontologie des avocats de l'Union européenne ». (art. 3-3)

L'avocat d'un barreau français est donc tenu, dans ses relations avec un confrère d'un État membre de la Communauté (ou de l'Union) au respect de l'article 5-3 du code susvisé. Aucun autre avertissement n'est donné, ni aucun rappel de cet article.

Or, celui-ci pose une règle exactement contraire à la règle française de confidentialité :

> « 5-3-1 : L'avocat qui adresse à un confrère d'un autre État membre une communication dont il souhaite qu'elle ait un caractère "confidentiel" ou "*without prejudice*" devra clairement exprimer sa volonté lors de l'envoi de cette communication.
>
> « 5-3-2 : Au cas où le destinataire de la communication ne serait pas en mesure de lui donner un caractère "confidentiel" ou "*without prejudice*", il devra la retourner *(sic)* à son expéditeur sans en révéler le contenu ».

La règle est la non-confidentialité, la confidentialité étant l'exception qui doit être convenue. On ne peut que recommander à l'avocat d'un barreau français, avant de communiquer le document, de poser la règle du jeu. Il peut être dangereux de suivre à la lettre les indications du Code européen. Le renvoi à ce code par le règlement type français sans autre éclaircissement constitue un piège pour les avocats français. Il est pour le moins inutile.

490. – La situation réelle est en définitive la même pour les relations avec les avocats d'un barreau étranger hors Communauté européenne. Il n'existe en ce cas aucune règle. Il convient donc, avant d'engager une négociation, de poser conventionnellement la règle applicable : confidentialité ou non. Mais encore faut-il pour cet échange préliminaire agir avec la plus grande prudence. On a vu un avocat étranger produire la lettre par laquelle son confrère français l'interrogeait sur la possibilité d'un échange de correspondances confidentiel pour entrer en négociation, considérant que, selon sa propre règle, cette communication n'était pas confidentielle. Il prétendait en tirer cet avantage que si son adversaire lui proposait de négocier, c'est qu'il n'était pas bien assuré du bien-fondé de sa position ! En conséquence mieux vaut commencer par procéder oralement. Mais une communication téléphonique peut être enregistrée par le correspondant. C'est une invitation au voyage, et encore le négociateur devra s'assurer que la salle de conférence n'est pas truffée de micros ! Nous exagérons à peine afin de souligner le désordre qu'engendre l'absence d'une règle commune de confidentialité. Sur le plan international tout reste à faire (pour une proposition *d'un régime conventionnel de confidentialité,* cf. B. Boccara : *Gaz. Pal.* 6/7 août 1997, p. 5).

D. – Correspondance adressée par l'avocat à un tiers

491. – Un avocat ne peut correspondre directement avec un tiers ayant des intérêts opposés si ce tiers a un avocat connu de l'expéditeur, comme il ne peut le recevoir. C'est plus qu'une règle de confraternité. Si le tiers n'a pas d'avocat connu, il est admis que l'avocat adverse puisse lui adresser directement une correspondance, mais celle-ci doit respecter des précautions assez strictes.

L'avocat doit s'interdire, à l'occasion de l'exposé succinct de la demande toute présentation déloyale et toute menace. Il doit demander au destinataire s'il a consulté un avocat et le nom de celui-ci afin de se mettre en rapport avec lui. Le barreau de Paris propose un modèle de lettre en annexe de son règlement.

Une lettre recommandée avec avis de réception peut constituer une mise en demeure. Les termes doivent en être mesurés. La profession perdrait beaucoup de son prestige à ce que les avocats jouent les matamores en adoptant des formules qui s'apparenteraient à celles des officines de recouvrement.

492. – La prise de contact est particulièrement délicate lorsqu'il s'agit d'envisager un divorce par requête conjointe. L'avocat, consulté par un des conjoints, ne peut qu'interroger l'autre conjoint, en lui demandant s'il serait d'accord pour envisager une telle demande. Mieux vaut prier les époux de faire une visite en commun.

La mise sur pied d'un divorce par consentement mutuel et des conventions qui l'accompagnent exige beaucoup de doigté et doit être conduite avec prudence, car une partie peut dominer l'autre et la contraindre. Il serait évidemment préférable que chaque époux ait son propre avocat, mais cela a l'inconvénient de multiplier par deux les honoraires.

Chapitre 7

PUBLICITÉ ET DÉMARCHAGE

493. – La profession d'avocat s'est longtemps interdite toute publicité. Il y avait dans cette attitude un certain orgueil de caste, en affirmant hautement qu'elle se distinguait des affaires. Pareille attitude se retrouvait sous toutes les latitudes. Elle céda en fait dès le XIXe siècle aux États-Unis d'Amérique, pays du business. Le droit rejoignait le fait à la suite de deux arrêts de la Cour suprême (*Beates et Steen*, 1977 ; *Obrelik et Primus*, 1978). La motivation de ces décisions est intéressante. La Cour a considéré que l'interdiction de la publicité était contraire au premier amendement de la Constitution qui proclame, parmi les libertés fondamentales, celle d'expression et plus particulièrement la liberté de la presse. L'avocat a la liberté de se faire connaître et de publier ses mérites. Le fait de solliciter le client éventuel est même toléré, dès lors qu'il n'a pas pour objet principal le profit, mais qu'il est l'expression d'un engagement idéologique ou politique (on pense aux actions collectives dans une société très processive). Le dilemme est ainsi bien posé : d'un côté, la spécificité d'une profession qui se veut aristocratique, de l'autre, la liberté d'expression sur le métier – ce qui sous-entend que ce métier ne se distingue pas des autres, qu'il fait partie du monde des affaires (business services). L'époque nous oblige à trouver un compromis entre tradition et modernisme.

494. – L'article 161 du décret du 27 décembre 1991, aujourd'hui abrogé, reprenait à très peu de chose près l'article 90 du décret du 9 juin 1972 :

« La publicité est permise à l'avocat dans la mesure où elle procure au public une nécessaire information. Les moyens auxquels il est recouru à cet égard sont mis en œuvre avec discrétion, de façon à ne pas porter atteinte à la dignité de la profession et communiqués au Conseil de l'Ordre ».

Ce texte est maintenant remplacé par l'article 15 du décret du 12 juillet 2005 :

« La publicité est permise à l'avocat si elle procure une information au public et si sa mise en oeuvre respecte les principes essentiels de la profession.

« La publicité inclut la diffusion d'information sur la nature des prestations de service proposés, dès lors qu'elle est exclusive de toute forme de démarchage.

« Toute offre de services personnalisés adressée à un client potentiel est interdite à l'avocat ».

Il semble qu'il y ait un infléchissement vers plus de latitude offerte à l'avocat, mais le compromis entre modernité et tradition demeure. La publicité est permise, mais elle doit respecter les principes essentiels : dignité, modération, confraternité. C'est un subtil équilibre qui est ainsi proposé. Au surplus la publicité n'est pas celle du commun de la concurrence ; elle n'est pas destinée à faire vendre, mais à informer le public. Un observateur de la famille du Persan cher à Montesquieu y verrait quelque hypocrisie. Dans notre langage du siècle, l'information n'est pas la publicité, même si la publicité commerciale veut se faire passer pour de l'information. La publicité a pour fin d'attirer le client, de quelque périphrase qu'on l'entoure. Sa seule limite, dans une économie de marché, est qu'elle ne soit pas mensongère. Mais le mensonge par omission est permis (1). En outre, il faut tenir compte de la concurrence internationale, en notre période de mondialisation, alors que certains pays sont beaucoup plus permissifs que le notre.

495. – La vertu de désintéressement doit être interprétée à l'aune des nécessités du temps. Elle veut dire que la fin ultime de la profession d'avocat ne doit pas être l'enrichissement. Pour s'enrichir, le jeune homme doit choisir d'autres voies : la spéculation, l'exploitation d'une technologie de pointe, le lancement d'une chaîne de nourriture rapide. Mais la profession doit faire vivre son homme et faire tourner le cabinet, d'où la nécessité de rationaliser l'honoraire (V. *supra,* IIIe Partie, chap. 2, sur la rémunération). Pour qu'un chiffre suffisant de recettes tombe dans la caisse il faut des clients de préférence solvables. D'où la nécessité de la recherche du client, malgré le désintéressement.

La loi du marché s'appelle concurrence. Mais la confraternité souffre de la concurrence. Le frère ne convoite pas les clients de ses frères, comme il est défendu de convoiter la femme du voisin. La concurrence doit s'accommoder d'une certaine modération obligée par la confraternité. On sait par expérience que la pratique d'une telle vertu est difficile, car les bornes peuvent en être aisément déplacées. Affaire d'élégance.

La modération est partout dans la conduite de l'avocat. Celui ci doit se garder de l'outrance dans son expression, dans ses honoraires, dans la recherche du client, et même dans son maintien en ville où il demeure avocat... sans robe (ce qui vaut pour les dames qui sont de plus en plus nombreuses dans la profession). L'avocat doit en tout se montrer « convenable », c'est-à-dire respectant les « conventions » (on a pu reprocher à un avocat de prendre la tête d'une manifestation, V. chapitre 8).

L'honneur, nous en avons déjà parlé, la vertu qui résume toutes les autres et qui rend un son nettement nobiliaire. Sous l'Ancien Régime, la robe anoblissait, et Montesquieu a fait de l'honneur le ressort des monarchies modérées, autrement dit soumises à leur propre légalité.

Ces vertus figurent toujours au frontispice des règlements intérieurs de nos barreaux. On ne peut se résigner à ce qu'elles deviennent des proclamations de style, et la publicité, instrument type du commerce, les menace particulièrement. Cette publicité – qu'on appelait autrefois réclame ce qui était plus franc – doit être soigneusement encadrée. Au Conseil de l'Ordre est dévolu une fonction de contrôle et de surveillance. L'article 10 du RIN entre dans le détail de ce qui est autorisé ou imposé en matière de publicité personnelle, laissant peu de place aux variations éventuelles des règlements intérieurs des Ordres. Nous ne pouvons que donner les grandes lignes de cette réglementation. Nous renvoyons le lecteur au texte de l'article 10.

---

(1) Certaines formes outrancières ont pu être sanctionnées par les tribunaux comme portant une atteinte inacceptable à des sentiments généralement partagés, notamment en matière religieuse.

496. – Le propos que nous venons de tenir concerne la publicité personnelle des avocats. Celle-ci peut être accompagnée d'une publicité collective pour l'ensemble de la profession, à l'initiative des Ordres ou des syndicats professionnels. Pareille publicité ne peut avoir pour fin que de faire connaître la profession et les services qu'elle offre ; mieux que la publicité personnelle elle est de nature à ne véhiculer qu'une pure information, ce qui correspond au vœu de la loi. Il est permis de la qualifier de « fonctionnelle ». Elle soulève de ce fait moins de réserve que la publicité émanant de tel cabinet particulier. Nous allons examiner en premier lieu la publicité fonctionnelle, avant de passer à la publicité personnelle.

A. – La publicité fonctionnelle

497. – La publicité dite fonctionnelle est autorisée à l'article 162 du décret du 27 novembre 1991 : « Le règlement intérieur de l'Ordre fixe les dispositions nécessaires pour assurer l'information du public quant aux modalités d'exercice de la profession par les membres de son barreau ».

Cette publicité relève d'abord du Conseil de l'Ordre et du bâtonnier. Mais il appartient à chacun des membres du barreau, comme le dit le décret, de faire connaître, en toute occasion, les services que peut rendre la profession d'avocat et les garanties qu'elle offre. Chaque avocat est l'illustration particulière de l'Ordre.

L'articulation de l'action des syndicats et associations professionnelles avec celle des Ordres peut poser problème. Deux nécessités contradictoires sont juxtaposées : le monopole des Ordres et la liberté d'expression des syndicats. Cette liberté d'expression va-t-elle jusqu'à dispenser les syndicats de tout contrôle de la part des Ordres ? Nous ne le pensons pas, car le décret laisse le dernier mot à l'Ordre. Celui-ci doit disposer, dans son ressort territorial, d'un droit de censure sur les initiatives des syndicats et des associations professionnelles en la matière. Il importe de ne pas oublier que ceux-ci sont des groupements de droit privé, alors que les Ordres remplissent une fonction d'ordre public. Les syndicats sont soumis aux mêmes règles déontologiques que celles qui régissent leurs membres avocats.

Nous avons l'impression que la publicité fonctionnelle conduite par les Ordres est trop discrète. La publicité personnelle des avocats tend à prendre le dessus sur celle de la profession tout entière, alors que ce devrait être le contraire. La profession est surtout connue à travers tels avocats à propos de telles affaires (principalement pénales), et non par les apparitions dans les médias d'un bâtonnier ou la publication d'un communiqué du Conseil de l'Ordre. Ce renversement est malsain et les Ordres pourraient réfléchir à le redresser. D'autres professions voisines comme les notaires et les huissiers de justice, pourtant moins nombreuses, font mieux en la matière.

Le CNB peut-il faire de la publicité fonctionnelle ? Cela n'entre pas dans les attributions qui lui sont conférées par la loi. Il peut toutefois par des communiqués faire connaître sa position sur des projets de loi ou de décret. Cela entre dans la représentation de la profession auprès des pouvoirs publics. Ses rapports avec la Chancellerie ne devraient pas être entourés de secret. Il lui appartient de tenir informés tous les avocats qu'il représente.

B. – La publicité personnelle

498. – La publicité personnelle de l'avocat (ou de la société d'avocats) peut se faire par plusieurs canaux qu'il y a lieu de distinguer.

1° Le papier à lettres

499. – La tradition parisienne voulait que le papier à lettres de l'avocat ne comporte que l'adresse du cabinet, la signature étant suivie du seul nom de l'expéditeur (CA Paris, 28 juin 1989 : *Gaz. Pal.* 1989, 2, p. 616). Cette discrétion n'est plus de mise. La loi elle-même impose la mention de l'exercice en société. Le papier à lettres peut comporter les nom, prénom, la qualité d'avocat, le Barreau d'appartenance, l'adresse, le numéro de toque, les numéros de téléphone, de télécopie, éventuellement les titres universitaires et les distinctions professionnelles, la qualité d'ancien avoué, ancien agréé, ancien conseil juridique, la mention d'une spécialisation, l'indication des bureaux secondaires, la participation à tout groupement, GIE, GEIE, convention organique ou convention de groupement transnational éventuellement le site Internet. Le papier risque de tourner au placard publicitaire (notons qu'il a été jugé que l'ancien conseil juridique doit indiquer sa qualité seulement en ces termes, et ne pas s'intituler avocat-conseil juridique ou encore avocat-conseil. – CA Nîmes, 11 mars 1993 : *Gaz. Pal.* 1993, 2, p. 416. – Douai, 15 mars 1993 : *Gaz. Pal.* 1994, somm. comm. p. 138). Mais le spécialiste peut annoncer sa spécialité par le terme « Conseil en... ».

Les mêmes indications peuvent figurer sur la carte de visite, si elles y tiennent, sur un timbre humide, sur la publicité légale pour les ventes judiciaires ou les actes.

Les sigles et logos doivent être déposés au Conseil de l'Ordre, ce qui laisse supposer que ce conseil se réserve un droit de contrôle.

2° Les plaques

500. – À Paris, seule une plaque à l'intérieur de l'immeuble a été longtemps autorisée. Cette discrétion n'est plus elle aussi de mise. Depuis 1994 le règlement permet l'apposition d'une plaque à l'extérieur de l'immeuble. En province les règlements imposaient des dimensions ou/et les indications gravées sur la plaque. Le RIN indique seulement que « les plaques doivent avoir un aspect et des dimensions raisonnables signalant, à l'entrée de l'immeuble, l'implantation du cabinet, et ne pas porter d'autres mentions que celles figurant à l'article 1er, alinéa 4 de la loi du 31 décembre 1971 ». Il s'agit des titres universitaires, des distinctions professionnelles, de la profession juridique réglementée précédemment exercée, d'un titre étranger, des spécialisations. Le tout risque de ne pas tenir sur une plaque de dimensions raisonnables.

3° Les plaquettes

501. – Il ne faut pas confondre plaque et plaquette. Cette dernière constitue le support le plus élaboré concédé à la publicité personnelle d'un cabinet d'avocats. Elle a été inventée par le Barreau de Paris et a fait école.

La plaquette est définie comme un « document de présentation du cabinet » et apparaît matériellement comme une sorte de dépliant. Elle contient toutes les mentions qui doivent ou peuvent figurer sur le papier à lettres et en outre les informations utiles à l'appréciation de l'activité du cabinet. Peuvent y être mentionnés notamment : l'ancienneté dans la profession de chacun des avocats membres du cabinet, la structure du cabinet et son organisation interne, les domaines d'activité, les langues étrangères pratiquées, le mode de fixation des honoraires, les correspondants à l'étranger, l'appartenance à un réseau, le label qualité, etc.

En réponse à un appel d'offre par une communauté urbaine, le cabinet d'avocats peut, sans enfreindre le secret professionnel, présenter ses références, en occultant les identifications nominatives (TA Lyon, ord., 25 oct. 2004 : *Gaz. Pal.* 14/16 nov. 2004, p. 22. – CE, ass. plèn. 7 mars 2005, n° 27-4286 : Ann. Seine, 10 sept. 2005). Ces renseignements permettent à l'offreur d'apprécier la capacité technique du candidat en ce qui concerne le marché de prestations de service proposées. Il s'agit d'une indication informatrice.

Il est par contre interdit de faire figurer les noms de clients, sauf pour les plaquettes diffusées dans des pays étrangers qui admettent cette pratique.

La diffusion de la plaquette ne peut être effectuée qu'à partir du cabinet, sans pouvoir la déposer dans les lieux publics ou la faire distribuer par des tiers.

Le texte de la plaquette doit être préalablement soumis au Conseil de l'Ordre.

Nous avons eu connaissance d'un Bulletin d'information du cabinet destiné à être distribué auprès des clients. Mais il faudrait se garder que ce Bulletin à usage interne ne se transforme subrepticement en un organe de presse largement diffusé.

Les informations diffusées par Internet peuvent être alignées sur celles de la plaquette. Mais le contrôle s'avère difficile du fait de la fluidité du contenu d'un site (CA Toulouse, 15 févr. 2001 : *BICC* n° 537, pour un refus d'homologation).

4° Faire-part et annonces

502. – Les faire-part et annonces, par « cartons » ou même par voie de presse, sont destinés à diffuser des informations ponctuelles, comme un changement d'adresse, l'arrivée d'un nouvel associé, la participation à un groupement autorisé, l'ouverture d'un bureau secondaire. Les vœux de nouvel an doivent être proscrits.

L'obtention par certains cabinets de la norme ISO fait l'objet d'une annonce dans la presse juridique. Cette annonce est parfois conçue en termes exagérément laudatifs, voire dithyrambiques, qui contreviennent à notre sens à la modération et à la délicatesse qui sont des valeurs de base de la profession.

5° Interdictions diverses

503. – Selon la Cour de cassation (Cass. 1re civ., 25 mai 1992 : *D.* 1994, somm. comm. p. 138), le règlement intérieur ne saurait dresser une liste limitative des moyens de publicité autorisés. Il faut en conclure que les dispositions du RIN ne sont pas limitatives. Chaque Conseil de l'Ordre peut y ajouter, mais il ne peut y retrancher. Les normes du RIN sont d'un rang supérieur à celles de l'Ordre dans la hiérarchie. Cependant le RIN peut évoluer par décision de l'assemblée du CNB. Il est probable que tel sera le cas par l'effet de la globalisation mondiale et notamment sous l'influence de la pratique anglo-saxonne. Le mouvement ira probablement vers une plus grande latitude dans la publicité.

L'avocat ne saurait faire paraître des placards publicitaires dans les journaux ou diffuser des spots à la radio, à la télévision ou au cinéma, exhiber sa photographie sur les murs, distribuer des prospectus (cette énonciation s'inspire de celle figurant à l'article 2 du décret n° 72-785 du 25 août 1975, relatif au démarchage et à la publicité en matière de consultation et de rédaction d'actes juridiques). On peut y ajouter, sans rire, les épinglettes, gadgets, tee-shirts, stylos et briquets.

6° Interdiction du démarchage

504. – Le démarchage reste interdit ainsi que l'offre de service personnalisé, qui en est bien proche.

L'article 1er du décret n° 72-785 du 25 août 1972 susvisé donne une définition du démarchage qui est applicable à l'avocat :

> « Constitue un acte de démarchage au sens de l'article 66-4 de la loi du 31 décembre 1971 le fait d'offrir des services en vue de donner des consultations ou de rédiger des actes en matière juridique ou de provoquer à la souscription d'un contrat aux mêmes fins, notamment en se rendant personnellement ou en envoyant un mandataire soit au domicile ou à la résidence d'une personne, soit sur les lieux de travail, de repos, de traitement ou dans un lieu public ».

Ce texte écrit pour les conseils juridiques et les agents d'affaires, non abrogé, vaut pour les nouveaux avocats, comme il valait d'ailleurs pour les anciens. Il vise la consultation et la rédaction d'actes, et concerne *a fortiori* l'offre de soutenir un procès.

Le démarchage en vue de donner des consultations et de rédiger des actes en matière juridique est sanctionné pénalement par l'article 66-4 de la loi du 31 décembre 1971. Les peines sont celles prévues à l'article 72, soit une amende 4 500 €, portée en cas de récidive à 9 000 € et/ou un emprisonnement de six jours à six mois. La publicité est également réglementée par le décret n° 72-785 du 25 août 1972 et les infractions sont également sanctionnées pénalement. Ces textes s'adressent d'abord à ceux non-avocats qui peuvent donner des consultations et rédiger des actes, ils touchent aussi les avocats (pour une application à un non-avocat, T. corr. La Rochelle, 5 mai 1994 : *Juris-Data* n° 044701 : *JCP* G 1994, IV, 2518). Ils mériteraient d'être revus pour les adapter à la nouvelle situation créée par l'absorption des conseils juridiques et la nouvelle réglementation du juridique. L'interprétation stricte de la loi pénale ne permet pas d'étendre l'incrimination du démarchage en vue d'engager une action en justice ou d'y défendre. Mais il est évident qu'un tel démarchage pratiqué par un avocat déclencherait une sanction disciplinaire.

Le démarchage implique, nous venons de le voir, une démarche directe, d'homme à homme, auprès du client potentiel. L'article 15, alinéa 3 du décret du 12 juillet 2005 interdit également la simple sollicitation. Celle-ci consiste en l'offre de service faite à une personne déterminée soit directement soit indirectement. Elle peut résulter d'une lettre ou d'un appel téléphonique, d'une démarche par l'intermédiaire d'un tiers, de toute invitation adressée sous quelque forme que ce soit.

C. – La publicité indirecte

505. – Ce que nous appelons publicité indirecte résulte des rapports qu'entretiennent les avocats avec les médias et en premier lieu de la relation faite par ces médias des causes judiciaires à l'occasion desquelles le rôle de tel avocat est mis en relief. C'est le côté star-système de la profession qui est inévitable à notre époque de communication débridée. Les avocats y résistent difficilement, car outre une publicité gratuite, ils y trouvent une satisfaction de vanité. Selon leur caractère et leur éthique ils s'y prêtent plus ou moins ou même la provoque (les magistrats eux-mêmes y succombent).

Les règlements intérieurs des barreaux tentent d'endiguer l'exhibitionnisme : les interventions ne peuvent être qu'exceptionnelles, l'avocat qui s'y livre doit, dans la mesure du possible, en informer préalablement le bâtonnier.

Ces précautions sont souvent inutiles, surtout à l'égard de la télévision qui sollicite des réactions à chaud.

Tout ce qu'on peut exiger de l'avocat, c'est cet esprit de modération et de réserve qui doit l'inspirer dans tous ses actes. Le règlement du barreau de Nice faisait preuve de réalisme quand il écrivait : « L'avocat pourra toutefois répondre aux interrogations auxquelles il serait soumis à l'improviste (*sic*), en respectant les règles de dignité et de réserve qui s'imposent ».

C'est ainsi qu'en a jugé la Cour d'appel de Poitiers (1re ch. civ., 3 oct. 1994 : *Juris-Data* n° 044696 ; *JCP* G 1994, IV, 2416). Elle a estimé que n'a pas dérogé aux règles générales de la profession et notamment à l'obligation d'extrême prudence dans ses rapports avec la presse, l'avocat qui a fait des déclarations sur une affaire et remis un mémorandum à un journaliste, dans la mesure où, d'une part, les déclarations ont été recueillies après le prononcé du jugement, et où, d'autre part, le mémorandum, remis avec l'accord des clients, avait fait déjà l'objet d'une diffusion dans la presse. En outre aucune preuve n'était rapportée que l'avocat avait pris l'initiative de s'adresser à la presse qui était déjà présente et pressante pour suivre des affaires tombées dans le domaine public.

506. – Un autre mode de publicité indirecte, très proche de celle que nous venons d'évoquer, est constitué par l'apparition de tel avocat à la télévision pour y donner, en sa qualité d'avocat, une opinion sur un événement du jour. L'avocat sera choisi en raison de ses relations avec les responsables de la chaîne et reflétera l'interprétation que ces derniers désirent privilégier. Les règlements intérieurs sont très discrets sur ce chapitre, en ne recommandant que la délicatesse et la vigilance. Pourtant l'article 15 du décret du 12 juillet 2005 paraît imposer que le bâtonnier soit averti préalablement à l'intervention. Nous irions volontiers plus loin en demandant que de pareilles interventions, qui apparaissent comme un point de vue de la profession, soient réservées au bâtonnier ou au porte-parole qu'il désigne.

Il va de soi que l'avocat peut exciper de sa qualité en signant des articles de doctrine dans les revues juridiques spécialisées. Ici la renommée est de bon aloi et rejaillit sur la profession tout entière. Au surplus il le peut, selon la Cour de cassation, pour des écrits publiés dans la presse s'adressant au grand public (Cass. 1re civ., 28 avr. 1993 : *Bull. civ.* I, n° 151 ; *JCP* 1993, II, 22114, note R. Martin ; *D.* 1994, somm. comm. p. 137) : « L'avocat peut faire figurer sa qualité, élément de sa personnalité, dans tous ses écrits, sans que cette possibilité soit limitée par un règlement intérieur, à la presse juridique, sous réserve de l'intervention éventuelle de l'autorité ordinale dans les cas où cet usage s'avérerait contraire aux principes régissant la publicité autorisée ».

507. – Le « faire-savoir » peut prendre la forme d'organisation de colloques, séminaires ou autres journées portes ouvertes. À cette occasion, la limite risque d'être franchie entre l'information légitime et la publicité interdite.

Des avocats, un conseil juridique, un notaire, un expert-comptable s'étaient groupés au sein d'un GIE dénommé « Audit financier, contractuel et social » lequel avait organisé un colloque. Les invitations adressées pour ce colloque portaient les noms et qualités de tous les membres du GIE et tournaient à la publicité personnelle et croisée de chacun d'eux. La « ficelle » était un peu grosse et la Cour d'appel de Riom a confirmé une sanction disciplinaire prononcée à l'égard des avocats par leur Conseil de l'Ordre, pour manquement à la discrétion imposée alors par l'article 90 du décret de 1972, solution toujours valable, car la discrétion demeure une obligation pour l'avocat (CA Riom, 7 juin 1990 : *Gaz. Pal.* 1990, 2, p. 525, note A. Damien).

Par contre la Cour d'appel de Besançon a jugé (9 juin 1993, *Juris-Data* n° 050586) que ne constituait pas une publicité interdite le fait pour un avocat de participer à un colloque de formation en droit fiscal destiné aux entreprises et organisé par le cabinet auquel appartient cet avocat. D'ailleurs l'article 10-3 du RIN dispose que ne constitue pas une publicité prohibée l'organisation par un avocat de colloques, de séminaires et de cycles de formation professionnelle. Mais dans ce cas la présentation de l'avocat organisateur doit rester discrète.

508. – En entrant dans le détail de ce qui peut se faire ou ne pas se faire en matière de publicité, nous avons pu vérifier combien il était difficile de tracer la limite entre l'interdit et le permis. Cela confirme les réflexions générales que nous avons développées en tête du chapitre. La profession d'avocat est écartelée entre une tradition que nous avons qualifiée d'aristocratique et un mouvement de la société vers sa banalisation qui la ferait entrer dans le rang du mercantile. Cela signifie sa soumission aux lois du marché, à la concurrence, et à ce qui s'ensuit notamment la publicité. L'avocat a pénétré dans les « affaires », il trouve dans le monde des entreprises son plus grand profit, il est fatal qu'il soit contaminé par l'environnement où il exerce. On peut s'en attrister, on peut se bercer de nostalgie, mais l'histoire est cruelle et ne s'arrête pas.

509. – **La prestation juridique en ligne.** Le RIN contient des dispositions nouvelles sur la prestation juridique en ligne à un client habituel ou nouveau (art. 6-6). Elles renvoient à l'article 161 du décret du 27 novembre 1991. Cet article a été abrogé par le décret du 12 juillet 2005, mais le contenu en est repris à l'article 15 de ce décret sur la publicité. L'avocat doit s'assurer de l'identité du client qui le sollicite afin d'éviter les conflits d'intérêts, la violation du secret professionnel et d'une façon générale respecter les principes essentiels de la profession. Cette identification du client nous paraît difficile à assurer sur le Net, surtout si le site est commun à plusieurs avocats. Nous sommes très réservés sur cette façon de consulter virtuellement en direct. Le fruit ne nous paraît pas mûr. Le RIN distribue également pour le paiement de ces prestations en ligne des obligations qui nous paraissent embarrassées tant dans leur conception que dans leur expression (art. 6-6-4-1 à 6-6-4-3). L'interdiction du renvoi d'un site à d'autres sites par un lien hypertexte ne nous paraît pas assurée. Ces innovations demandent à être expérimentées et pour nous mieux vaut le contact réel avec le client que le contact virtuel.

Chapitre 8

DISCIPLINE DES BARREAUX

510. – La loi du 31 décembre 1971 contient un chapitre III intitulé « De la discipline » (art. 22 à 25-1) et le décret y consacre son titre IV (art. 180 à 199). La loi du 11 février 2004 a modifié le régime de l'action disciplinaire.

La dénomination de discipline est significative. Elle renvoie à l'appartenance à un corps dont les membres doivent respecter des règles particulières, sous peine de sanctions distribuées par ce corps lui-même. C'est que les personnes pratiquant la profession d'avocat constituent bien un corps, qui a ses conditions d'entrée et sa déontologie. Ce corps transcende maintenant les barreaux, il se manifeste par une représentation nationale et sa déontologie, déjà largement nationale, tend encore plus à le devenir avec l'unification des règlements intérieurs. On peut parler des avocats de France, qui ne sont pas nécessairement français.

On a répété pendant longtemps que la discipline du barreau avait un caractère familial ; cette qualification nous paraît impropre. La famille n'a pas d'instance disciplinaire et son fonctionnement interne n'est pas réglé par le droit. Notre société s'est beaucoup éloignée du « père de famille » de la Rome classique. L'action disciplinaire des barreaux ne correspond même pas à l'autorité parentale, autrefois puissance paternelle de notre Code civil : présenter le bâtonnier comme le père est une image démodée, si elle a jamais été exacte.

511. – La juridiction disciplinaire était traditionnellement exercée, en première instance, par le Conseil de l'Ordre. Ses décisions pouvaient être déférées à la cour d'appel. Le juge de l'État conservait le dernier mot sur le juge corporatif, signe qu'au-delà de l'ordre corporatif, c'est l'ordre public qui est en jeu.

Mais dans les petits et moyens barreaux, l'accroissement des demandes de renvoi pour suspicion légitime laissait penser que le Conseil de l'Ordre était trop proche de ses justiciables pour être considéré comme indépendant. D'où la substitution par la loi du 11 février 2004, d'une instance disciplinaire siégeant au niveau de la cour d'appel. Seul le Conseil de l'Ordre de Paris conserve sa fonction disciplinaire ; ses membres sont si nombreux qu'ils en deviennent pour la plupart anonymes. Le Conseil de l'Ordre comprend des commissions spécialisées dans la discipline.

512. – L'Organe disciplinaire de première instance est devenu le conseil de discipline régional. La loi du 12 février 2004 entre très avant dans sa composition. Celle-ci a été précisée par le décret d'application du 24 mai 2005 modifiant les articles 180 à 182 du décret du 27 novembre 1991 (R. Martin,

Libres propos : *JCP* 2005, act. 343) : chaque barreau doit avoir au moins un représentant et les délégués d'un seul Conseil de l'Ordre ne peuvent dépasser la moitié des membres du conseil de discipline. Des anciens bâtonniers qui n'appartiennent plus au Conseil de l'Ordre, ainsi que des anciens membres du Conseil de l'Ordre qui ont quitté ces fonctions depuis moins de huit ans peuvent y siéger. Mais le bâtonnier qui a pris l'initiative de la poursuite ne peut en faire partie (V. *infra* n° 522 et s. : Le rôle du bâtonnier). Le conseil de discipline peut siéger en formation restreinte de cinq conseillers lorsque le nombre d'avocats qui en dépend dépasse cinq cent (il faut prendre en compte les avocats honoraires puisque ceux-ci restent soumis à la discipline). L'affaire peut être renvoyée par la formation restreinte devant la formation plénière.

Les décisions prises par le conseil de discipline peuvent faire l'objet d'un appel devant la cour d'appel. Celle-ci siège alors dans la formation prévue à l'article 16 du décret du 27 novembre 1991, c'est-à-dire en audience solennelle tenue par deux chambres sous la présidence du premier président (COJ, art. R. 215-5). L'arrêt rendu par la cour d'appel est susceptible de pourvoi en cassation. Il n'y a pas de changement au niveau de la cour d'appel.

513. – Il a toujours été admis que le Conseil de l'Ordre, siégeant en matière disciplinaire, exerce un véritable pouvoir juridictionnel avec toutes les conséquences qui s'y rattachent, notamment les décisions rendues ont l'autorité de la chose jugée et sont susceptibles des voies de recours. Il en est de même du nouveau Conseil de discipline.

Ce pouvoir est autonome de celui de la juridiction pénale. Il s'y superpose lorsque les faits reprochés sont à la fois des délits pénaux et des infractions disciplinaires. Dans pareil cas, il a été jugé que :

– les deux actions sont indépendantes quant à la qualification des faits (Cass. civ., 4 janv. 1950 : *D.* 1950, 174. – Cass. 1re civ., 10 juin 1958 : *Bull. civ.* I, n° 297. – 5 mai 1959 : *JCP* G 1959, II, 11132) ;

– sur la matérialité des faits, la décision pénale a autorité de la chose jugée à l'égard de la juridiction disciplinaire. C'est pourquoi le Conseil de discipline sursoit en général à statuer lorsque l'action pénale est en cours, quitte à prendre une mesure de suspension provisoire, pour éviter une contrariété de décisions.

Cette autorité de la chose jugée au pénal sur la matérialité des faits a pour conséquence qu'en pratique une condamnation pénale entraîne le plus souvent une sanction disciplinaire. Par exemple, la condamnation d'un avocat pour établissement et usage de fausses attestations et complicité d'une tentative d'escroquerie a été accompagnée d'une radiation du barreau (Cass. 1re civ., 8 juill. 1994, pourvoi n° 92-13-269/Y). Sur un registre plus mineur l'avocat qui volait des bouteilles de spiritueux dans un supermarché a été sanctionné d'une interdiction temporaire (Cass. 1re civ., 12 avr. 1983 : *Gaz. Pal.* 1983, 2, p. 436, note A. Damien).

A. – Normes pouvant être sanctionnées disciplinairement

514. – Le corps des normes dont la violation peut entraîner une peine disciplinaire est extrêmement vaste. Pour s'en convaincre, il suffit de lire l'article 183 du décret : « Toute contravention aux lois et règlements, toute infraction aux règles professionnelles, tout manquement à la probité, à l'honneur ou à la délicatesse, même se rapportant à des faits extra-professionnels, expose l'avocat qui en est l'auteur aux sanctions disciplinaires énumérées à l'article 184 » (pour les sanctions, V. *infra*, nos 521 et s.).

Ce ne sont pas seulement les règles professionnelles qui sont ainsi sanctionnées, mais les « lois et règlements » d'une manière générale, et pas seulement de caractère pénal. L'avocat est obligé à se montrer un modèle de citoyen, respectueux en tout des lois et règlements de la République. Il ne prête toutefois plus serment de soutenir le régime politique en place.

Les règles professionnelles sont inscrites dans la loi du 31 décembre 1971, dans le décret du 27 novembre 1991, dans le décret du 12 juillet 2005, dans le RIN du CNB, et dans le règlement de chacun des barreaux. On peut y ajouter les règles tenant à l'aide légale et à la commission d'office, ainsi que certaines qui sont particulières à l'exercice en groupe. Dans ces textes figurent des standards à la compréhension très extensive : probité, honneur, délicatesse, désintéressement, modération, confraternité, intérêt de la profession. Nous les avons rencontrés au cours des divers chapitres sur les devoirs de l'avocat.

La probité s'entend assez précisément ; elle consiste dans le respect du bien d'autrui, et notamment de l'argent des clients, ce que le commun appelle honnêteté. De l'honneur nous avons eu l'occasion de parler, vertu aristocratique qui distingue celui qui appartient à un corps, du vulgaire. La délicatesse y ajoute une certaine élégance dans l'attitude et les sentiments. La probité ne s'entend pas seulement du point de vue matériel, mais également intellectuel. L'avocat, dans son argumentation, doit être cohérent avec lui-même et se garder du sophisme. Cette argumentation n'en acquerra que plus de force.

Il est évident que de pareilles normes ne peuvent satisfaire au principe « *nulla pœna sine lege* », car leur formulation n'est pas assez stricte pour déterminer rigoureusement les infractions punissables. En cela la discipline se distingue de la justice pénale. Elle se définit davantage comme une casuistique que comme une série de normes. Elle reflète plus la morale d'un groupe qu'elle ne constitue un catalogue de prescriptions légales. Par suite, c'est à travers une casuistique que nous allons nous efforcer de la cerner.

Autre différence avec l'infraction pénale, l'infraction disciplinaire ne requiert pas la constatation d'une intention frauduleuse (Cass. 1re civ., 10 mars 1992 : *Bull. civ.* I, n° 76 ; *JCP* G 1992, IV, 1401 ; *Gaz. Pal.* 1992, 2, pan. jurispr. p. 210 ; *D.* 1992, inf. rap. p. 21). Il s'agissait d'un avocat ayant retenu des fonds de client pendant dix-huit mois. La Cour de cassation décide que la sanction disciplinaire était justifiée alors même qu'une intention frauduleuse n'avait pas été constatée que, par exemple, la faute résultait d'une négligence.

Encore faut-il constater qu'une sanction pénale infligée à un avocat ou encore une responsabilité mise à sa charge découlant d'une faute civile peuvent être doublées d'une sanction disciplinaire. Le cumul des poursuites pénales et disciplinaires n'est pas contraire à la Convention européenne des droits de l'homme et au Pacte des nations unies relatif aux droits civils et politiques (Cass. 1re civ., 2 avr. 1997 : *Bull. civ.* I, n° 115).

Enfin, la discipline n'est pas cantonnée à l'exercice de la profession, mais s'étend à tous les actes de la vie de l'avocat. Celui-ci n'est pas seulement avocat quand il plaide, consulte, négocie, rédige un acte, il le demeure dans sa vie privée et éventuellement dans sa vie publique. L'avocat, outre un noble conduit par l'honneur, apparaît ici comme un clerc, ce qu'il était à l'origine.

515. – Parmi les règles sanctionnables figurent celles du règlement intérieur du barreau. Certes, le champ d'application de ces règles s'est bien amenuisé, mais un problème devenu marginal demeure : celui du concours des règles du barreau d'appartenance et de celles du barreau où l'infraction a été éventuellement commise. Nous sommes d'avis qu'il y a cumul des règles, ce qui revient à dire que s'applique la plus contraignante. La même solution devrait être adoptée pour les conflits entre des avocats de deux barreaux différents.

516. – En ce qui concerne les relations transnationales dans le cadre de la Communauté européenne et de l'Espace économique européen, un Code européen de déontologie a été élaboré par le Conseil consultatif des barreaux de la Communauté, devenu depuis Conseil des barreaux de la Communauté européenne et adopté par son assemblée plénière le 28 octobre 1988 à Strasbourg (la Communauté comprenait alors douze membres). Il a été révisé en 1998 par les quinze barreaux de la Communauté.

Ce Conseil est une association de droit privé ayant son siège à Bruxelles. Il est composé de délégations de chacun des pays de la Communauté européenne. Pour la France, les membres sont désignés par le Barreau de Paris, la Conférence des bâtonniers et les grandes organisations syndicales (CNA, SAF, FNUJA, etc.). Chaque délégation désigne en son sein son président et l'ensemble des délégations désigne le président de l'association.

Ce Conseil n'est pas un organe de la Communauté européenne, il n'a pas de pouvoir réglementaire, il jouit toutefois d'une influence certaine auprès de la Commission de Bruxelles.

Le Code européen, fruit de ce Conseil des barreaux, n'a pas en lui-même de force obligatoire, mais il l'acquiert s'il est « reçu » par le Barreau national (ou l'organisme correspondant). Les pays de la Communauté, sauf la France, ont des barreaux nationaux, et à notre connaissance, ils ont tous reçu ce code qui est devenu ainsi obligatoire pour les rapports transnationaux. La France faisait exception avec ses 180 barreaux. Mais le règlement intérieur national contient réception du Code européen, ce qui lui donne valeur normative. On peut avancer qu'actuellement le Code européen s'impose, comme règlement intérieur, à tous les barreaux de la Communauté européenne. Mais alors exclut-il l'application du règlement intérieur national d'accueil ou du règlement personnel de l'avocat ? Nous ne le pensons pas, estimant qu'il y a cumul des normes, ce qui équivaut à l'application de la norme la plus contraignante. Comme les normes du Code européen sont d'un degré élevé de généralité, ce sera le plus souvent une norme nationale qui sera appliquée. Pour la France, ces normes européennes recouvrent le plus souvent les normes nationales, ce qui exclut un conflit de règles. Mais il existe une contradiction sur deux points : la confidentialité des correspondances et la clause de *quota litis*.

Nous avons déjà traité de la confidentialité des correspondances (V. *supra*, n°s 477 et s.). En ce qui concerne le pacte de *quota litis*, il est proscrit par le Code européen qui suit en cela la tradition continentale. Mais nous savons que postérieurement à son élaboration la loi française a validé la clause de *quota litis* comme complémentaire, dans une convention d'honoraires (V. *supra*, n°s 390 et s.). Un conflit de normes risque alors de surgir qu'il sera difficile de résoudre, sinon par une distinction entre pacte de *quota litis* interdit et clause de *quota litis* accessoire autorisée.

Nous voyons poindre l'éventualité d'une sorte de droit international privé de la déontologie. L'idéal serait une unification des règlements au niveau de la Communauté, après celle en cours au niveau français. Voici une tâche à venir pour l'organisation européenne.

B. – Les fautes disciplinaires

517. – La faute professionnelle est aussi protéiforme que sont diverses les normes auxquelles elle renvoie. La jurisprudence est abondante et il est difficile de la systématiser – nous avons parlé de casuistique. Nous nous en tiendrons à un éventail de décisions récentes, car les mœurs évoluent aussi en ce domaine ; notre catalogue sera loin d'être exhaustif ; nous les classerons sous trois rubriques qui ne peuvent se départir d'un certain arbitraire : manquements aux obligations professionnelles, à la probité, à l'honneur ou à la délicatesse.

1° Manquements aux obligations professionnelles

518. – Nous allons procéder par énonciations de cas tirés de la jurisprudence :

– le fait pour un avocat, qui reprochait à un greffier d'avoir démarché un témoin, de répondre au greffier qu'il se « contrefoutait » de ses explications en le menaçant de poursuites (Cass. 1re civ., 22 janv. 1985 : *Bull. civ.* I, n° 29 ; *Gaz. Pal.* 1985, 2, pan. jurispr. p. 179) ;

– le fait pour un avocat de se livrer, au cours d'une émission d'une radio locale, à une critique violente et outrancière du fonctionnement des institutions judiciaires et ayant à cette occasion tenu des propos injurieux et parfois diffamatoires à l'égard de magistrats, dont certains étaient nominativement désignés (Cass. 1re civ., 19 févr. 1991, pourvoi n° 89-19819, in.) ;

– la fraude fiscale ayant donné lieu à une condamnation pénale peut entraîner une sanction disciplinaire : une année de suspension (Cass. 1re civ., 16 avr. 1991, pourvoi n° 90-12955, in. – Aix, 22 sept. 1995 : *Juris-Data* n° 050048) ;

– le fait pour un avocat d'avoir transféré des sommes de son compte client à un compte personnel pour obtenir des intérêts à son seul profit (Cass. 1re civ., 16 avr. 1991, pourvoi n° 89-19869, in.) ;

– le fait pour l'avocat qui obtient le paiement de l'indemnité d'aide judiciaire de ne pas annuler de lui-même une demande de règlement antérieure de frais (Cass. 1re civ., 21 mai 1990 : *JCP* G 1990, IV, 275) ;

– le fait pour un avocat d'avoir enregistré une conversation téléphonique avec un confrère, à l'insu de celui-ci, pour tenter de se disculper d'une complicité d'escroquerie (Cass. 1re civ., 3 janv. 1991 : *Bull. civ.* I, n° 4) ;

– le fait d'avoir donné un faux motif pour une demande de renvoi constitue une faute disciplinaire (Aix-en-Provence, 25 avr. 1994 : *Juris-Data n°* 052575). Pour une série d'erreurs dans la conduite d'une procédure de divorce (Paris, 1re ch., 6 févr. 1996 : *Juris-Data* n° 020252) ;

– le fait d'avoir divulgué, en violation du secret professionnel, des renseignements relatifs à des procédures pénales concernant une personne avec laquelle l'avocat a un litige personnel (Cass. 1re civ., 30 mars 2005) ;

– constitue une violation au secret professionnel la remise par un avocat à un tiers d'une cassette dont il est dépositaire et qu'il sait qu'elle contient des déclarations de son client (CA Paris, 2e ch. sect. 5, 29 mai 2002) ;

– le fait d'avoir incité le client à conclure avec une SCI indirectement contrôlée par l'avocat un projet immobilier contraire aux desseins du client (CA Paris, 30 juin 2005) ;

– la prise de contact direct avec la partie adverse sans l'inviter à prendre contact avec son conseil et en demandant une réponse directe (CA Paris, 28 sept. 2006) ;

– on considérait autrefois que la communication des pièces entre avocats était un devoir de confraternité, de nature à être sanctionné disciplinairement. Mais la communication des pièces est une obligation procédurale, conséquence du principe général de la contradiction, qui se situe au-delà des rapports confraternels entre avocats. Dès lors qu'un refus de communiquer n'a pas été sanctionné au regard de l'article 132 du Nouveau Code de procédure civile, il n'est pas possible de sanctionner sur le plan disciplinaire l'attitude d'un avocat non censurée sur le plan de la procédure civile (Nîmes, 23 janv. 1990 : *Juris-Data* n° 041423). Cette question peut rebondir chez nos voisins belges à la suite de la réforme de la procédure civile intervenue en 1992 et qui a institué une « mise en état consensuelle » dont le but est de décharger, autant que faire se peut, le juge de la « mise en état judiciaire », celle-ci considérée comme subsidiaire. Dans le cadre de ce consensus la déontologie est réintroduite pour suppléer la règle légale (nous sommes pour notre part sceptique sur l'efficacité de ce système).

2° Manquements à la probité

519. – Le fait pour un avocat associé de s'être indûment approprié les fonds de l'association, même si cet avocat a régularisé la situation dès le dépôt de la plainte (Rennes, 12 juill. 1985 : *Gaz. Pal.* 1985, 2, p. 768, note Y. Avril) ;

– le fait d'avoir tenté de se faire remettre une importance somme d'argent par un plaideur en lui offrant de corrompre un magistrat (Cass. 1re civ., 1er mars 1983 : *Bull. civ.* I, n° 80 ; *D.* 1984, inf. rap. p. 119) ;

– le fait d'avoir, par correspondance, usé de pressions et de menaces en vue d'amener une personne à payer des sommes déjà payées et d'avoir omis pendant trois ans, de transmettre à ses clients des sommes reçues pour leur compte (Cass. 1re civ., 10 juin 1984 : *Bull. civ.* I, n° 8 ; *D.* 1985, inf. rap. p. 110, obs. Brunois) ;

– pour des pressions en vue d'obtenir des honoraires exorbitants (Cass. 1re *civ.*, 18 juill. 1977 : *Gaz. Pal.* 1977, 2, somm. p. 358 à l'occasion d'une infraction à la législation des changes. – 15 nov. 1977 : *Gaz. Pal.* 1978, 1, somm. p. 3 pour un racolage de clients en prison par l'intermédiaire d'autres détenus) ;

– le fait pour un avocat commis d'office, d'avoir exigé d'un inculpé la signature d'un billet dans lequel celui-ci s'engageait à lui verser une certaine somme à titre d'honoraires, et l'intéressé n'ayant remis que la moitié de cette somme, l'avocat ne s'était pas présenté à l'audience (Cass. 1re civ., 14 mai 1985 : *Bull. civ.* I, n° 149 ; *Gaz. Pal.* 1985, 2, pan. jurispr. p. 294) ;

– toute contravention aux règles tenant au maniement des fonds peut constituer une faute professionnelle ;

– l'avocat ne peut servir de banque de substitution pour couvrir une dissimulation (Aix, 10 mars 1980 : *Gaz. Pal.* 1980, 1, p. 269, note A. D.), ou encore pour un client en liquidation des biens (Cass. civ., 13 mars 1987 : *D.* 1987, inf. rap. p. 66) ;

– l'avocat ne saurait travailler pour la police, en étant rémunéré, pour lui transmettre les confidences du client (CA Paris, 22 févr. 1989 : *Gaz. Pal.* 1989, 2, 616) ;

– participation à la rédaction d'un acte ayant pour fin une dissimulation fiscale (Cass. 1re civ., 16 juin 1981 : *Bull. civ.* I, n° 295) ;

– prélèvement sur le compte CARPA d'honoraires sans l'accord du client (CA Paris, 23 févr. 1994 : *D.* 1995, p. 164).

Les sanctions disciplinaires à l'égard des avocats honoraires sont rares car la faute ne peut qu'être extérieure à l'exercice de la profession. Un arrêt de la Cour de cassation du 10 décembre 2002 (Cass. 1re civ., 10 déc. 2002 : *JCP* G. 2003, IV, 1217) nous en apporte un exemple. Un avocat honoraire avait fait état de sa qualité d'avocat pour rendre visite à un ancien client détenu. En prenant une qualité qui n'était plus la sienne, il avait manqué à la probité.

3° Manquements à la délicatesse ou à l'honneur

520. – Le fait pour un avocat d'avoir communiqué, sans nécessité et en dehors de toute instance judiciaire, à un parquet étranger, des renseignements pouvant nuire aux intérêts d'un confrère suisse détenu, qui au surplus était un ancien client (Aix, 14 juin 1982 : *D.* 1984, inf. rap. p. 119, obs. Brunois) ;

– la renonciation non justifiée à une constitution de partie civile à l'audience (Bordeaux, 11 mars 1983 : *D.* 1984, inf. rap. p. 119, obs. Brunois) ;

– le fait pour un avocat, alors qu'un syndic de faillite lui avait confié de nombreux dossiers relevant de sa fonction, d'avoir, au lieu d'utiliser les procédures mises à sa disposition et compatibles avec les relations professionnelles qu'il avait avec ce syndic, choisi délibérément la mise en mouvement directe de l'action disciplinaire à son encontre, en sollicitant les mesures les plus rigoureuses et en mentionnant faussement que le Ministère public réclamait une mesure d'interdiction temporaire (Cass. 1re civ., 24 avr. 1985 : *Bull. civ.* I, n° 129) ;

– manque à la délicatesse un ancien chef de service de la SACEM devenu avocat qui, immédiatement après son licenciement, se charge de la défense de gérants de discothèques plaidant contre la SACEM (Paris, 10 févr. 1993 : *Gaz. Pal.* 21-23 août 1994) ;

– l'avocat dessaisi ne peut retenir le dossier jusqu'au paiement de ses honoraires mais son successeur a certains devoirs à son égard et s'il y faillit il peut être disciplinairement sanctionné et même déclaré personnellement débiteur des honoraires dus (pour une application, Paris, 30 mars 1994 : *Gaz. Pal.* 1994, 2, p. 549 – le règlement européen dispose en sens contraire pour le paiement des honoraires) ;

– le fait d'écrire à un adversaire des « lettres de sommation » assorties de menaces en vue du recouvrement d'une créance douteuse constitue un procédé qui s'assimile à un chantage qui est contraire à la délicatesse (Cass. 1re civ., 10 janv. 1984 : *D.* 1985, inf. rap. p. 11. – V. *supra*, n° 471) ;

– l'emploi de termes désobligeants à l'égard du bâtonnier constitue une atteinte à la délicatesse (Cass. 1re civ., 16 mai 1995, pourvoi n° 93-15 271 : *Juris-Data* n° 001121) ;

– l'utilisation indue de la qualité de professeur agrégé des Facultés de droit dans une consultation a été sanctionnée de deux ans d'interdiction d'exercice (Cass. 1re civ., 3 janv. 1996 : *Juris-Data n°* 052575) ;

– l'avocat, amant de l'épouse, ne saurait la représenter dans une instance en divorce qui la concerne (Cass. 1re civ., 17 juill. 1996, pourvoi, n° 94-11450) ;

– le fait pour un avocat de ne pas payer systématiquement la taxe professionnelle a été considéré comme un manquement à la délicatesse, et comme tel sanctioné disciplinairement. On aurait pu le considérer plutôt comme manquement à la probité puisque l'avocat ne payait pas sa dette fiscale au Trésor (Cass. 1re civ., 23 nov. 1999 : *JCP* G 2000, I, 231, n° 30).

– un arrêt de la Cour de cassation (Cass. 1re civ., 7 févr. 1990, rejet Nouméa, 28 nov. 1988 : *Juris-Data n°* 000365) nous donne un exemple assez rare d'une sanction disciplinaire prononcée pour des faits extra-professionnels : un avocat avait entretenu des relations sexuelles avec la fille adoptive mineure d'un de ses clients, alors qu'il connaissait son instabilité caractérielle et qu'il était allé lui rendre visite dans le foyer d'assistance éducative où elle avait été placée ;

– dans le même registre on peut consulter la cause pittoresque d'un avocat, qui pour soutenir sa campagne électorale, avait tenu, à son cabinet, une conférence de presse en portant pour tout vêtement une écharpe tricolore nouée autour du sexe (Cass. 1re civ., 1er févr. 1983 : *Gaz. Pal.* 1983, 1, pan. jurispr. p 172) ;

– ou encore le fait de ne pas payer son loyer ou le fait d'avoir été condamné pour conduite de son automobile en état d'imprégnation alcoolique (Cass. 1re civ., 30 mars 2005, pourvoi n° 03-19.557). La sanction n'est pas allée au-delà d'un blâme malgré une condamnation définitive (Paris, 30 sept. 1998 : *Gaz. Pal.* 13/15 déc. 1998, p. 20) ;

– par contre, un avocat ne peut être sanctionné, même légèrement (blâme) pour avoir participé à une manifestation indépendantiste en Guadeloupe. La Cour européenne des droits de l'homme a jugé qu'une telle sanction, prononcée par la Cour d'appel de Basse-Terre, le pourvoi ayant été rejeté par la Cour de cassation, était contraire à l'article 11 de la convention garantissant la liberté de réunion (CEDH, 26 avr. 1991, *Ezelin* : *Gaz. Pal.* 1991, 1, somm. p. 202, obs. A. Damien. – V. également, Cass. 1re civ., 19 juin 1985 : *Bull. civ.* I, n° 194) ;

– une radiation peut être prononcée pour des faits antérieurs à l'inscription de l'avocat au tableau si celui-ci les avait dissimulés lors de sa demande d'inscription (Cass. 1re civ., 22 mars 1983 : *Gaz. Pal.* 1984, 1, p. 175, note Y. Avril) ;

– l'avocat qui sollicite une mise en examen d'un confrère pour le contraindre à divulguer un document confidentiel (CA Paris, 21 mars 2003) ;

– le fait de s'adonner à la cocaïne constitue un manquement à l'honneur (Cass. 1re civ., 1er déc. 1993 : *D.* 1995, inf. rap., p. 164) ;

– le racolage de la clientèle parmi les détenus (Cass. 1re civ., 14 mai 1985 : *Gaz. Pal.* 1985, 1, panor. p. 294) ;

– critique d'un confrère auquel l'avocat a succédé dans un dossier (Cass. 1re civ., 22 sept. 1993 : *Gaz. Pal.* 18 oct. 1993, p. 15).

C. – Procédure disciplinaire

521. – La procédure de l'action disciplinaire avait été décrite aux articles 187 à 189 du décret du 17 novembre 1991. Mais cette procédure avait été jugée, sur certains points, non conforme au procès équitable au sens de l'article 6-1 de la Convention EDH. L'avocat chargé de l'enquête préalable ne pouvait délibérer au Conseil de l'Ordre (Cass. 1re civ., 5 oct. 1999 : *JCP* G 1999, II, 10203, note J. Sainte-Rose ; *adde, JCP* 2000, 1231, n° 26, obs. R. Martin). Un arrêt du même jour écartait le bâtonnier, qui a pris l'initiative de la poursuite, de la participation au jugement (*Bull. civ.* I, n° 257). Ces décisions ont été confirmées par un arrêt de principe du 23 mai 2000 (Cass. 1re civ. : *Bull. civ.* I, n° 151 ; *JCP* G 2000, II, note R. Martin ; *Gaz. Pal.* 1er août 2000, p. 13, note P. Sargos). La loi du 11 février 2004, et son décret d'application du 24 mai 2005, ont tenu compte de ses obligations au procès équitable, en séparant les organes de poursuite, d'instruction et de jugement (1).

522. – La loi et le décret innovent en instituant une instance de conciliation préventive, dite **enquête déontologique**. Celle-ci peut être initiée par le bâtonnier. Elle est confiée à un membre du Conseil de l'Ordre. Au vu des éléments qu'il a recueillis, celui-ci dresse un rapport au vu duquel le bâtonnier décide s'il y a lieu ou non à poursuite. Le régime de cette enquête soulève de nombreuses questions non résolues par le décret qui ne prévoit aucune forme. Il ne dit pas notamment si l'enquête est contradictoire avec l'avocat visé. Il paraît nécessaire que celui-ci soit entendu. Même question pour le plaignant si l'en-

(1) Le décret a procédé par modification de celui du 27 novembre 1991.

quête a été déclenchée par la plainte d'un tiers au barreau. Le rapport sera-t-il communiqué à un autre que le bâtonnier ? En cas de poursuite ultérieure sera-t-il versé aux débats disciplinaires ? La pratique risque de provoquer du contentieux, ce qui n'est certes pas la finalité de cette enquête préalable.

523. – Le conseil de discipline est saisi par le procureur général ou par le bâtonnier dont relève l'avocat mis en cause. Le bâtonnier est nettement désigné comme un organe de poursuite à côté du procureur général. De ce fait il ne peut ensuite siéger au conseil de discipline qui connaîtra de l'affaire. Sorte de procureur, il ne peut être juge.

L'instruction est menée par un membre du Conseil de l'Ordre dont relève l'avocat ; la proximité prévaut à cette phase. Celui-ci ne pourra également siéger au sein de la formation de jugement. La fonction d'instruire est de ce fait distincte de la fonction de juger.

Cette instruction est contradictoire ; des précautions sont prises à cet égard. L'avocat instructeur dresse de ses opérations un rapport qu'il transmet au président du Conseil de discipline (à Paris au doyen des présidents des formations disciplinaires du Conseil de l'Ordre). C'est alors que le Conseil de discipline entre dans la procédure. Le rapporteur dispose de quatre mois au maximum, à partir de sa désignation, pour transmettre son rapport.

La procédure disciplinaire est ainsi répartie en trois fonctions séparées : celle de poursuivre, celle d'instruire et celle de juger, et les acteurs de chacune de ces fonctions ne peuvent être les mêmes. Il y a un rapprochement évident avec la procédure pénale. Le principe de l'indépendance des juges, conforme au procès équitable, est ainsi assuré. Il en résulte un changement de physionomie notable de l'instance disciplinaire, telle qu'elle figure au décret du 27 novembre 1991.

524. – Le conseil de discipline territorialement compétent est celui du ressort de la cour d'appel dont dépend le Conseil de l'Ordre de l'avocat poursuivi. Celui-ci ne peut se prévaloir de l'article 47 du Nouveau code de procédure civile, pour demander à être renvoyé devant un conseil de discipline limitrophe, encore moins qu'à l'époque où le Conseil de l'Ordre était conseil de discipline (Cass. 1re civ., 12 févr. 1991 : *Gaz. Pal.* 1991, somm. p. 12).

525. – L'instruction est contradictoire. L'avocat poursuivi est averti de son ouverture et il doit être appelé à toutes les mesures d'instruction. Aucun délai n'est imposé pour la convocation à un acte d'instruction – le délai de huit jours pour la comparution devant le conseil de discipline ne s'impose pas ; mais un délai raisonnable doit être laissé à l'intéressé pour le respect des droits de la défense (Cass 1re civ., 24 avr. 1985 : *Gaz. Pal.* 1985, 2 ; pan. jurispr. p. 295, obs. Guinchard et Moussa).

En vue de l'instruction de l'affaire, toute personne susceptible d'éclairer de Conseil peut être entendue ; elle l'est contradictoirement. Il est dressé procès-verbal de cette audition lequel est signé par la personne entendue (D. art. 193). Le défaut de procès-verbal emporte nullité de la procédure (Cass. 1re civ., 9 avr. 2002 : *JCP* G 2002, I, 172, n° 20, obs. R. Martin). Le procureur général peut verser au dossier de l'action disciplinaire le dossier de l'instruction de l'action pénale, s'il échet (Cass 1re civ., 10 juin 1992 : *D.* 1994, somm. comm. p. 40). Toutes les pièces du dossier doivent être cotées et paraphées. Copie en est délivrée à l'avocat poursuivi ou à son conseil, sur sa demande.

526. – La date de l'audience est fixée par le président du Conseil de discipline. L'avocat poursuivi y est convoqué soit par lettre recommandée avec AR, soit par acte d'huissier de justice en respectant un délai de huit jours au minimum. Le décret prévoit le contenu de l'acte de citation. Celui-ci comporte, à peine de nullité, « l'indication précise des faits à l'origine des poursuites ainsi que la référence aux dispositions législatives ou réglementaires précisant les obligations auxquelles il est reproché à l'avocat poursuivi d'avoir contrevenu, et, le cas échéant une mention relative à la révocation du sursis ». La citation doit donc être motivée en fait comme en droit, en se souvenant que le droit est ici très extensible.

527. – L'audience est tenue dans la ville où siège la cour d'appel. L'avocat poursuivi doit comparaître en personne, assisté d'un ou plusieurs confrères à sa défense s'il le désire. Son bâtonnier, à l'initiative de la poursuite, fait office de procureur, à moins que ce soit le procureur général qui ait déclenché la poursuite. Les débats sont publics, sauf à l'une des parties de demander le huis clos, s'il doit résulter de la publicité une atteinte à l'intimité de la vie privée. C'est un renversement de la règle précédente où la publicité devait être demandée.

En ce qui concerne l'ordre des interventions à l'audience, la disposition du décret est ambiguë ; il dit seulement : « Le président donne la parole au bâtonnier et au procureur général si ce dernier a pris l'initiative d'engager les poursuites disciplinaires ». Mais à quel moment, avant ou après la défense ? En l'absence de disposition spéciale, il y a lieu, en application de l'article 277 du décret du 27 novembre 1991, de procéder comme en matière civile. Il en résulte que le conseil de l'avocat soit entendu avant le bâtonnier ou le procureur général. (Cas. 1re civ., 7 mars 1995 ; *Bull. civ.* I, n° 113). Toutefois si l'avocat poursuivi le demande en se prévalant de l'article 6-1 de la Convention EDH il peut être entendu le dernier. (Cass. 1re civ., 9 juill. 1996 : *Juris-Data* n° 1996-003162). On aurait pu profiter de l'occasion pour expliciter la règle.

528. – Au Conseil de discipline est imposé un délai pour statuer. Si ce délai n'est pas respecté la demande est réputée comme rejetée et l'autorité qui a engagé l'action disciplinaire (bâtonnier, procureur général) peut saisir directement la cour d'appel. Dans sa rédaction du décret du 14 mai 2005, le délai était de six mois à dater de l'acte de saisine. Il était manifestement insuffisant. Il a été porté à huit mois par le décret du 15 mai 2007, avec possibilité de prorogation jusqu'à quatre mois par décision de l'instance disciplinaire, lorsque l'affaire n'est pas en état d'être jugée ou lorsqu'une remise est demandée par les parties (D. art. 195). Aux termes de l'article 188 du décret, « l'acte de saisine » (point de départ du délai) est celui de la notification à l'avocat de la poursuite dont il est l'objet par lettre recommandée AR. Ensuite de quoi le rapporteur est désigné dans les quinze jours et il dispose de quatre mois pour transmettre son rapport au Conseil de discipline. Il reste alors à ce dernier sept mois et demi au maximum pour statuer, alors que dans le règlement antérieur il ne disposait que de quatre mois et demi.

529. – La décision du Conseil de discipline est notifiée dans les huit jours de son prononcé à l'avocat poursuivi, au procureur général et au bâtonnier par lettre recommandée avec Accusé de réception. (Qui est chargé de ces notifications ?). Il faudra bien organiser un minimum d'aide administrative et le financer. Un règlement intérieur y pourvoira peut-être ou un arrêté ministériel. Le recours contre les décisions du Conseil de discipline est porté devant la cour d'appel. Le délai est de un mois du jour de la notification. Il est ouvert à toutes les parties : avocat, condamné, bâtonnier, éventuellement procureur général. Le délai du recours incident est de quinze jours à dater de la notification du recours principal. Lorsque l'appel est formé par l'avocat, celui-ci en avise sans délai le bâtonnier et le procureur général. Lorsque l'appel est interjeté par le bâtonnier ou le procureur général, le greffier en chef de la cour d'appel le notifie à l'avocat mis en cause par lettre recommandée avec Accusé de réception. L'appel est suspensif de l'exécution de la peine. L'instance devant la cour d'appel est régie par l'article 16 du décret du 27 novembre 1991, c'est-à-dire qu'elle est identique à celle concernant toutes les décisions du Conseil de l'Ordre. Les règles de présentation à l'audience, de prise de parole, de publicité sont transposables à l'instance devant la cour d'appel (V. *supra*, n° 527).

Toute nullité de procédure qui ne nuit pas aux intérêts de la défense se trouve couverte si elle n'est pas proposée avant la décision au fond. On ne peut invoquer la nullité pour la première fois devant la Cour de cassation (Cass. civ., 26 janv. 1982 : *JCP* 1982, IV, 130. – CA Colmar, 8 mars et 17 mars 1982 : *Gaz. Pal.*, 2, p. 495 et 497, note A. Damien).

530. – La poursuite trouve souvent son origine dans une plainte adressée au bâtonnier par un tiers, notamment le client déçu de l'avocat visé, ou même par un confrère. Ce plaignant n'est pas partie devant le juridiction disciplinaire. Il n'y a pas de partie civile. L'instance se déroule dans le cercle de famille, si l'on considère que l'avocat fait partie de la même famille que le magistrat. Le décret est fort discret sur le sort réservé au plaignant. Il dit simplement à l'alinéa 2 de l'article 196, « qu'il est informé du dispositif de la décision lorsque celle-ci est passée en force de chose jugée » et au 2e alinéa de l'article 187 qu'il est informé lorsque le bâtonnier décide de ne pas procéder à une enquête préalable. Il doit pouvoir toutefois, à notre avis, être entendu par le rapporteur lors de l'instruction.

D. – Manquements à l'audience

531. – L'article 25 de la loi du 31 décembre 1971, dans sa rédaction originaire, donnait à la juridiction devant laquelle l'avocat plaidait, la possibilité de sanctionner les manquements commis à l'audience par cet avocat, en prononçant contre lui une peine disciplinaire.

Cette intrusion du tribunal dans les droits de la défense, et sans le recul de la réflexion, pouvait conduire à des abus (V. T. corr. Quimper, 6 mars 1980 : *Gaz. Pal.* 1980, 1, p. 204, note A. Damien, aff. *Choucq*). Elle a été supprimée par une loi du 15 juin 1982 qui a modifié l'article 25 en question. Le texte actuellement en vigueur est le suivant :

> « Toute juridiction qui estime qu'un avocat a commis à l'audience un manquement aux obligations que lui impose son serment, peut saisir le procureur général en vue de poursuivre cet avocat devant le Conseil de l'Ordre dont il relève.
>
> « Le procureur général peut saisir le Conseil de l'Ordre qui doit statuer dans le délai de quinze jours à dater de sa saisine. Faute d'avoir statué dans ce délai, le Conseil de l'Ordre est réputé avoir rejeté la demande et le procureur général peut interjeter appel. La cour d'appel ne peut prononcer de sanction disciplinaire qu'après avoir invité le bâtonnier ou son représentant à formuler ses observations ».

Le pouvoir sanctionnateur revient au juge naturel de la discipline des avocats, maintenant le conseil de discipline substitué au Conseil de l'Ordre.

Il y a lieu de remarquer que dans ce cas la norme sanctionnée est beaucoup moins étendue que dans le cas ordinaire de poursuites disciplinaires. L'avocat ne peut en effet être poursuivi que s'il a manqué à son serment, autrement dit s'il a manqué à la dignité, à la conscience, à l'indépendance, à la probité et à l'humanité. Devant une juridiction, le manquement qui peut être retenu se ramène en pratique au défaut de dignité. On en revient par ce biais à un manque de respect pour le tribunal par une insolence ou une impertinence marquée.

On désignait traditionnellement ces manquements à l'audience par l'expression de « délits d'audience ». Cette dénomination est devenue impropre, si elle a été jamais exactement judicieuse. Le « délit d'audience » ne peut être constitué que par une infraction à l'article 434-24 du nouveau Code pénal.

Mais l'article 25-1 de la loi de 1971, également issu de la loi de 1982, ajoute qu'« en cas de manquement aux obligations ou de contravention aux règles découlant des dispositions sur la procédure, les avocats encourent les sanctions édictées par lesdites dispositions ».

Ce texte réserve les règles découlant de la procédure dont la sanction est donnée par ces règles particulières elles-mêmes. Il convient de les rappeler.

Et d'abord l'article 434-24 du Nouveau Code pénal qui s'applique à toutes les juridictions, pénales, civiles ou administratives et que nous reproduisons :

> « L'outrage par paroles, gestes ou menaces, par écrits ou images de toute nature non rendus publics ou par l'envoi d'objets quelconques adressé à un magistrat, un juré ou toute personne siégeant dans une formation juridictionnelle dans l'exercice de ses fonctions ou à l'occasion de cet exercice et tendant à porter atteinte à sa dignité ou au respect dû à la fonction dont il est investi est puni d'un an d'emprisonnement et de 15 000 € d'amende.
>
> « Si l'outrage a eu lieu à l'audience d'une cour, d'un tribunal ou d'une formation juridictionnelle, la peine est portée à deux ans d'emprisonnement et à 30 000 € d'amende ».

Cette incrimination s'adresse à toute personne quelconque, et particulièrement aux avocats qui sont exposés plus que quiconque à commettre l'outrage simple du premier paragraphe et surtout l'outrage aggravé du second alors qu'ils sont confrontés quotidiennement à des juges et qu'ils fréquentent par fonction les cours de justice. Le coupable est alors poursuivi devant le tribunal correctionnel suivant les procédures ordinaires.

Devant les juridictions civiles, le tribunal peut, en application de l'article 24 du Nouveau Code de procédure civile, prononcer des injonctions à l'égard de l'avocat qui ne garderait pas « le respect dû à la justice ». Cet article est complété par les articles 438 et 439 du même code. L'injonction peut aller d'une simple admonestation adressée à l'avocat jusqu'à son expulsion du prétoire. Selon le second alinéa de l'article 439 « le président peut faire expulser toute personne qui n'obtempère pas à ses injonctions sans préjudice des poursuites pénales ou disciplinaires ». Le président aura probablement recours, avant d'expulser l'avocat, à la suspension d'audience afin d'en appeler au bâtonnier ou à son délégataire. Une poursuite pénale peut être entreprise en vertu de l'article 434-24 comme dit ci-dessus et une poursuite disciplinaire à l'initiative du bâtonnier ou du procureur général.

E. – Peines disciplinaires

532. – Les peines disciplinaires sont énumérées à l'article 184 du décret ; ce sont : l'avertissement, le blâme, l'interdiction temporaire, la radiation. Une peine complémentaire consiste en l'interdiction de faire partie du Conseil de l'Ordre pendant dix ans au plus et en la publicité de la peine principale. Au surplus, la juridiction disciplinaire dispose d'une mesure de type conservatoire qui est la suspension temporaire qu'il ne faut pas confondre avec l'interdiction temporaire.

533. – *L'avertissement* est la sanction la plus légère. Il n'a pas d'effet immédiat, mais il est inscrit au dossier de l'avocat et pourra influencer l'appréciation du conseil de discipline dans le cas d'une poursuite ultérieure. Il y a lieu de distinguer cet avertissement qui est une peine, de la simple admonestation sans forme que le bâtonnier peut adresser à tel confrère dont la conduite laisse à désirer. Ce rappel à l'ordre ne laisse pas de trace au dossier.

Le *blâme* constitue un degré supplémentaire dans l'avertissement, il est inscrit au dossier dans les mêmes conditions.

534. – *L'interdiction temporaire d'exercer* ne peut excéder trois années.

Pendant la durée de cette interdiction, l'avocat qui en est frappé doit s'abstenir de tout acte professionnel, à savoir réception de la clientèle, port de la robe, assistance et représentation en justice, plaidoirie, rédaction d'actes, consultation dès le moment où la décision a été notifiée et qu'elle est passée en force de chose jugée. Nous rappelons que l'appel de la décision du conseil de discipline est suspensif, mais que le pourvoi en cassation contre l'arrêt de la Cour ne l'est pas. Une hésitation avait pu se faire jour quant à la consultation, nous estimons qu'elle n'est plus de mise depuis que la consultation est réglementée. L'avocat ne peut en aucune circonstance faire état de sa qualité, participer à l'activité des organismes professionnels auxquels il appartient. S'il était membre du Conseil de l'Ordre, il doit en démissionner. Pendant la durée de l'interdiction il est omis du tableau.

Le cabinet, pendant la durée de l'interdiction, est géré par un administrateur.

La peine de l'interdiction temporaire peut être assortie du sursis. Elle n'est pas alors exécutée si une nouvelle sanction n'intervient pas dans les cinq ans.

L'interdiction temporaire ne prive pas l'intéressé de sa qualité d'avocat, et celui-ci continue d'être soumis pour la durée de sa peine, à la déontologie et à la discipline de sa profession. Il peut encourir la radiation du barreau. (Cass. 1re civ., 4 janv. 2005 : *Bull. civ.* I, n° 1).

535. – *La radiation* du tableau est la peine la plus grave, puisqu'elle entraîne une sorte de bannissement de l'avocat hors de son corps, avec interdiction d'être inscrit au tableau d'aucun autre barreau. La personne radiée n'est plus avocat et ne peut plus exercer aucune fonction réservée à l'avocat (sur la possibilité d'une réinscription, V. *infra*, n° 540).

536. – L'avertissement, le blâme et l'interdiction temporaire peuvent comporter accessoirement la privation du droit de faire partie du Conseil de l'Ordre pendant une durée n'excédant pas dix ans, ce qui interdit du même coup la possibilité d'être élu bâtonnier.

En outre, la juridiction disciplinaire peut, à titre de sanction accessoire, ordonner la publicité de toute peine disciplinaire. L'ancien texte (D. 1972, art. 10) permettait seulement l'affichage dans les locaux de l'Ordre. Le nouveau texte (D. 1991, art. 184, al. 3) ne limite pas le mode de publicité. Toute latitude est donc laissée à l'instance disciplinaire.

La possibilité du sursis ne s'étend pas à ces peines accessoires. On voit mal toutefois la juridiction ordonner la publicité de la peine après avoir accordé le sursis.

F. – Suspension provisoire

537. – *La suspension provisoire* figurait à l'article 23 de la loi du 31 décembre 1971 ; cet article est maintenant compris dans ceux qui sont consacrés à l'instance disciplinaire et la suspension provisoire a glissé à l'article 24. Celle-ci intervient lorsque l'avocat fait l'objet de poursuites pénales ou disciplinaires, et elle a pour effet de lui interdire d'exercer la profession. Par cet effet, elle ressemble à l'interdiction temporaire ; elle n'est pourtant pas une peine disciplinaire, mais une mesure conservatoire. La loi du 11 février 2004 confirme nettement cette différence de nature : elle n'est pas prononcée par le nouveau conseil de discipline, mais toujours par le Conseil de l'Ordre. Celui-ci est également compétent pour ordonner sa levée, sauf si elle a été décidée par la cour d'appel. Au Conseil de l'Ordre ne peut siéger à cette occasion un membre du conseil de discipline, autre marque de la séparation des deux instances. Ses décisions sont susceptibles d'un recours devant la cour d'appel par le procureur général, le bâtonnier et l'intéressé. Le décret du 24 mai 2005 aligne la procédure de la suspension provisoire sur celle de la procédure disciplinaire (art. 198 et 199). Mais cette procédure révisée est protectrice des droits de la défense. Le décret précise que la décision de suspension provisoire prise par le Conseil de l'Ordre est exécutoire nonobstant appel. Mais il a été jugé que la décision du Conseil de l'Ordre qui lève la suspension est paralysée par l'appel du procureur général (CA Aix-en-Provence, ord. réf., 2 mai 2003 : *JCP* G 2003, II, 1011, note R. Martin). Cette différence de régime heurte le parallélisme des formes sur ce point très sensible.

Le Conseil de l'Ordre est saisi par le bâtonnier ; il peut même se saisir d'office. Il est saisi le plus souvent par le procureur général, surtout lorsqu'il y a des poursuites pénales. Si dans les quinze jours de la demande du procureur général, le Conseil de l'Ordre n'a pas statué, le procureur peut s'adresser directement à la cour d'appel.

L'article 23 ancien ne prévoyait aucune durée de la suspension provisoire ; l'article 24 nouveau en fixe la durée à quatre mois ; mais elle est renouvelable sans qu'il soit précisé combien de fois elle peut l'être. La seule garantie apportée est donc que l'opportunité de la mesure soit examinée tous les quatre mois. Elle cesse de plein droit dès que les actions pénales ou disciplinaires sont éteintes.

La suspension doit être justifiée par « l'urgence ou la protection de l'ordre public » – on peut y voir une application du principe de précaution. Mesure grave de conséquences pour l'avocat à qui elle est infligée, elle devrait être exceptionnelle, comme devrait être exceptionnelle la détention provisoire. Ce caractère exceptionnel est fâcheusement souvent oublié. La loi du 11 février 2004 est venue apporter des améliorations sur l'état antérieur, celles-ci sont toutefois timides. L'ordre public continue de prévaloir sur la présomption d'inoncence.

538. – Aux termes de l'article 138-12° du Code de procédure pénale, le juge d'instruction peut assortir un contrôle judiciaire d'une interdiction pour le mis en examen d'exercer son activité professionnelle. Une loi n° 93-2 du 4 janvier 1993 est venue apporter à cette disposition une particularité aux avocats : « Lorsque l'activité concernée est celle d'un avocat, le juge d'instruction doit saisir le Conseil de l'Ordre, maintenant conseil de discipline, qui statue comme il est dit à l'article 23 de la loi du 31 décembre 1971, maintenant article 24 ». La volonté du législateur était claire : sauvegarder les droits de la défense en transférant la décision de suspension du juge d'instruction au Conseil de l'Ordre. Mais la plupart des juges d'instruction l'ignorèrent et continuèrent à prononcer des interdictions d'exercer contre des avocats, en avertissant au mieux le Conseil de l'Ordre de cette mesure après coup. Le législateur, devant cette résistance des juges à appliquer la loi, enfonça le clou par une rédaction plus explicite incluse dans la loi du 15 juin 2000 dite sur la présomption d'innocence : « Le Conseil de l'Ordre, saisi par le juge d'instruction, a seul pouvoir de prononcer cette mesure (de suspension) à charge d'appel dans les conditions prévues aux articles 23 et 24 de la loi du 31 décembre 1971. Le Conseil de l'Ordre doit statuer dans les quinze jours, faute de quoi le procureur général porte l'affaire devant la cour d'appel ». Les juges d'instruction ne pouvaient que s'incliner (avec mauvaise grâce). Mais la Cour d'appel de Paris a repris la main en estimant que le Conseil de l'Ordre ne peut mettre fin à la mesure de suspension, seul le juge d'instruction pouvant en ordonner la levée (CA Paris, 4 juill. 2001 : *Gaz. Pal.* 9 sept. 2001, p. 20, note A. Damien ; *JCP* G 2001, II, 10627, note R. Martin).

La Cour de cassation a cassé l'arrêt de la Cour d'appel de Paris pour violation des articles 138-12° et 139 du Code de procédure pénale dans leur rédaction de la loi du 15 juin 2000 (Cass. 1re civ., 22 mai 2002 : *Bull.* I, n° 137 ; *JCP* G 2002, I, 172 n° 23, obs. R. Martin). Le Conseil de l'Ordre est donc compétent pour lever la suspension provisoire à tout moment. Mais le procureur général peut faire appel de cette décision devant la cour d'appel. Cette décision n'est pas exécutoire par provision et l'appel du procureur est donc suspensif (CA Aix en Provence, ord. réf., 2 mai 2003 : *JCP* G 2003, II, 10111, note R. Martin).

D'ailleurs le juge d'instruction, du fait des mesures dont il dispose (CPP, art. 149) peut, sans prononcer l'interdiction d'exercer, mettre pratiquement l'avocat dans l'impossibilité d'exercer : ne pas sortir de certaines limites territoriales, remettre son passeport, s'abstenir d'entrer en relation avec le co-mis en examen (souvent son client), les victimes, les témoins, se présenter régulièrement au commissariat de police.

539. – Le procureur général assure et surveille l'exécution des peines disciplinaires – comme des peines pénales. Il peut donc avertir les chefs de juridiction du ressort de l'interdiction temporaire ou définitive de l'avocat, afin que celui-ci ne puisse ni postuler ni plaider. Il peut diffuser l'information aux autres parquets généraux.

Le défaut d'exécution d'une peine disciplinaire peut donner lieu à une nouvelle peine qui sera normalement aggravée. Par exemple une interdiction temporaire non respectée pourra conduire à une radiation.

G. – Réhabilitation et amnistie

540. – Une amnistie qui concerne une condamnation pénale n'entraîne pas la possibilité pour l'avocat radié de demander sa réinscription ; en effet, la mesure disciplinaire est indépendante de la condamnation pénale et l'amnistie de cette condamnation n'efface pas les faits qui ont provoqué la radiation. Mais la loi d'amnistie peut viser explicitement les sanctions disciplinaires. Toutefois, de façon habituelle la loi écarte du bénéfice de l'amnistie « les faits constituant des manquements à la probité, aux bonnes mœurs et à l'honneur ». Or, la plupart des faits ayant donné lieu à des poursuites disciplinaires entrent dans cette catégorie fort extensive (pour des décisions écartant l'amnistie, Cass. 1re civ., 20 oct. 1992, pourvoi n° 91-109662 et 6 janv. 1993, pourvoi n° 91-12145. – CA Nouméa, 29 sept. 1997 : *JCP* G 1998, I, 1115, n° 27). À la suite de la loi d'amnistie du 3 août 1995, consécutive à l'élection de M. J. Chirac à la Présidence de la République : Cass. 1re civ., 23 févr. 1999, pourvoi A96.16507 ; 9 mars 1999, pourvoi F96.14258 ; 19 mai 1999, pourvoi F96.10873. C'est la juridiction qui a prononcé la sanction qui doit se prononcer sur l'amnistie (Cass. 1re civ., 12 juin 1990, pourvoi n° 89-13238, concernant un avocat qui avait reçu la victime d'une infraction hors de la présence de son avocat. – Nancy, 16 nov. 1989 : *Gaz. Pal.* 1990, 1, p. 245. – Aix, 24 nov. 1989 : *Gaz. Pal.*

1990, 1, p. 241, note A. Damien). Mais le même texte fait une exception lorsque l'amnistie est accordée par mesure individuelle du président de la République (pour une application, Cass. 1re civ., 25 oct. 1989 : *Gaz. Pal.* 1990, 1, somm. p. 11 ; *D.* 1989, inf. rap. p. 281).

La réhabilitation intervenue en application de l'article 789 du Code de procédure pénale n'emporte pas de plein droit la possibilité pour l'avocat radié de demander sa réinscription ; encore faut-il qu'il apporte la preuve de son amendement depuis sa radiation, permettant d'apprécier s'il présente à nouveau les qualités morales exigées de tout candidat à la profession d'avocat (Cass. 1re civ., 25 oct. 1989 : *Gaz. Pal.* 1990, 1, somm. p. 12. – 24 janv. 1995 : *Bull. civ.* I, n° 48. – V. également Paris, 28 janv. 1987 : *Gaz. Pal.* 1987, 1, p. 207, note A. D., pour un refus d'inscription après réhabilitation).

Il est douteux que le Conseil de l'Ordre puisse décider la réinscription d'un avocat radié lorsque celui-ci apporte des preuves d'amendement. Rien dans la loi ou le décret ne prévoit une telle mesure. Un arrêt de rejet du 1er juillet 1986 (Cass. 1re civ. : *D.* 1987, somm. comm. p. 64, obs. Brunois) paraît ne pas exclure la réinscription d'un avocat qui apporterait des preuves de son amendement, mais en l'espèce la réinscription a été rejetée bien que la réhabilitation ait été légalement acquise. On pourrait admettre une sorte de révision de la décision de radiation lorsque des faits nouveaux permettent d'établir l'innocence de l'avocat radié (V. Cass. req., 18 janv. 1927 : *DH* 1927, p. 135).

Chapitre 9

L'AVOCAT ET LES PROCÉDURES COLLECTIVES

541. – Il y a peu encore, il paraissait inimaginable qu'un avocat puisse être en état de « faillite ». Mais l'accroissement des charges, et le surnombre des praticiens dans les grands barreaux font que certains ne peuvent plus faire face, temporairement ou non, à leur endettement. Ils se trouvent alors dans une situation semblable à celle du chef d'entreprise susceptible des procédures collectives. Mais les lois du 10 mars 1984 et 25 janvier 1985 les ignoraient. Pourtant un avocat exerçant dans un groupement doté de la personnalité morale, pouvait par ce biais accéder aux procédures collectives. Le régime applicable était alors celui de droit commun.

La loi du 26 juillet 2005 et son décret d'application du 28 décembre 2005 ont changé la donne. Ils étendent le régime des procédures collectives aux personnes physiques exerçant une profession libérale, et parmi elles les avocats qui sont dotés d'un régime spécial, dont la principale caractéristique est l'intervention de l'Ordre. Après quelque hésitation, on admet que ce régime spécial s'applique également aux sociétés d'avocats (V. R. Martin et P. Neveu, *L'application à la profession d'avocat de la loi du 26 juillet 2005 sur la sauvegarde des entreprises : JCP* G 2006, I, 125). Nous pouvons donc envisager ce régime unique pour tous les avocats, quel que soit leur mode d'exercice.

Les procédures collectives comprennent quatre espèces : la conciliation, la sauvegarde, le redressement judiciaire et la liquidation judiciaire. Les deux premières sont préventives, la troisième curative et la quatrième conduit à la disparition du cabinet. (Nous négligeons le mandataire *ad hoc* qui est une variante de la conciliation et qui peut être désigné parmi les membres du Conseil de l'Ordre sans formalité.) Nous allons les examiner successivement, d'abord du point de vue de l'avocat, ensuite du point de vue de l'Ordre.

A. – La conciliation

1° Le point de vue de l'avocat

542. – La conciliation a été substituée au règlement amiable antérieur. Son objectif est de parvenir à un accord entre le débiteur et ses créanciers grâce à l'intervention d'un conciliateur désigné par le président du tribunal de grande instance. La loi ne dit pas qui peut être conciliateur, le choix en étant laissé au président. Nous ne voyons pour notre part que des avantages que ce conciliateur soit un avocat, personne physique, appartenant à un autre barreau que celui du débiteur.

Nous ne signalerons qu'une seule innovation de cette procédure de conciliation, parce qu'elle nous parait primordiale. Le plus souvent les dettes impayées sont de nature fiscale ou sociale. Jusqu'alors les organismes financiers ne pouvaient accorder que des délais de paiement ; ils peuvent dorénavant consentir des remises de dettes (C. com., art. L. 626-6). Cette disposition est valable pour la sauvegarde et le redressement judiciaire. C'est un atout important dans le redressement financier du cabinet.

La procédure est confidentielle jusqu'à la constatation éventuelle de l'accord par le président du tribunal (C. com., art. L. 611-8) ou son homologation par le tribunal (C. com., art. L. 611-9). Il n'y a pas de déclaration de créances. Les créanciers sont appelés sur l'indication du débiteur, et certains peuvent être omis. Cette confidentialité protège le débiteur d'un mouvement de panique des ses créanciers.

2° Le point de vue de l'Ordre

543. – Une innovation majeure de la réforme consiste en l'intervention de l'Ordre dans la procédure. Celui-ci sera normalement représenté par son bâtonnier, mais il ne lui est pas interdit de déléguer sa mission à un membre du Conseil de l'Ordre. Il devra bien entendu tenir informé le Conseil de l'Ordre, provoquer ses suggestions, et au besoin demander qu'il en délibère. Il pourra se faire assister de conseils extérieurs, notamment en matière comptable. Il est bon, qu'au sein de l'Ordre, surtout dans les barreaux importants, soit constituée une commission *ad hoc.*

544. – La procédure de conciliation est ouverte à la demande de l'intéressé. Cette demande est communiquée au ministère public et à l'Ordre. Le représentant de l'Ordre participe aux négociations en vue d'un accord. Il est appelé, lors de l'homologation d'un accord, par le tribunal (C. com., art. L. 611-9). Rappelons cependant que l'accord peut être seulement constaté par le tribunal et non homologué, ce qui n'oblige pas à la participation de tous ceux, y compris l'Ordre, qui doivent être présents à l'homologation. Une telle constatation peut-elle intervenir sans que l'Ordre la connaisse ? Nous ne le pensons pas : l'avocat intéressé devra avertir son bâtonnier. Celui-ci est le répondant de la discipline au sein de l'Ordre.

B. – La sauvegarde

1° Le point de vue de l'avocat

545. – La sauvegarde, qui a donné son nom à la loi, a un caractère procédural plus affirmé que la conciliation, mais elle poursuit la même fin qui est la pérennité de l'activité du cabinet. Elle est ouverte seulement à la demande du débiteur. Celui-ci se met en quelque sorte sous la protection de la loi et du tribunal qui la met en œuvre. Il n'en a le bénéfice que s'il n'est pas en cessation de paiements. D'où son caractère préventif. Si le tribunal constate qu'il se trouve en cessation des paiements, il doit convertir la sauvegarde en redressement judiciaire. L'effet immédiat de l'ouverture de la procédure est de geler les créances antérieures, ce qui permet au débiteur de souffler, en poursuivant son activité. Elle doit aboutir à un plan dit de sauvegarde. Ce plan peut être accepté par les créanciers ou homologué par le tribunal.

2° Le point de vue de l'Ordre

546. – La procédure débute par un inventaire et une prisée du patrimoine du débiteur. Ils sont dressés en présence du bâtonnier ou de son délégué. En aucun cas l'inventaire ne peut porter atteinte au secret professionnel (C. com., art. L. 622-6). Le bâtonnier en est le garant. Il doit faire exclure tous les documents couverts par le secret, à la limite les dossiers des clients, pièces, correspondance échangées avec ceux-ci, consultations, actes. L'inventaire peut indiquer le nombre de dossiers en cours, les honoraires prévisibles, mais de façon anonyme, sans indication des noms des clients. Le rôle du bâtonnier se rapproche de celui qui est le sien lors de la perquisition au cabinet de l'avocat par un juge d'instruction. On peut imaginer un conflit à ce sujet entre le mandataire procédant à l'inventaire et le bâtonnier. Ce conflit pourrait être porté devant le juge commissaire qui trancherait.

547. – Selon l'article L. 621-10 du Code de commerce, le juge-commissaire désigne un à cinq contrôleurs. L'Ordre est de plein droit contrôleur, ce qui réduit le choix du juge au maximum à quatre. La mission de contrôleur est imposée par la loi à l'Ordre, elle n'est pas facultative. L'Ordre n'est pas un créancier contrôleur, sauf le cas où des cotisations lui seraient dues par l'avocat en difficulté, sa mission n'est pas conditionnée par un intérêt particulier, mais par l'intérêt de la profession. D'ailleurs, à la différence des autres contrôleurs nommés, l'Ordre ne peut être révoqué par le tribunal à la demande du ministère public (C. com., art. L. 621-10 al. 4). L'Ordre devient ainsi un organe obligé (et gratuit) de la procédure dont la mission est définie par l'article L. 621-11 : il doit assister le mandataire judiciaire dans ses fonctions et le juge-commissaire dans sa mission de surveillance de l'administration du cabinet. Il peut prendre connaissance à cet effet de tous les documents transmis au mandataire et à l'administrateur s'il y en a un. Il est tenu à la confidentialité. Comme tout contrôleur, sa responsabilité n'est engagée qu'en cas de faute lourde. Il n'empêche que l'Ordre doit en prévoir la couverture par une assurance. L'Ordre peut se faire représenter par un avocat du barreau, mais il doit alors en faire la déclaration au greffe, car à défaut c'est le bâtonnier qui exerce cette fonction. Le délégué du barreau peut se faire assister par un confrère d'un autre barreau, spécialiste des procédures collectives, et même par un expert comptable.

C. – Le redressement judiciaire

1° Le point de vue de l'avocat

548. – Conciliation et sauvegarde dépendent de l'initiative de l'avocat en difficulté ; elles sont volontaires. Avec le redressement judiciaire, nous entrons dans les procédures qui peuvent lui être imposées. Le tribunal ouvre la procédure sur dépôt du bilan, assignation d'un créancier, ou sur saisine d'office. Le redressement judiciaire est applicable à l'avocat qui, dans l'impossibilité de faire face à son passif exigible avec son actif disponible, est en cessation des paiements. Cette notion classique n'est pas bouleversée dans sa substance, mais l'obligation qui en découle en est assouplie, car si le débiteur a demandé une conciliation, il peut s'abstenir de déclarer cet état de cessation des paiements pendant quarante-cinq jours.

Le redressement judiciaire doit aboutir à un plan de redressement, sinon le tribunal le convertit en une liquidation judiciaire. Dans le cadre du redressement, le tribunal peut décider d'une cession totale ou partielle du cabinet, qui se fait dans les mêmes conditions qu'en cas de liquidation judiciaire.

2° Le point de vue de l'Ordre

549. – On retrouve ici la qualité de contrôleur donnée à l'Ordre dans les mêmes termes que pour la sauvegarde.

Nous avons dit que le redressement judiciaire peut aboutir à une cession du cabinet. Pareille cession pose les mêmes problèmes que celle intervenant dans le cadre de la liquidation que nous exposons *infra*, concernant les éléments incorporels de l'actif. En ce qui concerne les conséquences de la cession, elles sont celles en vigueur pour la liquidation judiciaire (C. com., art. L. 631-3). Nous allons les retrouver.

D. – La liquidation judiciaire

1° Point de vue de l'avocat

550. – La situation de l'avocat en liquidation judiciaire est celle d'une cessation des paiements sans possibilité de redressement (C. com., art. 640-1, al. 1er). Le tribunal peut être saisi par assignation d'un créancier, et l'on pense d'abord aux créanciers publics, ou à la requête du ministère public, ou encore le tribunal peut se saisir d'office. Il peut aussi convertir en liquidation une procédure de redressement judiciaire qui n'a pas abouti, voire même une procédure de sauvegarde et de conciliation. L'avocat qui demande une conciliation ou une sauvegarde peut ainsi être pris dans un engrenage qui le conduira à la liquidation. D'où une réticence pour ces mesures préventives.

L'avocat sera soumis à la procédure simplifiée définie aux articles L. 640-1, al. 1er et s., dès lors qu'il remplit les critères fixés aux articles L. 641-2 et 223 du décret n° 2005-1677 du 28 décembre 2005, à savoir si son actif ne comprend pas de biens immobiliers, ou si le chiffre d'affaires annuel ne dépasse pas 750 000 euros hors taxe, ou encore si le nombre de salariés ne dépasse pas cinq. Nous pensons que les avocats salariés doivent être pris en compte. Pendant la gestion de la liquidation, le secret professionnel écarte les dispositions de l'article L. 641-15, relatives à l'accès du liquidateur au courrier du débiteur (C. com., art. L. 641-15, al. 3).

551. – La liquidation est destinée à réaliser le patrimoine du débiteur avocat et par voie de conséquence à mettre fin à l'activité du cabinet. Elle peut même être ouverte après la cessation de l'activité si tout ou partie du passif provient de cette dernière (C. com., art. L. 640-3, al. 1er). Un avocat ayant démissionné du barreau peut ainsi être mis en liquidation ou encore ses ayants droit après son décès.

La réalisation de l'actif comporte la cession des éléments du cabinet en bloc ou en parties. Elle pose un problème épineux en ce qui concerne les éléments incorporels du fait de l'article L. 642-1, dernier alinéa du Code de commerce. Ce texte exclut la cession de la clientèle pour les personnes physiques. Pour les personnes morales d'exercice, le problème se pose autrement. Ce qui est cédé, ce sont des parts sociales, de nature corporelle. Or la valeur de ces parts dépend de la clientèle de la société. Il y a ainsi une différence de régime entre l'avocat exerçant individuellement et celui qui exerce dans une société. Cette disposition législative bien mal venue trouve sa source dans l'antique et persistante réticence à la patrimonialisation de la clientèle du professionnel libéral. Nous allons retrouver ces difficultés pour la période de liquidation et son dénouement qui ne pourront être surmontées que par l'action de l'Ordre.

552. – Cette disposition législative est d'autant plus regrettable qu'elle n'est pas limitée à la liquidation judiciaire. Nous avons dit qu'en cas de cession dans le cadre d'un redressement judiciaire, l'article L. 631-22 du Code de commerce renvoie aux formes de la liquidation judiciaire, c'est-à-dire aux prescription de la section I du chapitre II du titre IV. Le plan de sauvegarde n'est lui-même pas épargné, puisqu'il peut prévoir la cession d'une ou plusieurs branches d'activité dans les formes de la liquidation.

553. – Un avantage consenti par le législateur à l'avocat est de le faire échapper aux sanctions personnelles. L'alinéa 5 de l'article L. 653-1 du Code de commerce pose que les dispositions relatives à la faillite personnelle ne sont pas applicables aux personnes physiques ou dirigeants de personnes morales exerçant une activité indépendante et à ce titre soumises à une action disciplinaire. Les dirigeants de structures d'exercice sont ici expressément assimilés aux avocats exerçant individuellement.

2° Le point de vue de l'ordre

554. – La gestion de la période de liquidation et son dénouement posent des problèmes, oubliés par le législateur, que l'Ordre doit résoudre pragmatiquement.

Aux termes de l'article L. 641-9, alinéa 1er : « Le jugement qui ouvre ou prononce la liquidation judiciaire emporte de plein droit, à partir de sa date, dessaisissement pour le débiteur de l'administration et de la disposition de ses biens, même de ceux qu'il a acquis à quelque titre que ce soit tant que la liquidation judiciaire n'est pas clôturée. Les droits et actions du débiteur concernant son patrimoine sont exercés, pendant toute la durée de la liquidation judiciaire par le liquidateur ». Et le dernier alinéa du même article ajoute : « Lorsque le débiteur est une personne physique, il ne peut exercer au cours de la liquidation judiciaire, aucune des activités mentionnées au premier alinéa de l'article L. 60-2 ». Ces dispositions s'appliquent à l'avocat. La solution est classique et légitime en droit commercial général, où il faut arrêter les frais de l'activité d'un commerçant qui vit aux dépens de ses partenaires, dans l'attente de l'éventualité d'une sanction d'interdiction. Elle est inadaptée à la profession libérale, au moins à celle de l'avocat où en définitive ce sont les droits de la défense et un certain aspect de l'indépendance de l'avocat qui entrent en contradiction avec des considérations patrimoniales, et ceci sous deux aspects.

555. – Le prononcé de la liquidation judiciaire interdit à l'avocat personne physique ou à la société d'avocats d'exercer la profession, alors même qu'ils ne sont frappés d'aucune sanction disciplinaire, et donc qu'ils aient exercé leur métier sans reproche. Pour l'avocat personne physique qui exerce individuellement, c'est le chômage, alors que les associés d'une société d'avocats qui ne sont pas personnellement en état de liquidation judiciaire – c'est la société qui l'est – vont pouvoir exercer dans une autre structure, voire s'installer à titre individuel. Cette différence de traitement ne peut se justifier. Il aurait fallu laisser au bâtonnier le soin de saisir éventuellement la juridiction disciplinaire et à celle-ci de décider d'une interdiction temporaire d'exercer si des fautes contre la déontologie pouvaient être imputées à l'avocat quel que soit son mode d'exercice.

556. – Que fera-t-on des dossiers en cours ? Il y va des droits de la défense pour les clients. L'Ordre sera obligé de désigner un avocat comme administrateur provisoire. Ce n'est certes pas une panacée. Soumis lui-même au secret professionnel, il pourra prendre connaissance du courrier arrivé au cabinet, en écartant l'application de l'article L. 641-15. Et à la clôture de la liquidation, que faire des dossiers terminés ? Le destinataire des archives sera déterminé par le liquidateur en accord avec l'Ordre. Tout concourt à ce que ce soit un avocat (C. com., art. L. 642-23, al. 2).

557. – Il reste à fixer le sort des dossiers en cours à la clôture de la liquidation. Dans le cas d'une société d'avocats, ils iront au(x) cessionnaire(s) des parts sociales, sous réserve de la liberté de choix du client. Mais pour l'avocat personne physique, ils ne pourront être cédés (V. *supra*, n° 551). Il est à craindre qu'ils puissent faire l'objet d'une foire d'empoigne. L'Ordre est-il autorisé à diriger le client vers tel nouvel avocat ? Il sortirait de son obligation d'impartialité. Il suffirait qu'il informe les clients qu'ils doivent faire le choix d'un nouvel avocat, et au besoin lui transmettre la liste du tableau. On touche du doigt l'imbroglio auquel aboutit l'interdiction pour le liquidateur de céder la clientèle de l'avocat exerçant individuellement et les méfaits de la distinction entre personne physique et personne morale. On aurait pu au moins autoriser le liquidateur à présenter au client l'avocat cessionnaire. Le tabou de la cession de la clientèle aurait été sauf.

558. – La vente se fait aux enchères publiques, mais lorsque le tribunal décide de l'application de la procédure simplifiée, il indique les biens du débiteur qui peuvent faire l'objet d'une vente de gré à gré (C. com., art. L. 664-2). Il peut toutefois décider à tout moment de revenir à la vente aux enchères. Il nous paraît que l'Ordre comme contrôleur, peut surveiller les conditions de la vente de gré à gré et demander, en tant que de besoin, au tribunal de revenir au régime de droit commun qui est la vente aux enchères.

559. – Il apparaît en définitive que la mission de l'Ordre sera la plus marquante en cas de liquidation judiciaire. Il lui appartient alors d'exercer une fonction quasi normative pour pallier les insuffisances du législateur.

Index alphabétique

(Les chiffres renvoient aux numéros des paragraphes)

D

E

F

G

H

Table des matières

Troisième partie

OBLIGATIONS ET PRÉROGATIVES DE L'AVOCAT

Photocomposition Nord Compo
59650 Villeneuve-d'Ascq

Cet ouvrage a été achevé d'imprimer en mars 2012
dans les ateliers de Normandie Roto Impression s.a.s.
61250 Lonrai (Orne)

N° d'impression : 12-1000
Dépôt légal : février 2008

Imprimé en France